KB091224

21세기 동북아 에너지협력과 한국의 선택

21세기 동북아 에너지협력과 한국의 선택

2017년 6월 19일 초판 1쇄 찍음
2017년 6월 26일 초판 1쇄 펴냄

엮은이 김연규
지은이 김연규, 류지철, 스테판 블랭크, 이성규, 블라도 비보다, 서정민, 조정원,
    김경술, 안상욱, 박희원, 김진수, 박상철

펴낸이 윤철호·김천희
펴낸곳 (주)사회평론아카데미
편집 정큰별·김지산
디자인 김진운
마케팅 강상희·남궁경민

등록번호 2013-000247(2013년 8월 23일)
전화 02-2191-1133
팩스 02-326-1626
주소 03978 서울특별시 마포구 월드컵북로 12길 17
이메일 academy@sapyoung.com
홈페이지 www.sapyoung.com

이 저서는 2015년 정부(교육부)의 재원으로 한국연구재단의 지원을 받아 수행된
연구임(NRF-2015S1A3A2046684)

21세기 동북아 에너지협력과 한국의 선택

김연규 엮음

사회평론

책머리에

아시아 지역, 특히 동북아 지역은 냉전 이후 수출 위주의 경제성장을 이룬 지역이며 제조업 가동에 필요한 에너지를 대부분 중동과 같은 특정 지역에 의존해 왔다. 향후 동남아 국가들까지 고속성장의 경로에 접어들면서 아시아 국가들의 에너지소비는 글로벌 에너지소비를 주도할 것으로 보인다. 아시아 국가들은 21세기의 이 지역의 평화와 지속적 경제성장을 위해서 다음과 같은 몇 가지 측면에서 아시아의 번영과 에너지의 미래를 심각히 고민해야 할 시점이라는 것을 인식하고 있다. 에너지가 아시아의 미래 번영에 순기능적으로 역할을 하기 위해서는 다음과 같은 큰 구조적 변화가 필요하다.

첫째, 현재와 같은 중동 위주의 공급체계에 아시아 에너지 미래를 맡겨서는 안된다는 점이다. 이러한 과거부터의 획일적이고 반독점적인 공급자 위주의 시장구조 때문에 아시아 국가들은 불공정하고 비효율적인 에너지 수입 계약을 체결할 수밖에 없었으며 결과적으로는 고가의 프리미엄을 지불하는 악순환에 빠졌던 것이다. 마침 미국의 셰일혁명으로 미국이 중동, 러시아를 능가하는 에너지수출국으로 등장함으로써 공급자 측면의 경쟁이 촉발되고 공급과잉이 만들어짐으로써 시장이 구매자 위주의 시장으로 급속히 변모하고 있다. 아시아 국가들은 차제에 모처럼만에 찾아온 구매자에게 유리한 시장변화를 최대한 활용하여 에너지시장을 좀 더 경쟁적 구조로 바꾸도록 최대한 활용해야 할 것이다.

둘째, 21세기에 아시아 국가들의 에너지 교역은 중동 의존에서 대륙의 러시아와 새롭게 에너지 수출국으로 등장한 미국 등으로 점차 방향전환을 하게 될 것이다. 현재 아시아 국가들의 중동의존율 60%는 40%까지 조정될 것이며 감소된 20%를 러시아와 미국이 분할해서 아시아 에너지 시장 시장점유율을 새롭게 차지할 것으로 많은 기관들이 예측하고 있다.

셋째, 아시아 국가들은 현재까지 자신들의 에너지 안보 문제를 한 번도 독자적으로 결정해 본 경험이 없다. 아시아 밖에서는 에너지가 빈번히 전쟁의 중요한 원인이 되고 경제성장의 결정적 요소가 되는 한편 정작 아시아 국가들은 에너지 문제에 관해서는 주어진 운명을 순순히 받아들이는 입장이었던 것이다. 이제 미국도 에너지 독립의 전망이 제기되고 있는 순간에 중동 에너지 보호와 공급에 수십조 원의 군사비를 지불할 의사가 약해지고 있다. 중동이 아시아와 유럽의 국가들에 안정적으로 에너지를 공급하도록 하는 문제에 미국이 목숨 걸 필요가 없어졌다고 하는 미국 내에 커다란 인식의 전환이 일어나고 있다. 과거에는 러시아가 에너지를 이용해 아시아와 유럽에 영향력을 확대하는 것을 미국이 중동의 유럽과 아시아로의 에너지 수출을 통해 차단하고 견제했던 것인데 이제는 미국이 직접 유럽과 아시아로 액화천연가스(LNG) 수출을 하려고 하는 것이다.

　　본 저서는 지난 5년 동안 한양대학교 에너지거버넌스 센터가 한국 연구재단의 SSK(Social Science Korea) 사업의 지원으로 수행해 온 "글로벌 에너지 거버넌스와 한국의 국가 에너지 전략" 사업의 일부로 한국의 대표적인 에너지 전문가들을 초청해 각종 간담회와 세미나 등을 진행한 결과물들을 집대성한 결과이다.

2017년 6월 8일
김연규 교수(한양대학교 국제학부/에너지거버넌스 센터장)

차례

제1부 동북아 에너지협력의 미래

제1장

21세기 동북아 에너지협력, 어떻게 할 것인가?

김연규·류지철

I. 서론

동북아 지역은 21세기 들어 세계에서 가장 급속한 에너지 수요 증가와 동시에 역동적인 급격한 에너지 수급구조의 변화를 보이고 있다. 한국과 중국의 급속한 경제성장으로 인하여 동북아 지역 총 에너지 수요는 1990년 이후 2배 이상 증가하였고, 기존의 이 지역의 대규모 에너지 수입국인 한국과 일본에 이어 중국은 세계 제1위의 에너지 소비국이자 수입국으로 급부상하였다. 이에 따라 동북아 지역은 전 세계의 에너지소비의 1/3 이상이 집중되어 있는 최대 에너지소비 지역이 되었으며, 역내 에너지 안보 역량을 제고시킬 수 있는 역내 국가 간의 에너지협력이 세계 어느 지역보다도 더 절실히 요구되고 있다. 이러한 관점에서 역내 부존되어 있는 에너지 자원의 공동개발과 효율적인 에너지 수급구조 형성을 위한 동북아 국가 간의 에너지협력에 대한 논의가 지난 수십 년 동안 꾸준히 제기되어 왔다.

실제로 동북아 지역은 역내 국가 간 에너지협력의 잠재력이 매우 높다. 러시아의 동시베리아와 극동 지역에는 석유와 천연가스가 상당히 많이 매장되어 있으며, 또한 중국과 극동러시아, 몽골에도 상당량의 석탄이 매장되어 있어, 역내 에너지자원의 개발 잠재력은 매우 높다. 따라서 자원 보유국인 러시아와 몽골의 에너지자원을 개발하여 한국과 중국, 일본과 같은 대규모 자원소비 수입국에 공급할 경우, 역내의 에너지 자급도를 높이고 역내 에너지 안보에도 크게 기여할 수 있을 것이다. 또한, 역내 국가 간 에너지 수송망을 건설하여 연계하면 효율적 에너지 공급 및 교역 기반을 구축하고, 궁극적으로는 이 지역의 통합 에너지 수급체계 구축도 실현할 수 있을 것이다.

그러나 동북아 지역에서는 과거 냉전시대의 산물과 지정학적인 요인으로 인하여 아직도 역내 국가 간의 에너지협력과 교역이 활성화되고 있지 않다. 도리어 동북아 지역에는 역내 국가 간 에너지협력을 촉진하기보다는, 그에 역행하는 에너지확보경쟁(Energy rivalry) 또는 에너지패권주의(Energy hegemony)의 심화, 국가 간의 비대칭적 상호의존 협력관계(Asymmetric interdependence), 외국인 투자를 차단하는 자원민족주의 성향(Resource nationalism), 월경 에너지 수송 인프라의 부재(Lack of cross-border energy transport infrastructure network), 다자간 에너지협력 기반의 부재 등의 에너지협력의 딜레마가 존재하고 있는 현실이다(류지철 2011).

이러한 이유로 그동안에 동북아 지역 국가들은 각각 개별적이고 독립적인 에너지 수급체계를 구축하여 왔다. 즉, 역내 국가 간의 에너지교역은 매우 미진하였고, 역내 지역 에너지협력도 활성화되어 있지 않은 실정이다. 또한, 대규모 에너지자원 보유국인 러시아와 몽골의 경우에도 동북아 지역에 공급하기 위한 에너지자원 개발에 적극적이지 않았으며, 국가 간의 에너지 수송망 인프라 건설도 제대로 이루어지고 있지 않았다. 즉, 동북아 지역은 유럽, 북미, 중남미 지역과 같이 역내 국가 간의 에너지 교역과 협력을 활성화하여 달성할 수 있는 역내 에너지 안보 역량의 확충과 에너지시장의 효율성 제고 등이 거의 이루어지고 있지 않은 실정이다.

II. 본 연구의 필요성과 중요성: 동북아 에너지협력의 현황 및 전망

동북아 국가 간의 에너지협력에 대한 지난 수십 년 동안의 논의는 주로 러시아, 몽골 등의 원유, 석탄, 가스 등을 중국, 일본, 한국 등 동북아 주요 소비 국가들이 공동개발하고 에너지 수송망 인프라 건설 등을 통해 역내 공동 에너지 수급체계를 구축하는 것을 중심으로 전개되었다. 이러한 동북아 역내 에너지협력은 아시아, 특히 동북아 국가들은 냉전기간 동안 급속한 경제성장을 하는 과정에서 당시 글로벌 에너지 지정학과 수급구도의 특성상 불가피한 대량의 에너지 수입을 특정 중동 지역에 의존하게 되었던 기형적인 이 지역 국가들의 에너지 수급 체제를 개편하는 과정의 일환으로 제시되었다.

　동북아는 에너지자원의 매장 분포와 역내 각국의 에너지 수급구조의 차이를 감안할 때 지역 에너지협력을 확대할 수 있는 엄청난 잠재력을 가지고 있다. 앞에서 논의한 바와 같이, 동북아에는 중국, 한국, 일본의 3대 에너지 수입국과 2개의 거대한 에너지생산국인 중국과 러시아가 있다. 특히, 러시아에 엄청나게 부존되어 있는 석유와 천연가스, 석탄을 개발하여 한국과 일본, 중국에 공급할 경우, 이 지역의 에너지 안보에도 크게 기여할 수 있으며, 역내 에너지 교역과 에너지협력을 증진시킬 수 있는 기회를 확대할 수 있을 것이다.

그러나 러시아는 아직까지도 동북아 지역에 부존되어 있는 에너지 자원을 적극적으로 개발하여 공급하지 못하고 있다. 따라서 동북아의 에너지 수입국은 동북아보다 다른 지역의 수입에 크게 의존하고 있으며, 동북아의 국가 간 에너지 교역은 아직 빈약한 수준에 머물고 있다. 러시아는 동북아 보다는 주로 유럽 지역 국가를 대상으로 에너지를 수출하고 있다.

최근 몇 년 사이에 러시아와 몽골 등의 에너지 생산국 및 수출국과 한국, 중국, 일본 등 에너지 소비국 및 수입국 간에 에너지 교역 증대와 협력과 관련된 많은 논의와 협상이 진행되었다. 이들 중 대부분은 양자 간 차원에서 이루어졌지만 일부는 다자간 정부 및 기업과의 협력 사업을 포함하고 있다. 이러한 동북아 에너지협력 프로젝트는 크게 세 가지 범주로 분류할 수 있다.

- 석유, 가스, 석탄 및 전력 부문의 상류, 중류 및 하류 부문의 협력 강화: 동북아의 역내 에너지 교역을 촉진하기 위한 파이프라인 및 전력망과 같은 에너지 공급 인프라 구축(표 1 참조)
- 동북아 역내 국가 간 에너지협력을 활성화하기 위한 다자간 에너지협의체의 구성
- 역내 국가 간의 정보 공유, 정책 대화, 에너지 분야에서의 상호 이해 증진 등 다자간 차원에서의 정책 협력 촉진을 위한 네트워크의 구성 등

본 연구의 가장 핵심적인 가설은 그동안 러시아, 몽고 등의 역내 잠재 석탄, 원유, 가스 수출국과 한국, 중국, 일본 등과의 에너지협력에 치중되어 있던 그동안의 전통적인 동북아 에너지협력 논의는 2000년대 후

표1. 동북아 에너지원별 협력 사업

	석유	천연가스	석탄	전력 및 신재생에너지
상류부문 (Upstream, E&P)	• 극동러시아의 석유자원 공동 개발 투자 및 지분 참여	• 극동러시아 천연가스자원 공동 개발 투자 및 지분 참여 • 비전통 천연가스 개발	• 극동러시아 석탄 공동개발 투자/지분 참여 • 몽골 남고비 지역 석탄광 공동 개발	• 전력 생산 및 공급 설비의 공동 건설(발전소 및 송전망) • 몽골 신재생 에너지 공동개발
중류부문 (Midstream)	• 중~러 송유관 연결 및 건설 • 송유관 및 수송 수단을 통한 러시아 석유 도입 • 북극항로(North Pole Route)의 상업적 이용	• 동북아 국가간 가스 수송망 건설 (중~러, 러~일, 한~중, 한~일, 한~중~러, 남~북~러 파이프라인) • 남-북-러 가스파이프라인 건설 • 러시아가스 액화 설비 건설참여 • 파이프라인 및 LNG 수송선을 통한 러시아 가스 도입 • 북극 항로의 상업적 이용	• 몽골 광물자원 수송을 위한 철도 건설, • 북한의 수송시설의 개보수 및 확장 • 남~북~러 철도 연결 • 중국~몽골 철도 연결 • 철도 및 해상 수송을 통한 몽골 및 러시아 석탄의 도입	• Asian Super Grid 건설(중~러, 러~일, 러~몽골, 한~중, 한~일, 중~몽골) • 남~북한~러시아 전력계통 연계 • 러시아 전력의 도입
하류부문 (Downstream)	• 중국과 러시아 정제설비 건설 • 석유제품 교역	• 도시가스 사업에 진출	• 청정석탄(Clean coa) 및 CTL 기술 협력	• 전력 이용 효율성 제고

자료: Lee, Sungkyu and Ahhyun Park(2014)

반부터 본격화하기 시작한 미국의 셰일혁명과 이로 인한 글로벌 에너지 시장변동, 그리고 글로벌 기후변화 협상의 진전과 함께 새로운 형태의 에너지협력의 단계로 접어들었다고 하는 것이다. 1990년대~2000년대 동안의 동북아 에너지협력(동북아 에너지협력 1.0)과 비교할 때 2010년 대의 동북아 에너지협력(동북아 에너지협력 2.0)은 훨씬 더 복잡한 형태 로 진행될 것이다. 동북아 에너지협력 1.0에서 가정하고 있던 에너지안 보(energy security)의 개념은 주로 전통적인 개념에 입각한 것으로 공급안보, 주로 원유공급 안보에 치중해 있으며(Herberg 2014), 역내 국가들이 순수입국으로 중동에 대한 의존도가 높기 때문에 이 지역의 에너지안보는 매우 취약한 상태였다(류지철, 이문배 2003). 글로벌 에너지 시장 수준에서도 1990년대 저유가를 거쳐 1999년 이후 2000년대 고유가체제하 국제유가 변동성에 대응하기 위한 국제에너지기구(IEA) 중심의 회원국의 석유비축 협력과 석유정보 투명성강화 등이 강조되었다. 동북아 지역 차원에서는 부족한 원유공급을 선제적으로 차지하기 위해 역내 소비국들은 에너지 문제를 군사 전략의 문제로 간주하였고 이로 인해 에너지로 인한 역내 국가 간 갈등이 심각해지고 있었기 때문에 에너지 부족 문제를 해결하기 위한 지역 차원의 협력을 마련하는 것이 시급한 문제로 간주되었다(Herberg 2014: 6). 당시 원유안보 불안에 대처한 지역 차원의 대응능력으로 강조된 것이 역내 국가 간 원유 공동비축시설 구축과 운용이었다. 특히 중국의 원유 수요가 급증하여 국제원유시장의 교란 요인으로 등장한 것에 주목하면서 중국의 수요 급증으로 인해 동북아시아 지역의 원유 및 석유제품의 수급불균형이 확대되고 '아시안 프리미엄(원유 도입 고가격 구조)'이 심화되는 현상에 우려를 표명하였다(김현진 2014).

동북아 지역의 중국의 수요 급증으로 인한 원유수급 문제를 해결하기 위한 한중일 3국의 협력과제는 수입선 다변화를 위해 시베리아 횡단 원유 파이프라인 건설문제였다. 동시베리아 유전 개발 및 파이프라인 건설을 둘러싼 중국과 일본의 경합이 치열해지는 가운데 동북아시아 국가의 중동에 대한 원유의존도를 줄일 수 있는 유효한 수단으로서의 인프라 구축에 있어 지역국가 간의 협력 체계를 구축하는 것이 어렵다는 것을 확인시켜 주었다.

구미 지역에 비해 현저히 성숙하지 못한 아시아의 석유시장을 새로

이 정비하고 확충하는 것이 필요하다는 측면에서 유럽, 미주, 아시아 시장에 이어 제4의 동북아시아 석유시장을 창설을 위해 소비국들의 결속과 협상력을 제고하고 한국, 일본, 중국을 중심으로 아시아 소비국의 정부, 민간, 기업 등이 결속하여 다양한 채널에서 산유국과 조정에 나서는 지역협력이 매우 절실했다.

이재승은 2007년『한국정치연구』에 발표한 논문을 통해 동북아 에너지협력에 대한 논의가 2000년대 중반에 주로 이루어졌고 많은 수의 연구결과가 발표되었다고 주장한다. 최소한 양적인 측면에서는 동북아 에너지협력의 어젠다가 국제정치경제의 주요한 한 연구분야로 자리 잡았다고 평가하고 있다(이재승 2007: 148). 이재승도 언급하고 있듯이 2000년대 고유가 시대에 진행되던 한국, 중국, 일본 3국 사이의 동북아 지역에서의 논의의 상당부분은 중동에 75% 정도 원유, 가스 수입을 의존하고 있는 동북아 3국이 근거리에 막대한 개발되지 않은 원유, 가스를 보유하고 있는 러시아로의 공급원 다변화에 집중되었다(이재승 2007: 142).

동북아 지역에서 지역 차원의 에너지협력 사업은 다수의 역내 국가들이 참여하는 다자간 성격을 가지게 된다. 따라서 이 지역에서 에너지협력을 활성화하기 위해서는 역내 국가가 참여하는 다자간 에너지협력체 구성이 요구되고 있다. 2000년대에 들어 동북아 에너지협력을 위한 다자간 제도적 기반을 구축하기 위한 다양한 시도가 있었으나, 그 성과는 미미한 실정이다. 2005년 한국 정부의 주도로 구성된 '동북아에너지협력정부간협의체(ICMECNA: Intergovernmental Collaborative Mechanism for Energy Cooperation in Northeast Asia)'와 유엔개발계획(UNDP) 지원하에 구성된 Greater Tumen Initiavie(GTI) 내에 에너지 이사회(Energy Board)가 동북아 지역에 구성되어 있는 다자간 에너지협의체이며, 그 기능은 정부 간 에너지관련 정책대화, 공동연구 수행 등에 국한되어 있어, 적극적인 지역 에너지협력체의 역할이 아직은 제한적이다.

　'동북아에너지협력정부간협의체'는 한국이 주도하여 UNESCAP의 협력하에 2005년 11월에 출범한 동북아 지역의 에너지협력을 위한 정부 간 협의체이다.[1] 이 협의체는 동북아 지역의 에너지 안보 역량을 강화하고, 이를 위하여 역내 에너지 공급원의 개발 및 교역을 촉진하고 정보교류 및 정책協力을 활성화할 목적으로 다자간 에너지협력 메커니즘으로 태동하였다. 이 협의체의 공식 회원국은 한국, 러시아, 몽골, 북한 등 4개국이며, 중국도 옵서버 자격으로 지속적으로 참여하고 있다.[2] 이 기구의 조직은 각국의 에너지 담당부서 국장급 관료들의 '고위당국자회의(SOC: Senior Official Committee)'와 전문연구기관이 참여하는 '실무그룹(Working group)'이 있으며, 협의체 사무국은 UNESCAP이 맡았다. 2개의 실무그룹이 설립되어 운영되었는데, 2005년에 결성된 '에너지계획 및 정책 실무그룹(WG-EPP: Working Group for Energy Planning & Policy)'은 한국이 의장국이었으며, 2009년에 러시아가 제안하여 의장국인 석탄실무그룹(Working Group on Coal)이 있었다. 이 협의체의 운영은 실무그룹별 공동연구 수행과 워크숍 및 연례회의 개최, 고위당국자회의 및 정부·기업 간 대화(GBD: Government-Business Dialogue)를 연 1회 개최하여, 정부 및 전문가 간의 정보교류, 공동보고서 작성 등이 수행되었다. 이 협의체는 2015년 SOC 회의에서 정부 간 협의체를 해체하고 연구기관 간의 협력 네트워크의 성격을 가지는 '동북아에너지포럼'으로 재구성되었다.

1　이 협의체의 결성은 2005년 11월에 몽골 울란바토르에서 개최되어 한국, 러시아, 몽골, 북한, 중국이 참석한 제1차 고위당국자회의에서 채택된 공동선언문 'Ulaanbaatar Statement'에 기초하였다.

2　일본은 북한과의 외교문제 등으로 아직 불참하고 있다.

GTI는 유엔개발계획의 지원하에 1995년 설립된 동북아 지역의 경제협력을 위한 협의체이며, 한국, 중국, 몽골, 러시아가 회원국으로 참여하고 있다. GTI는 무역 촉진, 교통, 환경, 관광, 에너지 등 5개 분야의 이사회(Board)로 구성되어 이 분야와 관련된 동북아 역내 협력 사업을 추진하고 있다. 에너지 이사회는 2009년에 설립되어 있으며, 민간부문 전문 지식과 자원을 포함하면서 정책 연구 및 정보교류 등의 사업을 다음의 목표하에 추진하고 있다.

- 에너지 정책 조정 및 협력 강화
- 역내 에너지 교역 및 투자를 위한 비물리적 장벽의 감축
- GTI 회원국 간의 에너지 정보 교환 촉진 등

GTI 에너지 관련 주요 성과로는 교육훈련 역량 증진사업과 2014-2015년에 수행한 동북아 에너지협력 프로그램 개발을 위한 공동연구 사업 등이 있다.

1. 21세기 신 국제에너지질서와 동북아 에너지협력 2.0

본 연구의 가장 중요한 목적은 미국의 셰일혁명으로 촉발된 글로벌 에너지 시장변동과 신 기후체제의 등장으로 인한 새로운 국제에너지질서와 동북아 에너지협력의 새로운 도전과제와 향후 추진방향을 조명하는 것이다.

2000년대 말 이후 글로벌 수준의 가장 큰 변화는 미국의 급속한 원유 가스 생산국으로서의 등장과 이에 따른 글로벌 원유, 가스 수급체계의 급변이라고 할 수 있다(Jones et al. 2014). 2000년대 초 이후 중국

의 원유 수요 급증으로 인한 수요 초과와 국제 유가 급등 현상은 2014년 말 이후 원유, 가스 공급초과와 저유가 체제로 급변하였다(Medlock III 2016). 20세기 동안 세계의 원유, 가스 공급기지로 역할을 하던 중동 지역의 위상이 흔들리면서 세계 에너지생산의 중심축이 중동 지역에서 미국을 포함한 북미와 호주 등 기존의 수요국으로 다변화되면서 글로벌 수급구도와 가격체계에 일대 변혁을 가져오고 있는 것이다(Cherp 2012; International Energy Agency 2016; Bradshaw 2010: 275-290). 중동은 향후 원유 가스 수요가 급증할 것으로 예상되고 있어 미래에는 과거만큼 수출할 수 있을지 어느 정도 변화가 예상되기도 한다(Clemente 2015). 중동의 유럽 지역으로의 원유, 가스 수출과 아시아 지역으로의 원유, 가스 수출은 미국 원유와 가스 수출이 유럽과 아시아로 이루어지게 됨에 따라 공급자 간 경쟁이 일어나고 원유, 가스 수출과 교역 방식에 변화가 불가피하게 된다. 그동안 석유수출국기구(OPEC)를 통해 글로벌 원유생산량 조절을 통해 국제유가수준을 결정할 수 있는 파워를 누리던 사우디아라비아와 OPEC의 위상이 중동 밖에 미국, 캐나다 등 신규 경쟁 생산국이 등장함으로써 위협을 받고 있는 것이다. 미국의 셰일혁명으로 인한 에너지독립의 전망이 제기되면서 중동 지역으로부터의 원유, 가스 수입이 줄어들기 때문에 그동안 중동에너지의 안정적 공급과 운송을 위해 중동 지역의 군사적 개입을 우선순위로 두던 미국의 안보정책이 변화할 것이라는 전망이 제기되고 중동의 안보와 평화에 중국이 좀 더 적극적으로 개입할 가능성이 제기되었다(International Security Advisory Board 2014; Blackwill and O'Sullivan 2014; Manning 2014). 중국은 그동안 군사적 정치적 능력의 부족으로 미국의 중동정책에 편승하는 정책을 펼쳐왔으나 향후 미국보다 훨씬 더 많은 원유와 가스를 중동 지역으로부터 수입할 것으로 예측되기 때문에 중동 지역의 변화에 훨씬 더 민감할 것으로 예상된다(Daojiong and Meidan 2015).

　　에너지독립의 전망에도 불구하고 여전히 미국이 중동 지역에 적극적으로 개입할 것이라는 반론도 만만찮다. 우선 미국이 중동 지역으로부터 에너지 수입을 전혀 하지 않는다 할지라도 미국의 중동에 대한 에너지 이외의 이스라엘 문제와 같은 안보적 이해관계는 막대하다는 견해이고, 에너지 측면에서도 미국이 자체적으로 타이트오일 생산량이 충분해도 미국은 중동 지역에서 여전히 원유를 수입해야 할 가능성이 크다는 주장인데, 이 견해에 의하면 미국의 타이트오일은 황 함량이 적은 경질유이고 중동의 원유는 황 함량이 많은 중질유인데 반해 미국의 걸프만의 정유 정제시설은 중동과 베네수엘라의 원유와 같은 중질유를 정제하는 시설이기 때문에 이들 국가들로부터 계속 수입을 해야 한다는 것이다(Andrijanič 2015: 263-273).

　　그동안 국제유가의 향후 전망에 대해서는 다양한 견해가 제시되었었다. 일반적으로 향후 국제유가는 3자리 숫자로 돌아가는 것은 물론이고 상당 기간 동안 낮은 수준에 머물 것이라는 견해가 지배적이긴 하지만, 국제에너지기구(IEA)는 그동안 지속적으로 저유가 체제하에서의 에너지 분야 투자 부진은 곧 2020년경 공급 부족으로 국제유가가 다시 치솟을 수 있다는 견해를 피력해왔다. 향후 국제유가 전망에 대해서 IEA의 기본입장은 위와 같은 석유수요 증가 추세에 비춰볼 때 현재 저유가 상황은 3년째 에너지투자 부진이 이어지고 있어 현재와 같이 석유개발에 대한 신규 투자가 계속 부진할 경우 2020년경에는 다시 국제유가 치솟을 가능성이 크다는 것이다. 투자개발에서 실제 생산까지 3~6년의 리드타임이 필요한 자원 개발의 특성을 감안하면 실제 공급부족 사태가 유발될 시점은 2021년으로 보는 것이다(Keisuke 2017).

　　글로벌 원유, 가스 수급구도 변화 속에 러시아의 향후 생산국으로서의 지위 변화는 동북아 에너지협력에 매우 중요한 요인이 될 것이다. 미래 글로벌 석유수요가 불확실하고 실제로 유럽의 수요가 감소하고 있는 반면, 미국의 셰일혁명으로 아프리카와 중동 국가들의 석유 수출이 미국 이외의 지역으로 수출방향을 전환하고 있는 상황에서 러시아의 석유 생산과 수출은 새로운 전략이 절실히 요구되고 있다. 러시아 경제 발전 지속성을 위해서 러시아는 11~12mbd(million barrel per day)의 석유 생산을 유지해야 하지만 2020년까지 이 정도 생산량을 유지하기 위해서는 노후유전 고갈을 극복하고, 늘어가는 생산비용을 감당할 수 있어야 하며, 석유기업과 국가 간의 생산적 관계를 유지하고, 석유 수출 다변화를 모색해야 한다. 러시아는 1987년에 11.4mbd를 생산해 피크에 이른 이후 1996년에는 6.1mbd까지 하락했으나, 2000년 이후 원유생산량이 급격히 증가하기 시작했다. 2004년에 9.3mbd에 도달한 이후 저유가 상황에서도 2015년 10.7mbd를 생산했다. 러시아는 2016년 12월 현재 11.247mbd의 원유를 생산하여 소련 붕괴 이후 최대 석유생산량 기록을 세웠다. 보통 국제유가가 1달러 하락할 때마다 러시아 국가재정 수입이 20억 달러씩 감소한다고 알려져 있다. 2014년 6월 이후 현재까지 계속되고 있는 국제 저유가 상황 속에서 한동안 버티던 미국의 타이트오일 개발 기업들도 2015년 중반 이후부터는 시추활동과 자본 투자를 줄이고 파산하는 기업들이 속출하였는데 러시아는 어떻게 원유생산량을 지속적으로 증가시킬 수 있었는가?

저유가 체제하 달러화 대비 루블화 하락과 기존 아시아 최대 공급자인 중동 지역의 정치 불안정까지 겹쳐 러시아 석유의 아시아로의 수출이 빠르게 증가하고 있다. 이미 오래 전부터 국가전략 차원에서 러시아는 유럽의 석유수요 감소에 대비해 왔고 서방 경제제재로 인한 유럽과의 관계 악화는 러시아 석유의 아시아 수출을 더욱 부채질하고 있다. 미국의 주요 생산지로서의 등장으로 사우디아라비아/OPEC의 아시아 수출이 증가하는 추세에 있으나 현재는 아시아 시장을 둘러싼 러시아와 사우디아라비아와의 경쟁에서, 러시아가 성공적인 아시아 시장 선점 전략을 펼치고 있는 것이다. 2016년 초 현재 한국, 중국, 일본 동북아시아 3국의 러시아 석유수입만 1200만 톤에 달하고, 특히 중국의 러시아 석유수입은 2013년 이후 2배 이상 증가하였다(Gloystein and Aizhu 2016).

동북아 에너지협력에서 러시아로의 수입다변화는 여전히 중요한 과제가 될 것이다. 러시아원유 수입은 인프라구축 등의 측면에서 성과를 거둔 가운데 앞으로의 남은 과제는 중동에 치우쳐 있는 천연가스 수입을 러시아로 수입선 다변화를 이룰 수 있는가 하는 것이다. 저유가 국면이 가져온 변화 가운데 가장 큰 변화는 러시아의 한·중·일 3국으로의 에너지 수출이 원유에서 가스로 확대되고 있는 것이다. 러시아의 가스수출이 아시아로 얼마만큼 확대될 수 있는지가 향후 동북아 에너지협력의 가장 중요한 사안이 될 것이다. 그동안 러시아는 동북아 지역으로 원유는 성공적으로 꾸준히 수출을 늘려왔지만 가스 수출은 미미한 수준에 머물러 있었다. 우선 러시아~중국 파이프라인 연결망 구축이 성공적으로 완성될 수 있는지가 가장 중요한 사안이 될 것이다. 러시아~중국 파이프라인 연결망이 한국, 일본까지 연결될 가능성이 높아져 러시아 가스자원을 둘러싼 한국, 중국, 일본의 협력이 어느 때보다 중요해졌다는 점이다. 중국은 동북아 천연가스 파이프라인 연계망 구축에 있어 러시아와 국경을 맞대고 있기 때문에 동북아 천연가스 파이프라인 연계망은 반드시 중국을 경유해야 한다. 오랜 기간 난항을 겪어온 중국과 러시아 간 PNG 사업협상이 2014년 타결됨으로써 한국과 일본까지 파이프라인 연결망을 확대하여 역내 단일 가스시장 조성에 대한 기대를 불러일으키고 있다. 중~러 PNG 사업은 가스배관망을 한국, 일본으로 확대할 수 있고 이를 통해 지역 내 증가하는 가스 수요의 충당은 물론 역내 가스거래 확대가 이뤄져 지역 단일 가스시장 형성의 기틀이 마련될 수 있을 것으로 기대하는 것이다.

2015년 11월 한일 양국 정상은 LNG 협력 추진에 합의하고 ① LNG 수급위기 공동대응 ② 동북아 LNG허브 구축 ③ 인프라 공동활용 등 3개 안에 합의한 것으로 발표함으로써 향후 한중일 동북아 3개국이 LNG를 둘러싼 지역협력 체제를 구축할 수 있을 것인가에 관심이 모아지고 있다. 이러한 동북아 지역의 에너지협력의 배경은 ① 글로벌 LNG 시장은 셰일가스 혁명 등에 따른 공급물량 확대로 당분간 수입국에 유리한 시장이 지속될 것으로 전망되고 ② 기존 천연가스 생산국은 중동, 러시아가 중심이었으나, 최근 북미, 호주, 동아프리카 등이 새로운 대규모 가스 생산국으로 부상 중이며 ③ 동북아 LNG시장의 공정성과 효율성을 높이기 위해 세계 1, 2위 LNG 수입국인 한일 양국이 협력체계 구축의 중요성을 공유하고 있기 때문이다(이윤정 2015).

원유는 단일한 국제가격이 형성되어 있는 반면, 천연가스 가격은 세계 각 지역마다 크게 다른 것이 현실이었다. 세계 각 지역의 천연가스 도입가격(달러/MMBTU)은 도입 물량으로 세계 최고 수준인 한국과 일본이 가장 높아서 미국내 가격과 비교해 무려 5.6배가량 높았으며, 심지어 유럽 국가들과 비교해서도 60% 높았다. 북미 지역에 비해 유럽, 아시아 지역의 높은 천연가스 가격은 주로 천연가스 자체 시장조건이 아니라 유가에 연동(oil indexation)된 장기계약 때문이다. 동북아로 공급되는 천연가스 가격은 유가에 연동되어, 생산지의 업체와 계약기간 10년 이상의 중, 장기 계약을 맺어 LNG를 확보해 왔다. 유럽은 영국(NBP: National Balancing Point), 네덜란드(TTF: Title Transfer Facility), 독일(NCG: Net Connect Germany) 가스거래 허브 구축을 통해 유가연동거래를 줄이고 천연가스 가격 인하를 유도하는 중이다. 유럽은 유가연동 거래가 2005년에는 94%였으나, 2010년에는 67%로 축소, 아시아태평양 지역은 2010년도에 유가연동제 거래가 88%를 차지한다. 최근 아시아 지역도 단기스팟(spot) 거래가 일부 증가, 2011년 기준 24% 수준이다. 아시아 지역에서는 단기스팟거래(spot and short-term market)도 가스 트레이딩 허브의 부재로 장기계약보다도 높은 가격으로 거래되어 왔다. 한국의 경우, 스팟거래의 83%가 장기계약거래의 가격보다 높은 수준이었다.

풍력, 태양광 등 신재생 에너지를 기반으로 동북아 지역 국가 간 광역 전력망을 구축하여 상호 간 전력거래를 가능하게 하는 전력망 통합운용 구상이 본격적으로 동북아 에너지협력의 의제로 등장할 가능성이 존재한다. 2011년 일본 후쿠시마 원전 사태 이후 재생에너지 전환과 이를 구현하려는 동북아 전력망 필요성이 제기되면서 논의가 시작된 바 있다. 2015년 9월 중국의 시진핑 국가주석이 '지속가능발전 정상회의'에서 '글로벌 전력망 연결' 비전을 제시하면서 다시 관심을 끌기 시작하였다. 중국은 2050년까지 50조 달러를 투입하여 북극의 바람과 적도의 태양자원까지 통합적으로 연계하겠다는 의도를 표명하였으며 2016년 3월 '글로벌 에너지연계 컨퍼런스'에서 한-중-일-러 전력회사 간 '동북아 전력계통연계 공동연구 협력 MOU'가 체결되어 한국의 경우 한전, 중국의 국가전망, 일본의 소프트뱅크, 러시아의 로세티 CEO들이 서명하였다.

2. 동북아 지역 에너지 수급의 변화

1) 에너지소비 증가와 수급구조의 변화

동북아 지역 에너지소비는 중국을 중심으로 지난 수십 년 동안 급속히 증가하여 1990년 2,071.5백만 toe(ton of oil equivalent: 석유환산톤)에

표 2. 동북아 주요국의 일차 에너지 수요(단위: 백만 toe)

	1990	1995	2000	2005	2010	2015	2014/ 1990	증가 기여도
한 국	90.0	147.1	189.4	221.0	254.6	276.9	3.1	8.0%
중 국	681.4	885.0	1,003.1	1,793.7	2,487.4	3,014.0	4.4	99.9%
일 본	434.6	491.9	512.7	522.5	497.4	448.5	1.0	0.6%
러시아	865.4	662.4	620.3	647.2	673.3	666.8	0.8	-8.5%
동북아 계	2,071.5	2,186.4	2,325.5	3,184.4	3,912.6	4,406.2	2.1	100.0%
전 세계	8136.1	8,588.9	9,388.3	10,940	12,181	13,147.	1.6	100.0%
동북아 비중	25.5%	25.5%	24.8%	29.1%	32.1%	33.5%		

자료: BP(2016)

서 2015년 4,406.2백만 toe로 2배 이상 증가하였다. 동 기간 중에 한국
의 에너지소비는 3배 증가한 반면, 중국의 에너지소비는 무려 4.4배 증
가하여 중국이 동북아 지역의 에너지소비 증가를 주도한 것으로 나타나

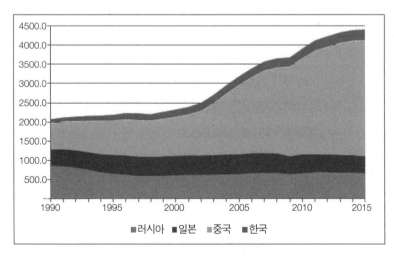

그림 1. 동북아 주요국의 에너지소비 증가 추세(단위: 백만 toe)

표 3. 동북아 지역의 국가별 주요 에너지 지표(2014)

	한국	일본	중국	러시아
일인당에너지소비(toe)	5.12	3.90	1.81	4.95
에너지수입의존도(%)	96.4	96.9	8.3	-80

자료: BP(2013)

고 있다. 일본의 에너지소비 증가는 정체되었고 러시아의 에너지소비는 20% 감소하였다. 이에 따라 동북아가 세계 총에너지소비에서 차지하는 비중도 1990년 25.5%에서 2015년에는 33.5% 증가하여, 이 지역이 세계 최대 에너지소비 지역으로 부상하였다.

일인당 에너지소비는 한국이 5.3toe로 가장 높으며, 중국이 1.81toe, 북한이 0.76toe를 보이고 있어, 향후 중국과 북한의 에너지 수요 잠재량이 높은 것을 나타나고 있다. 국내 부존자원이 열악한 한국과 일본은 에너지공급의 95% 이상을 수입에 의존하여 높은 에너지 수입 의존도를 보이고 있으며, 중국은 8.3%의 수입 의존도를 보이고 있다. 반면, 러시아는 국내 생산에너지의 80%를 해외로 수출하는 것으로 나타나고 있다.

동북아 지역 국가들은 각각의 서로 다른 에너지 믹스 형태를 보이고 있으며, 지난 25년 동안에 급격한 에너지 수급구조의 변화를 보이고 있다. 중국은 세계 최대 석탄 생산/소비국으로 석탄 중심의 수급구조를 보이고 있으며, 러시아는 최대 천연가스 생산국으로 전체 에너지에서 천연가스가 차지하는 비중이 53% 수준인 천연가스 중심의 에너지 수급구조를 보이고 있으며, 한국과 일본은 석유 중심과 천연가스, 석탄, 원자력 등을 중심으로 유사한 에너지 수급구조를 보이고 있다.

동북아 국가의 에너지믹스 변화에서 특기할 사항은 일본의 원자력 비중이 2011년 후쿠시마 원전사고 이후 과거 15% 내외 수준에서 0.2%

표 4. 동북아 국가의 에너지 믹스의 변화(단위: %)

	1990	2000	2010	2015
한 국				
석 탄	26.2	22.2	29.2	29.7
석 유	53.8	52	39.5	38.1
천연가스	3.2	9.8	16.3	15.2
수 력	1.7	0.7	0.5	0.4
원자력	14.2	14.1	12.1	12.1
신재생	0.9	1.1	2.3	4.5
중 국				
석 탄	78.3	69.7	72.1	63.7
석 유	17.5	24.8	19.1	18.6
천연가스	2.2	2.5	4.4	5.9
수 력	1.7	2.1	2.7	8.5
원자력	0	0.5	0.8	1.3
신재생	0.3	0.4	0.9	2.1
일 본				
석 탄	17.3	17.8	22.8	26.6
석 유	57.2	49.7	40.6	42.3
천연가스	10	12.6	17.2	22.8
수 력	1.9	1.6	1.6	4.9
원자력	11.7	16.2	15.3	0.2
신재생	1.9	2.2	2.5	3.2
러시아				
석 탄	21.8	19.4	16.3	13.3
석 유	29.9	20.4	19.8	21.4
천연가스	41.9	51.5	54.6	52.8
수 력	1.6	2.3	2.1	5.8
원자력	3.5	5.5	6.3	6.6
신재생	1.3	0.9	0.8	0

자료: BP(2016)

표 5. 동북아 나라별 이산화탄소 배출(단위: 백만 톤)

	1990	1995	2000	2005	2010	2015	2015/ 1990
한국	239.1	379.6	462.4	521.2	609.8	648.7	2.7
중국	2,320.3	3,015.8	3,327.4	6,058.3	8,098.5	9,153.9	3.9
일본	1,090.4	1,181.5	1,219.4	1,278.0	1,184.1	1,207.8	1.1
러시아	2,258.4	1,639.4	1,474.4	1,489.4	1,509.7	1,483.2	0.7
동북아계	5,908.2	6,216.3	6,483.5	9,346.8	11,402.1	12,493.6	2.1
전 세계	21,571.7	22,188.5	23,967.9	28,533.0	31,544.1	33,508.4	1.6
동북아 비중 (%)	27.4	28.0	27.1	32.8	36.1	37.3	

자료: BP(2016)

수준으로 급격히 떨어졌으며, 원자력 대신에 석유와 천연가스 비중이 급속히 증가하였다는 사실이다. 또한 중국의 경우, 천연가스와 원자력의 비중이 지속적으로 증가하고 있는 반면, 석탄의 비중은 1990년 78.3%에서 2015년에 63.7%까지 떨어졌다.

　동북아 지역은 중국의 높은 석탄의존도와 한국, 일본의 높은 석유의존도 등으로 인하여 화석연료의 의존도가 매우 높은 편이다. 2015년 현재 각국의 화석연료의존도는 한국이 85.7%, 중국이 88.2%, 일본이 91.7%, 러시아가 87.6%를 기록하고 있다. 따라서 동북아 지역은 에너지와 관련된 환경문제가 다른 지역보다 취약하며, 특히 에너지이용에 따른 이산화탄소 배출량이 전 세계 배출량의 37.3%를 차지하고 있어, 향후 에너지이용에 따른 온실가스 저감에 대한 국제적 압박이 이 지역에 집중될 가능성이 매우 높다.

표 6. 동북아 주요국의 석유 생산 및 소비(단위: 백만 toe)

		1990	1995	2000	2005	2010	2015
한국	생산	-	-	-	-	-	-
	소비	49.5	94.8	103.8	104.7	105.0	113.7
중국	생산	138.3	149.0	162.6	181.4	203.0	214.6
	소비	112.9	160.2	224.2	328.6	447.9	559.7
일본	생산	-	-	-	-	-	-
	소비	246.5	269.1	257.0	247.2	202.7	189.6
러시아	생산	515.9	310.7	326.6	474.8	511.8	540.7
	소비	251.7	150.6	123.2	125.0	133.3	143.0
동북아계	생산	654.2	459.8	489.3	656.2	714.8	755.3
	소비	660.6	674.7	708.2	805.5	888.8	1,006.0
동북아 비중 (%)	생산	20.6	14.0	13.5	16.7	18.0	17.3
	소비	20.9	20.5	19.7	20.5	21.8	23.2

자료: BP(2016)

2) 에너지원별 동북아 주요국의 생산 및 소비

동북아 지역은 전 세계 석유생산의 17.3%를 점유하고 있는 반면, 소비는 23.2%를 차지하고 있어, 이 지역의 역내 석유수급은 심한 불균형을 보이고 있다. 동북아 전체 총석유생산은 1990년 654.2백만 toe에서 2015년 755.3백만 toe 증가한 반면, 석유소비는 같은 기간 동안 660.6백만 toe에서 1,006.6백만 toe로 생산량 추세를 월등히 앞서 증가하였으며, 중국과 한국이 역내 석유소비 증가를 주도한 것으로 나타나고 있다. 반면에 동북아 지역에서 대규모 석유생산국이며 유일한 석유 수출국인 러시아는 같은 기간 동안 석유생산을 515.9백만 toe에서 불과 540.7백만 toe

표 7. 동북아 주요국의 천연가스 생산 및 소비(단위: 백만 toe)

		1990	1995	2000	2005	2010	2015
한국	생산	-	-	-	-	-	-
	소비	2.7	8.3	17.0	27.3	38.7	39.2
중국	생산	14.2	16.7	25.3	45.9	89.2	124.2
	소비	14.2	16.5	22.8	43.4	100.1	177.6
일본	생산	0	0	0	0	0	0
	소비	43.3	52.1	65.1	70.7	85.1	102.1
러시아	생산	531.0	479.3	475.7	522.1	530.0	516.0
	소비	366.8	329.9	324.3	354.6	372.7	352.3
동북아계	생산	545.3	496.0	501.0	568.0	619.2	640.1
	소비	427.0	406.8	429.2	496.0	596.6	671.3
동북아 비중 (%)	생산	30.4	26.0	22.9	22.5	21.4	20.0
	소비	24.2	21.1	19.6	19.8	20.7	21.4

자료: BP(2016)

증가하였다. 따라서 이 지역에서 대규모 석유수입 3국인 중국과 일본 한국은 동북아가 아닌 다른 지역에서 석유공급을 조달할 수밖에 없었다.

천연가스의 경우에도 동북아 지역은 수급 불균형을 보이고 있다. 한국과 일본은 천연가스 공급의 전량을 수입에 의존하고 있으며, 중국은 천연가스 생산을 1990년 14.2백만 toe에서 2015년 124.2백만 toe로 크게 증가하였으나, 소비추세가 생산 증가 추세를 추월함에 따라 수입으로 수요 증가분을 충당하여 왔다. 같은 기간 동안 러시아의 천연가스 생산은 531.1백만 toe에서 516.0백만 toe로 감소하였다. 따라서 동북아가 전 세계 천연가스 생산에서 차지하는 비중은 1990년 30.4%에서 2015년 20.2%로 크게 하락하였으며, 소비비중은 같은 기간 동안 24.2%에서

표 8. 동북아 주요국의 석탄 생산 및 소비(단위: 백만 toe)

		1990	1995	2000	2005	2010	2015
한국	생산	7.6	2.5	1.8	1.3	1.0	0.8
	소비	24.4	28.1	43.0	54.8	75.9	84.5
중국	생산	539.9	680.4	707.3	1,241.7	1,665.3	1,827.0
	소비	525.7	661.4	701.3	1,318.2	1,743.4	1,920.4
일본	생산	4.6	3.4	1.7	0.6	0.5	0.6
	소비	78.0	84.3	95.5	114.0	115.7	119.4
러시아	생산	185.6	124.7	121.5	135.6	151.0	184.5
	소비	182.3	119.4	105.8	94.6	90.5	88.7
동북아계	생산	737.7	811.0	832.3	1,379.1	1,817.7	2,012.9
	소비	810.4	893.2	945.5	1,581.6	2,025.5	2,213.0
동북아 비중 (%)	생산	32.4	35.8	35.8	45.5	50.1	52.6
	소비	36.1	39.8	39.7	50.5	55.7	57.6

자료: BP(2016)

21.4%로 다소 감소한 것으로 나타나고 있다.

석탄의 경우에도 동북아 역내 총생산은 1990년 737.7백만 toe에서 2015년 2,012.9백만 toe로 증가하였으나, 총 소비는 같은 기간 동안 810.4백만 toe에서 2,213.0백만 toe로 크게 증가하였는데, 이는 중국의 급격한 석탄 소비 증가에 기인하고 있다. 특히, 세계 석탄생산과 소비에서 동북아 지역이 차지하는 비중이 1990년 30%대 수준에서 2010년 이후 50%대 수준으로 무려 20% 증가하는 것으로 나타나 이 지역이 세계 석탄 생산과 소비 증가를 주도한 것으로 나타나고 있다.

동북아에서 원자력의 역할은 매우 높다. 동북아 지역 국가, 한국, 일본, 중국, 러시아 등은 에너지 안보 차원에서 원자력발전의 이용을 적극

표 9. 동북아 국가의 원자력 이용(단위: 백만 toe)

	1990	1995	2000	2005	2010	2015
한국	12.0	15.2	24.7	33.2	33.6	37.3
중국	–	2.9	3.8	12.0	16.7	38.6
일본	44.3	65.1	72.3	66.3	66.2	1.0
러시아	26.8	22.5	29.5	33.4	38.6	44.2
동북아계	83.0	105.7	130.3	144.9	155.1	121.1
동북아 비중(%)	18.3	20.1	22.3	23.1	24.8	20.8

자료: BP(2016)

적으로 추진하고 있다. 원자력발전은 지구온난화 문제가 현실화되면서 발전 과정에서 이산화탄소, 등 온실가스를 전혀 배출하지 않으므로 전 세계의 기후변화 대책 측면에서도 중요한 역할을 하고 있다. 〈표 9〉에서 볼 수 있듯이, 동북아 국가들은 지난 20년 동안 원자력발전을 지속적으로 늘여 왔으며, 특히 한국과 중국은 높은 성장세를 보이고 있다. 이 지역에서 최대 원전 보유국인 일본은 2011년 후쿠시마 원전사고 이후 원전 발전량이 급감하였으며, 원전 정책을 재검토하는 단계에 있다. 향후, 한국, 중국, 러시아 등 동북아 국가에서 원자력은 지속적으로 확대될 전망이다.[3]

3) 동북아 지역의 에너지 수출입

동북아 지역은 에너지 순수입 지역이며, 역내 국가의 에너지 수입은 지난 10년 동안 급속히 증가하고 있다. 러시아가 유일한 에너지 수출국이며, 한국과 일본, 중국은 석유, 천연가스, 석탄 등의 대규모 에너지 수입

---

3   현재 전 세계적으로 건설되고 있는 원전의 68.5%가 동북아에 집중되어 있고, 중국 단독으로 42.8%의 점유율을 보이고 있다(World Nuclear Association 2013).

표 10. 동북아 주요 3개국의 에너지원별 수입(단위: 백만 toe)

	1990	1995	2000	2005	2010	2014
원유 수입						
중국	0.0	0.0	70.3	126.8	237.7	308.4
일본	195.0	230.5	213.9	206.9	175.5	163.6
한국	42.7	86.5	125.0	115.5	121.3	127.5
가스 수입						
중국	0.0	0.0	0.0	0.0	15.5	55.4
일본	41.7	50.0	62.8	68.1	82.2	104.7
한국	2.7	8.3	17.1	26.1	39.3	44.0
석탄 수입						
중국	0.9	0.8	1.3	15.6	94.6	124.8
일본	70.0	81.0	91.8	111.0	112.2	114.9
한국	15.7	28.2	39.1	46.7	72.5	79.2

자료: APEC Energy Database

국이다. 특히, 중국의 석유 수입은 2000년 70.3백만 toe에서 2014년에 308.4백만 toe로 급속히 증가하여 미국을 제치고 세계 제1위의 석유수입국으로 부상하였다.[4] 또한 동북아의 한국, 중국, 일본, 3개국의 천연가스와 석탄의 수입도 지난 10년 동안 급속히 증가하고 있는 것으로 나타나고 있다. 특히 석탄의 최대 생산국이며 소비국인 중국의 석탄 수입이 지난 몇 년간 크게 증가하여 2013년에 기존의 세계 최대 석탄수입국인 일본을 추월하여 중국이 세계 제1위의 석탄수입으로 부상하였다.

동북아 국가 중에서 일차 에너지원을 수출하는 국가는 중국과 러시

---

4   중국의 석유의 대외의존도가 2000년대 초 32%에서 현재 57%로 증가하는 등 에너지의 대외의존도가 계속 높아지고 있다.

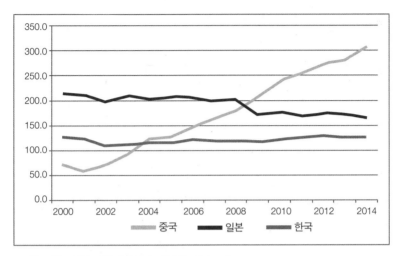

그림 2. 한국, 중국, 일본의 원유 수입(단위: 백만 toe)

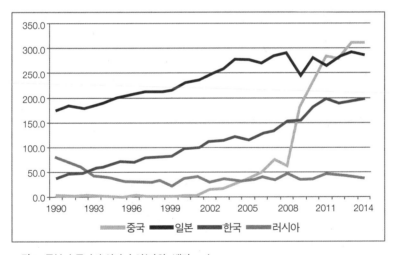

그림 3. 동북아 국가의 석탄 수입(단위: 백만 toe)

아이다. 중국은 대표적인 석탄 수출국이었으나 〈표 10〉과 〈그림 4〉에서
볼 수 있듯이, 국내 수요의 증가로 인하여 중국의 석탄 수출은 2000년
대 후반에 들어 급감하여, 중국의 석탄 수출은 2000년의 28.8백만 toe

표 11. 동북아 국가의 석탄 수출(단위: 백만 toe)

	1990	1995	2000	2005	2010	2014
중국	6.9	14.3	28.8	9.8	10.3	3.3
러시아	38.1	17.9	24.4	53.8	84.4	98.4

자료: APEC Energy Database

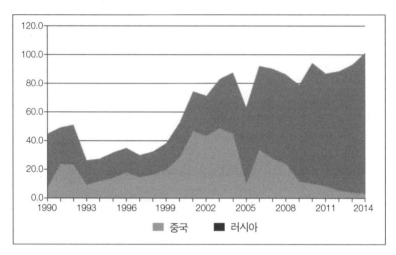

그림 4. 동북아 국가의 석탄 수출(단위: 백만 toe)

표 12. 러시아의 원유 및 천연가스 수축(단위: 백만 toe)

	1990	1995	2000	2005	2010	2014
석유	222.9	122.9	145.1	253.8	248.3	224.6
천연가스	201.7	154.0	156.5	167.4	154.1	155.7
석탄	38.1	17.9	24.4	53.8	84.4	98.4

자료: APEC Energy Database

를 기록하였으나 2014년에는 3.3백만 toe 규모로 크게 감소하였다. 반면 러시아의 석탄 수출은 1990년 38.1백만 toe에서 2014년에는 98.4백

표 13. 동북아 국가의 에너지원별 확인매장량

	확인매장량			R/P 비율		
	석유 (10억 배럴)	천연가스 (조 입방미터)	석탄 (10억 톤)	석유	천연가스	석탄
한국	0.0		0.1			71.4
중국	18.5	3.8	114.5	11.7	27.8	30.6
일본	0.0		0.3			296.4
몽골	0.0		2.5			102.9
러시아	102.4	32.3	157.0	25.5	56.3	421.8
동북아계	120.9	36.1	274.5			
전 세계	1697.6	186.9	891.5	50.7	52.8	114.0
동북아 비중(%)	7.1	19.3	30.8			
중동	803.5	80.0		73.1	129.5	
중동비중(%)	47.3	42.8				

자료: BP(2016)

만 toe 규모로 크게 신장되었다.

　　러시아는 동북아 국가 중에서 석유, 천연가스를 수출하는 유일한 국가이며, 러시아 경제는 에너지자원 수출로부터 오는 수익에 크게 의존하고 있다. 러시아의 석유 수출은 1990년 222.9백만 toe에서 2000년에 145.1백만 toe로 크게 줄어들었다가, 2014년에 224.4백만 toe를 기록하고 있으며, 천연가스 수출은 같은 기간 중에 201.7백만 toe에서 2014년에 155.7백만 toe로 감소한 것으로 나타나고 있다.

4) 동북아 지역의 자원 매장량

확인 매장량을 기준으로 할 때 동북아 지역의 석유와 천연가스, 등 에너지자원의 매장수준은 러시아를 제외하고는 매우 낮은 수준이다. 단, 석탄의 경우에는 중국이 비교적 풍부한 매장량을 보유하고 있다. 러시아의 천연가스 매장량은 세계 최대의 수준으로 추정되고 있다. 동시베리아에서 확인된 석유와 천연가스 매장량은 러시아 및 유럽의 석유·천연가스 주 공급원인 서부 시베리아의 1/16 수준이나, 추정된 잠재 매장량은 약 1/3 수준에 달하고 있다. 러시아 해상대륙붕은 대부분 극동러시아 지역에 위치하여 이를 포함하면 동 러시아의 석유와 가스 잠재매장량은 더욱 증가할 것으로 예상되고 있다.

또한, 극동러시아 자원매장 특징 중 하나는 천연가스 이외에도 수력과 조력 등 환경친화적 자원의 잠재량이 풍부하다는 것이다. 극동러시아의 수력 자원량은 러시아 전체의 수력자원의 42%를 차지하고 있으며, 극동러시아 수력자원의 68%는 전력화가 가능한 것으로 알려지고 있다. 경제성 높은 수력발전은 약 2940억 kWh으로 추정되고 있으나, 현재 개발된 수력발전량은 잠재량의 1% 수준인 것으로 알려지고 있다.

3. 동북아 에너지협력 사업의 현황 및 전망

1) 석탄 개발 협력

석탄광 개발은 동북아 지역 국가, 특히 중국, 북한, 몽골, 러시아에 있어 매우 중요한 에너지 개발 프로젝트이다. 이는 석탄이 이들 국가에서 전력생산을 위한 중요한 발전용 연료이며, 산업용 및 민수용 주된 연료이기 때문이다. 북한과 몽골, 러시아의 석탄광 개발은 지역협력 차원에서 계획되고 진행되고 있는 반면, 중국의 석탄광 개발은 독자적으로 추진되고 있다. 동북아의 지역협력 차원에서 수행되는 석탄 개발 협력 프로젝트는 다음과 같다.

몽골은 석탄 매장량이 풍부하며 세계에서 네 번째로 많은 석탄 매장량을 보유하고 있다. 특히 몽골은 세계에서 가장 큰 미개발 탄광 중의 하나인 중국과의 국경에 가까운 South Gobi에 위치한 Tavan Tolgoi 석탄광은 560억 톤 엄청난 석탄 매장량을 보유하고 있으며, 연간 1500만 톤의 석탄을 생산할 수 있는 것으로 평가되고 있다. 개발 투자비용 30억 달러가 넘는 것으로 추정되고 있다. 이 석탄광 개발에는 한국, 중국, 러시아 기업이 참여하기를 원하고 있었으나, 중국 기업 Shenhua Group이 석탄 광산을 개발할 권리를 획득하였고 수송 인프라 등의 기반 설비의 부족 문제를 해결하고 탄전 개발을 위한 철도 건설 사업을 추진하고 있다.

북한은 중국기업의 협력으로 석탄광 개보수 사업을 수행하였다. 북한은 양질의 무연탄을 대량 보유하고 있으나 1990년대 중반 2년에 걸쳐 연속된 홍수로 석탄광이 침수되는 등, 생산여건이 악화되어 석탄 생산량이 급격히 감소하였으며, 그 결과 북한은 에너지 부족 문제를 맞이하였다. 2000년대 중반, 북한은 중국과 협력하여 석탄광을 재건하여 생산능력을 회복하였다. 2005년 중국 민메트 공사와 북한의 무역성은 북한의 석탄 광산 개발을 위한 합작 투자 프로젝트를 추진하기로 합의했으며, 그 이후 북한은 석탄 생산량을 늘리고 상당한 양의 무연탄을 중국에 수출하기 시작하였다.

러시아는 동시베리아와 극동 지역의 탄광을 개발하여 동북아 시장에 석탄을 수출하는 사업을 추진하고 있다. 러시아 기업 '메셸(Mechel)'은 세계에서 가장 큰 고품질 석탄 매장지 중 하나인 사하 공화국에서 Elga 석탄 광산을 개발하였으며, 이 탄전의 석탄 매장량은 약 22억 톤 수준이다. 2011년부터 석탄을 생산하기 시작하였으며, 새로이 건설된 철도를 통하여 석탄을 수송하고 있다. 이 탄전은 2018년까지 연간 900만 톤 석탄을 채굴하여 주변 동북아 시장에 공급할 계획이다.

중국은 러시아 석탄광 개발과 수송 인프라를 개발하는 사업에 적극적으로 참여하고 있다. 2014년 중국 신화 그룹(China Shenhua Group Co., Ltd.)은 러시아의 아무르주(Amur Oblast)에 매장량 16억 톤 규모의 석탄광 개발에 50억 달러를 투자하였다. 2009년 러시아는 Port Manchuri를 통해 30만 톤의 석탄을 중국에 수출하고 철도 운송량을 추가로 확장 사업을 추진하고 있으며, 2010년에 중국과 러시아는 석탄 교역을 확대하기 위하여 러시아에 60억 달러의 융자를 제공 한 각서에 서명하였는데 계약조건은 향후 5년 동안 러시아가 중국에 1500만 톤의 석탄을 공급하고, 연간 석탄 공급량을 2,000톤으로 늘릴 것이었다.

2) 석유 및 천연가스개발 협력

러시아는 동북아 지역인 동시베리아, 사하 공화국(Yakutia) 및 사할린 대륙붕에 거대한 석유 매장량을 보유하고 있어, 이 지역에서 석유를 개발할 수 있는 매우 높은 잠재력을 가지고 있다. 따라서 거대 석유수입국인 한국과 일본, 중국, 3국은 러시아 동시베리아와 극동러시아의 석유자원 확보를 위해서 석유 탐사·개발 사업에 적극적으로 진출하기를 원하였다. 그러나 이 지역의 열악한 개발환경에 따른 높은 개발단가, 프로젝트의 높은 불확실성, 그리고 러시아의 자원민족주의적 성향 등으로 진출 여건은 양호한 편은 아니었다.

동시베리아에 개발된 대형 유전으로는 2009년에 개발된 Vankor 유전이 있으며, 이 유전은 2013년 이후 43만 bbl/일의 석유를 생산하기 시작하였다. 사할린(Sakhalin Island)에도 대규모 석유 및 가스가 매장되어있다. 사할린의 전체 8개 광구 가운데 현재 1, 2광구가 개발되어 석유와 천연가스를 생산하고 있는데, 사할린-1 프로젝트는 미국 엑슨, 일본 사할린석유개발, 러시아 로스네프트 등이 1995년 컨소시엄을 구성

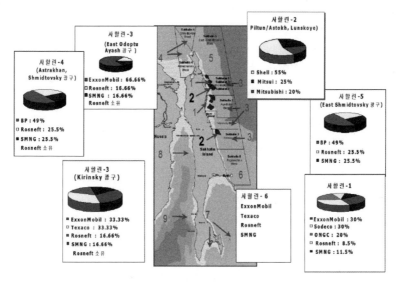

그림 5. 사할린 프로젝트별 현황

하여 러시아 정부와 생산물분배계약을 체결함으로써 구체화되었다. 사할린-2I 프로젝트는 미국 마라톤오일, 일본 미쓰이 미쓰비시, 영국 네덜란드계 로얄더치-쉘사 등이 컨소시엄을 구성하여 1994년 생산분배계약이 체결됨에 따라 개발이 가속화되었으나 현재는 쉘, 미쓰이, 미쓰비시 등 3개 사가 추진하고 있다. 사할린 1광구에서 생산되는 천연가스와 석유를 수송하는 방안으로 파이프라인을 건설하여 러시아 국내와 한국과 중국 등에 공급하는 방안이 검토되었으나 2017년 현재 러시아 국내에만 공급되고 있다. 사할린 2 가스전의 경우는 배관에 의한 공급방안 이외에 사할린 남단에 액화기지를 건설하여 일본, 중국, 한국 등에 LNG 형태로 수출하고 있다.[5]

---

5   러시아는 2009년부터 사할린 지역에서 아·태 지역으로 천연가스를 수출하기 시작하였으며, 가스 수출량은 13.3bcm(사할린-2 LNG)으로 러시아 전체 천연가스 수출의 6.7% 수준에 해당한다. 전체 LNG 수출 중에서 62%는 일본에, 29%는 한국에 각각 수출하고 있다.

3) 석유 및 천연가스 수송 인프라 건설: 송유관 및 파이프라인 사업 협력

러시아는 동시베리아와 극동러시아에서 생산되는 석유를 아태시장으로 수출하기 위하여 대형 송유관인 동시베리아~태평양 송유관(ESPO, East Siberian-Pacific Ocean)을 동북아 지역에서 최초로 건설하여 2012년에 완공하였다. ESPO 송유관의 제1단계는 2009년 12월에 Taishet에서 Skovorodino까지 2,757km의 거리에서 완공되었으며, 제2단계 송유관 건설은 Skovorodino에서 Kozmino까지 2,100km의 거리에서 2012년에 완공하여 개통하였다. 또한, ESPO 송유관의 지선으로 Skovordino에서 중국의 Daqing까지 997km의 러시아~중국 송유관 지선도 2010년에 건설하여 개통하였다. ESPO 송유관을 통해 코스미노까지 수송되는 석유양은 2020년까지 연간 8000만 톤이 될 것으로 예상되며, 중국의 Skovorodino~Daquin의 송유관 지선 라인은 연간 3000만 톤의 석유를 처리할 수 있는 규모이다. 러시아는 ESPO-1 송유관을 통해 중국으로 연간 1500만 톤, 그리고 Kozmino항을 통해 아·태 지역으로 연간 1000만 톤 정도를 각각 공급하였다. 러시아는 ESPO 송유관 개통을 통해 아·태 지역으로의 원유 수출을 크게 증대시키고, 이를 통해 'ESPO-원유'를 동아시아 지역의 기준원유로서 역할을 수행할 수 있도록 추진할 계획이다. 러시아는 Kozmino항을 통한 원유 수출량이 3000만 톤까지 증대될 것으로 예상하고 있다.

러시아는 동시베리아, 극동·사할린 지역 소재 가스전을 통합 개발하고 가스의 국내공급 및 해외 수출을 위한 통합가스공급시스템(United Gas Supply System, UGSS)을 2007년 9월에 수립하여 추진하고 있다. 이 계획에 따르면, 러시아는 4단계에 걸쳐 가스전 개발과 동시베리아~사할린~블라디보스토크를 연결하는 파이프라인을 건설할 예정이다.

그림 6. 러시아 동부 가스프로그램

- 제1단계 사업으로는 ① 사할린~하바롭스크 구간 ② 이르쿠츠크 지역 공급을 위한 배관건설로 러시아 국내에 가스공급을 추진
- 제2단계에서는 차얀딘스크 가스전 개발, ① 블라고베쉔스크에서 중국공급 지관 ② 이르쿠츠크~타이쉐트~서쪽 UGSS연결 ③ 하바롭스크-블라디보스토크 건설로 한국에 천연가스를 공급
- 제3단계에서는 크라스노야르스크 가스전개발, 타이쉐트까지 공급배관 연결
- 제4단계에서는 ① 이르쿠츠크 지역과 차얀딘스크 가스전 연결 ②

블라고베쉔스크~하바로브스크 배관연결 등을 추진하여 UGSS
계획을 완공할 예정

그러나 이 계획은 저유가로 인한 러시아 국영기업의 재무 여건의 악
화 등의 이유로 상당히 지연되고 있다.

러시아 푸틴 대통령은 미국 셰일가스 공급 증대와 유럽의 러시아가스
의존도 감축 노력으로 위기감이 높아지자, 2012년 말에 에너지부에 '에너
지전략 2030'(2009년 11월 승인)의 가스부문과 '동부 가스프로그램'을 수
정하고, 특히, 아·태 지역 가스시장을 선점하기 위해 동시베리아·극동 지
역 가스전 개발, 가스수송망 건설, LNG 생산능력 확대 등의 조속히 추진
할 것을 지시한 바 있다. 러시아 국영 가스 기업인 가즈프롬(Gazprom)은
대아·태 지역 가스시장 진출 확대사업 계획에 의하면, 극동 지역 LNG 생
산능력 증대: 2018년까지 블라디보스토크 LNG 생산 공장(설비용량 1000
만 톤, 투자비 약 72.45억 달러)하고, 사할린-2에 LNG 생산시설(현재 용량
960만 톤)을 추가로 건설하며, 수출용 수송망 구축 사업으로 야쿠츠크~
하바롭스크~블라디보스토크 가스관(3,200km) 완공(2017년)과 코빅타
~야쿠츠크 가스관(800km) 건설(2017년 이후)을 추진하며, 사할린-3 및
챠안다 가스전의 탐사·개발, 코빅타 가스전에서 가스 생산 확대 등의 가
스전 개발을 촉진하는 것이었다. 이를 위하여 러시아 가스 국영기업인 가
즈프롬은 차안다 매장지 개발에 4300억 루블(약 141억 7000만 달러), 야쿠
츠크~하바롭스크~블라디보스토크 가스관 건설에 7700억 루블(약 253
억 7000만 달러), LNG 플랜트 건설에 2200억 루블(약 72억 5000만 달러)
을 각각 투자할 계획이다. 사할린~하바롭스크~블라디보스토크 가스관
은 2011년 말에 개통되었으며, 2018년 가동을 목표로 블라디보스토크 액
화플랜트 사업 추진을 기반으로 아·태 지역에 대한 가스수출을 증대할 계

획이다. 그러나 러시아가 수출용으로 동시베리아·극동 지역에서 충분한 가스공급량을 아직까지는 확보하지 못한 것으로 알려져 있다.[6]

러시아는 동북아 지역 국가에게 가스 수출을 확대하기 위하여 한국, 중국, 일본 등과 협력을 추진하여 오고 있다. 러시아 정부와 가즈프롬은 중국과 오래 전부터 연간 68bcm의 가스를 2개 노선(서부노선('알타이 가스관')과 동부노선)을 통해 공급하는 것에 대해 협의하였으며, 2014년 5월 양국정상회의에서 2018년부터 중국에 38bcm(10억 입방미터)규모 의 천연가스를 파이프라인을 통하여 공급하기로 합의하였다. 일본에 대 해서는 가즈프롬이 아·태 지역에서 일본을 최우선적인 협상 파트너로 가장 활발하게 협력 사업을 전개하고 있는데, 러시아 정부가 일본에 대 해 대규모 LNG 공급, 가스전 개발사업에 일본기업 참여를 약속하는 대 신 극동 지역 경제개발, LNG 생산·가스화학공장 건설 등에 일본 투자 를 유치시키는 포괄적으로 협상하였으며, 후쿠시마 원전 사고 이후, 푸 틴 정부는 정상급 자원외교를 통해 대규모 일본 투자자금 유치와 대일본 LNG수출을 추진하고 있다.

한국과는 2008년 9월 한·러 정상회담에서 북한을 경유하는 파이프 라인을 건설하여 러시아의 천연가스를 한국에 공급하는 사업에 합의하 였으나, 북핵문제와 남북한 간의 긴장이 고조되면서 성사되지 않고 있 다. 이 계획에 의하면, 한·러 양국은 2015년 이후 30년 동안 연 750만 톤의 가스를 북한영토를 통과하는 가스관을 통해 한국으로 공급하기로 하고, 2009년부터 북한 경유 PNG 사업의 타당성 조사를 공동으로 진행 하기로 합의했으며, 사업 주체인 가즈프롬과 한국가스공사는 가스화학 공장과 LNG생산기지 건설에도 협력하기로 하였다. 2010년 4월에 한국

6　현재까지 발견된 사할린-3의 키린스키 광구와 유즈노~키린스키 광구의 추정매장량은 가 즈프롬의 기대치에 크게 못 미치는 수준이다.

의 가스공사와 러시아의 가즈프롬은 러시아 천연가스의 한국으로의 공
급방안에 대한 타당성 조사를 완료하였으나, 아직 3자 간 협의단계까지
는 도달하지 못하고 있다. 2011년 8월 북-러 정상회담에서 북러 간에
동 사업에 대한 합의가 이루어진 것으로 알려지고 있으나, 이 사업의 북
한의 참여 여부는 매우 불투명하다.

4) 동북아 전력계통 연계 및 전력부문 협력

동북아 전력계통연계 협력 사업은 러시아가 2000년대 초부터 주도하
는 사업으로 수력, 석탄 등 발전용 자원이 풍부한 동시베리아에 발전소
를 건설하여 송전망을 통하여 중국, 한반도 남북한, 일본까지 전력을 공
급한다는 방안이다. 이러한 동북아 전력협력은 동북아 역내 각국의 자원
보유현황과 전력수요의 특성, 기후조건, 경제현황 등의 다양한 특성을
고려할 때, 역내 국가들의 경제적, 환경적 이득을 창출할 수 있는 장기적
인 협력대안으로 평가되고 있다. 특히, 역내 국가들이 전력수요의 계절
적 부하패턴이 서로 다르기 때문에 이 지역의 전력융통 사업과 전력교역
을 통하여 역내 국가들이 경제적 편익을 공유할 수 있다.[7]

　남~북~러 동북아 전력망연계는 러시아 '블라디보스토크~ 북한 청
진' 간 전력망 연계(1단계) 및 '러시아~남한' 간 전력망 계통연계(2단계)
로 구분하여 추진하는 것으로 제안되었다. 1단계 사업은 블라디보스토
크~청진 간 구간(380km)을 220kV, 500kV AC 송전망으로 연계하고,
송전 규모는 300MVA, 500MVA인 사업이며, 2단계 사업은 북한에 대한
500kV 교류송전, 남한에 대한 ±500kV 직류송전, 두 가지 송전방식 동

7　풍부한 수력자원이 풍부한 러시아는 전력소비가 낮은 반면 자원이 없는 한국과 중국은 전
　력소비가 높으며, 한국은 전력수요가 여름 피크인 반면 러시아는 겨울 피크이기 때문에 국
　가 간 전력계통연계의 경제적 타당성이 확보될 수 있다.

시에 고려하고 송전 규모는 2000MVA 인 사업이다. 이 사업의 타당성에 대하여 한국과 러시아 전력회사는 2009~10년에 해외사례분석, 계통연계·운영 기술분석, 노선검토, 비용검토, 경제성 분석방법론 등의 조사사업을 추진한 바 있다.

다른 한편으로 중국은 국내 심각한 전력난 해소를 위하여, 러시아는 동시베리아 및 극동 지역에 대규모 여분의 전력을 수출하기 위하여, 양국 간의 전력협력을 추진하고 있다. 양국의 국영 전력회사들은 2005년 3월 베이징에서 전력산업 협력을 위한 양해각서를 체결한 바 있다. 또한, 러시아와 중국은 2005년 6월 정상회담을 통해 러시아 전원개발 및 대중국 전력수출을 합의하였으며, 2006년 3월 양국 간 정상회담에서 양국 간 송전선 건설사업에 기술적·경제적 타당성 조사를 공동으로 추진하고, 전력수출가격 산정방식에 합의하고, 장기적으로 러시아가 연간 600억 kWh 전력을 중국에 공급하기로 약속하였다.

동북아 전력협력은 한국의 입장에서는 북한의 전력망 봉쇄나 정치, 군사적 위협방안으로 이용될 것에 대한 우려가 높으므로 이를 불식시킬 수 있는 한반도의 확고한 정치적 안정이 확보되어야 할 것이다. 장기적으로 동북아계통연계는 대북전력지원은 물론이고 남한 전력산업에도 긍정적인 유용한 대안으로 평가되며 미래에 필연적으로 전개될 사안으로 판단되고 있다. 이는 남북 에너지통합시스템 구축과 동북아 에너지 허브국가 지향 목표와 일치되기 때문이다.

최근 들어 논의되고 있는 사업으로는 Gobitec 또는 아시아 슈퍼그리드(Asia Super-Grid) 사업이 있다. 이 사업은 몽골과 중국의 사막 지역에서 태양광 발전과 동시베리아의 수력발전 등 신재생에너지원으로부터 전기를 생산하고 고압 송전선을 통해 몽골, 중국, 한국, 일본 등에 전력망을 건설하여 공급하는 사업이다. 2013년 3월에 동북아 역내 5개 기

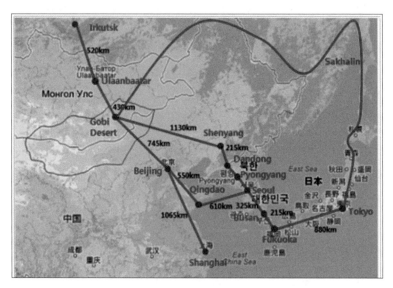

그림 7. 아시아 슈퍼그리드 사업 개요

관이 이 사업을 개발하기 위한 공동 연구 양해각서(MOU)를 체결하였는데, 참여 기관은 에너지헌장 사무국. 한국 에너지경제연구원, 몽골 에너지부, 일본 신재생 에너지재단, 러시아의 에너지시스템연구소이다. 공동 연구의 핵심 목표는 동북아 국가들과 국제 사회가 역내 신재생 에너지원의 잠재력에 관한 정보와 자료를 확보–제공하는 것이다. 슈퍼그리드는 지리적 범위가 넓기 때문에 기술적 및 정치적 난제를 내포하고 있다.

4. 동북아 에너지협력 활성화 전략[8]

1) 기존 협력에 대한 주요 장애요인

동북아 지역에서 지역 단위의 에너지협력을 추진하는 데 있어 다양한 장

---

8   본절의 내용은 류지철(2003), 류지철(2015), GTI(2016)의 일부 내용을 참고하여 작성되었다.

애요인이 존재하고 있어 이 지역에서의 에너지협력은 세계 다른 지역에 비해 상대적으로 가시적인 성과를 보이고 있지 않다. 장애요인으로는 에너지 및 인프라 개발에 대한 막대한 자본 소요, 인프라 부족, 에너지 생산국의 자원 민족주의 성향, 에너지 개발 프로젝트에 대한 자본 접근성 문제, 에너지 프로젝트의 개발을 둘러싼 불확실성, 지정학적 요인, 역내 각국의 기존 에너지산업의 관성 등이 포함된다.

- 높은 자본 소요, 인프라 부족 및 자원 민족주의
- 프로젝트 불확실성
- 정치적 불안정
- 시장 호환성 문제 및 지역 에너지협력을 위한 다자간 메커니즘의 부족
- 에너지안보 경쟁 강화
- 다자 대 양자 간 관계에 대한 갈등

(1) 막대한 자본 투자 소요 및 인프라 부족, 자원 민족주의

대부분의 에너지 개발 프로젝트는 대규모 투자를 필요로 하며, 높은 리스크와 장기간의 투자회수 기간 등으로 특징지어 진다. 또한 발전소 및 파이프라인과 같은 에너지생산 및 수송 인프라의 건설은 고도의 기술 적용이 요구될 뿐만 아니라 매우 자본 집약적이다. 따라서 에너지 개발프로젝트는 필요한 자본과 기술을 원활히 조달하고 투자 수익을 보장할 수 있는 수요시장을 사전에 확보할 필요가 있다.

동북아 지역 대부분의 석유, 천연가스 및 석탄은 수요지와 거리가 상당히 멀리 떨어져 있는 오지에 매장되어 있어, 에너지를 개발하고 수송 기반시설을 건설하려면 다른 지역에 비해 상대적으로 높은 자본투

자가 필요하다. 그러나 이 지역의 러시아와 몽골과 같은 자원부국은 자
본조달의 어려움을 겪고 있는 자본빈국이다. 이는 러시아 에너지기업이
2008년 발생한 세계적 금융 위기로 인한 유럽 경제침체에 따른 수출수
요의 감소와 2014년에 유가가 폭락하면서 재정 상태가 크게 악화되었기
때문이다. 몽골도 자원가격이 하락했기 때문에 러시아와 비슷한 상황을
겪고 있다. 따라서 이러한 국가들이 에너지 개발 프로젝트를 단독으로
조달할 여유가 없다는 우려가 커지고 있으며, 실제로 대규모 에너지 개
발 사업이 지연되거나 취소되고 있는 실정이다.

　　몽골의 경우 재원조달 장애를 극복하고 석유와 석탄 등의 에너지 개
발 프로젝트를 촉진하고 도로, 철도, 전력 공급과 같은 대규모 인프라를
개발하기 위하여 외국인 직접 투자(FDI)를 유치하는 개방정책을 추진하
고 있다.

　　러시아 또한 동시베리아와 러시아 극동 지역의 에너지 및 인프라 개
발을 위하여 막대한 투자가 필요하지만, 전략적 및 경제적 이유로 가즈
프롬(Gazprom)이나 로스네프트(Rosneft)와 같은 국영에너지기업을 통
하여 자국 영토 내 에너지자원의 소유와 개발에 대한 정부의 영향력을
증대시킴으로써 소위 자원 민족주의의 경향을 보이고 있다. 러시아 정부
의 이러한 경향은 2000년대 들어 심화되면서, 매력적인 에너지 개발 프
로젝트에 투자하려는 외국 자본의 진입을 차단시켰으며, 이에 따라 러시
아의 동북아 국가에 대한 에너지 공급 잠재력은 향상 될 수 없었다. 이는
또한 러시아의 동북아에서의 에너지 공급원으로서의 경쟁력을 호주, 중
동, 라틴 아메리카 및 북미 지역과 같은 다른 공급원에 비하여 상대적으
로 약화시키는 결과를 초래하였다.

(2) 프로젝트 불확실성

향후 동북아에서 석유, 천연가스, 석탄과 전력 등의 에너지교역을 촉진하고 지역 에너지협력을 증진시킬 잠재력은 결국 러시아의 동시베리아와 극동 지역으로부터 에너지생산과 공급을 얼마나 늘릴 것인지, 그리고 얼마나 빠르게 국경 간 에너지 수송 기반시설이 동북아 지역에 구축될 것인지 여부에 달려있다. 러시아는 ESPO 송유관을 통해 향후 연간 8000만 톤의 원유를 아태 지역에 공급할 계획이다. 그러나 이와 같은 극동러시아 지역의 석유 공급 계획을 실현하는 데에는 중요한 몇 가지의 다음과 같은 불확실성이 존재하고 있다. 즉,

- ESPO 대형 송유관 공급을 충족할만한 석유가 양적으로 확보되지 않은 상태이며
- 동시베리아 및 야쿠티아 지역의 유전에서의 석유 생산은 아직 착수되지도 않았으며
- 120~160억 달러에 달하는 높은 송유관 건설 공사비로 인한 높은 수송비용과 통과료의 러시니 ESPO 원유 판매가격에 반영 여부 등

앞서 언급한 장애요인과 불확실성을 고려할 때 동시베리아에서 동북아 지역에 상당량의 석유를 공급할 수 있는 러시아의 잠재력을 예측하는 것은 매우 불확실하다. 사할린은 지리적으로 동북아 다른 국가와 비교적 근접해 있기 때문에 전략적으로 중요한 원유 및 가스 공급원으로 간주되고 있다. 러시아 또한 현재 사할린을 유럽에 의존하는 수출시장을 아태 지역으로 다변화하기 위한 전략적 지역으로 인식하고 있다. 그러나 사할린의 석유 및 가스 개발에는 겨울철 결빙과 환경 보호로 인해 어려

움이 있는 것으로 알려져 있다. 이로 인하여 사할린 대륙붕의 탐사-개발 비용이 증가함에 따라 사할린에서 수입한 원유 가격은 중동산 원유보다 높은 것으로 나타났다. 따라서 NEA 국가에 가스를 공급할 수 있는 러시아의 잠재력은 크게 UGSS Eastern Program 계획의 이행 속도에 달려 있다. 러시아산 에너지 수입 가능성은 장기적인 측면에서 매우 긍정적인 선택이지만 단기적으로는 여전히 불확실하다. 러시아 에너지 개발에 대한 의문은 세계의 다른 지역과 비교할 때 러시아가 미래에 얼마나 매력적이고 신뢰할 수 있는 공급자가 될지에 대한 의문이다.

역사적으로, 동북아 국가의 에너지 수입원은 주로 중동, 호주 및 동남아시아 국가이다. 동북아에서의 에너지자원 개발 및 수송 인프라 개발에 대한 불확실성은 중국, 일본, 한국의 가장 중요한 에너지 수입원이 러시아가 아닌 안정적이고 매력적인 다른 지역의 자원수출국으로 전환하게 할 것이다. 그러면 러시아는 에너지 수출시장을 잃을 것이고, 역내 에너지교역 확대를 통한 동북아의 지역 에너지협력이 지연될 가능성이 높다.

(3) 정치적 불안정성

정치적 안정은 에너지 프로젝트를 추진하는데 있어 매우 중요한 요소이며, 특히 사업의 안보와 지속성과도 관련 있다. 동북아 지역은 과거 냉전시대의 잔재가 여전히 남아있는 등, 세계 어느 지역보다도 정치적 불안정성이 높은 지정학적 요인이 존재하고 있다. 중국과 일본, 러시아와 일본 사이에는 영토분쟁에 대한 논란이 끊이지 않고 있으며, 한반도를 둘러싼 정치적 불안정성은 여전히 심각한 수준이다. 소위 '북한 리스크'라고 일컫는 요인이 한국이 주변국이 러시아와 중국 등과의 에너지 수송인프라 구축 연결에 가장 큰 장애요인이다. 북한과의 정치적 합의가 이뤄지지 않는 한, 러시아에서 북한을 통과하는 천연가스 파이프라인이나 전력계통망 연계 네트워크를 한국으로 연결하는 사업은 성사되기가 어려울 것이다. 정치적 안정에 대한 불확실성은 결국 에너지 프로젝트에 대한 투자자의 높은 위험을 수반하게 되어 투자 회피로 이어지게 되기 때문이다.

(4) 동북아 간의 시장 호환성 부족

동북아 지역 국가들은 자본주의 시장경제체제의 한국과 일본, 그리고 사회주의체제인 중국, 북한, 러시아, 몽골 등이 있으며, 이 서로 다른 두 체제 국가는 상이한 에너지 시장규칙과 시스템, 에너지산업조직 등을 채택하고 있다. 예를 들어, 중국과 러시아의 에너지기업은 거의 정부 소유의 국영기업인 반면, 일본과 한국은 민간 기업이 에너지사업에 참여하는 시장 규칙을 채택하고 있다. 양 체제 간 시장의 호환성이 산업구조, 재원조달 방식, 에너지정책/계획 추진 메커니즘, 등 많은 부문에서 보장되고 있지 않다. 이러한 지역의 구성 국가 간의 시장규칙의 차이는 에너지 투자 협력, 시장 참여 및 진출에 걸림돌이 되고, 때로는 상호 신뢰부족을 야기하여 결국에는 지역협력을 추진하는데 가장 큰 장애요인이 되고 있다. 따라서 두 시스템 간의 상호 이해의 기회를 확대하고 이러한 격차를 좁히기 위한 공동의 노력이 필요할 것이다.

(5) 동북아 지역 에너지협력을 위한 다자간 제도적 기반(Governance)의 부재

앞에서도 논의하였듯이, 현재 동북아 국가 간 다자간 경제/에너지협력을 위한 공식적, 제도적 기반의 구체적인 형태는 존재하지 않고 있으며, 대부분의 경제협력관계는 양자 간 기반으로 수행되고 있다. 동북아 국가들이 수행하는 대부분의 에너지 프로젝트도 독자적으로 또는 양자 간의 관

계로 계획되거나 실행되고 있다. 결과적으로 이 지역 에너지 개발 및 협력 사업 프로젝트는 다자간의 조화로운 재원조달, 분쟁조정, 수출시장의 안정적 확보에 대한 지역 차원에서 협력이 없기 때문에 추가적인 불확실성에 직면하게 된다. 다른 지역에서 사례에서 볼 수 있듯이 동북아 국가에서도 여러 나라가 참여하게 되는 에너지 수송망 구축과 같은 사업의 원활한 추진을 위해서는 지역 차원의 에너지협력을 위한 협의체 구성이 절실히 요구되고 있다.

(6) 역내 국가 사이의 에너지 안보를 위한 경쟁 심화

동북아 국가 , 특히 중국과 일본은 자국의 에너지 공급을 확보하기 위해 그리고 해외 에너지사업 진출에서 치열한 경쟁을 벌이고 있다. 그들의 에너지 확보 노력에는 러시아와 같은 진출대상국의 협상에서 자국의 경제적 이익만을 추구하며 경제적 인센티브를 제공하겠다는 제안, 즉 현찰 협상(Cash deal)과 같은 비정상적인 거래 등도 포함되어 있다. 이와 같이 이 지역의 에너지 수입 강대국 들이 지역 공동 관심사를 고려하지 않고 자국만의 에너지 안보를 강화하기 위한 국가 에너지 전략을 고안하고 실행하고 있다. 가장 전형적인 예는 러시아의 ESPO 송유관을 건설하는 과정에서 러시아가 1994년에 중국에 ESPO를 건설할 것을 제안하였으나 지난 수십 년간 일본의 개입으로 이 계획은 여러 번 지연되고 수정된 바 있다.

(7) 다자 대(對) 양자 간 갈등

동북아에서 특히, 중국과 러시아는 석유와 천연가스, 전력부문의 협력사업을 추진하는데 있어 적극적으로 양자 간의 사업으로 추진하고 있다. 중국은 또한 몽골과 북한과의 석탄개발 및 인프라 건설 협력 사업도 양

자 협력 사업으로 추진하고 있다. 한편, 한국과 일본은 역내 에너지 및 인프라 개발 프로젝트에 참여할 수 있는 능력을 충분히 갖추고 있음에도 불구하고 중요한 역할을 하지 못하고 있다. 러시아는 동북아 역내에너지 협력에 대한 강한 필요성을 인식하고 있지만, 러시아의 접근방식도 다자간 에너지협력을 활성화하는 데에는 수동적이며, 전략적 이유로 개별 국가와의 양자 관계를 강화하는 것을 선호하는 것으로 나타나고 있다. 이러한 역내 일부 국가의 양자 간 에너지협력의 강력한 주도권은 동북아 지역의 다자간 협력 사업을 추진하는 데 걸림돌이 되고 있다.

5. 동북아 지역/다자간 에너지협력 활성화 전략

앞에서 살펴보았듯이, 동북아 에너지협력은 주로 양자 간 협력, 특히 중국과 러시아 사이에서 긴밀하게 추진되고 있으며, 다양한 장애요인 때문에 다자간 협력을 위한 제도적 기반 조성은 단기적인 관점에서는 가능하지 않을 수 있다. 그러므로 동북아에서 다자간 에너지협력을 활성화하는 전략은 이 지역의 정치, 경제 여건과 장애요인 등을 고려하고, 세계 다른 지역에서 지역 에너지협력을 활성화하는 사업과 제도적 기반 등을 조사하여 반영하여 동북아에서 다자간 차원에서 지역 에너지협력을 촉진할 수 있는 정책과 협력 의제를 발굴하고, 이를 달성할 수 있는 단기 및 장기 로드맵을 제시할 필요가 있다.

1) 동북아 지역 에너지협력을 위한 다자간 체제의 설계

지역 에너지협력은 지리적으로 근접한 국가들 사이에 경제적, 그리고 에너지수급의 보완관계를 상호 접합시킴으로써 참여국 전체의 후생을 증대시키기 위한 목적으로 추진되고 있다. 실제로 유럽과 미주, 동남아,

아프리카 등 지역에서는 이러한 이유로 다양한 형태의 지역 에너지협력이 다자간 차원에서 추진되고 있다. 다른 지역의 에너지협력/협의체 구성의 사례에서 볼 수 있듯이, 지역 에너지협력을 위한 다자간 메커니즘은 그 특성의 관점에서 몇 개의 형태로 분류 할 수 있다. 첫 번째 형태로는 정책협력(Policy cooperation)을 위한 메커니즘으로 여기에는 공공성의 특징을 가지는 에너지 관련 자료 및 정보 교류, 에너지절약과 신재생에너지 개발 협력, 역량 구축 강화 등의 협력 사업을 포함하고 있다. 두 번째 지역 에너지협력의 형태는 지역 에너지 프로젝트 사업을 추진하기 위한 협력체로서, 국경 간 파이프라인 네트워크 및 전력계통 시스템의 구축/운영을 위한 메커니즘이다. 정부 차원에 의해 구현되는 첫 번째 범주의 협력체는 2개의 특성으로 분류될 수 있는데, 구속력이 없는(non-binding) 협력체와 참여국/회원국에게 회원 의무조항을 준수하게 하는 구속력이 있는 협력 메커니즘(policy-binding mechanism)이다(류지철 2015).

이와 같은 지역 단위의 다자간 에너지협력 메커니즘의 사례로는 '라틴 아메리카 에너지기구(OLADE)'와 '미주 에너지 및 기후 파트너십(ECPA)', '아시아 태평양 경제 협력체(APEC)'와 '아세안(ASEAN)' 등은 회원국에 대한 구속력이 없이 자발적 참여를 원칙으로 하는 역내 국가의 정부 간 협의체로서 첫 번째 범주에 해당된다. 반면 회원국에 대한 구속력 있는 의무/책임을 적용하는 보다 강력한 지역 에너지협력 기구로는 '유럽 연합(EU) 에너지 커뮤니티'와 같은 기구로서 이러한 기구는 국가 간의 조약에 그 설립 기반을 두고 있다. 그리고 두 번째 범주인 지역의 사업 협력의 경우에는 세계 각 지역에서 이행되고 있는 지역 단위의 전력융통사업 또는 전력 풀(Power pool)과 러시아~서유럽 천연가스 파이프라 사업과 같은 다자간 에너지 수송설비 시장운영체계(Market governance) 등이 있다.

동북아에서와 같이 다자간 지역 에너지협력 체계가 갖추어지지 않은 여건하에서는 구속력이 없는 참여국의 자발적 참여 원칙을 토대로 하는 초기단계의 협의체 구성인 첫 번째 범주의 유형부터 시작하여야 될 것이다. 그러나 지역 차원의 구체적인 상업적 사업 협력에 관해서는 두 번째 범주 메커니즘도 동시에 추구해야 하며, 이는 궁극적으로 동북아 국가가 장기적인 관점에서 지향해야 할 다자간 협력 구도이다.

2) 동북아 지역 에너지협력을 활성화 정책 의제

역내 에너지 안보를 제고할 수 있는 국가 간, 역내 또는 국제적 협력 의제로는 ① 에너지 교역의 확대 ② 에너지자원의 개발·생산과 에너지 수송인프라 건설을 촉진할 수 있는 투자 기회의 확대, 그리고 ③ 에너지관련 기술 협력의 확대 등을 들 수 있다. 그러나 동북아 지역에서 지역 단위의 에너지협력은 현재 이 지역이 가지고 있는 지정학적인 문제 등을 고려할 때, 점진적이고 단계적인 접근이 필요할 것이다. 단기적으로는 신뢰 구축을 위한 여건을 조성하기 위하여 각국의 에너지 시장과 정책과 관련된 정보교류, 협력 사업에 대한 공동연구, 인적 및 제도의 역량 증진 사업의 추진이 요구되며, 이러한 노력의 결과를 기반으로 장기적으로는 동북아 에너지협력 기구를 설립하기 위한 제도적 기반을 조성하여, 역내 국가 간의 실질적인 정책 및 투자협력과 정책 공조를 마련하는 기틀을 마련하여야 할 것이다.

지역 에너지협력의 필요성에 대한 공동합의(Consensus creation): 동북아에서의 에너지협력의 출발점은 역내 국가들이 이 지역이 에너지 이용과 환경에 있어 하나의 단일 공동체이고 에너지자원이 현재뿐만 아니라 미래세대의 경제성장과 번영을 촉진하는 중요한 가치를 가지는 공동의 자산이라는 인식을 공유하는 것이다. 역내 에너지협력의 이익을 공유하지 않거나 공동의 번영을 추구하지 않고서는 지역협력의 기반을 조성할 수 없을 것이다. 동북아 역내 지역에너지협력을 시도함에 있어 역내 국가들은 적어도 다음과 같은 공동 목표를 달성하기 위해 합의를 이끌어 낼 필요가 있다.

- 효율적인 에너지 개발, 생산, 공급 및 이용에 대한 장애요인의 제거 및 감소
- 에너지 개발, 생산 및 이용에 역행하는 여건의 최소화
- 지역 에너지 안보 역량을 제고하는 노력에 대한 공조 등

정치적 불확실성 제거: 다자간 에너지협력이 활성화되기 위해서는 핵심 협력 사업의 안정성이 확보되어야 하며, 사업 관련 정치적 불확실성을 최소화 또는 제거하여, 에너지협력 사업이 정치적 위험으로부터 분리(de-coupling)되어야 한다. 이를 달성하기 위한 협력의제는 다음과 같다.

- 다자간 협력 체제에서의 지역 정치의 안정성 확보 추구
- 에너지 프로젝트와 관련된 정치적 위험의 불확실성을 제거하거나 줄이기 위한 공동의 목표에 대한 공감대 형성
- 국내외 투자 확보를 위하여 시장투명성을 보장하고, 장기 계약에 대한 적정한 가격 메커니즘을 확보하기 위하여 에너지 프로젝트의 탈정치화 등

공동 이익을 위한 협력 프로젝트의 규명 및 우선순위 설정: 여기에는 동북아 역내 국가의 공동 관심 프로젝트인 에너지자원 개발, 즉 석유,

천연가스 및 석탄의 개발뿐만 아니라 파이프라인 및 전력망과 같은 국가 간 에너지 교역 네트워크 시스템의 구축과 같은 장-단기 프로젝트들이 포함된다. 또한 에너지 효율향상이나 에너지절약, 신재생에너지 개발 및 보급과 같은 에너지기술 협력도 동북아 에너지협력의 중요한 협력 사업으로 포함한다. 우선순위 의제는 다음과 같다.

- 동북아 역내에서 석유, 가스 및 석탄 개발을 위한 공동 노력
- 신재생 에너지 활용 및 에너지 효율 향상
- 다자간 석유 및 가스 파이프라인 및 전력계통연계 시스템 운영을 위한 정책 개발 및 역내 에너지 교역 규칙의 제정 등

정부 및 기업부문 간 정책 협력 강화: 동북아 역내 국가 간 에너지부문의 정책협력을 강화하기 위하여 협력 사업 이행단계에서 다음과 같은 의제의 설정이 필요하다.

- 각국의 에너지 데이터 및 시장/산업 정보 공유 메커니즘 구축
- 역내 국가 간 시장 및 정책 호환성을 확보하기 위한 역량 강화 (Capacity building) 사업 추진
- 민간부문 또는 산업계의 협력사업 발굴 및 참여 독려

정보 공유 메커니즘 구축에 관해서는 동북아 각국이 주변국과 호환성이 없는 자국의 에너지 데이터/통계체계를 가지고 있음에 따라, 동일한 기준으로 작성된 공통 에너지 데이터베이스를 구축하고, 여기에는 석유, 천연가스, 석탄, 전력 산업의 상류 및 하류부문의 통계자료를 포함시킨다. 우선순위가 높은 협력의제는 다음과 같다.

- 다자 차원에서 공통 에너지통계 및 정책조사 데이터베이스를 구축하고 정기적으로 업데이트: 대상국가로 동북아 역내 모든 국가를 포함
- 국가 간의 에너지통계/정보 소통 네트워크 및 메커니즘 구축 및 유지 관리

동북아에서 지역 에너지협력을 위한 역량 강화 협력 사업은 역내 국가들이 경제시스템과 경제발전수준이 서로 다르고, 서로 다른 에너지시장 제도를 채택하고 있기 때문에 지역적 차원에서 에너지협력을 이행하기 위한 시장 호환성을 확보하기 위해서 요구되는 협력 사업이다. 우선순위 의제로는 다음과 같은 사업이 포함된다.

- 역량 강화 및 교육훈련 프로그램의 활성화
- 정책 입안자, 산업체, 연구자 및 투자 커뮤니티 간의 광범위한 네트워크 구축
- 기업의 참여를 장려하기 위한 정책 대화 포럼 확대

투자 환경 개선: 동북아 지역에서의 석유, 천연가스 및 석탄의 탐사와 개발, 그리고 생산지에서 소비지까지 장거리 에너지 수송 인프라 건설은 막대한 자본투자를 필요로 할 것이다. 그러나 러시아와 몽골과 같이 동북아 지역의 에너지자원 부국은 글로벌 금융위기의 영향과 저유가 등으로 인하여 에너지 개발 프로젝트를 위한 대규모 재원조달에 어려움을 겪고 있다. 따라서 효과적인 에너지 개발 및 인프라 건설을 위해서는 외국인 투자가 요구되고 있으며, 이를 위한 유리한 환경을 조성하기 위한 역내 국가의 다자간 협력이 필요할 것이다. 우선순위 의제는 다음과 같다.

- 동북아 에너지개발 및 인프라 건설에 대한 외국인 투자를 유치하기 위한 보다 유리한 환경과 시장 친화적 정책 수립
- 에너지 개발 투자를 위한 공공–민간 파트너십(Public-private partnership: PPP)을 적극 권장
- 대규모 에너지 프로젝트 투자 촉진을 위한 외국 기업과의 합작 투자 및 다자간 개발 은행 또는 국제금융기관 자금 활용
- 재정 지원, 기술 조사 및 타당성 조사를 일관된 방식으로 수행할 수 있는 정책기반 조성을 지원하기 위한 다자간 정부위원회 설립
- 대형 에너지 프로젝트의 원활한 투자재원 조달을 위한 '동북아개발은행'과 같은 역내 다자간 개발은행 설립 등

3) 동북아 다자간 에너지협력 로드맵

앞에서 살펴본 협력 의제들과 해외 다른 지역에서의 성공적인 지역 에너지협력 경험에 대한 사례조사에 따라, 동북아 지역에서 지역 에너지협력을 촉진하기 위한 정책의제 추진은 단기 및 장기에 걸쳐 점진적으로 추진하여야 할 것이다. 조속히 이행될 수 있는 단기간 의제는 신축적이고 비구속적인(Non-binding) 방식으로 추진할 수 있는 것으로 다음과 같은 의제를 포함할 수 있다.

- 신뢰 구축 환경을 조성하기 위한 동북아 역내 국가 정부 간의 정책 대화 채널 구축
- 정보/에너지통계 교류 및 공유 메커니즘의 구축의 활성화
- 실천 가능한 협력 에너지 프로젝트의 규명과 함께 공동조사/연구: 천연가스 파이프라인, 전력계통연계, 석유비축 운영 등
- 역내 개발도상국을 위한 역량 강화를 위한 교육–훈련 협력 사업

의 추준
- 에너지 전문가/기업의 교류협력 확대
- 역내 에너지빈곤 문제 해결을 위한 지원/협력 : 북한 및 몽골 등
  오지 지역

동북아 국가 간 위한 노력 및 합의에 따라 달성할 수 있는 장기적인
의제에는 다음과 같은 협력 사업이 포함될 수 있을 것이다.

- 동북아 지역 차원의 지역 에너지협력을 구체적으로 추진하기 위
  한 다자간 조약, 헌장 등을 제정하여 체결함으로써 다자간 지역
  에너지협력 제도적 기반의 조성
- 제도적 장치가 확립된 정책 조정 기능의 도입
- 공통 정책목표를 달성할 수 있는 공동 정책 의제 개발 및 역내국
  가의 의무 이행
- 역내 에너지협력 사업 추진을 위한 다자간 재원조달 메커니즘 설
  립/구축 등

III. 결론

동북아 에너지협력에 대한 논의는 지난 수십 년 동안 많이 있었으나, 구
체적이고 가시적인 성과는 아직까지도 미약하다. 특히 다자간 지역 에
너지협력 사업의 성과는 '동북아에너지협력정부간협의체'에서, 한국, 중
국, 몽골, 러시아를 중심으로 일부 공동연구를 수행하였던 것 외에는 극
히 드문 실정이다. 에너지자원 개발과 수송 인프라 건설을 위한 협력 사

업도 중국과 러시아와의 양자 간의 협력은 비교적 활성화되고 있으나, 다른 역내 국가인 한국, 북한, 일본, 몽골 등이 참여하는 다자간 협력 사업의 성과는 거의 전무한 실정이다.

동북아 지역에서 지역 단위의 에너지협력을 활성화하기 위해서는 현재 이 지역이 가지고 있는 지정학적인 문제 등을 고려할 때 점진적이고 단계적인 접근이 필요하다. 단기적으로는 신뢰 구축을 위한 여건을 조성하기 위하여 각국의 에너지 시장과 정책과 관련된 정보교류, 협력 사업에 대한 공동연구, 인적 및 제도의 역량 증진사업의 추진이 요구되며, 이러한 노력의 결과를 기반으로 장기적으로는 동북아 에너지협력 기구를 설립하기 위한 제도적 기반을 조성하여, 역내 국가 간의 실질적인 정책 및 투자협력과 정책 공조를 마련하는 기틀을 마련하여야 할 것이다.

참고문헌

김현진. 『에너지 확보를 둘러싼 신국제질서: 전망과 시사점』 삼성경제연구소, 2004.10.1.
류지철. 『동북아 다자간 에너지협력의 제도적 기반 조성 연구』 에너지경제연구원, 정책연구보고
　　서, 2003.
＿＿＿. 『세계 에너지시장 여건 변화에 따른 러시아의 에너지자원 투자정책 변화와 한·러 에너
　　지협력에 미치는 영향 분석』 에너지경제연구원, 정책연구보고서, 2009.
＿＿＿. 『에너지안보 제고를 위한 APEC 국가와의 공조 방안 연구』 에너지경제연구원, 기본연구
　　보고서 2011.
＿＿＿. " 지역에너지협력 해외사례 분석과 동북아에 대한 시사점." 『천연가스산업연구』 제4권
　　제1호 (2015).
류지철, 이문배. 『동북아 다자간 에너지협력의 제도적 기반 조성 연구』 에너지경제연구원,
　　2003.8.
박창원, 류지철. 『동북아 에너지협력을 위한 중장기 비전 및 전략수립 연구』 에너지경제연구원,
　　정책연구보고 2005.
이윤정. "한중일 3국 정상회의" 『조선비즈』 (2015.11.1)
이재승. "동북아 에너지협력 논의의 쟁점과 분석틀: 국제정치경제학적 의제 설정을 중심으로."
　　『한국정치연구』 제16집 2호 (2007).
외교부. 『동북아 평화협력구상과 에너지협력 방안』 연구용역보고서 2013.

Andrijanič, Mark Boris. "The American Energy Revolution: Challenging Europe and the
　　Middle East." *European View* 14-2 (December, 2015).
BP. *BP Statistical Review of World Energy*. 2016.
Bradshaw, Michael "Global Energy Dilemmas: a Geographical Perspective." *The Geo-
　　graphical Journal* 176-4 (December, 2010).
Blackwill, Robert D. and Meghan L. O'Sullivan. "America's Energy Edge: The Geopoliti-
　　cal Consequences of the Shale Revolution." *Foreign Affairs* (March/April 2014).
Cherp, Aleh. "Energy and Security." *Global Energy Assessment: Toward a Sustainable
　　Future* (2012).
Clemente, Jude. "The Middle East's Growing Oil Demand Problem." *Forbes* (March 29,
　　2015).
Great Tumen Initiative. *GTI Energy Cooperation Programme in Northeast Asia: CAPAC-
　　ITY BUILDING TRAINING PROJECT ON ENERGY: POLICIES AND PROSPECTS FOR
　　REGIONAL ENERGY COOPERATION*. 2016.
Gloystein, Henning and Chen Aizhu. "Russia's Far East Oil Producers Boost Asian Sales."
　　Reuters (March 16, 2016).
Herberg, Mikkal E. "Introduction." *Energy Security and the Asia-Pacific: Course Reader*.

Washington DC: National Bureau of Asian Research, 2014.

International Security Advisory Board. *Energy Geopolitics: Challenges and Opportunities.* 2014.7.

International Energy Agency (IEA). *Key World Energy Statistics 2016.* Paris: IEA, 2016.

Jones, Bruce et al. *Fueling A New Order? The New Geopolitical and Security Consequences of Energy.* Washington, D.C.: Brookings Institution, 2014.

Lee, Sungkyu and Ahhyun Park. "Challenges and Tasks of Energy Cooperation in Northeast Asia" Paper presented at the Pacific Energy Summit, Seoul, Korea (June 2014).

Manning, Robert A. *The Shale Revolution and the New Geopolitics of Energy.* Atlantic Council, 2014.

Medlock III, Kenneth B. "The Shale Revolution and its Implications for the Global Energy Market." *IEEJ Energy Journal* (June, 2016).

Sadamori, Keisuke. *IEA Oil Market Report 2017.* CSIS Headquarters, Washington, D.C, 2017.3.8.

United Nations Economic and Social Commission for Asia and the Pacific. *Five-Year Strategy 2010-2014) to Implement the Inter-governmental Collaborative Mechanism on Energy Cooperation in North-East Asia.* 2010.

World Nuclear Association, 2013

Zha Daojiong and Michal Meidan. *China and the Middle East in a New Energy Landscape.* Chatham House, Royal Institute of International Affairs, 2015.10.

APEC Energy Database, http://www.ieej.or.jp/egeda/database/ (검색일: 2017.3.25).

US Energy Information Administration, Homepage http://www.eia.gov/ (검색일: 2017.3.28).

Greater Tumen Initiative (GTI) Homepages, http://www.tumenprogram.org/ (검색일: 2017.4.5).

제2장

저유가 체제하 글로벌 에너지 시장변동

김연규·스테판 블랭크

I. 서론

2016년 6월 미국 워싱턴에서 미국의 연구소인 NBR(National Bureau of Asia Research)과 우드로우 윌슨센터(Woodrow Wilson International Center)가 공동으로 "저유가 체제하 글로벌 에너지시장변화와 아시아에 너지 안보"라는 주제로 컨퍼런스를 개최하였다. 정부 관료들만 70여 명이 참석한 이 회의에서는 저유가 체제하에서 글로벌 원유와 천연가스 시장이 어떻게 변화할 것이며, 이러한 변화들이 아시아 에너지 안보에 어떤 영향을 미칠지에 대해 초점이 맞추어졌다. 가장 눈길을 끄는 내용은 경제가 침체되는 상황에서도 특히 중국과 같은 아시아 국가들의 원유 수요는 지속된다고 하는 주장이다. 중국에서 가솔린을 포함한 원유 수요가 늘어나는 이유는 석탄수요가 비교적 빠르게 감소하는 한편 가스 수요가 늘어나고 있지 못하기 때문에 원유가 이를 대체하기 때문이고, 저유가 상황에서 중국 정부가 국가 원유비축물량을 대규모로 늘리고 있기 때문

(oil stockpile expansion)이라는 것이다. 이러한 최근의 현상은 기존에 국제에너지기구(IEA)와 미국 에너지정보청(EIA)과 같은 기관들이 지속적으로 미래 에너지 수요의 대부분은 아시아에서 창출될 것이라고 하는 예측과 맞아떨어지는 것들이다. 이러한 예측 보고서들의 핵심 주장은 미래의 원유 수요 증가는 아시아 국가들의 운송 분야의 원유 수요 증가에 의해 결정된다는 것이었다. 상기 컨퍼런스에서 지적된 사항들은 이러한 현상들이 오히려 저유가 체제하에서 더욱 고착되고 있으며 오히려 아시아 에너지 안보 측면에서는 저유가 체제가 부정적인 영향을 미치고 있다는 결론을 내리고 있다(Izham 2017).

가장 논쟁적인 부분은 저유가 체제하에서 아시아 에너지 안보 상황이 악화되고 있다고 지적이다. 아시아 국가들이 저비용 생산국인 중동지역에 대한 의존을 다시 늘리고 있고 이에 따라 원유수송 안보가 다시 불안해지고 있기 때문이다. 아시아 국가들에 대한 러시아 원유 수출도 다시 늘어나고 있다(Kim 2016).

본 장의 목적은 저유가로 인한 글로벌 원유와 천연가스, 특히 LNG 시장 변화를 살펴보고, 이러한 글로벌 차원의 변화들이 아시아 에너지 안보에 어떤 변화를 가져올지를 분석하는 것이다. 저유가 체제하에서 아시아의 중동 지역 및 러시아 원유에 대한 의존 증가가 왜 가스부문에서는 일어나지 않고 있는지를 분석해 보고자 한다.

II. 저유가 체제, 언제까지 계속될 것인가?

2014년 6월 이후 저유가 체제가 현재까지 지속됨에 따라 전 세계가 석유 초과 공급 상태를 겪고 있다. OPEC의 카르텔로서의 생산량 감축합의 능력도 다시 문제화되기 시작했다. 저유가 2년 반 동안 OPEC은 6개월 주기로 회원국 사이의 생산량 감축합의를 시도했으나 매번 실패하였다. 저유가 2년 반 동안 OPEC 회원국들의 원유생산량은 2014년 중반의 30mbd(million barrel per day)에서 2016년 말 33.64mbd까지 증가하였다. 2016년 말 비OPEC 국가들은 56.36mbd를 생산하였으며 전 세계 원유생산량은 90mbd였다.

1) 2020년까지 국제유가 전망

그동안 국제유가의 향후 전망에 대해서는 다양한 견해가 제시되었었다. 일반적으로는 향후 국제유가가 3자리 숫자로 돌아가는 것은 물론이고 상당 기간 동안 낮은 수준에 머물 것이라는 견해가 지배적이긴 하지만, 국제에너지기구(IEA)는 그동안 지속적으로 저유가 체제하에서의 에너지 분야 투자 부진이 곧 2020년경 공급 부족으로 국제유가가 다시 치솟을 수 있다는 견해를 피력해 왔다. 글로벌 에너지 시장에 대한 현존하는 가장 광범위한 분석을 제시하는 보고서는 IEA의 세계에너지전망(World Energy Outlook)이다. 이 보고서는 정부와 기업이 미래 에너지에 관한 중요한 결정을 내릴 때 1차적으로 참고하는 지침으로서 미래 시점까지 에너지 시장이 어떻게 발전해 나갈 것인지를 보통 몇 개의 시나리오로 제시하는 것으로 유명하다. 매년 발간되는 600~700여 페이지에 달하는 본격적인 세계에너지 보고서로서 최근 세계 에너지시장 변화와 전망에 대한 가장 중요한 보고서도 2016년 11월에 발간된 IEA 2016 WEO이다 (Rapier 2016).

　　2016 WEO에서 밝힌 가장 중요한 전망은 2040년까지 세계에너지 소비가 30% 정도 증가하며 화석연료 소비도 따라서 증가할 것이라고 가정하고 있다는 것이다. 그 근본적인 이유는 선진국에서 감축된 에너지소

비보다 훨씬 더 개도국에서 추가로 에너지소비가 증가하여 선진국 감축을 상쇄했기 때문이라고 보고 있다(Rapier 2016). 예를 들어 석탄 소비의 경우 현재의 정책을 계속 유지하는 시나리오(CPS: Current Policies Scenarios)에서는 2040년경 석탄 소비가 35% 증가하는 것으로 예상하며, 파리기후 협약을 제대로 이행하는 시나리오(NPS: New Policies Scenarios)의 경우에도 2040년까지 5%가 증가한다. 이와 같은 WEO의 전망은 기후협약의 장밋빛 전망을 무색게 하는 것으로 환경단체 등으로부터 왜곡된 전망이라고 비난을 받고 있다.

　WEO 2016년 보고서에서 가장 논쟁적인 부분은 미래 석유 시장의 석유수요, 공급, 그리고 유가 관련 전망이다. 보고서가 기준으로 하고 있는 2015년 석유수요량인 92.5mbd을 바탕으로 2040년까지 120mbd로 석유 수요가 증가할 것으로 보고 있다. CPS 시나리오의 경우에는 117mbd, NPS 시나리오는 103mbd를 예측하고 있다(Rapier 2016c). 450 시나리오에서만 석유수요는 73mbd로 상당히 줄어드는 것으로 예측된다. 전기자동차는 증가는 하지만 매우 느린 속도로 증가할 것으로 보고 있으며, 전 세계적인 내연기관 자동차의 급격한 증가 때문에 전기자동차의 석유수요 감소 효과는 상당 부분 상쇄됨을 알 수 있다(Cunningham 2017).

　좀 더 구체적으로 살펴보자면 선진국의 석유소비는 2040년경 12mbd가 감소하며, 개도국의 증가분 가운데 가장 큰 비중을 차지하는 국가는 인도로서 2040년까지 6mbd가 증가할 것으로 보고서는 보고 있다. 아프리카도 매년 2.2%씩 석유수요가 증가하여 글로벌 석유수요 증가의 큰 부분을 차지하지만, 전체적으로 아시아가 12.5mbd로 가장 큰 비중을 차지한다(Rapier 2016c).

　향후 국제유가 전망에 대해서 IEA의 기본입장은 위와 같은 석유수요 증가 추세에 비춰볼 때 현재 저유가 상황은 3년째 에너지투자 부진이 이어지고 있어 현재와 같이 석유개발에 대한 신규 투자가 계속 부진할 경우 2020년경에는 다시 국제유가가 치솟을 가능성이 크다는 것이다. 투자개발에서 실제 생산까지 3~6년의 리드타임이 필요한 자원 개발의 특성을 감안하면 실제 공급부족 사태가 유발될 시점을 2021년으로 보는 것이다.

CPS 시나리오의 경우 IEA 추산에 의하면 2020년 국제유가는 82달러, 2030년 127달러, 2040년 147달러가 된다. NPS 시나리오의 경우 2020년 79달러, 2030년 111달러, 2040년 124달러가 된다(Rapier 2016c).

2) 전기차와 미래 석유수요

기존의 일반적 가정에서는 신흥 개도국의 석유수요가 크게 늘어나기 때문에 공급 차원의 부족 문제가 더 시급한 것으로 인식되었었다. 현재 전 세계의 석유 수요는 약 90mbd으로 매년 약 1mbd이 추가로 늘어나는 추세를 이어왔다(Rapier 2016a). 현재 전 세계에는 약 9억 대의 자동차가 존재한다. 자동차에 소요되는 석유량은 19mbd로 석유수요의 20%는 내연기관 가솔린 자동차 연료에 충당된다. 철도, 트럭, 항공, 해운 등 전체 운송분야를 모두 합치면 석유수요의 55% 정도가 소요된다. 나머지 30% 정도는 산업용으로 분류된다(Dale and Smith 2016).

일반적으로 선진국의 석유수요는 에너지 효율 개선, 신재생에너지, 청정에너지 개발과 확산, 경제구조 구도화 등으로 전반적으로 감소하는 반면 중국과 인도 등으로 대변되는 신흥 개도국 등의 석유수요는 지속적으로 늘어날 것으로 예측된다. 개도국 에너지 수요를 결정하는 전체적인 중요한 요인은 인구증가와 도시화, 중산층 확산 등이다. 아시아 지역의 에너지 수요는 2000년에는 글로벌 에너지 수요에서 차지하는 비중이 28%에 지나지 않았으나 2000~2013년 기간에는 76%로 급증하였다 (Herberg 2014). 개도국의 인구는 급증하는 것으로 집계된다.

직접적인 측면에서는 미래 석유수요는 전기자동차(EV: Electric Vehicles)의 개발 및 확산 속도와 매우 밀접한 관계를 갖는다. 최근 블룸버그는 2023년까지 폭발적 전기차의 확산으로 글로벌 석유수요가 2mbd만큼 감소할 것이라고 예측하는 보고서를 내놓았다(Bloomberg New Energy Finance 2016). 이 보고서에서는 2040년까지는 1300만 대의 전기차가 보급되어 석유수요가 13mbd가 감소할 것으로 예측했다. 2015년 현재, 세계적으로 전기차는 130만 대에 불과하지만 2040년 전기차는 4100만 대가 된다고 한다(Bloomberg New Energy Finance 2016). 세계 석유수요와 석유시장에 큰 변화를 가져올 만한 여파를 전기차 기술이 가져올 수 있음을 보여준다고 평가할 수 있다.

이러한 추세가 이미 유럽 일부 국가들에서는 가시화되고 있음을 알 수 있다. 2008년 이후 덴마크의 석유수요는 14%, 스웨덴은 16%, 핀란드는 21%가 각각 크게 감소하였다. 이 국가들에서는 고유가에 대한 대응으로 석유수요가 감소한 측면도 있지만 주로 전기차의 확산이 큰 역할을 했다고 볼 수 있다. 전기차 확산에 가장 주력한 국가는 노르웨이이다. 노르웨이는 세계에서 1인당 전기차 보급대수가 가장 많은 국가이다. 지난 7년 동안 전기차 보급이 매년 110%씩 증가하였다.[1] 그러나 노르웨이의 전기차 급증은 석유수요 감소로 이어지지는 않았고 오히려 노르웨이의 석유수요가 소폭 증가하는 결과를 가져왔다. 이유는 전기차의 급증에

---

[1]   전기차에는 두 가지 종류가 있다. 순수하게 배터리로 작동하는 순수전기차(battery electric vehicle)와 플러그인 하이브리드 전기차(PHEV: plug-in-hybrid electric vehicles)가 있다(Rapier 2016a).

도 불구하고 디젤과 가솔린 자동차 전체가 전기차보다 빠른 속도로 증가했으며, 특히 최근에는 정부가 전기차 구매에 대한 보조금 지급을 중단하면서 전기차 확산 속도가 급속히 느려지고 있다(Rapier 2016a).

미국에서는 2014~2015년 내연기관자동차 판매대수가 1650만 대에서 1750만 대로 늘어난 반면, 전기차 판매대수는 12만 2,438대에서 11만 6,099대로 감소하였다. 선진국에서조차 전기차의 석유수요에 대한 여파는 단기간에는 크지 않을 것이라고 보는 견해들이 아직 다수이다.

BP 에너지전망(Energy Outlook)은 이러한 견해를 잘 대변한다. BP에 의하면 향후 20년 동안 오일 수요는 20mbd가 늘어난다. 운송분야가 차지하는 비중이 13mbd이며, 특히 이 가운데 자동차가 차지하는 비중이 5mbd이다. BP는 2035년 전기차 대수는 7000만 대가 될 것으로 예측했다. 같은 기간 내연기관 자동차도 현재의 9억 대에서 2배가 늘어 18억 대에 달하게 된다. 전기차 비중은 2035년에도 여전히 미미한 수준에 머물게 되는 것이다.

3) OPEC과 사우디아라비아

현재의 에너지 환경은 과거와는 매우 다르며, 특히 사우디아라비아가 근본적 변화로 보고 있는 것은 중동 밖에 미국, 캐나다 등 신규 경쟁 생산국이 등장한다는 사실과 기후변화로 매장된 화석연료를 생산 수출하기 이전에 '묶인 재산(stranded assets)'이 될 수 있다는 점이다. 원유 이외에 경쟁적인 에너지원이 다양하게 등장하고 있는 것도 석유생산국들의 전략변화를 가져오고 있다.

석유자원 고갈에 대한 경고들을 다양한 기관이 내놓았던 2000년대 초와는 상황이 완전히 바뀌었다. 당시 공식 통계에 의하면 2011년 현재 전 세계에 알려진 소위 '증명된(proven)' 액체연료의 총량은 1.3조 배럴로서, 100여 년 동안 인류가 이미 개발해 사용한 석유가 약 1조 배럴에 달한 것을 감안하고 전 세계가 마지막 남은 320억 배럴의 석유를 완전히 소진하려면 이론적으로 40년밖에 안 남았다고 했었다(김연규 2013). 2005년 이후 2012년까지 7년 동안 세계석유생산은 제자리걸음을 했으며 2005년에 이미 석유생산정점(피크오일)을 지났던 것이다.[2]

최근 한 연구에 의하면 지구 기온 상승을 2도로 억제하려고 하면 중동 국가들의 총 매장량 가운데 38%의 화석연료가 "묶인 자산"이 될 것이라고 한다. 반면 미국의 수치는 6%에 불과하다. 사우디아라비아는 제한된 시간에 이제는 가능하면 많은 원유를 생산해 수출함으로써 저유가를 유도하고 저유가가 다시 수요를 늘리도록 하는 전략을 펼치고 있는 것이다. 이렇게 함으로써 피크수요로 인한 리스크를 고비용 셰일 생산국인 미국에게 전가하는 것이다(Krane 2016).

2016년 5월 사우디아라비아의 알리 나이미(Ali al-Naimi) 석유장관이 물러났다. 나이미는 석유업계의 앨런 그린스펀이라고 불리는 인물로 지난 30년 동안 사우디 석유장관에 재임했지만 생산량 감축을 주장하다가 정부와 불협화음 속에 물러났다. 사우디 아람코 회장을 지낸 칼리드 알 팔리(Khalid al-Falih)가 새로운 석유장관에 임명되었다. 알 팔리 장관은 사우디아라비아는 10.2mbd 생산량을 유지하는 정책을 지킬 것이며, 이론적으로는 12.5mbd 생산량을 정점으로 보고 있다고 밝혔다. 미국 셰일오일 생산자와의 시장 점유 경쟁을 다시 한번 확인한 것이다

---

2 2012년 말 현재 전 세계 액체연료(global liquids production) 생산량은 1일 92million 배럴이었다. 92million 가운데 15million은 원유(crude oil)를 제외한, 원유를 채취하거나 원유 정제시 나오는 컨덴세이트, 천연가스액화물(NGL: Natural Gas Liquids), 비전통 석유인 셰일오일(shale oil), 오일샌드, 에탄올로 알려진 바이오연료 등을 포함한 것이다. 최근 새로운 추가적인 15million 만큼의 비전통적 석유를 제외한 전통적 석유 87million 은 2005년의 수치와 같다.

(Paraskova 2016).

저유가로 사우디아라비아는 2015년 95조 원의 재정적자를 기록했으며 2016년에는 87조 원에 이르렀다. 사우디 정부는 2016년 10월 17.5조 원에 달하는 국채를 발행하였으며, 공무원 봉급도 20%나 삭감하는 발표를 단행하는 등 일부 경제학자들은 이대로 가면 사우디 경제가 파산할 가능성도 있다는 견해를 피력하고 있다(Diass 2016b). 사우디 정부도 위기의식 속에 전반적 경제개혁 정책들을 발표하고 있다. 가장 대표적인 정책이 "비전 2030(Vision 2030)"으로 현 사우디 경제의 문제점을 석유 중독(addiction to oil)으로 규정하고 2030년까지 사우디아라비아 경제를 다변화하겠다는 구상이다. 제조업과 민간기업을 육성하기 위하여 우선 사상 최초로 세계 최대 석유회사인 사우디 아람코의 주식을 2018년 초까지 공개해 약 2조 달러의 자금으로 국부펀드를 조성해 이러한 기업들을 지원할 계획이다.

최근 변화하는 글로벌 에너지 질서 속에서 석유수출국기구(OPEC)가 56년 역사에서 가장 큰 위기를 맞고 있다는 인식이 확산되고 있다. 생산국 카르텔로서 OPEC의 핵심적 기능은 수요 공급 균형을 통해 가격 안정을 추구하는 것이다. 여분의 생산능력을 가진 사우디아라비아는 14개 회원국을 주도해 OPEC 기구적 차원에서의 생산량 증가와 감축을 통해 가격 안정 기능을 추구해 온 것이다. OPEC이 카르텔로서 처음 존재감을 보여준 것이 1973년의 아랍-이스라엘 전쟁으로 촉발된 오일 수출 금지 결정이었다. 1982년 OPEC은 강제적인 생산량 쿼터제를 도입하고 1982~1985년 기간 생산량 감축을 통해 유가 상승을 도모했지만 초과공급 상황을 변화시키지 못하고 시장만 잃는 결과를 가져왔다. 이후 OPEC의 생산량 협력은 지지 부진한 상태가 지속되었으며, 2012년 쿼터제는 마침내 폐지되었다.

2014년 6월 이후 저유가 체제가 현재까지 지속됨에 따라 OPEC의 카르텔로서의 생산량 감축합의 능력이 다시 문제화되기 시작했다. 저유가 2년 반 동안 OPEC은 6개월 주기로 회원국 사이의 생산량 감축합의를 시도했으나 매번 실패하였다. 저유가 2년 반 동안 OPEC 회원국들의 원유생산량은 2014년 중반의 30mbd에서 2016년 말 33.64mbd까지 증가하였다. 2016년 말 비OPEC 국가들은 56.36mbd를 생산하였으며 전 세계 원유생산량은 90mbd였다. OPEC 내부의 이란과 이라크와의 생산량 감축 합의가 어렵다. 이란과 이라크는 회원국 가운데 2위 3위의 생산량을 가지고 있다. 사우디아라비아는 이란과 이라크의 생산 감축 없이는 사우디아라비아 감축은 없다는 점을 분명히 해왔다. 이란은 서방의 경제제재 해제 이후 제재 이전의 생산량인 4mbd가 도달할 때까지는 감축을 면제해 주어야 한다는 주장을 펼쳐왔다. 이라크도 테러 세력과의 전쟁 수행을 위해 원유생산 증가가 필요하다는 주장을 해왔다. 비OPEC 회원국인 러시아의 참여를 끌어내는데 실패했다. 러시아는 1987년에 11.4mbd를 생산해 피크에 이른 이후 1996년에는 6.1mbd까지 하락했으나, 2000년 이후 원유생산량이 급격히 증가하기 시작했다. 2004년에 9.3mbd에 도달한 이후 저유가 상황에서도 2016년 10.7mbd를 생산했다.

2016년 11월 30일 OPEC은 2008년 이후 최초로 생산량 감축에 합의했다고 발표하였다. 사우디아라비아는 가장 큰 감축량인 0.5mbd (10.06mbd를 생산하게 됨)를 책임지고, 걸프회원국인 아랍에미리트(UAE), 쿠웨이트, 카타르가 각각 0.3mbd를 감축하기로 하였다. 이라크는 테러와의 전쟁을 생산량 감축 불가능의 원인으로 주장해왔으나 결국 0.2mbd를 감축하게 되었으며, 이란은 제외되었다(Colgan 2016).

이번 감축 결정에는 비OPEC 회원국도 참여하기로 했다. 알렉산더

노박(Aleksander Novak) 러시아 에너지부 장관은 2017년 상반기 동안 러시아는 30만 배럴 정도를 감축할 계획이라고 발표하였다. 아제르바이 잔과 카자흐스탄도 감축에 참여하기로 하였는데 이와 같이 러시아를 제외한 비OPEC 회원국의 감축분이 30만 배럴이다(Gamal et al. 2016).

OPEC의 감축 결정이후 석유업계, 투자업계의 즉각적인 반응은 저유가의 긴 터널 끝에 빛이 보인다는 반응이었다. 특히 미국 셰일 플레이어들은 시추활동을 증가시키기 시작했다. 2016년 2월 21달러에 머물던 유가가 51달러로 뛰었다. 120만 배럴의 석유를 감축하기로 한 OPEC의 결정은 미국의 셰일업자들에겐 미국 셰일생산량 증가의 신호탄이었다.

4) 미국 셰일생산량

국제유가는 2014년 6월 16일 116달러로 정점에 달한 이후 2016년 1월 20일 28달러로 급락해 70%나 감소하였다. 2014년 포춘 500대 에너지 기업 32개 기업의 수익이 91조 원이었던데 반해 2015년에는 46조 원의 적자로 반전 된 것을 보면 에너지 분야의 충격이 어느 정도였는지를 가늠할 수 있다.

최근 이와 같은 2년 동안의 국제유가 다운사이클이 종료되고 업사이클이 시작되고 있음을 암시하는 움직임들이 미국의 셰일오일과 가스 개발 현장에서 감지되고 있다. 2016년 7월과 8월 국제유가가 다시 40~50달러를 상회하면서 이와 같은 예측들이 나오고 있다. 국제유가 '50달러'가 이제는 'new 80달러'라고 말하고 있다. 에너지 투자 업계에서는 그동안 저평가되어 있던 에너지 주식에 다시 투자할 시점인지를 집중적으로 저울질하고 있다. 2016년 7월의 국제유가 수준은 2016년 1월 대비 70% 상승하였다.

일부는 2017년부터 셰일 개발 붐이 재개된다고 서둘러 평가하고 있다. 2009~2013년 동안의 미국의 셰일 개발 붐이 셰일 1.0이라면 2017년부터 시작될 셰일 개발 붐은 셰일 2.0에 해당될 것이다. 셰일 2.0은 어떠한 기술적, 시장적 특징을 가지게 될 것이며 어떻게 준비해야 할 것인가?

현재까지 주로 미국 셰일 산업 업계와 투자 업계에서 전망과 논의를 정리하자면 다음과 같은 몇 가지 방향으로 정리할 수 있을 것이다.

첫째, 공통적으로 언급이 많이 되고 있는 사항 가운데 한 가지가 2년 동안의 다운사이클 기간 동안 기술진보와 생산성의 괄목할 만한 진전이 이루어져 셰일 생산 비용이 30~40% 감소되어 한계생산 비용이 배럴당 30~40달러로 감소했다는 점이다. 따라서 현 상태로는 국제유가의 추가 상승 없이도 생산증가가 가능한 상황이다.

둘째, 셰일 1.0은 지역적으로는 바켄유전과 이글포드를 중심으로 이루어졌다. 기업으로는 Continental Resources와 같은 바켄 유전의 성공 사례가 집중적으로 조명이 되곤 하였다. 셰일가스 전문 기업으로는 체사피크가 있었다. 체사피크의 현재 주가는 6달러에 불과하다. 저유가는 미국의 셰일산업 지도를 바꾸고 있다. 셰일 2.0은 지역적으로는 서부 텍사스의 퍼미안(Permian) 유전을 중심으로 진행될 가능성이 높다.

〈그림 1〉에서 보는 바와 같이 국제유가 다운사이클 2년 동안 미국의 4대 유전 가운데 유일하게 생산량이 유지되거나 증가한 지역이 퍼미안 유전이다.

퍼미안 유전은 이미 국제유가 하락 이전에 200만 배럴을 생산해 200만 배럴 클럽에 최초로 가입한 유전이었다. 퍼미안에서는 Pioneer Resources등을 위시한 E&P 기업들이 활발히 생산활동을 하고 있다. 현재의 추세대로라면 2025년에는 현재의 생산량인 200만 배럴이 500만 배럴로 증가할 것으로 Pioneer Resources는 추산하고 있다.

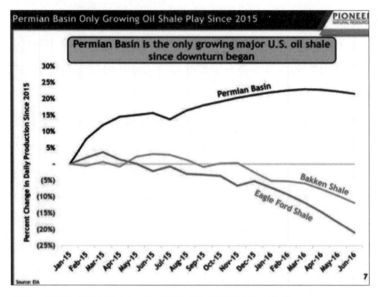

그림 1. 퍼미안 분지: 2015년 이래 유일한 셰일 오일 생산 증가 지역

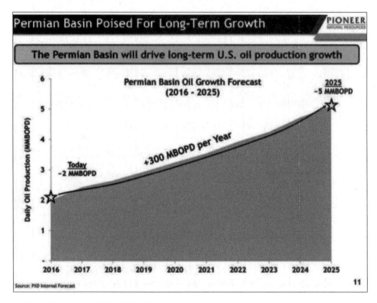

그림 2. 퍼미안 분지 원유 생산 전망

가장 큰 변수는 미국의 셰일 생산량 추이이다. OPEC과 비OPEC 감축분은 미국의 셰일 생산량 증가에 의해 감축 효과가 금방 상쇄될 수 있기 때문이다. 골드만 삭스는 최근 2017년 미국의 셰일오일 생산량이 60만~70만 배럴 정도 증가할 것이라고 예측하였다. 미국의 생산 추이를 잘 보여주는 가장 좋은 예는 소위 Drilled but Uncompleted Wells(DUCs)이다. 최근 자료에 의하면 DUC가 4천 개에 달한다. 결과적으로 저유가 상황 속에서 재정적 압박을 심하게 겪고 있는 사우디아라비아와 러시아가 먼저 감축에 나서게 된 것이며, 미국은 기술개발과 비용감축으로 저유가를 견딘 이후 이제는 시장점유율을 넓혀 가는 상황이라고 말할 수 있다(Daiss 2016).

5) 러시아 석유생산전망

미래 글로벌 석유수요가 불확실하고 실제로 유럽의 수요가 감소하고 있는 반면, 미국의 셰일혁명으로 아프리카와 중동 국가들의 석유 수출이 미국 이외의 지역으로 수출방향을 전환하고 있는 상황에서 러시아의 석유생산과 수출은 새로운 전략이 절실히 요구되고 있다. 러시아 경제 발전 지속성을 위해서 러시아는 11~12mbd의 석유생산을 유지해야 하지만 2020년까지 이 정도 생산량을 유지하기 위해서는 노후유전 고갈을 극복하고, 늘어가는 생산비용을 감당할 수 있어야 하며, 석유 기업과 국가 간의 생산적 관계를 유지하고, 석유 수출 다변화를 모색해야 한다.

러시아 오일 가스 생산은 지난 10년 동안 기존의 생산기지 역할을 해 왔던 서시베리아 지역이 생산력이 떨어짐에 따라 점진적으로 하락하는 추세를 보여 왔다. 현재 러시아에서 생산되고 있는 원유의 90%는 1988년 이전에 발견된 노후 유전에서 나오는 것이며, 1990년대와 2000년대에 발견된 유전에서 생산되는 원유의 비중은 10%에 불과하다(Gusev and Westphal 2015).

러시아는 1987년에 11.4mbd를 생산해 피크에 이른 이후 1996년
에는 6.1mbd까지 하락했으나, 2000년 이후 원유생산량이 급격히 증가
하기 시작했다. 2004년에 9.3mbd에 도달한 이후 저유가 상황에서도
2015년 10.7mbd를 생산했다(Citi Research 2016).

글로벌 석유·가스 시장과 지정학이 변하고 러시아의 석유·가스 생
산과 수출환경이 변화함에 따라 러시아 석유 기업과 가스 기업들에 대한
규제방식과 정부와의 관계도 변하고 있다. 러시아 석유산업에 관한 규제
와 기업-정부관계에 있어 푸틴집권기의 가장 큰 특징은 국가지분의 증가
이다. 국영기업인 로스네프트에 대한 지배를 통해 석유산업에 대한 정부
지배력을 대폭 강화한 것이다(Belyi 2013). 1990년대 러시아 석유산업
은 12개의 사기업들이 러시아 전체 석유생산량의 85% 비중을 차지했고
당시 로스네프트는 15%에 불과했다. 현재 로스네프트의 비중은 45%에
달할 정도로 막강해졌다(Belyi 2013).

석유산업의 경우 로스네프트가 반독점기업화 되고 있는 상황과 반
대로 가스산업의 경우 가즈프롬의 지배력이 약화되고 있다. 가즈프롬
의 국내가스 생산 비중은 2008년 82%에서 2015년 65%로 축소되었다
(Katona 2016; Gusev and Westphal 2015). 가즈프롬의 가스 생산량은
2008년에 550bcm(billion cubic meters)에 달했으나 2014년 445bcm
으로 대폭 감소하였다(Henderson and Mitrova 2016; Henderson and
Mitrova 2015).

러시아는 2016년 12월 현재 11.247mbd의 원유를 생산하여 소련
붕괴 이후 최대 석유생산량 기록을 세웠다. 보통 국제유가가 1달러 하락
할 때마다 러시아 국가재정 수입이 20억 달러씩 감소한다고 알려져 있
다. 2014년 6월 이후 현재까지 계속되고 있는 국제 저유가 상황속에서

한동안 버티던 미국의 타이트오일 개발 기업들도 2015년 중반 이후부터는 시추활동과 자본 투자를 줄이고 파산하는 기업들이 속출하였는데 러시아는 어떻게 원유생산량을 지속적으로 증가시킬 수 있었는가? 설상가상으로 2014년 2월 크림반도를 병합한 이후 미국과 유럽 국가들은 러시아에 경제제재를 가하고 있는 상황인데 경제제재의 실제 내용을 보면 대부분의 제재는 오일 가스 개발 기술과 자본을 차단하는 데 치중해 있음을 감안하면 러시아기업들의 어려움은 더욱 가중되었을 것으로 생각하는 것이 상식이다. 2016년 4월 런던주식시장에서 러시아 최대 석유 기업인 로스네프트(Rosneft)의 시가총액은 52조 원을 기록했으며 주가도 상승하였다(Katona 2016).

전통적으로 러시아 원유생산은 지역적으로 서시베리아를 중심으로 이루어져서 2015년에도 전체 러시아 원유생산의 63%(6.3mbd)가 이 지역에서 생산되었다. 소련시대부터 개발된 서시베리아 유전은 노후해서 자연생산 감소 비율이 비교적 높기 때문에 1990년대 들어서는 생산량이 감소하기 시작했다(Henderson 2015). 대표적인 경우가 사모트로르(Samotlor) 유전이다. 1965년에 처음 개발되기 시작해 1980년대에는 3mbd까지 생산했었으나 1996년에는 33만 5,000배럴까지 급감하였다. 2000년대 초반부터 BP가 서시베리아 지역 원유드릴링에 개입되면서 새로운 노후유전 원유 채취기술인 개선된 원유회수 기술(EOR: Enhanced Oil Recovery) 등이 이용되면서 서시베리아 원유생산은 다시 늘어나기 시작했다. 이 과정에서 서구의 오일필드 서비스 회사인 TNK-BP의 역할이 매우 컸다. EOR 기술 덕분에 1996~2006년 사이 서시베리아의 유전 생산량은 2배나 증가하였다(Henderson 2015). 기존 자연 생산감소율이 15%에 달하던 것이 2~3%로 줄어들었으며 매장량 대비 원유회수율(recovery rate)도 기존 러시아의 20%대에서 서구의 기준인 50%까지 개선되었다(Henderson 2015).

　브라운필드 개발 전략의 핵심에 있는 기업이 로스네프트이다(Farchy 2016). 푸틴 대통령의 가까운 친구이기도 한 로스네프트의 사장인 이고르 세친(Igor Sechin)은 유가하락과 서방의 경제제재 이전까지만 해도 북극심해 유전 개발에 심혈을 기울여왔다. 2012년 세친은 로스네프트와 엑손모빌 간 북극심해유전 개발 파트너쉽을 언론에 발표하면서 이 사업을 인간의 달 착륙에 버금갈만한 일이라고 비유하여 관심을 끈 바 있다(Farchy 2016). 잘 알려진대로 서방의 경제제재 이후 엑손모빌은 자신의 의지와는 상관없이 로스네프트와의 합작사업에서 손을 뗄 수 밖에 없었다. 저유가 체제 속에 로스네프트는 서시베리아 브라운필드 개발 사업을 원유개발의 주력으로 추진하고 있다. 2016년 6월 상트 페테르부르크에서 열린 국제경제 포럼(The St Petersburg International Economic Forum)에서 세친은 향후 10년 동안 서시베리아의 전통오일개발이 러시아의 원유산업을 이끌어 갈 것이라고 말했다.

　로스네프트의 서시베리아 브라운필드 개발 사업의 핵심 자회사는 유간스네프테가즈(Yugansneftegaz)이다. 유간스네프테가즈는 로스네프트 전체 생산의 약 1/3을 차지하는 핵심 자산으로 원래는 2006년에 로스네프트에 합병되기 전에는 호도르코프스키의 유코스 오일그룹에 속해 있었다. 최근 2년 동안 유간스네프테가즈는 시추활동(드릴링)을 급속히 늘리고 있다. 2014년 시추유정 숫자는 750개에서 2015년 1700개로 급속히 증가하였다(Farchy 2016).

　단순히 시추활동만을 늘리는 것 뿐 아니라 수압파쇄(hydraulic fracturing) 기술과 수평시추(horizontal drilling)와 같은 신기술 사용이 늘어나고 있다. 유간스네프테가즈의 수압파쇄와 수평시추 작업은 미국에서 개발되는 셰일오일 지층과는 다소 다른 지층에서 이루어지는 것으로 러시아에서는 'hard-to-recover resources'라는 이름으로 알려진 비전통오일 개발에 사용된다. 서방경제제재가 셰일오일개발 금지를 하고 있기 때문에 셰일오일개발과 거의 비슷하지만 셰일오일의 규제를 피해가기 위하여 러시아 서시베리아의 비전통 오일개발의 일반적 형태가 되었다(Farchy 2016). 러시아 지질학자들과 로스네프트는 서시베리아에서 현재 개발되고 있는 비전통오일은 셰일오일과는 다르기 때문에 제재에 해당되지 않는다는 점을 강조한다.

1990년대 러시아 국영 석유 기업 로스네프트의 위상은 보잘 것 없었다. 12개의 민간 석유 기업들에 둘러싸여 존재감이 없었다. 2004년 유코스(Yukos)를 합병하면서 부상했고 2012년 TNK-BP와 합작하면서 최대 석유 기업으로 등장하였다(Belyi 2015). 로스네프트와 러시아 정부의 이해관계는 항상 하나처럼 움직였다. 하지만 저유가 체제의 도래로 로스네프트와 러시아 정부의 이해관계는 반대로 움직이기 시작했는데 가장 첨예한 문제는 석유세제(oil tax)에 관한 것이었다.

저유가 여파로 러시아 연방 정부의 재정 수입은 상당한 타격을 입었다. 2015년과 2016년 러시아 정부 재정수입은 각각 21%와 29% 감소한 반면(EIA 2016), 러시아 오일 가스 회사들의 자본 투자 감소 규모는 상대적으로 타격을 덜 입었는데 그 이유는 루블화 하락 때문이었다. 루블화는 서방의 경제제재와 저유가 때문에 급락한 바 있다(Oil & Gas 360 2016). 달러 대비 러시아 루블 환율은 2014년 7월의 달러당 35루블에서 2015년 2월 달러당 64루블로 폭락하였다(Henderson 2015). 루블화 기준으로 보면 국제유가는 2010년 대비 오히려 40%나 상승한 효과가 있게 된다. 러시아 오일 가스 회사들의 생산 비용의 80% 정도는 루블화로 계산되기 때문에 환율 변화를 고려하면 오히려 실질적 생산비용 감소 효과는 30%에 이른다(Henderson 2015). 러시아 에너지회사들은 해외 수출 대금은 달러로 벌어들이고 생산 활동 관련 제반 비용은 러시아 국내에서 루블화로 결제하기 때문이다. 결과적으로 로스네프트는 2015년에 2014년 대비 오일 개발과 자본 투자가 30%나 증가하였다. 러시아의 2대 오일 기업인 루코일은 2014년 대비 2015년 생산비용이 11% 감소한 것으로 나타나 대조를 이루었다. 루블화 약세가 회사들에게는 긍정적으로 작용하고 정부 세수에는 부정적으로 작용하였다(Oil & Gas 360 2016; Global Risk Insights 2014; Bobylev 2015; McEndree 2016). 러시아 에너지 회사들이 저유가에서 오히려 투자를 늘릴 수 있었던 이유이다. 따라서 러시아 정부는 부족한 정부 재정을 충당하기 위한 오일가스 관련 세제개편을 추진하게 되었다(Citi Research 2016).

러시아 석유세제는 석유 기업의 석유개발의 순수익 기준(profit based-system: corporate income tax or rent tax)보다는 단순 생산량과 수출량(revenue-based system: production and sales volume)에 대한 과세에 초점을 둔 여타 석유생산국들과 다른 독특한 시스템을 유지해 왔다(Dyshlyuk 2016). 러시아의 단순 석유생산량 기준 석유세제는 하류 정제기업들보다는 상류부문 개발기업(upstream E&P)에게 과세 부담을 지우는 체제로 그린필드 개발업자와 석유 수출에 불리하기 때문에 개편 요구가 높았다(Dyshlyuk 2016). 유가변동 시 기업보다는 정부에게 부담이 많이 가는 체제이기도 했다.

2011년 "66-60 세제개편"이 단행되었다. 요지는 브라운필드 생산 정체를 막기 위하여 상류 E&P기업의 과세 부담을 줄여 브라운필드 드릴링과 그린필드개발을 유도하고 대신 정제업에 대한 세 부담을 늘려 경유비중을 늘리는 것이다. 현재 경유 비중은 85% 정도로 중유에 대한 비중이 20%까지 확대되지 않도록 하는 것이다(Gusev and Westphal 2015). 또다른 중요한 목표는 수출세(export duty)를 줄이는 것이다.

2014년 11월 러시아 정부는 RF Tax Code, RF Law "On Customs Tariff", Federal Law of 24.11.2014 No. 366-FZ에 의거 수익기준 석유 세제 도입을 위한 세제개편을 단행한다(Bobylev 2015).

러시아 석유 기업들은 서시베리아의 노후유전(브라운필드) 고갈을 보충하기 위하여 2가지 전략을 비교적 성공적으로 추진하였다. 첫 번째 전략은 그린필드 개발로 서시베리아와 동시베리아에 다수의 신규 유전을 개발하는 것으로, 가장 잘 알려진 신규유전은 로스네프트의 '반코르(Vankor)' 유전이다(Henderson 2015). 두 번째 전략은 최근 러시아 석유 생산 증가에 가장 크게 기여한 전략으로 브라운필드 생산을 유지하고 끌어올리는, 기술적으로는 EOR(Enhanced Oil Recovery)[3] 전략이다. 2020년 이후 러시아 석유생산 정체를 대비해 로스네프트, 루코일 등의 엑손모빌 등과의 합작에 의한 심해유전, 비전통 타이트오일, 그리고 북극개발을 2011년 이후 우선적으로 추진하였으나 서방의 경제제재와 국제 저유가 등의 여파로 잠정적으로 중단한 것에 대한 대안인 것이다(Henderson 2015).

저유가 체제하 달러화 대비 루블화 하락과 기존 아시아 최대 공급자인 중동 지역의 정치 불안정까지 겹쳐 러시아 석유의 아시아로의 수출이 빠르게 증가하고 있다. 이미 오래 전부터 국가전략 차원에서 러시아는 유럽의 석유수요 감소에 대비해 왔었고 서방 경제제재로 인한 유럽과의 관계 악화는 러시아 석유의 아시아 수출을 더욱 부채질하고 있다. 미국의 주요 생산지로서의 등장으로 사우디아라비아/OPEC의 아시아 수출이 증가하는 추세에 있었으나 현재는 아시아 시장을 둘러싼 러시아와 사우디아라비아와의 경쟁에서, 러시아가 성공적인 아시아 시장 선점 전

---

3   노후유전에 이산화탄소를 주입하여 회수율(recovery rate)을 높이는 기술로 서구 오일필드 서비스회사들의 역할로 러시아 생산 증가가 가능하게 되었다.

략을 펼치고 있는 것이다. 2016년 초 현재 한국, 중국, 일본 동북아시아 3국의 러시아 석유수입만 1200만 톤에 달하고, 특히 중국의 러시아 석유 수입은 2013년 이후 2배 이상 증가하였다(Gloystein and Aizhu 2016).

2013~2015년 동안 러시아의 중국으로의 원유수출은 급증하였으며 2016년 들어 최초로 러시아는 사우디아라비아를 제치고 중국이 원유를 가장 많이 수입하는 원유수출국이 되었다(Kaczmarski and Kardaś 2016). 2012년 12월 24일 동시베리아~태평양 송유관(ESPO) 2단계 구간이 예정보다 1년 정도 공정을 앞당겨 완공되었으며 2013년 3월 22일 중국의 시진핑 주석은 취임 후 첫 방문지로 러시아를 선택하였다. 시진핑-푸틴 두 정상 간에 중국이 2018년까지 일일 약 100만 배럴의 석유를 수입하기로 합의되었다.

2013년 러시아의 중국으로의 원유 수출량은 2440만 톤에서 4129만 톤으로 증가하였다(연간 1500만 톤 원유는 일일 30만 배럴에 해당).

중국으로의 러시아 원유수출을 주도하는 러시아 기업은 로스네프트로 2013년에는 연간 1655만 톤, 2015년에는 연간 3030만 톤을 수출하여 러시아의 중국으로의 원유수출의 2/3를 차지한다. 주된 수출 통로는 2011년에 개통된 ESPO(동시베리아 태평양 송유관)이다. 로스네프트의 중국 수출량의 절반은 ESPO를 통해 이루어지고 나머지 절반은 코즈미노 항구와 카자흐스탄과의 스왑계약을 통해 이루어진다. 로스네프트는 연간 700만 톤의 원유를 북부 카자흐스탄에 수출하는데 카자흐스탄이 스왑계약의 일환으로 아타슈~알라셴코 송유관을 통해 중국으로 카자흐스탄 원유를 수출한다(Kaczmarski and Kardaś 2016).

중국이 러시아로부터의 원유수입을 늘리는 가장 중요한 이유는 전략적 이유이다. 중국 정부는 원유수입선을 다변화하는 것을 에너지 안보 차원에서 매우 중요하게 생각해왔으며 우선적으로 운송로 리스크가

표 1. 2013~2015년 중국으로의 러시아 원유 수출(단위: 백만 톤)

	수출기업	2013	2014	2015
코즈미노 항구를 통한 수출	로스네프트	0.9	2.2	7.3
	수루구트 네프테가즈 (Surgutneftegaz)	2.2	1.4	3.6
	가즈프롬네프트 (Gazpromneft)	0.1	0.6	1.2
	기타 소규모 기업	1.3	1.5	2.21
	TNK-BP	0.9	0	0
	루코일(LUKoil)	0.2	0.1	0.64
	합계	**5.6**	**5.8**	**14.95**
ESPO 수출	로스네프트	15.75	15.6	16
카자흐스탄 스왑거래	로스네프트	0	7	7
기타		3.35	4.7	3.32
합계		**24.4**	**33.1**	**41.29**

자료: Kaczmarski and Kardaś(2016)

있는 중동으로부터의 수입을 줄이기 위한 준비를 해왔으며 이미 원유수입은 다변화가 이루어져 있어 각각의 수입선이 20% 비중을 넘지 않게 되었다. 중국의 전체 원유수입 가운데 러시아의 비중은 2013년의 8.6%에서 2015년에는 12.3%로 증가하게 되었다(Kaczmarski and Kardaś 2016). 중국의 원유수입이 늘어나는 또 다른 원인은 중국정부가 2020년까지 100일분의 전략비축유를 확보하는 정책을 펼치고 있기 때문이다. 현재는 29일분의 전략비축유를 확보하고 있는 것으로 알려져 있다(Kaczmarski and Kardaś 2016). 마지막으로 중국의 러시아 석유 수입 증가는 주로 산둥반도에 밀집해 있는 중국의 소규모 독립정제업자들(teapots)의 등장 때문이다(Gloystein and Aizhu 2016). 지리적으로 이 지역은 사우디아라비아의 초대형 유조선이 접안하기가 어려운 측면이 있기 때문에 러시아의 소형유조선을 통해 운반하는 이점이 있다(Gloystein and Aizhu 2016).

향후 러시아의 중국으로의 원유수출은 인프라 부족의 문제에 직면해있다. 현재의 ESPO는 연간 5800만 톤 용량으로 최근 트란스네프트는 2020년까지 연간 8000만 톤으로 확장하겠다고 발표하였다. 코즈미노 항구의 원유터미날 용량도 연간 3600만 톤으로 늘릴 계획이다.

2013~2015년 기간 러시아의 한국으로의 석유 수출은 일일 20만 배럴, 일본으로의 수출은 일일 29만 배럴로 증가하였다(Gloystein and Aizhu 2016). 초대형 유조선(super-tanker)으로 사우디아라비아에서 한국, 일본까지 15노트의 속도로 운송할 경우 20일이 소요되는 반면, 러시아에서는 2~3일이면 도착하기 때문에 시간과 비용 면에서 러시아석유 수출이 훨씬 유리하다(Gloystein and Aizhu 2016).

III. 글로벌 LNG 시장 변동

2011~2014년 동안 세계 LNG 시장을 이끌어 간 요인은 후쿠시마 사태 이후 폭증한 아시아의 신규 LNG 수요였다. 당시에는 이러한 아시아 중심의 신규 수요에 비해 세계적 공급차원에서 액화용량(liquefaction capacities)이 부족한 상태였다(Cornot-Gandopphe 2016). 2015년 들어와서는 반대로 신규 액화시설들이 증가하는 가운데 이번에는 아시아 수요가 감소하기 시작했다. 2011~2014년 동안 LNG 수요가 절반 정도 감소했던 유럽의 수요가 2015년 들어 증가하기 시작해 해당년도 전 세계 LNG 거래량인 323bcm 가운데 50bcm을 차지했다. 2015~2016년 유

럽의 LNG 거래 증가를 가져온 가장 큰 요인은 아시아의 LNG 현물 가격 (spot prices)의 급격한 하락으로 아시아 프리미엄이 사라졌기 때문이다 (Cornot-Gandopphe 2016). 2016년 중반 아시아 지역 LNG 현물가격 은 단위당 4달러까지도 하락해 오히려 유럽의 현물가격보다 더 떨어져 역전되는 일이 벌어졌다. 2016년 후반으로 가면서 이제 LNG 가격의 프 리미엄은 남미, 중동, 인도 등에서 나타나게 되었다. 이에 따라 2015년 동안 유럽으로 유입되던 LNG 물량은 2016년 초반이 되면서 주춤하고 유럽에서는 오히려 낮은 가격의 러시아와 노르웨이 파이프라인 가스 수 출 물량이 증가하기 시작했다(Cornot-Gandopphe 2016).

2016년 2월 유럽연합 집행위원회(European Commission)는 유 럽회원국들의 에너지 안보를 강화하기 위한 지속가능한 에너지 패키지 (sustainable energy package)를 발표하였는데 LNG 전략도 중요한 한 부분으로 포함되었다. 유럽의 LNG를 세계 LNG 시장에서 "최후의 보 루(a last resort market)"라고 표현을 하고 있으며, 향후 세계 시장에서 LNG를 확보하기 위한 경쟁이 치열해질 것으로 예상하고, 유럽의 에너 지안보와 경제성장의 경쟁력을 확보하기 위해 세계 LNG 공급을 선점하 기 위한 수입국의 지위에서 유럽연합 차원의 아시아와의 경쟁에서 LNG 를 안전하게 확보하기 위한 정책들을 마련해야 한다고 강조하고 있다 (Cornot-Gandopphe 2016).

유럽연합이 LNG 전략으로서 강조하는 것은 모든 역내 국가들로 하 여금 세계 LNG 공급에 쉽게 접근할 수 있도록 인프라를 구축하고 이를 위한 인프라 투자를 유도하며, 무엇보다 각각의 역내 국가들의 내부가스 시장을 개방하고 규제를 철폐하는 것이다. 현재 유럽은 지역별로 가스 시장 현황이 매우 다른 것이 문제로서 북서부 유럽 국가들은 LNG 수입 시설 등 인프라가 구축되어 있고 가스시장 거래가 자유화되어 있는 반면 중부, 남동부 유럽과 발트해 국가들은 아직 인프라 미비와 가스시장 규제로 주로 러시아 파이프라인 가스에 의존해 있기 때문에 LNG 수입 다변화를 통해 에너지 안보를 강화할 필요가 절실히 요구된다(Cornot-Gandopphe 2016). 영국과 북서부 유럽에는 이미 가스 트레이딩 허브가 구축되어 다양한 파이프라인, LNG 수입원들이 충분한 거래량을 형성하여 가격지수가 형성되어 있으며 전체적으로 가스수입가격의 하향 안정화에 기여하고 있다. 나머지 지역들에서는 아직 이러한 변화들이 일어나지 못하고 있는데 수입기화 시설 건설에 대규모 자본이 들어간다는 사실도 커다란 장애물로서 유럽연합에 의하면 최근 리투아니아에서 건설된 클라이페다(Klaipeda) 수입 터미널은 부유식 저장기화시설로(Floating Storage Regasification Units) 유럽의 향후 인프라 구축이 지향해야 할 방향을 제시하고 있다(Cornot-Gandopphe 2016).

유럽연합의 정책은 2020년까지 유럽의 LNG 소비를 83~90bcm까지 늘리는 것이다. 이러한 소비량은 2010~2011년의 유럽의 LNG 소비량으로 돌아가는 것이다. 유럽은 아직 전력 생산에서 석탄 소비가 비교적 높은 편으로 이는 탈석탄 가스혁명이 범유럽적으로 일어나야 함을 의미한다. 탄소세가 마련되어 현실화되어 있는 영국과 환경운동으로 인한 석탄규제가 엄격한 이태리를 제외하면 탈석탄 가스혁명의 속도는 느린 편이다. 가스혁명을 가속화하기 위해서는 가스가격을 낮춰 자연스럽게 석탄발전의 폐쇄를 유도해야 한다.

2016년 11월 발간된 IEA의 세계에너지전망은 석유시장과 마찬가지로 가스시장에도 2040년까지 많은 변화가 있을 것으로 전망하고 있다. 향후 에너지시장에서 가장 중요한 역할을 하게 될 에너지는 재생에너지와 가스라고 밝히고 있다. 2040년까지 석유와 석탄 사용은 감소할 것이지만 가스 사용은 증가할 것이라는 입장이다. IEA는 미래 에너지수요 경쟁에서 이러한 수요를 감당할 주된 2개의 에너지는 가스와 재생에너지라는 기본 입장을 견지하고 있지만, 정확히 어떠한 에너지원이 가장 선두자리를 차지할지는 불확실하며, 결정적인 변수는 정부의 정책이라고 말하고 있다(IEA 2016).

글로벌 가스 수요는 현재의 3억 톤에서 4억 톤으로 증가할 것이다. 가스시장에서 예상되는 가장 큰 변화는 LNG의 비중이 커진다는 것이다. 가스관 거래가 2/3를 차지하던 글로벌 가스거래는 LNG 비중이 50%까지 늘어날 것으로 보인다.

저유가 체제하에서 석유와 가스의 초과 공급을 비교하는 분석들이 많이 제시되었으며 석유와 가스는 서로 다른 수요공급 구조를 가지고 있기 때문에 초과 공급 해소도 서로 다른 시점에 이루어져 석유는 가스보다 빠른 2017년부터 시작해서 2017년부터 국제유가는 올라가기 시작할 것이라는 분석이 가장 주조를 이루었다.

미국과 같은 신흥 생산국 등장의 러시아와 같은 전통 생산국에 대한 여파는 석유보다는 가스산업에서 훨씬 더 크게 나타난다(Cunningham 2015). 운송분야의 대체연료인 전기차의 기술확산과 보급이 위협할 정도는 아니기 때문에 석유수요 자체가 유지되고 있는 반면, 가스 수요는 주로 발전분야에서 대체연료인 석탄과 재생에너지의 보급으로 가스 수요 확대가 어려움을 겪고 있다. 2012~2013년 동안 전 세계적 LNG 수요 감소와 공급초과 현상이 지속되었다. 2014~2016년 저유가 체제하 이러한 현상은 더욱 심화되었다. 낮은 석탄 가격과 가파른 하락세를 보이고 있는 재생에너지 비용으로 천연가스의 가격 경쟁력이 크게 약화된 것이다. 저유가로 인한 공급초과도 석유는 빠르게 해소될 수 있는데 반해 가스분야는 2020년경이 되어야 초과 공급이 해소될 것으로 예측된다(Cunningham 2015).

1) 불확실한 가스 수요

2000년대 들어와 가스 수요는 오일 수요보다 빠르게 증가하기 시작했다. 2011년 국제에너지기구는 천연가스 황금기가 도래할 것이라고 선언하였다. 2025년까지 화석연료 가운데 가장 소비가 늘어날 에너지는 천연가스이다. 천연가스 소비 증가의 원인은 발전소에서의 전력생산에 있어 석탄발전이 가스발전으로 대체되고 있기 때문이다. 또 한 가지 중요한 원인은 원자력발전에 대한 우려 때문이다. 유럽에서는 2000년대에 석탄발전소의 가스발전소로의 전환이 일어났다. 미국은 2009년 셰일가스 생산 급증 이후 발전소에서의 석탄에서 가스로의 전환이 신속히 일어났다. 미국과 유럽 등 선진국에서는 가스 수요는 대체로 정체되거나 소폭감소할 것으로 예측된다. 선진국 가스 수요 정체의 주된 원인은 값싼 석탄과 재생에너지의 확산으로 가스 수요가 이중고를 겪고 있기 때문이다(IEA 2016b).

액화천연가스(LNG)는 전체 천연가스 시장의 약 10% 비중을 차지하여 약 2억 4000만 톤(241 million tons per year), 332bcm이다. 2014년 현재 중국, 일본, 한국이 세계 LNG 수입의 약 60%를 차지한다. 엑센추어 보고서에 의하면 세계 LNG 시장은 2030년경 5억 톤(500mtpa), 680bcm까지 증가하여 전체 가스 시장의 15%까지 확장될 것으로 예측한다(Accenture 2016).

중국의 2014년 에너지믹스는 석탄이 66%, 석유 17.1%, 천연가스 5.5%, 수력, 원자력, 재생에너지를 합친 비중이 11.3%였다. 중국의 천연가스 수요는 12차 5개년 계획 수립과 함께 급증하기 시작했다. 12차 5개년 계획에 의하면 2020년까지 천연가스 비중을 10%로 계획하고 있는데 이 경우 천연가스 소비량은 266mtpa 혹은 360bcm까지 확대된다.

저유가 체제하 LNG 수요도 감소하고 있다. 중국의 LNG 수요는 유라시아 가스관, 석탄 등과 경쟁을 벌이고 있다. 중~러 가스관 건설과 중국 정부의 재생 에너지 확산 정책은 LNG 수요를 억제하는 효과를 가져오고 있다(Accenture 2016). 일본의 천연가스 수요도 2020년 이후에는 감소하기 시작해 2030년에는 84bcm까지 감소할 것으로 예측된다. 이 수치는 2014년 일본의 LNG 수입량인 123bcm보다 32%나 감소한 양이다(Accenture 2016). 원자력발전소 재가동이 LNG 수요 감소의 주된 원인이다. 전력발전 비중 23%까지 급증한 재생에너지 발전 비중 증가도 LNG 수요를 감소시키는 중요한 요인이다(KPMG 2015).

기존의 동북아 LNG 시장의 지속적 수요 확대 전망이 2012년 이후 급반전되어 동북아 국가들의 LNG 수요 약세가 초과 공급 상황과 맞물려 2020년까지는 현재 개발 중인 많은 LNG 프로젝트들이 실패하거나 취소될 가능성이 커서 LNG 산업에 대한 전반적인 비관론이 확산되고 있다. 수요약세는 2012년부터 시작된 것으로 보이고, 저유가 체제하에서 심화되었다. 2013~2014년 전 세계 천연가스 수요 증가율은 최근 10년 평균을 크게 밑돌았으며, 주요 시장인 아시아에서조차 천연가스 수요 약세가 목격되었다. 2014년부터 2020년까지 전 세계 천연가스 수요 증가율은 이전 10년 평균 증가율인 2.3%에 미치지 못하는 연평균 2% 내외에 머물 것으로 예상된다. 2014년 6월 이후 국제 유가의 급격한 하락세는 석유 시장을 넘어 석유와 연동성이 강한 천연가스 시장에도 지대한 영향을 미치고 있다. 최근 맥킨지 보고서에 의하면 중국, 일본, 한국의 LNG 수요 감소가 동북아 LNG 가격을 동시에 끌어내리고 있다. 2020년대 초까지는 초과 공급 상황이 지속될 것으로 보는 견해가 다수이고 2020년대 초에는 공급이 수요보다 부족해지는 상황이 다시 올 것으로 본다. 현재 시장에서 많은 관심을 가지고 지켜보고 있는 사항은 2020년

대 초에 수요가 되살아나고 가격이 오를 때 과연 누가 기회를 잡을 것인
가 하는 것이다.

일본 에너지경제연구소(IEEJ: the Institute of Energy Economics)
는 이번 회계연도(2015년 4월~2016년 3월)의 일본 LNG 수입량이 4.5%
감소한 85mtpa(million tons per year)이며, 2016년 회계연도에는 더
욱 감소한 79.6mtpa(6.4% 감소)이 될 것이라고 전망했다. 일본의 2015
년 2월 LNG 현물가격은 10.7달러/MMBtu로 2015년 1월의 13.9달러/
MMBtu보다 더 하락하였다. 일본의 LNG 수요 감소를 가져온 두 가지
요인은 원자력발전소의 재가동 여부와 신재생에너지 확대이다. 2015년
8월 도쿄에서 남쪽으로 약 1,000킬로미터 떨어진 센다이 지방 큐슈전력
이 원자력발전소를 재가동하였다. 2011년 후쿠시마 사태이후 4년 동안
유지해 온 원전 불가동 및 LNG 대체 발전의 종식을 예견케 하는 정책
변화이다. 일본은 원전 1기가 재가동될 때마다 LNG 수요가 100만 톤
씩 감소하며 후쿠시마 사태 이전의 원전가동률을 회복하면 전 세계 LNG
수요의 17%만큼이 감소하게 된다. 이러한 전망은 2016년 3월 이전의 5
개 원전 재가동과 2017년 3월 이전까지의 7개 원전 추가 재가동을 전제
로 하고 있는데, 이는 금년도 10.6bil KW에서 61.8bil KW로 원전의 증
가를 의미한다. 또한 태양력 발전도 현재의 102.8bil KW에서 2016년도
에는 115.7bil KW로 증가할 것으로 전망하고 있다. 한편 IEEJ는 신재
생에너지, 원전 및 수력 발전이 일본 전체 발전량에서 차지하는 비중이
2014년의 10%에서 2016년에는 20%까지 증가할 것으로 전망하고 있
다. 일본은 후쿠시마 원전사고 이후 원전 이용을 중단하여 가스 수요가
30% 가량 급증하였고 이로 인해 2013년 LNG 수입액이 2010년 대비 2
배로 증가(3.5조 엔→7조 엔)하여, 31년 만에 무역 적자를 기록했었다.
사고 이전 일본의 에너지 안보 정책 구상에 의하면 당시 원자력발전이

전원구성에서 30% 비중을 차지하고 있었고 2035년까지 14개의 신규발전소 건설을 통하여 원자력의 비중을 53%까지 확대할 예정이었다. 그러나 사태이후 전원구성에서 LNG의 비중이 40%대로 증가하였으며 화석연료 비중은 더욱 늘어나게 되었다. 일본의 경우, 동일본 대지진 전의 2005년 시점의 전원구성은 원자력(31%), 석탄(26%), 수력(8%)이 60% 이상을 차지, 나머지 약 40%가 LNG와 석유에 의한 화력발전이었다. 그러나 2011년 대지진 후 원자력발전의 정지로 2013년도에는 원자력 비율이 1%로 하락, 석탄 30%, 수력 9%로 안정적인 전원비율이 40%대로 하락함으로써, 석유, LNG를 원료로 하는 발전비율이 증가해 가정용 전기요금은 재해 전에 비해 약 20%, 기업대상은 약 30% 인상되었다. 일본 경제산업성은 2015년 3월 30일 2030년 시점의 최적전원구성에 대해 안정적으로 발전 가능한 원자력, 석탄화력, 수력발전의 비중을 전체 발전량의 60% 이상 확보하고, 장기적으로 LNG와 석유 등 연료 조달비용이 높은 전원에 대한 비율을 낮추어 전기요금을 인하시킬 계획이라고 발표했다. 일본은 우선은 원전재가동과 신재생에너지 등으로 국가 에너지 공급원의 균형을 추구하고 있는데 이러한 정책에 대한 불확실성과 의문이 있어 원전 재가동 중심 정책이 지체되거나 문제가 생길 경우 2020년경 LNG 카드를 다시 사용할 가능성이 크다고 볼 수 있다.

중국의 천연가스 수요는 여전히 많지만 당초 기대했던 것만큼을 충족시키지 못하고 있는 점이 서구 LNG 수출기업들에게 우려이다. 2011년 현재 중국 에너지소비 가운데 석탄은 여전히 69%이며 석유가 18%, 수력이 6%, 천연가스는 4%에 머물고 있다. 급속한 경제성장과 생활수준 향상으로 중국의 천연가스 소비는 최근 급증하였다. 2001년~2006년 기간 천연가스 소비증가율은 15%였지만 2006~2011년 기간 증가율은 18%로 가파르게 증가하였다. 2010년 중국의 천연가스 소비는 109bcm

으로 21.8%나 증가해 미국, 러시아, 이란에 이어 세계 4대 천연가스 소비국이 되었다. 2011년 소비량은 141bcm으로 일본을 추월했다. 2013년에는 소비가 168bcm에 달했다. 전년대비 증가율은 13.9%였다. 2014 전 세계 현재 천연가스 소비는 경제성장이 주춤하는 사이 현저히 줄어들어 약 130bcm에 그쳤다. 증가율은 7%에 불과했다.

서구 LNG 공급업자들은 중국이 자체 셰일가스 개발 속도가 빨라 LNG 수입이 줄어들 것이라고 우려했으나 중국 셰일가스 개발은 지체되고 있다. 저유가 체제 이후 중국의 천연가스 소비가 감소하고 있고 LNG 도입 구매 계약 물량을 모두 소화하지 못하고 있다. 최근 중국은 LNG 수입 계약량의 77% 정도밖에 수입하지 못하고 있다. 2014년 중국의 LNG 수입 터미널 가동률은 55%를 밑돌았는데 2013년에는 67%를 기록하였다. 중국 경제의 성장세가 최근 둔화되고 있기 때문이기도 하지만 유가가 하락하면서 저가의 원유가 비싼 가스를 대체했기 때문이다. 중국은 파이프라인이 미치지 못하는 국내 지역에 가스 공급을 위하여 LNG 도입을 했었다. 국내 가스 시장의 5%, 수요 물량의 15% 정도에 해당하는 양이다. 최근 중국의 PetroChina와 CNOOC은 수입 LNG 가운데 일부를 국내로 도입하지 않고 다시 해외에 재판매하고 있다. 투르크메니스탄으로부터의 파이프라인 수입량도 2015년 30%만큼 감소하였다.

중국은 동북아시아 지역에서 유일하게 대륙 천연가스 파이프라인 연계망(pipeline connection)과 국내가스생산을 동시에 가진 LNG 수입 국가이다. 2014년 중국의 가스생산량은 123.5bcm에 달했고 반면 수요량은 183bcm이었다. 가스수입량은 58.3bcm으로 이 가운데 가스관 수입이 31.3bcm, LNG 수입이 27bcm이었다. 중국은 해외 가스도입에 있어 PNG 다변화를 공격적으로 추구하고 LNG 수요는 대신 축소된 것으로 드러났다. 2010년에 투르크메니스탄, 2014년에는 미얀마의 가스가 도입되기 시작했으며 2014년 5월과 11월에 러시아와 맺은 PNG 계약으로 2020년부터는 68bcm의 러시아가스가 파이프라인으로 중국에 공급될 예정이다.

2020년까지의 천연가스 소비량 추정치는 기관에 따라 다르게 나타나지만 중국의 CNPC는 2015년이 되면 가스소비량은 230bcm이 되고, 2020년까지는 350bcm으로 추정했다. 이러한 추세대로라면 2020년까지 천연가스 소비는 300bcm에 머물 것으로 보인다. 천연가스와 기타 에너지자원의 가격 동향, 중국 정부의 에너지, 환경 및 경제 정책 등을 종합적으로 고려했을 때, 중국의 천연가스 소비 증가율이 2014년을 저점으로 점차 확대될 것으로 예상된다. 보다 구체적으로, 중국의 천연가스 수요는 2020년까지 연평균 10% 안팎의 견조한 성장세를 기록할 것으로 전망되고 있다.

한국도 2015년 2월 LNG 수입이 26%나 감소하였고 LNG 현물가격도 13.48달러/MMBtu로 20%나 하락하였는데 원전 3기가 재가동되면서 LNG 수요를 대체했기 때문이다. 정부의 7차 전력수급기본계획(2015~2029년)도 원자력발전 대 LNG발전을 둘러싼 오랜 논란에서 원전을 우선시하는 정책으로 선회하였다. 2029년의 최대전력 수요를 11만 1.929MW로 예측해 22%의 설비예비율을 적용하면 3,456MW의 설비용량이 부족한데, 이를 1,500MW의 원전 2기 추가 건설로 메우겠다는 게 기본계획의 골자다. 2017년 폐로가 확정된 고리원전 1호기를 포함해 현재 23기의 원전이 가동 중이지만, 조만간 상업운전에 들어갈 신월성 2호기를 비롯해 건설되고 있거나 7차 기본계획 이전에 건설계획이 확정된 원전이 11기이다. 이를 합쳐 2029년까지 원전이 현재의 23기에서 35기로 늘어나는 것이다. 아직 LNG 발전원가는 석탄이나 원자력의 2~3배나 되기 때문이다. 한국 정부가 원전을 택하게 된 이유는 산업계의 활력을 되살려 경제 살리기의 견인차로 삼기 위해서는 값싼 전력 공급이 불가결하기 때문이다. 원자력은 석탄과 석유, LNG등 다른 에너지원에 비해 발전원가나 판매단가가 낮다. 산업계의 에너지 절약 기술이 아직 선진국 수준보다 뒤처진 상황에서 저가 전력은 산업활성화의 핵심 수단일 수밖에 없기 때문이다.

한국가스공사 자료에 의하면, 한국가스공사의 천연가스 판매량이 2013년까지는 연평균 7% 증가했으나, 2014년에는 9% 감소했으며, 2015년도에는 전년 대비 5.3% 줄어들 것으로 예상된다. 제11차 장기 천연가스 수급계획에서 도시가스 수요가 2012년 이후 2027년까지 연평균 2.7% 증가하고, 발전용 수요는 연평균 5.5% 감소할 것으로 전망한 데 비해 도시가스 수요 증가는 절반 수준, 발전용 수요 감소는 두 배가 넘는 감소량을 보였다. 2015년 3976만 톤의 소비를 예상했으나, 올해 소비는 3330만 톤으로 장기 수급계획보다 646만 톤이 줄어든 규모다. 지난해 천연가스 판매량 감소는 기저발전 비중 증가로 첨두부하인 발전용 LNG수요가 대폭 줄어든 게 가장 큰 요인으로 작용했다. 기저발전 비중이 2013년 70%에서 2014년 74%로 늘어나고, 전력공급 예비율도 2013년 5.5%, 2014년 11.5%로 매년 상승해 첨두부하용인 LNG 발전기 이용률은 2014년에는 46.7%, 2015년에는 30%대, 2016년에는 15~20%대로 예상된다. 정부는 제11차 장기천연가스수급계획 수요 전망에 따라 천연가스 수요가 2015년 3900만 톤, 2020년 3400만 톤, 2027년 3700만 톤으로 점증할 것으로 전망하고 있는데, 정작 LNG수요의 대부분인 60% 상당을 소비하는 LNG복합발전 이용률은 2014년 41%에서 2016년 34%, 2020년 19%, 2022년 17%로 급감할 것으로 예상된다.

2) 가스공급자 간 경쟁심화

아시아 가스 수요가 불확실한 상황 속에 아시아 가스 수요 폭증을 기대
하고 확대된 가스생산 수출 시설들이 초과 공급 물량으로 대기하게 되었
다. 2020년경이면 164bcm의 LNG 물량이 시장에 추가로 풀릴 것으로
보인다. 이 가운데 90% 이상이 미국과 호주 공급분이 될 것으로 보고 있
다(Boersma et al. 2015). 2020년이 되면 현재 1위 LNG 수출국인 카타
르를 제치고 호주가 LNG 수출 1위국이 되고, 카타르에 이어 미국이 3위
의 LNG 수출국이 될 것으로 예측된다(Boersma et al. 2015).

저유가 상황에서 2015년 한 해에만 50여 개의 미국 셰일업체가 도
산한 것으로 알려지기도 하였지만 전체적으로 미국의 셰일가스 생산은
지속적으로 증가하였다. 증가하는 셰일가스 생산으로 미국은 초과 공급
된 가스를 멕시코로 수출해왔다. 미국의 에너지 정보청에 의하면 2015
년 미국은 캐나다로부터 약 7.5BCF/d의 천연가스를 가스관으로 수입하
였으며 미국내에서 생산된 가스 대부분인 4.8BCF/d를 가스관으로 멕시
코로 수출하였다. 이러한 추세가 계속된다면 2017년이 되면 미국이 순
수출국이 될 것으로 전망된다(EIA 2016).

2016년 2월 미국은 마침내 그동안 오랫동안의 논란을 잠재우고 첫
LNG 수출을 시작하였다. 미국의 LNG 수출을 처음으로 실행하게 된 기
업은 셰니어(Cheniere Energy Partners)였다(Chakraborty 2016). 셰니
어는 루이지애나의 사빈패스에 수출터미널을 건설하고 수출을 준비해왔
기 때문에 2016년 2월 24일의 첫 수출은 많은 사람들의 관심을 끌었다.
저유가 상황 속에서 셰니어 사는 아시아 지역으로의 대규모 수출을 준
비하고 투자를 했던 전임 CEO가 해임되는 위기를 겪기도 했으며, 신임
CEO인 닐 쉬어즈(Neal Shears)는 앞으로 LNG 수출 전망이 밝다고 자

신했다. 첫 LNG 선적은 브라질로 향했으며 현지 LNG 현물가격은 아시아 지역의 4달러 내외보다 훨씬 높은 7달러에 달했다. 2016년 4월에는 셰니어의 LNG 화물은 포르투갈로 향했으며, 이후 2016년 4월 1일 아시아에서 최초로 미국 LNG를 수입한 국가는 일본이 아닌 인도였다(Otani 2016). 개일 인디아(Gail India) 사가 수입한 셰니어 LNG 화물이 사상 최초로 다볼 수입터미널(Dabhol import terminal)로 들어왔다. 수입 현물가격은 5달러로 아시아 현물 가격인 4.3달러를 상회하였다. 아랍에미레이트와 쿠웨이트도 셰니어의 LNG 화물을 수입하였다. 이 중동 국가들은 천연가스 생산국이지만 국내 천연가스 수요가 증가하자 마침내 미국 천연가스를 수입하기에 이른 것이다(Johnson 2016).

최초로 LNG 수출을 개시한 루이지애나의 사빈 패스 수출 프로젝트 이외에 현재 건설을 마무리하고 있는 4개의 수출 프로젝트가 준비 중이다. 미국 동부 해안에 건설되는 유일한 수출 프로젝트는 코브 포인트(Cove Point)로 Dominion Energy 사가 운용한다. 나머지 3개 수출 프로젝트는 모두 걸프해안에 있다. 코퍼스 크리스티(텍사스 주, 셰니어 주), 프리포트(텍사스 주, Free Port LNG 사), 그리고 헥베리(루이지애나 주, 샘프라 에너지 사) 등이다.

호주는 아시아 지역과 거리가 가깝기 때문에 운송비 측면에서는 미국 LNG보다 유리한 측면이 있다. 그러나 호주의 LNG 수출의 90%가 아시아 수입국으로 향하고 이 가운데 70%가 일본과의 거래이다. 기존의 생산 인프라를 이용하는 미국은 생산비 측면에서는 가장 저렴한 경쟁력 있는 LNG 수출국이며 호주는 신규 생산인프라를 이용하는 고비용 LNG 수출국으로 저유가 체제하에서 어려움을 겪고 있다(Clemente 2016).

파나마 운하는 대서양과 태평양을 연결하는 관문으로 9년간의 공사를 마치고 2016년 6월 26일 개통되었다. 파나마 정부는 이날 칠레, 대만

등 8개국 정상을 비롯한 70개국 정부 대표, 초청 시민 2만여 명이 참석한 가운데 개통식을 거행하였다. 파나마는 기존 운하를 넓히는 대신 그 옆에 새로운 운하를 건설하는 방식을 택해 2007년 9월 공사에 착수했다. 9년간 52억 5000만 달러(약 6조 1600억 원)를 투입해 새 운하를 완공한 것이다. 2개의 갑문으로 이뤄진 기존 운하 옆에 들어선 제3갑문 개통으로 파나마 운하는 1914년 문을 연 지 102년 만에 통항 규모가 2배 이상으로 늘어나 세계 해운물류 시장의 지각변동을 일으킬 것으로 전망된다. 초대형 유조선과 컨테이너선, 군용 항공모함 등이 오갈 수 있게 될 뿐 아니라 넓어진 운하가 선박 운행에 충분한 여유 공간을 부여해 수송 시간을 더욱 단축할 수 있게 된 것이다(Loveless 2016).

파나마 운하를 건설하기 위해 필요한 자금 53억 달러 중 8억 달러를 일본에서 지원했으며, 2020년경이 되면 파나마 운하를 통과하는 LNG 선박이 연간 550척에 이를 것이며, 이 가운데 대부분이 일본으로 향할 것으로 보인다. 일본은 현재까지 미국 셰일가스 생산량의 2400만 톤을 확보한 상태이다. 한국도 2017년부터 미국으로부터 280만 톤의 LNG를 수입할 예정인데 이때 확장된 파나마 운하를 이용하게 될 것이다(Malik 2016).

수에즈 운하를 이용해온 아시아~미국 동부 간 컨테이너선 가운데 일부가 파나마 운하 쪽으로 항로를 바꾸고 이에 따라 동남아시아의 컨테이너 물류의 중심인 싱가포르 등의 일부 타격이 예상된다. 싱가포르를 비롯해 동남아시아 지역은 파나마 운하보다 수에즈 운하에 더 가까워서 부정적인 영향이 불가피하다(Malik 2016).

3) 러시아 가스 생산 전망

최근 미국과 캐나다, 호주 등 선진국들이 석유가스 소비국을 벗어나 주요 생산국으로 등장함으로써 에너지뿐 아니라 세계 정치 경제구도에서 상당한 변화가 예상되는 가운데 과연 이러한 글로벌 에너지 패러다임의 변화가 기존 에너지 강대국인 사우디아라비아와 러시아를 어떻게 변화시킬 것인가 하는 연구가 급증하고 있다(Westphal et al. 2014; Al-Tamimi 2013; Henderson and Mitrova 2015; Fattouh et al. 2015; Fattouh 2014). 러시아는 세계에서 가장 비중 있는 석유와 가스 생산국 가운데 하나이며, 석유와 가스에 기반한 정치 군사력을 활용하는 대표적 강대국이다. 저유가 체제하에서 사우디아라비아와 미국 셰일 플레이어들 간의 석유시장 점유를 둘러싼 각축은 많은 분석의 대상이 되었으나, 석유와 가스 모두를 생산하는 러시아의 석유가스 전략은 충분히 분석되지 못했다. 저유가와 서방의 경제제재로 러시아 석유생산과 수출은 상당히 타격을 입을 것으로 예상했으나, 실제로 러시아의 석유생산은 사상 최대 생산량을 기록하고 있고 러시아 석유 기업들도 투자를 늘려가고 있다. 반면, 러시아 가스생산은 감소하고 수출도 어려움을 겪고 있어 석유와 가스 분야가 다른 결과를 가져오고 있음을 알 수 있다.

러시아 석유와 가스 수출의 신규 시장은 아시아이다. 다양한 예측이 있지만 유럽으로의 러시아 석유와 가스 수출은 공급자 간 경쟁이 심화된 시장 상황과 신기후변화 체제하 에너지원이 다변화되고 화석연료 사용이 제한됨에 따라 감소될 가능성이 크다. 중국에서는 재생에너지가 빠르게 확대되고 있긴 하지만 중국의 석유와 가스 수요는 미래에 대폭 늘어날 것으로 예측했었다. 최근 국제에너지기구(IEA) 예측에 의하면 중국의 석유수요는 실제 2014년 10.5mbd에서 2030년 14.7mbd로 증가한다(Henderson and Mitrova 2016). 러시아 석유산업의 호황은 러시아 석유의 특히 중국으로의 수출이 원활하기 때문이다. 2013년~2015년 러시아의 중국으로의 원유수출은 급증하였으며 2016년 러시아는 사우디아라비아를 제치고 중국이 원유를 가장 많이 수입하는 원유수출국이 되었다. 한국과 일본도 저유가와 서방 제재 속에서도 러시아 석유수입을 꾸준히 늘려왔다. 아시아 수출을 위한 인프라인 동시베리아 태평양 송유관도(ESPO)도 일찍이 건설되어 제2라인이 개통되고 용량도 확대되어 러시아의 최근 예측에 의하면 아시아로의 러시아석유 수출은 2025년까지 2.2mbd까지도 가능하다고 보고 있다(Henderson and Mitrova 2016). 러시아 전체 석유 수출의 1/3이 아시아로 향하는 것이다. 수출 다변화 측면에서도 중국으로 수출이 많이 되긴 하지만 여전히 일본 한국으로도 다변화가 되어있고 한국, 중국, 일본 사이에서 러시아는 균형적 레버리지를 여전히 사용하고 있다.

러시아 정부의 아시아가스 수출 청사진(Eastern Gas Program)은 2007년에 처음 마련되었지만 현재까지 아시아 석유 수출 계획에 비하면 초라한 성적을 내었다. 중동에서 동북아 지역으로의 가스수출은 46.8bcm으로 상당하지만, 러시아의 동북아 지역으로의 수출은 14.6bcm에 불과하다. 추가로 아시아로의 수출 가능성이 있긴 하지만 중국 위주이고 한국과 일본으로의 수출은 여전히 기반이 마련되어 있지 않다. 러시아 동시베리아~중국, 일본, 한국을 연결하는 가스관 인프라 구축은 여전히 미래형이다. 현재의 러시아 가스 수출량은 2009년에 개통된 사할린 LNG 수출분이 전부다. 중국의 탈석유 가스혁명은 아직은 가시화되지 않고 있다(손지우 2016). 급속한 경제성장과 생활수준 향상으로 중국의 천연가스 소비는 최근 급증하였다. 2001년~2006년 기간 천연가스 소비증가율은 15%였지만 2006~2011년 기간 증가율은 18%로 가파르게 증가하였다. 2010년 중국의 천연가스 소비는 109bcm으로 21.8%나 증가해 미국, 러시아, 이란에 이어 세계 4대 천연가스 소비국이 되었다. 2011년 소비량은 141bcm으로 일본을 추월했다. 2013년

에는 소비가 168bcm에 달했다. 전년 대비 증가율은 13.9%였다. 2014
년 말 현재 천연가스 소비는 경제성장이 주춤하는 사이 현저히 줄어들
어 약 130bcm에 그쳤다. 증가율은 7%에 불과했다(TEAM Marine LNG
Weekly Report 2015). 러시아 가스산업의 침체는 중국으로의 가스수출
이 원활하지 않기 때문이다.

　러시아 가스 생산은 지역적으로는 서시베리아(Nadym-Pur-Taz 지
역의 우렌고이, 얌부르그, 메드베제 가스전(Urengoyskoe, Yamburgskoe
and Medvezhe))와 야말 지역에 집중되어 왔고, 가즈프롬 사 생산비중
이 매우 큰 특징을 가지고 있었다. 1990년대와 2000년대 초까지 서시베
리아의 가즈프롬을 중심으로 한 가스생산 비중은 85%에 이르렀다(Lun-
den et al. 2013). 가즈프롬은 또한 러시아 전역의 가스관 자회사를 통해
독점을 유지해왔다.

　서시베리아 가스전은 급격히 노후화하고 70~80%의 고갈률을 겪고
있다(Gusev and Westphal 2015). 가즈프롬이 서시베리아 노후 가스전
정체와 고갈을 대비해 신규로 개발 투자한 곳이 쉬토크만(Shtokman)
해상 가스전과 야말 육상 가스전인 보바넨코보 가스전(Bovanenkovo)
이다(Henderson and Mitrova 2016). 동시베리아에서는 가즈프롬이
75~80bcm 생산규모의 차얀다가스전과 코빅타가스전을 신규 투자 개
발 준비를 하고 있고, 사할린 극동에서는 20~25bcm 규모의 사할린 3
해상 키린스코예 가스전이 신규 개발을 준비하고 있다(Henderson and
Mitrova 2016).

　신규 가스전 가운데 유일하게 생산이 활발하게 진행되고 있는 곳은
46bcm 규모의 보바넨코보 가스전이다. 쉬토크만은 상업성 문제로 잠정
중단되어있고, 차얀다, 코빅타는 중국과의 계약 불확실성으로, 사할린은
경제제재로 생산이 연기되고 있다.

러시아 가스 생산과 수출이 심각한 도전에 처하게 된 가장 큰 원인은 역사적으로 러시아 가스 생산의 85%가 서시베리아의 특정 가스전에서 이루어져서 주 수입 지역인 유럽 국가들에게 가스관으로 공급해왔기 때문이다(Gusev and Westphal 2015). 국내 가스 수요감소로 해외 가스수출에 대한 국가재정 의존도가 높아지고 있다(Gusev and Westphal 2015). 유럽의 수요확대에 맞춰 서시베리아 가스전과 야말 가스전에 과잉투자한 결과 생긴 100bcm 정도의 잉여 가스물량이 문제다. 서시베리아에서와 야말의 가스생산비가 점점 상승한다는 것도 문제이다(Gusev and Westphal 2015). 저유가이후 사우디아라비아가 미국의 타이트오일 생산자와 가격과 시장점유율 경쟁을 벌이고 있는 것과 같이 러시아도 유럽과 아시아에서 미국을 포함한 다수의 신규 LNG 플레이어들과 시장점유율과 가격전쟁을 벌여야 할 것이다.

"국가 안의 국가"라고 불리우며 러시아 가스산업을 독점지배하던 가즈프롬은 글로벌 가스시장 변화와 러시아 국내 가스시장 변화로 대외적으로는 유럽과 아시아 가스시장을 두고 미국을 포함한 다수의 가스공급자와 치열한 경쟁을 벌이는 반면 국내에서도 2010년 이후 정부의 반가스시장 자유화(controlled gas market liberalization)의 기치 아래 생산, 운송, 수출 부문에서 신규 가스 기업들과 경쟁을 벌이게 되었다(Aune et al. 2015).

가즈프롬 이외에 독립 가스 기업들의 생산비중은 1996년의 6%에서 2014년에는 32.4%까지 증가하였다(Gusev and Westphal 2015). 가즈프롬 이외에 부상하는 대표적인 독립 가스 기업은 로스네프트와 노바텍(Novatek)이다(Lunden et al. 2013; Boguslavsk 2015). 로스네프트와 노바텍은 우선 가즈프롬보다 세제 혜택이 있어 낮은 가스 가격을 통해 산업계 고객을 늘려갈 수 있었다(Gusev and Westphal 2015). 가즈프롬은 여전히 가스관체제(UGSS)에 대한 독점을 유지하고 있기 때문에 노바텍과 로스네프트는 가스관 사용료를 지불해야 하기 때문에 원거리로 운송하기 보다는 가스생산지에서 가까운 산업계 고객을 중심으로 가스 공급 점유율을 늘려왔다(Boguslavsk 2015). 2012년부터는 가즈프롬은 의무적으로 독립가스 기업들에게 가스관을 부분적으로 개방하게 되었다(Boguslavsk 2015).

2013년 12월 푸틴 대통령은 가즈프롬의 액화천연가스 수출 독점권을 금지하는 법안을 실행하였다. 가스관 수출 독점은 유지되었다(Belyi 2015). 2015년 6월 로스네프트는 러시아 에너지부에 보낸 서한에서 가즈프롬의 가스관 수출독점권 폐지를 주장했다. 더불어 가즈프롬의 생산과 운송을 분리할 것을 주장했다(Boguslavsk 2015).

2014년 5월 중~러 가스관 계약 이후 국제정세는 많은 변화를 겪었으며, 푸틴은 서구의 러시아 경제제재로 러시아는 아시아로 중심을 이동한다고 선언하였지만 지난 2년 동안 러시아의 기대와는 달리 당분간 중국은 러시아에 대규모로 투자하고 경제관계를 확대할 의사는 없는 것으로 보인다. 우선 전체 교역량이 감소하고 있다. 2014년 중러 교역량은 953억 달러에 달했지만 2015년 636억 달러로 감소하였다. 2013년 중국의 러시아에 대한 직접투자는 40억 달러에 달했으나 2015년에는 5억 6000만 달러로 대폭 감소하였다(Gabuev 2016). 2015년 한 해 동안 중국은행의 러시아 기업에 대한 프로젝트 금융대출은 180억 달러였지만 제재 이전 러시아가 미국과 유럽의 은행으로부터 2013년에만 지원받은 금융이 2610억 달러였음을 감안하면 매우 적은 금액이다(Gabuev 2016).

러시아 원유수출이 순조롭게 이루어진 것과는 대조적으로 중국으로의 러시아 가스 수출은 난항을 겪고 있다. 시베리아의 힘(Power of Siberia) 가스관 라인1(동부라인)과 라인2(서부라인)는 2년 넘게 지속되고 있는 저유가 체제하에서 제대로 된 진전이 이루어지지 못하고 있다. 2014년 5월에 체결된 동부 라인 38bcm 가스 공급은 공급시기 면에서 수출이 2018년에 시작되어서 2024년이면 최대 38bcm에 달할 것이라고 예상했던 것과는 달리 수출 개시 시점이 2024년으로 늦춰졌으며 최대 공급량인 38bcm도 2031년이 되어야 달성될 것으로 수정하였다.

시베리아의 힘 가스관의 노선도 변경되었다. 원래 계획은 코빅타와 차얀다 가스전에서 시작해서 블라고베셴스크를 거쳐 하바로프스크~블라디보스토크로 이어지는 노선이었으나 2015년 2월 러시아 에너지부의 발표에 의하면 하바로프스크~블라디보스토크는 제외되는 것으로 알려졌다. 이러한 변경은 블라디보스토크 LNG 터미널 계획이 무산된 것과 관련된 것으로 보인다.

동부라인의 지연의 더 큰 이유는 코빅타 가스전(the Kovyktinskoye field)과 차얀다 가스전(The Chayandinskoye gas field) 개발 지연이다. 차얀다 가스전이 목표치인 연간 22bcm을 생산하려면 2022년은 되어야 하며, 코빅타 가스전의 경우는 최대 목표치인 13bcm에 달하려면 2024~2031년은 되어야 하는 것으로 밝혀졌다.

중국의 가스 수급구조와 글로벌 가스 구조 변화에 비춰 볼 때 중국이 러시아 가스 수입을 서둘러 해야 할 이유가 없어졌다. 2014년 중국은 183bcm의 가스를 소비하였으며 이 가운데 31%인 58bcm을 해외에서 수입하였다. 현재로서는 중국의 가스관 수입은 주로 중앙아시아(투르크메니스탄)와 미얀마가 우선이다. 중앙아시아와 미얀마에서 중국으로 연결된 가스관의 용량이 70bcm이며 2020년까지는 90bcm까지 확대될 것이다. 2014년 중앙아시아와 미얀마로부터의 실제 수입량은 최대용량의 약 50%인 31bcm, 2015년에는 62bcm이었다(2015년 중국의 총 해외 수입량은 191bcm). 추가로 중국이 준비하고 있는 것이 LNG 수입이다. 수입량의 절반 정도는 LNG로 한다는 것이 중국의 계획이다. 중~러 가스관이 예정대로 최대에 달해도 중앙아시아로부터의 수입에 절반밖에 되지 않는다. 러시아 가스는 LNG 수입과 가격 경쟁을 해야 한다. 2013-2015년 동안 중국은 11개의 LNG 수입 터미널을 건설하였으며, 2016년에는 16개로 늘어났다.

이러한 난관에도 불구하고 중~러 가스관이 결국 완성되어 실행될 것이라고 보는 견해가 우세한데 그 이유는 중국과 러시아 양국에게 중~러 가스관은 에너지 이외에 정치적 목적을 달성하는데 중요하기 때문이다. 러시아 시각에서 중~러 가스관은 동시베리아/극동의 가스화라는 커다란 지역개발 차원에서 이루어지는 것이고, 중국의 입장에서는 중국 동북부의 가스 수요를 충족하는 것이 중요한 목표이기 때문이다.

라인1보다 더 어려움을 겪고 있는 것이 라인2(알타이 라인)이다. 라인2는 러시아의 서시베리아 가스전과 중국의 동북부 지역을 연결하는 노선이다. 라인2에 공급될 가스전은 러시아가 유럽국가들에게 공급하고 있는 가스전과 동일한 가스전으로 자폴랴르 가스전(the Zapolyarnoye field)과 유즈노루스크 가스전(the Yuzhnorusskoye field)등이다. 러시아는 라인2를 중국에 연결함으로써 유럽에 대한 협상력을 높이는 것을 중요한 목적으로 들고 있다. 2006년부터 러시아는 중국에 제안을 해 왔으며 2015년 말 계약체결까지는 가지 못한 것을 러시아는 아쉬워하고 있다.

중국입장에서 라인2의 가장 큰 걸림돌은 서시베리아에서 중국 동북부 지역까지의 수천 킬로미터에 달하는 거리이다. 현재 중국의 중앙아시아 지역에서 중국의 주요 가스 소비지인 동북부 지역까지를 연결하는 서기동수(WEP: West-East Pipeline)가스관은 총 77bcm의 3개 라인이 있는데 60bcm은 중앙아시아 가스, 17bcm은 신장 지역 가스 수입을 위한 것이다. 제4라인과 제5라인이 추가로 50bcm을 운송하게 되는데, 알타이라인은 제6라인으로 신규 건설이 되어야 한다.

IV. 아시아 LNG 시장 변동

아시아 지역은 세계 최대 LNG 수요처로서 향후에도 LNG 수요가 꾸준히 증가할 것으로 전망되고 있으나, 미국이나 유럽보다 높은 가격인 소위 '아시아 프리미엄'을 지불하고 있으며, 대부분의 계약 조건에 구매자에 불리한 의무인수 조항이나 도착지제한과 같은 경직적 요소가 존재한다. 이러한 문제를 해소하기 위해 단기적으로는 계약조건을 개선해 나가고 중장기적으로는 시장의 수급 상황을 반영한 가격을 확보하기 위한 역내 가스 트레이딩 허브가 필요하다. 의무인수 조항(take-or-pay clause)이란 계약물량 인수여부에 관계없이 대금을 지불하는 규정을 말하며 도착지제한 조항(destination clause)은 타 지역으로의 물량 재판매를 제한하는 규정을 말한다.

　　가스 트레이딩 허브는 물리적 허브(Physical Herb)와 금융적 허브(Financial Herb) 두 측면이 조화를 이루어야 하며 허브 구축을 위한 요건으로는 △ 주식시장과 마찬가지로 다수의 시장 참여자 확보를 통한 거래 활성화 △ 시장 투명성 및 계약의 유연성 △ 인프라에 대한 제3자의 비차별적인 접근 허용 등 시장 규제 완화 △ 충분한 저장시설과 지역 연계 파이프라인 등의 인프라 △ 수송 및 상업 활동의 분리 △ 발달된 금융시장 등이 필요하다. 또한, 트레이딩 허브 구축이 성공하기 위해서는, 중장기적인 관점에서 추진되는 것이 중요하며 정부의 시장 규제 완화 및 전폭적인 지원이 동반되어야 한다.

　　북미와 유럽은 Gas-to-Gas 가격 결정 방식으로 이동하는 추세이며, 아시아 지역도 지역의 특성을 고려한 가스 트레이딩 허브 구축을 위한 협력이 필요하다. 북미는 2009년 이후 셰일가스 대량 생산을 계기로 천연가스 공급이 증대하였으며, Gas-to-Gas 가격 결정 방식에 기반을 두고 있어 아시아 지역보다 천연가스 가격이 저렴하다. 북미 지역은 미국의 셰일가스 생산 증대, 유럽 가스 수요 감소로 인해 중동 및 러시아, 아시아 시장으로의 진출에 관심이 높아지고 있다. 북미의 가스 트레이딩 허브가 구축되는 데는 오랜 시간이 소요되었으며 충분한 공급 물량, 경쟁 시장 환경 조성, 금융 시장 발달 등이 성공적인 구축의 주요인이 되었음을 알 수 있다.

　　유럽은 우크라이나의 가스 위기 이후, 러시아에 대한 높은 가스 의존도를 낮추고 러시아에 지불하는 가스 가격보다 저렴하고 합리적인 가격으로 가스 공급을 확보하기 위해 국가적 차원뿐만 아니라 EU차원에서 다각적인 노력을 추진 중이다. 러시아와의 재협상을 통해 계약의 유연성을 증대시키는 한편, 러시아 이외의 도입처를 통해 다변화를 모색하고 있다. 또한, 영국의 NBP(NBP: National Balancing Point), 네덜란드(TTF: Title Transfer Facility), 독일(NCG: Net Connect Germany) 등 가스 트레이딩 허브 구축을 통해 가스 가격 결정 방식이 유가 연동 가격에서 gas to gas 가격으로 점진적인 변화가 이루어지고 있다.

　　동북아 지역의 가스트레이딩 허부 유망국 현황에 대해 보자면 우리나라는 세계 2위의 LNG 수입국으로 향후에도 천연가스 수요가 꾸준히 증가할 전망임에 따라 안정적이고 저렴한 가스 공급 확보가 절실한 상황이다. 동해가스전에서 가스를 생산하고 있으나 국내 소비량의 1%에 불과하며 천연가스는 우리나라 에너지 믹스의 18.1%를 차지하며, 연평균

8.07%로 증가 추세이다. 아시아 프리미엄을 해소하고 가스 계약의 유연성을 증대하기 위한 방안에 대한 필요성이 증대하고 있으며 중단기적으로는 북미 지역 등으로 도입선을 다변화하고 재협상을 통해 계약의 경직적 요소(의무인수조항, 도착지제한조항 등)를 완화시키는 한편, 유가 연동과 허브 연동 가격을 혼합한 형태의 하이브리드 방식 등을 모색해야 한다. 장기적으로는 역내 가스 트레이딩 허브를 구축하여 시장의 유연성을 증대해야 하며 이를 위해서는 역내 국가 간 협력과 시장 구조 개선이 필요하다.

중국은 심각한 대기 오염을 해결하기 위해 석탄 이용을 줄이고 에너지 안보 차원에서도 에너지원 다변화를 위해 천연가스 이용 확대를 정책적으로 추진하고 있어 향후 천연가스 수요가 크게 증가할 전망이다. 중국은 가스 트레이딩 허브 구축의 필요성에 공감하나 단기간에 구축되기 어려우며 시장 경쟁 기반 마련이 필요한 상황이다. 중국 정부는 가스 가격 왜곡 현상을 개선하기 위해 개혁 조치를 단행 중이다. 2011년 광동성과 광시성에 시범 프로그램을 시행 중이며 2013년에 전국적으로 확대 시행한다. 중국은 직접 가스를 생산하고 러시아와 투르크메니스탄, 미얀마로부터도 가스를 공급받는 등 가스 공급처가 다변화되어 있으며, 인프라가 빠르게 구축되고 있고 가스 수요가 높아 가스 허브 입지로 유리한 점을 가지고 있는 반면, 인프라에 대한 제3자 접근이 불투명하고 수송과 상업 활동이 분리되어 있지 않으며, 중국 전체의 천연가스 수송 네트워크를 감시할 규제기관이 부재하는 등 해결해야 할 과제가 다수 존재한다. 가스 허브지로는 상하이와 광동성 등이 준비 단계에 있다.

일본은 후쿠시마 원전 사태 이후 천연가스 수요가 급증하였으나 천연가스 자급률은 2.9%에 미치고 있어 천연가스 수입 증가로 인한 경제적 비용 부담이 큰 가운데 안정적이고 저렴한 가스 공급 확보를 위해 고심 중이다. 이를 위해 역내 가스 트레이딩 허브 구축이 필요하나 단기간 내 허브 구축에 필요한 조건들을 충족하기는 어려울 것으로 보인다. 일본은 세계 최대 LNG 수입국으로서 LNG 인프라가 잘 발달되어 있고 시장 규모와 공급 물량이 충분하며 금융시장이 발달되어 있는 반면, 계약의 유연성이 부족하고 시장 자유화나 신뢰할 만한 공시 가격이 부재하고 인프라에 대한 제3자 접근성이 불가하다. 또한, 우리나라와 달리 국내 보급망이 단일화되어 있지 않아 허브를 구축하더라도 도쿄 허브, 오사카 허브 등 지역별 허브로 구축해야 할 것으로 보인다. 일본은 가스 시장 개선 및 소비국과 공급국 간 이해 증진을 위해 2012년부터 매년 일본에서 'LNG 공급국-소비국 컨퍼런스'를 개최해 오고 있으며, 최근에는 LNG 선물거래 시장을 준비 중에 있다.

싱가포르는 정부의 적극적인 지원과 원유 트레이딩 허브 구축 경험, 발달된 금융 시장 등으로 인해 아시아에서 LNG 허브 구축 가능성이 가장 높다고 볼 수 있다. 특히 LNG는 대규모 자본과 인프라가 필요하기 때문에 장기간에 걸친 정부의 과감한 정책이 필요하기 때문에 싱가포르는 이러한 조건을 가지고 있다. 단, 싱가포르는 소규모 시장이므로 현물 시장이 개설되면 충분한 물량을 가질 수 있을지 여부가 불투명하기 때문에 다수의 시장 참여자 확보가 중요한 과제라 할 수 있다. 물량 확보에 있어 호주, 미국을 비롯하여 러시아 극지, 동아프리카, 캐나다 서부 지역이 신규 생산지로 부상했으며, 중국, 노르웨이, 인도네시아 등에도 소규모 LNG 프로젝트가 진행 중이며 아르헨티나와 같이 아직 개발이 이루어지지는 않았으나 매장량이 풍부하여 잠재적인 도입처가 될 수 있을 것이다.

최근 국제 저유가에 기인한 낮은 가스 가격은 구매자들로 하여금 생산자들과 재협상에 나설 수 있게 하고 있다. 일부 장기계약에는 가스 가격이 일정 수준을 벗어나면 가격을 재협상할 수 있는 조건이 있다. 또한 그동안 아시아 구매자가 북미나 유럽보다 비싸게 LNG를 구입하게 만든 요인 중 하나가 생산자들의 생산원가 보전을 가능케 한 장기계약이었는데 생산자들은 그러한 장기계약을 확보함으로써 가스개발과 인프라 개발을 위한 프로젝트 파이낸싱이 가능했었다.

최근 중국 CNPC의 왕 일린(Wang Yilin) 회장은 카타르가스(Qatargas)와의 가격 재협상 의사를 표명한 바 있다. 이는 인도 페트로넷(Petronet)이 카타르가스(Qatargas)와의 보다 다양한 가격 산정 방식의 재협상을 통하여 25년 장기계약상의 도입가격을 절반 수준으로 낮춘 데에 힘입은 바 크다. 일본 JERA는 지난해 9월 2020년까지 장기계약으로 묶여있는 약 1천만 톤의 LNG 수입물량을 향후 중기, 단기 및 현물계약(spot)으로 구매하겠다고 밝힌 바 있으며, 철광석(iron ore) 수입과 마찬가지로 3개월 평균 현물가격(spot 가격)이 원용될 수 있음을 시사했다. 맥쿼리은행(Macquarie bank)는 최근 들어 장기계약이 회피되는 경향이 보인다고 말하며 Citi bank는 중국과 일본이 조만간 장기도입계약의 재협상에 나설 것이라고 전망하고 있다. 맥쿼리(Macquarie)는 아시아 경기 둔화 및 OECD 국가들의 신재생 에너지 수요 증가로 당분간 LNG 수요 증가가 제한적일 것이라고 전망하면서 초과 공급량이 2019년에는 7천만 톤에 이를 것이며 2023년이 되어서야 수급 균형이 이루어질 수 있을 것이라고 전망한다(TEAM Marine LNG Weekly Report 2016a).

한편 LNG 가격 붕괴 및 중기적으로 공급 초과된 상황은 인도, 인도네시아 및 태국 등 아시아 국가들로 하여금 발전 주 연료로서 석탄 대신 가스를 사용하게끔 하고 있고, 유럽 역시 석탄 발전으로부터의 탈피를 가속화시킬 수 있을 것이라고 씨티은행(Citi bank)에서는 전망한다. 일본의 2번째로 큰 도시가스 공급업체인 오사카가스(Osaka Gas)는 최근의 전 세계 LNG 공급 초과 상황에 맞춰 그들 잉여 LNG trading 활동을

확대할 것이라고 최근 밝혔다. 단기든 장기든 불필요하거나 남는 LNG
를 팔 계획이라고 하며, 이미 호주 고르곤 프로젝트(Gorgon project)와
의 장기공급 계약하에 지난 3월 수입한 고르곤 프로젝트의 첫 번째 생산
LNG를 오키나와 전력(Okinawa Electric Power)에 전매한 실적이 있
다. 호주나 미국 등으로부터의 공급으로 2020년까지 약 1억 3000만 톤
의 LNG가 시장에 나오게 됨으로써 LNG 구매자들은 생산업체들에게
보다 유연한 거래조건을 요구할 수 있게끔 하여, 예를 들면 도입 물량을
현물(spot) 시장에서 판매하든가 트레이딩 확대 등이 가능해질 것이다
(TEAM Marine LNG Weekly Report 2016b).

이러한 시장 변화에 맞물려 한국과 일본은 가스 구매와 트레이딩 부
문에서 협력을 늘려가기 위한 움직임을 보이고 있다. 일본 미쓰비시 상
사와 한국가스공사가 LNG 생산 프로젝트를 실행하고 공동 구매 방안도
모색하고 있다. 첫 프로젝트는 인도네시아 술라웨시섬의 LNG 공장으로
2015년 8월부터 LNG의 생산과 출하가 시작되어 생산량은 연간 200만
톤으로, 우선은 인도네시아 국내의 수요처에 LNG를 공급하고 2015년
가을부터는 한국가스공사나 일본의 전력회사들에 공급할 예정이다. 생
산과 조달 분야에서 한일 양국의 협력은 국제 석유자본(메이저)이 주도
하는 아시아 LNG 시장의 판도를 바꿀 가능성이 있으며 아시아 기업이
역내에서 생산, 공급하는 최초의 프로젝트라는 점에서 큰 의미을 갖는
것이라고 볼 수 있다.

일본 주부전력이 한국가스공사와 공동으로 LNG 구매를 시작한 것
도 역내 협력의 또 다른 사례이다. 도쿄 가스는 대만중유(CPC)와 협력
협정을 맺고 태국 수입 기지의 증설과 베트남의 LNG 도입 사업에서 공
조를 이미 하고 있다. 일본 발전사들은 원전 재가동 및 인구감소에 따른
전체 전력수요 감소 현상에 맞춰 요즘 LNG를 서로 사고 팔거나 지방의

소규모 바이어에게 재판매하고 있다. 도쿄전력 및 주부전력이 공동으로 세운 JERA는 재계약시 그들 수요의 80%를 공급하는 장기계약을 최소화 하고 대신 중단기계약을 통해 또는 현물시장에서 필요한 만큼 조달할 계 획이라고 한다. 호주 Woodside는 원래 20년 이상의 장기계약으로 LNG 를 판매해 왔으나, 이제는 현물 거래나 단기 계약이 증가하여 보다 많은 LNG 선박이 필요해졌다고 한다. Chevron 역시 아직 장기판매계약에 묶이지 않은 LNG 물량을 거래하기 위해 싱가포르에 trading 사무실을 열었고, 스위스의 Glencore는 Trafigura나 Vitol 같은 경쟁업체를 누 르고 LNG trading의 최강자가 되기 위해서 trading team을 두 배로 키 우려는 계획을 가지고 있다. 이렇듯 많은 시장 참여자들이 현물시장 활 성화에 대비하며 움직이고 있으므로 시간은 좀 걸릴지언정 일반 상품처 럼 쉽게 거래하는 성숙한 현물시장 도래는 틀림없을 것으로 보인다. 일 본 도쿄전력(TEPCO)과 주부전력의 JVC인 JERA는 내년에 정상 운영될 경우 우리나라 가스공사보다도 더 많은 연간 약 4천만 톤의 LNG를 수입 하게 되어 단일 회사로서 세계 제일의 LNG 수입업체가 될 것이다. 그런 데 JERA 사장인 유지 카키미(Yuji Kakimi)는 내년부터 장기계약으로 구 매하는 LNG를 대폭적으로 감소시킬 계획이라고 밝힌 바 있다. 현재 수 입하는 LNG의 80% 정도가 장기계약에 의한 것인데 가능한 한 최소한 의 양만을 도입하고 추가로 필요하게 되면 중기, 단기 또는 spot으로 구 매하겠다는 것이다. 또한 어차피 현재 약 1천만 톤의 LNG도입과 관련 된 장기계약들이 2020년경까지는 만료된다. JERA의 주요 목표 중 하나 가 LNG를 유럽이나 미국 가격에 근접한 낮은 가격으로 도입하는 것인 데 국제유가 하락으로 어느 정도 달성될 수 있을 것이나, 설사 유가가 다 시 오르더라도 LNG 가격은 더 이상 오르지 못하도록 상한선을 둘 계획 이라고 한다. 또한 원전 및 신재생에너지 사용을 확대하려는 정부 시책에 발맞춰 JERA의 LNG 구매량을 점차 축소하여 2030년에 즈음해서는 연간 2800만 톤 정도 구매하게 될 것으로 예상하고 있다(TEAM Marine LNG Weekly Report 2016b).

V. 결론

미국의 셰일가스 혁명이 가속화되어 미국의 셰일가스 생산이 급속히 증가되던 오바마 1기 정부인 2009~2012년 기간 미국의 셰일혁명으로 에너지 시장과 지정학에 지각변동이 일어날 것으로 예상된 가운데 지정학적으로 가장 타격을 받을 국가는 러시아라고 많은 분석가들이 지적했었다. 미국의 LNG가 수출되기 시작하면 러시아의 가스관 수출이 경쟁력을 잃고 가즈프롬도 약화될 것이라고 했었다. 러시아의 가스관 수출이 감소한 것은 사실이었지만 러시아의 국력이 약화되지 않고 정치 군사력이 여전히 미국과 서구 국가들에 위협적이었던 원인을 의아해하기 시작했다.

전략가들은 러시아의 에너지 수출로 인한 재정의 70%는 석유수출에 의한 것이고 가스수출분은 30%에 불과하기 때문에 가스수출의 감소분을 석유수출로 인한 재정수입으로 메꾸고 있기 때문에 미국 셰일혁명으로 인한 러시아의 힘의 균형을 약화시키기 위해서는 국제유가를 미국의 전략 비축유를 방출해서라도 떨어뜨려야 한다고 주장하기 시작했다.

전략적의도에 의해 계획된 것은 아니었지만 시장적 요인에 의해 2014년 6월부터 국제유가는 폭락하였다. LNG의 등장과 미국셰일가스의 생산과 수출이 러시아의 약화를 가져오지 못했듯이 국제유가 하락도 결과적으로 러시아가 급격히 약화되는 결과를 가져오지는 못했다.

본 논문의 핵심적 의문은 왜 국제유가 하락이 러시아 석유 기업들의 생산과 투자 감소, 러시아 정부의 재정적자로 인한 러시아 군사외교력의 약화로 이어지지 않고 오히려 러시아 석유생산이 역대 최고 수준을 기록하게 되었는가 하는 점이었다. 러시아 석유부문의 이와 같은 저유가의 역설은 러시아 가스 부문과 상반된다는 점도 본 논문이 제기하는 문제였다.

　본 논문의 조사결과 러시아 석유부문과 가스부문의 차별적 성과는 글로벌 석유·가스 구조의 차이에서 오는 것이라는 것을 밝혀냈다. 근본적으로 글로벌 석유체제는 석유수요가 가스보다는 지속증가가 가능하기 때문에 공급초과가 쉽게 흡수될 수 있다는 것을 알 수 있었다. 반대로 가스체제는 초과 공급이 훨씬 더 심각하다. 러시아 석유와 가스의 아시아 수출 결과가 달랐기 때문이다. 러시아 석유산업의 호황은 러시아 석유의 특히 중국으로의 수출이 원활하기 때문이다. 러시아 가스산업의 침체는 중국으로의 가스수출이 원활하지 않기 때문임을 알 수 있었다. 러시아 석유와 가스 산업은 기존의 생산기지 역할을 해 왔던 서시베리아 지역의 생산력 하락을 대비해 북극, 동시베리아, 사할린, 셰일오일 가스 개발을 추진해 왔으나 석유 기업들은 비교적 성공적으로 추진했고 가스 기업들은 별다른 성과를 내지 못하고 있다.

참고문헌

김연규. ""비전통"에너지에 대한 "비전통적" 사고가 필요하다." 『에너지경제』 (2013. 1. 21).
손지우. 『중국판 탈석유시대의 개막』 SK 증권 보고서, 2016.

Accenture. *Gas Grows Up, Part I: Developing New Sources of LNG Demand*. 2016.
Al-Tamimi, Naser "Asia-GCC Relations: Growing Interdependence." *ISPI Analysis* 179, 2013.
Aune, Finn Roar, Rolf Golombek, Arild Moe, Knut Einar Rosendahl and Hilde Hallre Le Tissier. "Liberalizing Russian Gas Markets-an Economic Analysis." *Working Papers* 11 Norwegian University of Life Sciences, School of Economics and Business (2015).
Belyi, Andrei V. "Institutional Trends in Russia's Oil and Gas Sectors." *Journal of World Energy Law and Business* 6-3 (2013)
_____. "Gazprom-Rosneft Competition for Asian Gas Markets: Opportunities and Challenges," *Russian Analytical Digest* 174-26 (October, 2015).
Bobylev, Yu. "Tax Maneuver in Russia's Oil Sector." *Russian Economic Developments* 8 (2015)
Boersma, Tim, Charles K. Ebinger and Heather L. Greenley. "An Assessment of US LNG Exports." *Natural Gas Issue* 4 Brookings Institution (November, 2015).
Boguslavsk, Kateryna. "Gazprom: From Monopoly to Oligopoly on the Russian Gas Market." *Russian Analytical Digest* 174 (October 26, 2015).
Bloomberg New Energy Finance (BNEF). "Electric Vehicles to be 35% of Global New Car Sales by 2040." (February 25, 2016). https://about.bnef.com/blog/electric-vehicles-to-be-35-of-global-new-car-sales-by-2040/
Chakraborty, D. "U.S. Taps India as Asia's Debut Buyer of US Shale Gas." *Bloomberg* (April 1, 2016). http://www.bloomberg.com/news/articles/2016-04-01/india-s-gail-buys-cheniere-s-second-lng-cargo-from-sabine-pass.
Citi Research. *Russian Oil Industry Primer*. 2016.1.28.
Clemente, J. "The U.S. and Australian Race to Export Liquefied Natural Gas." *Forbes* (January 31, 2016).
Colgan, Jeff. "OPEC's Empty Agreement: Why Production Cuts Won't Change Much." *Foreign Affairs* (October 4, 2016).
Cornot-Gandopphe, Sylvie. *The US Natural Gas Exports: New Rules on the European Gas Landscape* Paris, France: IFRI, 2016.
Cunningham, Nick. "IEA: Huge Oil Price Spike Inevitable." *OilPrice.com* (March 7, 2017).

Cunningham, Nick. "LNG Glut Worse than Oil." *OilPrice.com* (December 11, 2015).

Daiss, Tim. "Oil Production In U.S. To Soar Again, Says Goldman Sachs." *Forbes* (September 27, 2016a).

_____. "What Can Saudi Arabia Do As Oil Prices Collapse?" *Forbes* (November 1, 2016b).

Dale, Spender and Thomas Smith. "Back to the future: electric vehicles and oil demand." (December 5, 2016). http://www.bp.com/en/global/corporate/press/speeches/back-to-the-future-electric-vehicles-and-oil-demand.html

Dyshlyuk, Evgenia. *Oil and Gas Weekly.* Gazprombank, 2016.6.23.

Energy Information Administration (EIA). "Growth in Domestic Natural Gas Production Leads to Development of LNG Export Terminals." 2016a. http://www.eia.gov/todayinenergy/detail.cfm?id=25232.

_____. "Low Oil Prices have Affected Russian Petroleum Companies and Government Revenues." 2016b.

Fattouh, Bassam. *The US Tight Oil Revolution and Its Impact on the Gulf Cooperation Council Countries.* Oxford Institute for Energy Studies, 2014.

Fattouh, Bassam et al. *The US Shale Gas Revolution and its Impact on Qatar's Position in Gas Markets.* Center on Global Energy Policy, Columbia University, 2015.

Farchy, Jack. "Russia: Siberian Spring: New Drilling in Soviet-era Brownfields Makes It Unlikely that Russia will Help Ease the Global Glut." *Financial Times* (September 16, 2016).

Gabuev, Alesander. "China's Pivot to Putin's Friends." *Foreign Policy* (June 25, 2016). http://foreignpolicy.com/2016/06/25/chinas-pivot-to-putin-friends-xi-russia-gazprom-timchenko-sinopec/.

Gamal, Rania El, Alex Lawler and Ahmad Ghaddar. "OPEC in first joint oil cut with Russia since 2001, Saudis take 'big hit'." *Reuters* (December 1, 2016).

Global Risk Insights. "New Oil Tax Laws In Russia Could Backfire." *OilPrice.com* (Nov 11, 2014).

Gloystein, Henning and Chen Aizhu. "Russia's far east oil producers boost Asian sales." *Reuters* (March 16, 2016).

Gusev, Alexander and Kirsten Westphal. "Russian Energy Policies Revisited." *SWP Research Paper* (December 15, 2015).

Henderson, James. *Key Determinants for the Future of Russian Oil Production and Exports.* OIES Paper 58, Oxford Institute for Energy Studies, 2015.

Henderson, James and Tatiana Mitrova. *The Political and Commercial Dynamics of Russia's Gas Export Strategy.* OIES Paper 102 Oxford Institute for Energy Studies, 2015.

_____. *Energy Relations between Russia and China: Playing Chess with the Dragon.* Oxford Institute for Energy Studies, OIES Paper, 2016.

Herberg, Mikkal E. "Introduction." *Energy Security and the Asia-Pacific: Course Reader.* Washington DC: National Bureau of Asian Research, 2014.

IEA. *World Energy Outlook 2016* Paris, France: IEA, 2016.

_____. *Medium-term gas market report 2016* Paris, France: OECD/IEA, 2016.

Izham, Muhamad (Abd.) Shukor, Clara Gillispie, Antoine Halff, Mikkal E. Herberg, Meghan L. O'Sullivan, Leslie Palti-Guzman, and Cecilia Tam. *Asia's Energy Security Amid Global Market Change* Washington, DC: NBR, 2017.

Johnson, T. "LNG Exports Begin From U.S. as Canada Sits on Sidelines." *CBC News* (February 25, 2016). http://www.cbc.ca/news/cbc-news-online-news-staff-list-1.1294364.

Kaczmarski, Marcin and Szymon Kardaś. "'The Oil Friendship': the State of and Prospects for Russian-Chinese Energy Cooperation." *OSW COMMENTARY* (Febuary 17, 2016).

Katona, Viktor. "Gazprom: Three Key Challenges Facing Russia's Energy Giant." *Russia Direct* (April 12, 2016).

Kim, Younkyoo "Rethinking Energy Security in Northeast Asia under Low Oil Prices: A South Korean Perspective." *Brief For the Pacific Energy Summit 2016.* (2016)

KPMG. *Uncharted Waters: LNG Demand in a Transforming Industry.* 2015.

Krane, Jin. "Saudi Arabia's Oil Strategy in a Time of Glut: Why the Kingdom Wants to Pump More." *Foreign Affairs* (May 24, 2016).

Loveless, B. "New Panama Canal a big boon for LNG exports." *USA Today* (July 3, 2016).

Lunden, Lars Petter, Daniel Fjaertoft, Indra Overland and Alesia Prachakova. "Gazprom vs. other Russian gas producers: The evolution of the Russian gas sector." *Energy Policy* 61 (2013).

Malik, Naureen "Panama Canal to See 550 U.S. LNG Tankers a Year After Expansion." *Bloomberg* (July 1, 2016).

McEndree, Dalan. "Putin's Dilemma: To Sell or to Nationalize Oil Assets." *OilPrice.com* (March 15, 2016).

Oil & Gas 360. "Weak Ruble: Good for Russian Oil Companies, Bad for Russian Government." (October 20, 2016).

Otani, A. "In a First, Cheniere to Export US Liquefied Natural Gas." *CNBC* (February 24, 2016). http://www.cnbc.com/2016/02/24/in-a-first-cheniere-to-export-us-lique-fied-natural-gas.html.

Paraskova, Tsvetana. "A Glimpse into Saudi Arabia's Secret Oil Strategy." *OilPrice.com* (October 19, 2016).

Rapier, Robert. "Electric Vehicles Won't Kill Off Oil Demand Anytime Soon." *OilPrice. com* (July 29, 2016a).

_____. "IEA Warns That Climate Change Pledges Fall Far Short Of What Is Needed."

Forbes（November 27, 2016b）.

_____. "IEA Projects a 75% Increase In Oil Prices By 2020." *Forbes*（November 30, 2016c）.

TEAM Marine LNG Weekly Report, 2015. 11. 15.

_____, 2016a. 4. 10.

_____, 2016b. 4. 17.

Westphal, Kirsten et al. Ed. *The US Shale Revolution and the Arab Gulf States: the Economic and Political Impact of Changing Energy Markets. Stiftung Wissenschaft und Politik Deutsches Institut für Internationale Politik und Sicherheit* Berlin, 2014..

제2부 주요 국가, 지역별 에너지 수출 전략

제3장

러시아의 에너지 수출 전략

이성규

I. 러시아 정부의 에너지 수출 정책과 향후 전망

1. 러시아 정부의 에너지 수출 정책 변화

1) 옐친 시기의 대외개방 정책

러시아 옐친 대통령은 1990년대 중반부터 외국기업을 유치해서 동북아
지역에 대한 에너지자원 수출을 목적으로 사할린 대륙붕 및 코빅타 가
스전 개발과 수출용 수송시스템(파이프라인, 액화가스(LNG: Liquefied
Natural Gas)생산 공장, 수출터미널 등) 건설 사업을 추진하기 시작했다.
이들 외국기업은 동북아 역내 국가들과 국경 간 수송망 건설에 대해 협
의하였다. 영국의 브리티시 페트롤륨(BP: British Petroleum)에 의한 이
르쿠츠크 PNG(Piped Natural Gas) 사업(코빅타 가스전 개발과 러시아
~중국~서해~남한 가스관 건설), 미국 엑슨모빌(ExxonMobil)의 코러스
(KORUS) 사업(사할린-1 가스전 개발과 러시아~ 북한~ 남한 가스관 건설),

네덜란드 쉘(Shell)의 사할린-II 사업(가스전 개발과 LNG 생산공장 건설) 등이 동북아 국가들에게 가스를 수출하기 위해 추진되었다. 사업 운영사들은 한·중·일 소비국 투자자들을 사업에 참여시켜 투자위험 분산과 소비시장의 안정적 확보 등을 획득하려고 했다.

러시아 동시베리아 및 극동 지역은 경제적으로 낙후되어 있고 사회간접시설도 매우 열악하며, 에너지자원도 오랫동안 미개발 상태로 있어서 초기에 막대한 투자비가 요구되었고, 자원 개발과 수송시스템 건설에 외국의 기술과 설비도 필요했다. 그래서 옐친 정부는 신속한 자원 개발과 해외수출을 통해 체제전환 과정에서 사회·경제적 안정을 이룩하기 위해 외국기업에 대한 개방정책을 선택했다.

2) 푸틴 1기, 2기의 자원민족주의 전략

그러나 2000년 푸틴 대통령이 집권하면서 러시아의 에너지 수출전략은 옐친 시대와는 전혀 다른 방향으로 추진되었다. 푸틴 정부는 외국기업에 의해 추진되었던 사업들을 정지 또는 폐지시키고, 러시아 정부와 국영기업 주도로 자원 개발과 수출을 추진하는 일명 '자원민족주의 정책'을 과감하게 추진하였다.

BP와 엑슨모빌에 의해서 추진되었던 사업들은 러시아 정부의 사업 승인 보류·반대에 부딪혀 사실상 폐지되었고, 실질적인 사업추진 주체도 외국기업에서 러시아 국영 에너지 기업인 로스네프트(Rosneft)와 가즈프롬(Gazprom)으로 바뀌었다.[1] 러시아 정부는 유망 육상 매장지와 해상 매장지에 대해서는 러시아 기업을 운영사로 하고 외국기업은 지분

---

1   현재 코빅타(Kovykta) 가스전 사업의 운영사는 BP에서 가즈프롬으로, 사할린-I 운영사는 엑슨모빌 단독에서 로스네프트-엑슨모빌 공동으로, 사할린-II 운영사는 쉘에서 가즈프롬으로 각각 바뀌었다.

참여만 할 수 있도록 법을 제정했다. 또한, 러시아 정부는 자국 내 에너지 수송망 건설 및 운영에 외국기업이 참여하는 것을 법으로 금지시키고 있다. 외국기업은 러시아 기업과 합작기업을 설립해서 자원 개발 사업에 참여할 수 있지만, 개발권을 독자적으로 소유할 수 없게 되었다. 육상 탐사사업과 대륙붕 개발사업은 외국기업이 러시아 기업과 공동 운영사로 될 수 있지만, 그 밖의 경우에는 지분참여만 가능했다. 그러나 외국기업들은 자원 개발 사업의 높은 투자위험 때문에 운영권 획득을 투자 결정의 매우 중요한 요소로 여긴다. 그래서 푸틴 집권 1, 2기에 러시아 자원 개발 사업에 대한 외국기업의 진출 실적은 저조할 수밖에 없었다.

2000년대 들어 기존 서시베리아 지역 육상 매장지에서의 노후화 현상이 나타나면서 신규 매장지 개발의 필요성이 커졌다. 가즈프롬은 2007년에 동시베리아 및 극동 지역의 가스자원 개발과 단일 수송망 건설 계획인 '동부가스프로그램'을 발표하였다. 주요 내용은 동시베리아 및 극동 지역을 4개의 가스생산권역으로 나누고, 모든 가스전들을 단일한 수송시스템으로 연결하며, 그리고 국경 간 수송망을 연결해서 아·태 지역으로 수출하는 것으로 되어 있다. 또한, 가스 매장지 부근에 가스화학단지를 함께 건설하여 수출 품목의 다변화와 고부가가치화를 추진하였다.

러시아 정부는 이러한 가스산업의 장기 프로그램을 포함한 전체 에너지산업에 대한 장기발전 계획인 '에너지 전략-2030'을 2009년에 발표하였다. 주요 중장기 에너지 정책 목표로 부존자원의 효율적 관리와 이용, 에너지산업의 안정적 발전을 위한 법·제도적 기반 조성, 에너지산업 발전을 기반으로 한 지역 사회경제발전 등이 설정되었다. 대외 에너지분야에서 에너지 기업들의 해외시장 진출 확대, 국가위상 강화를 위해 에너지 자원의 효과적 활용, 해외수출 능력 및 국제경쟁력 향상 등이 목표로 제시되었다.

그러나 정부와 국영기업 중심으로 운영되는 에너지산업에 효율성을 높이고, 국제경쟁력을 높이려는 시도는 한계를 가질 수밖에 없었다. 국가 경제의 에너지산업에 대한 높은 의존도[2]는 개선되지 못했고 고유가 상황에서는 오히려 증가하기도 했다. 에너지 가격의 자유화가 정치적 요인으로 인해 제대로 추진되지 못해서 에너지 시장의 효율성도 계속 세계 최하위권에 머물렀고, 에너지산업에 민간부문의 비중이 크게 감소했다. 국영기업은 더욱더 비대해졌고, 그에 따른 비효율성도 증가하였다. 그리고 정부 재정과 국영기업의 투자에만 의존하다 보니 투자자금이 적기에 충분하게 조달되지 못하고 정부의 정치·외교적 의도가 사업 계획 또는 추진 과정에서 영향을 미쳐서 계획된 대규모 에너지 개발 및 수송망 건설 사업들은 자꾸 지체·연기되었다.

3) 푸틴 3기의 신동방정책

2012년에 출범한 푸틴 3기의 에너지 정책은 동시베리아·극동 지역 에너지 자원을 기반으로 한 아·태 지역 국가와의 협력을 강화하는 '신동방정책'과 에너지 수출국 간 경쟁이 심화되는 상황에서 유럽시장에 대한 지배력을 계속 유지하고 아·태시장을 선점하는 '에너지 수출정책'으로 특징지을 수 있다.

푸틴 대통령의 신동방정책 추진은 경제적으로 동시베리아·극동 지역의 에너지자원과 아·태 지역에 대한 수출잠재력을 미래 성장동력으로 사용하고, 대외적으로 미국과 EU의 경제제재와 이로 인한 국제적 고립에서 벗어나는 데 목표를 두고 있었다. 러시아는 아·태국가들과 에너지자원 공급을 매개로 경제 전반에 걸친 투자협력 확대를 추진하였다. 아·

---

2   2015년 현재 에너지산업은 러시아 GDP의 1/4, 에너지 자원 수출은 전체 수출의 68%를 각각 차지하는 것으로 추산되고 있다.

태국가들과의 협력은 정부와 국영기업 주도로 이루어졌고, 에너지자원
의 우선적 공급과 러시아산업 전반에 대한 투자를 패키지(package)로
묶어서 소비국과 협상을 전개했다.

　푸틴 정부는 출범 직후부터 2009년에 발표한 '에너지 전략-2030'을,
가즈프롬은 2007년에 발표한 '동부가스프로그램'을 각각 수정하는 작업
에 들어갔다. 주된 이유는 그동안 추진했던 계획 대비 실적이 너무 저조했
기 때문이었다. 중국과의 가스거래 협상,[3] 신규 매장지 탐사·개발 실적,
투자비 조달 등에서 원했던 결과를 얻지 못했고, 국제 에너지시장에서 고
유가 상황이 진정되고 유가 하락 현상이 나타났고, 미국 셰일혁명으로 생
산자 중심에서 구매자 중심으로 시장구조가 변화하였고, 우크라이나 사태
로 인해 서방의 러시아에 대한 경제 제재가 가해졌다. 이러한 러시아 내
외의 여건 변화를 반영해서 러시아 에너지부는 2015년에 '러시아 에너지
전략-2035'을 발표하였다. 러시아 정부는 에너지산업을 구조 개편해서
민간기업의 비중 증대와 투자촉진, 친환경·효율적인 에너지소비 비중 증
대, 국산 장비·기술 비중 증대, 아·태시장을 중심으로 하는 에너지 수출
시장 및 품목 다변화, 전략적 신규 매장지(동시베리아 지역, 극동 지역, 북
극 지역, 대륙붕, 채굴이 어려운 매장지 등)에 대한 탐사·개발 투자촉진 등
을 정책목표로 설정하였다. 또한 이상기온 현상으로 북극항로 개방이 빨
라지면서 북극 지역 자원과 북극항로를 이용한 에너지 수출 증대를 적극
적으로 추진하고, 북극 관련 국제협력에서 주도권을 획득하려고 하였다.

　러시아 정부는 국제유가가 단기간 내에 다시 상승세를 보이고 서방
의 경제 제재도 철회된다는 전제하에 2035년에 전체 에너지자원 수출
에서 아·태 지역 비중이 39%로 증가, 아·태 지역으로의 석유 수출량

3　중국 정부와 국영에너지기업이 러시아 가스보다 중앙아시아 가스(특히 투르크메니스탄 가
　스)를 우선적으로 도입하기로 결정했다.

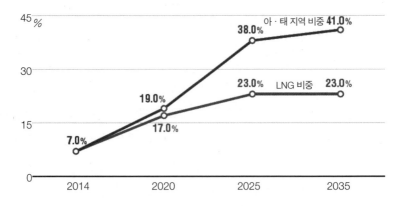

그림 1. 러시아 가스 수출에서 아 · 태 지역 비중 전망(2014~2035년)
출처: Ministry of Energy of the Russian Federation(2015: 9); 이주리(2016: 25)에서 재인용

은 2035년까지 2.5~3.1배 증가, 가스 수출량은 8~9배 증가, 전력 수출량은 5~8배 증가하는 것을 목표로 설정했다. 특히, 러시아 에너지부는 2035년에 러시아 전체 가스 수출구조에서 아·태시장 비중이 2014년의 7%에서 41%로 증가시킬 계획이다.

2. 서방의 경제제재와 미국 셰일혁명에의 대응전략

2014년 3월 발발한 우크라이나 크림사태는 급기야 EU와 미국의 러시아에 대한 경제 제재(2014년 7월과 9월)를 야기했고, 이후 몇 차례의 연장 결정을 거쳐 서방의 제재는 2017년 5월 말 현재까지 유지되고 있다. 러시아 주요 정치가와 기업가들의 유럽과 미국 입국 금지, 러시아 에너지 기업과의 국제금융거래 금지, 해상유전 및 셰일매장지 개발에 투입되는 첨단 기술 및 장비 수출 금지 등이 주요 제재 내용으로 포함되었다.[4] 더

4   외국산 심해 시추 장비, 북극해 자원 개발 관련 해상 시추 장비, 셰일자원 개발 시 사용되는 수압파쇄장비 등이 러시아로 반입되는 것이 금지되었다.

표 1. 러시아의 중기 거시경제지표 전망(2017~2019년)

년도	재정수입 (조 루블)	재정지출 (조 루블)	재정적자 (조 루블)	인플레이션율 (%)	환율 (루블/$)	GDP 성장률 (%)
2017	13.488	16.241	2.753	4	67.5	+0.6
2018	14.029	16.040	2.011	4	68.7	+1.7
2019	14.845	15.987	1.142	4	71.1	+2.1

출처: RIA(2017/3/10); 에너지경제연구원(2017 : 43)에서 재인용

군다나 저유가 상황이 지속되면서 국가 재정 상황도 악화되어 에너지 기업들의 투자가 크게 감소하였다. 또한, 미국은 2015년 8월 러시아에 대한 추가 제재를 발표하면서 사할린 대륙붕에 있는 유즈노-키린스키 가스광구(사할린-III 사업에 포함, 운영사 가즈프롬)도 제재 대상에 포함시켰다. 이는 가즈프롬이 계획 중인 대륙붕 가스전 개발과 LNG 사업에 커다란 악재로 작용했다.

서방의 경제제재 실시 이후, 러시아 경제는 마이너스 성장을 기록했고, 루블화 환율은 폭등했으며, 대규모 자원 개발 사업들이 추진 중단되거나 연기되었다. 특히, 러시아 정부가 미래 전략적 매장지로 분류하여 서방 메이저 기업과 공동으로 탐사·개발하고 있었던 북극해 자원 개발 사업과 셰일자원 개발 사업이 가장 커다란 타격을 입었다. 러시아 에너지 기업은 물론이고 이들 사업에 참여했던 미국의 엑슨모빌을 포함한 메이저 기업들도 경제적으로 커다란 피해를 입게 되었다.

러시아 경제는 2015년에 -3.7%, 2016년에 -0.5%로 2년 연속 침체를 경험했다. 그러나 러시아 경제는 2017년 들어 경기침체에서 다소 회복되는 기미를 보이고 있다. 국가경제는 2017에 플러스 성장을 기록하고, 재정적자 규모는 2017년에 GDP의 3.2%에서 2018년 2.2%, 2019년 1.2%까지 점차적으로 감소할 것으로 러시아 정부는 전망하고 있다(RIA

2016).

또한, 미국에서 발생한 셰일혁명은 국제 에너지 시장구조를 공급자 중심에서 수요자 중심으로, 고유가 시대를 저유가 시대로 전환시키는데 크게 일조했다. 셰일자원 생산의 급증으로 미국은 원유, 가스, 석탄을 해외로 수출할 수 있는 능력을 갖추게 되었고, 정부도 그동안 국내 자원의 해외수출을 금지했던 규제들을 폐지하였다. 미국 에너지 기업들은 미국 시장보다 훨씬 높은 가격으로 설정되는 동북아 시장을 매우 매력적인 수출시장으로 인식하였다. 동북아 지역 기업들도 수출계약 조건이 러시아와의 계약 조건보다 훨씬 유연하고,[5] 비경제적 변수에 의한 영향도 없고, 그리고 셰일자원 개발 기술·경험도 습득할 수 있다는 장점 때문에 미국 셰일자원 수입을 추진하였다.

러시아는 서방의 경제제재에 따른 국제적 고립과 자금조달 압박에서 벗어나고, 아·태시장을 선점하기 위한 방법의 하나로 중국과의 전략적 협력 강화를 적극적으로 추진했다. 중국도 미국과의 패권 경쟁에서 밀리지 않기 위해 그동안 미국과 관계가 좋지 않았던 러시아와의 협력을 강화하였다. 이러한 양국 간에 이해가 맞아서 에너지부문에서 그동안 논의만 되었던 에너지협력 사업들이 정부 차원에서 합의되어 기업 간 계약 체결로까지 발전하였다. 러시아는 공급가격 부문에서 양보하고, 중국은 당초 계획보다 빨리 러시아로부터 석유와 가스를 대량으로 수입하는 것을 약속함으로써 장기도입계약을 체결하였다. 또한, 중국은 대규모 공적자금을 러시아 국영기업에게 제공하고, 러시아는 중국 국영기업에게 유

---

5   미국기업과의 계약에는 목적지제한 조항과 제3자 판매제한 조항이 없고, 수출가격도 석유가격에 연동되지 않고 미국 가스시장 상황에 따라 결정된다. 물론 저유가 상황에서는 유가 연동에 의한 가스 가격결정 방식이 수입업자에게 유리할 수 있으나, 장기적으로 가격결정 안정성 측면에서는 가스 수급에 의한 결정방식이 훨씬 더 유리할 수 있다.

망 매장지 개발사업의 지분과 국영 석유 기업인 로스네프트의 지분을 매각하였다. 양국의 국영에너지 기업들은 상류부문(자원 개발)에서 하류부문(정제, 석유화학, 석유제품 판매)까지 종합적인 에너지협력 사업을 추진하였다. 이에 따라 중국은 2016년에 사우디보다 더 많은 원유를 러시아로부터 수입하였다.[6]

또한, 러시아 정부는 민간기업들의 투자활동을 촉진시키기 위해 국영기업이 갖고 있는 독점적 권한을 부분적으로 축소시키고 있다. 국영기업에만 주어진 대륙붕 개발과 가즈프롬의 독점적인 가스수출 권한은 신규 매장지 탐사실적을 악화시켰고, 가스자원을 비효율적으로 이용하게 만들었다. 로스네프트와 가즈프롬은 정부로부터 해상 매장지를 포함해서 신규 매장지 탐사·개발권의 거의 대부분을 획득하였는데, 인력과 자금상의 제약으로 이들 매장지의 상당수가 오랫동안 그대로 방치되었다. 정부는 계약조건을 이행하지 않은 국영기업에 대해 벌금을 부과하거나 탐사권을 환수하고 있지만, 회수된 해상 매장지의 탐사권은 현행 규정에 따라 다시 국영기업에게 제공될 수밖에 없었다. 또한, 가즈프롬에게 부여된 가스 수송 및 수출 독점권한은 석유 기업에 의해 유전에서 채취된 가스를 비효율적으로 사용하는 원인으로 작용했다. 석유 기업들은 유전에서 채취된 소량의 가스를 불법으로 연소하거나, 가즈프롬에게 저렴한 가격으로 판매할 수밖에 없었다.

그래서 민간 석유·가스 기업들은 국영기업만 해상광구를 개발할 수 있도록 되어 있는 현행법을 개정하고, 로스네프트를 비롯한 석유 기업들은 자신들도 해외에 가스를 수출할 수 있는 권한을 부여해 줄 것을 정부에 강하게 요구하고 있다. 정부는 장기적으로 민간기업들의 해상 매장지

---

6   지난 10년 동안 러시아 원유 및 석유제품의 중국에 대한 수출량이 20배 증가하여 연간 3,600만 톤을 기록하였고, 향후에는 5,000만 톤까지 증대될 것으로 전망되고 있다.

와 수송시스템에 대한 자유로운 접근을 보장하는 쪽으로 법·제도를 개정하겠다는 입장을 갖고 있지만, 아직까지 부분적으로만 이를 허용하고 있다. 2015년에 정부는 로스네프트와 노바텍이 추진하고 있는 일부 사업(사할린-1, 야말 LNG 등)에 대해 독자적으로 가스를 수출할 수 있도록 허용 했다.[7]

3. 향후 전망: 미국 트럼프 정부와의 관계개선 노력

현재 러시아 경제와 에너지산업을 획기적으로 회복시킬 수 있는 방법은 서방의 경제제재로부터 벗어나는 것과 동북아 국가들의 투자를 대규모로 유치하는 것이다.

트럼프 대통령은 선거 이전부터 러시아 푸틴 대통령에 대해 상당히 호의적인 평가를 했었다. 그리고 그는 러시아에서 오랫동안 사업을 해서 푸틴과도 개인적 친분 관계를 맺고 있는 엑슨모빌 CEO인 렉스 틸러슨을 국무장관으로 지명했다. 이러한 모습들은 오바마 정부 시절 우크라이나 크림사태 발발로 크게 악화되었던 양국 간 관계의 변화를 야기하는 징조로 볼 수도 있을 것이다. 물론 양국 정상들이 상대방에 대해 호의적으로 평가한다고 해서 그것이 양국 관계의 근본적인 변화로까지 발전할 것인지는 불명확하다. 트럼프 대통령이 선거 기간 동안 러시아와 관련해서 발표했던 주장들은 공화당 주류와 펜스 부통령의 생각과 상반된다. 트럼프 대통령이 자체 내 이런 상반된 의견들을 조율하기 쉽지 않을 것으로 보인다. 또한 대선과정에서 러시아의 개입 여부가 커다란 정치적

---

7   2015년 기업별 가스생산에서 가즈프롬이 전체 생산량의 65.9%를 차지해서 1위, 노바텍이 8.2%로 2위, 그리고 로스네프트가 6.7%로 3위를 각각 차지했음. 2016년에는 로스네프트가 67bcm를 생산해서 노바텍(66.2bcm)을 앞섰다(Lenta 2017).

이슈로 부각되면서 트럼프 정부의 러시아와 가까워지려는 움직임에 크게 제동을 걸고 있다. 그리고 시리아 문제는 양국관계 개선에 또 다른 악재로 작용할 것이다. 푸틴 대통령은 강한 러시아를 국제사회에 표명하면서 강대국으로서 미국으로부터 대등한 대우를 받기 원하고 있다. 푸틴 정부는 구소련 국가와 유럽에 대해 자국의 에너지자원을 외교적 수단으로 사용해 왔다. 이런 이유들로 인해서 많은 외교전문가들은 미-러 관계가 가까운 시일 내에 근본적으로 변화하기 어려울 것으로 전망하고 있다.

트럼프 정부는 중국과의 마찰에서 러시아를 중요한 전략적 카드로 활용하고 싶어 하는 것 같다. 만약 푸틴 대통령이 트럼프 대통령의 이러한 의도를 받아들여 중국과의 전략적 협력 관계를 재조정하려고 한다면, 에너지 부문에서 러시아와 중국 간 협력이 다소 위축될 수도 있을 것이다. 그러면 그 틈새를 일본과 미국 기업과의 북극해 및 사할린 대륙붕 개발사업에서의 협력이 메우게 될 수도 있을 것이다.

결론적으로 러시아 푸틴 정부는 앞으로 계속해서 여러 방면에서 트럼프 정부에 관계 개선의 손짓을 내보일 것이다. 그리고 트럼프 정부가 중국과의 패권경쟁에서 결정적으로 승리하기 위해 러시아를 전략적 카드로 활용하려고 할 때, 미국과 러시아 정부 간의 관계 개선을 위한 노력이 가시적으로 나타나기 시작할 것으로 예상된다.

II. 대동북아 지역 에너지 공급 잠재력과 에너지산업별 수출 전략

1. 에너지 공급 잠재력과 주요 수출투자 프로젝트

1) 석유·가스 생산 및 수출 전망

서방의 경제제재에도 불구하고 러시아의 석유생산량은 완만한 성장세를 유지했는데, 2016년에 5억 4749만 톤으로 전년도보다 2.5% 증가했고, 이는 구소련 해체(1991년) 이후 최고치였다. 러시아 경제개발부가 2016년 10월 발표한 자료에 의하면, 2017년 석유생산량은 5억 4900만 톤으로 전망되었다. 정부의 세제 혜택이 제공되고 있는 대륙붕, 동시베리아 및 극동 지역 매장지, 채굴이 어려운 매장지[8] 등에서의 원유생산이 이러한 증가세를 주도했다. 2016년에 대륙붕에서 원유 생산량은 1억 1662만 톤, 동시베리아 및 극동 지역에서 생산량은 6950만 톤, 채굴이 어려운 매장지에서 생산량은 4100만 톤이었다. 2016년에 주요 석유기업들의 원유 생산실적을 보면, 로스네프트 1억 8970만 톤(전체 생산량의 34.6%), 루크오일(Lukoil) 8300만 톤(15.2%), 수르구트네프트가즈(Surgutneftegaz) 6180만 톤(11.3%), 가즈프롬 네프트(Gazprom Neft) 3780만 톤(6.9%), 타트네프트(Tatneft) 2868만 톤(5.2%), 바쉬네프트(Bashneft) 2140만 톤(3.9%)이었다(Tass 2016; Tass 2017).

　　러시아의 원유 수출량은 2007년 이후부터 감소세를 보이다가 2015년부터 증가세로 변하였다. 2016년에 원유 수출량은 전년 대비 4.8% 증가한 2억 5400만 톤이었다. 2016년에 구소련 국가들로의 원유 수출량은 전년 대비 20.3% 감소한 1814만 톤, 유럽과 아·태 지역으로의 수출

8　　러시아에서 '채굴이 어려운 매장지'는 치밀·셰일자원이 매장된 저투수층 지대와 천연 역청, 오일샌드와 같은 중질원유 및 고점성 원유 매장지를 가리킨다.

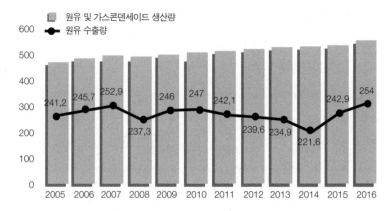

그림 2. 러시아 원유 생산 및 수출 변화추이(2005~2016년) (단위 : 백만 톤)
출처: Vedomosti(2017a)

량은 전년 대비 7% 증가한 2억 3580만 톤이었다. 아·태 지역에 대한 원
유 수출비중은 2015년에 32%였다. 최근에 이러한 원유 수출 증가는 석
유기업들이 정제 마진 감소와 루블화 환율 상승으로 원유 수출에 적극
나섰기 때문이었다. 향후 중·단기적으로 원유 수출 증가분의 대부분은
유럽시장에서 나타날 것인데, 왜냐면 현재 추진 중인 동시베리아·태평
양(ESPO: East Siberian-Pacific Ocean) 송유관의 수송용량 확장 사업이
2020년 이후에나 완료될 것으로 예상되기 때문이다.

　한편, 러시아는 2016년 12월에 OPEC 및 비OPEC 일부 산유국과
원유 생산량을 감산하기로 합의했다(2017년 상반기에 30만 b/d). 그럼
에도 불구하고 러시아 정부는 원유 생산량이 계속 증가할 것으로 전망하
고 있다(Vedomosti 2017b). 국제에너지기구(IEA: International Energy
Agency)는 "세계에너지 전망 2016(World Energy Outlook 2016)"에서
2040년 러시아의 원유 생산량이 2015년 1110만 b/d(5억 5000만 톤)에
서 23% 감소한 850만 b/d(4억 2500만 톤)를 기록할 것으로 전망했다
(IEA 2016). 이는 러시아 정부의 전망치보다 크게 낮은 수치이다. 러시

아 에너지부는 러시아 에너지전략-2035에서 2035년 원유 생산량을 5억 2500만 톤으로 전망했다.

러시아 정부는 에너지전략-2035에서 가스생산이 2015년에 635.5bcm(billion cubic meter)에서 2035년에 805~885bcm으로 증대할 것으로 전망했다. 이 중에서 동시베리아·극동 지역에서 가스 생산량은 2035년에 111~135bcm로 추산되었다. 반면, 국제에너지기구는 2040년에 러시아의 가스 생산량이 2015년 대비 19.2% 증가한 758bcm을 기록할 것으로 전망하였다. 가스 생산은 2014~15년에 감소했지만 이후 다시 증가했으며, 2035년까지 계속 증가세를 유지할 것으로 전망되고 있다. 이러한 전망은 세계 가스 수요 증가와 러시아의 북극해를 포함한 대륙붕에서 가스생산 증가에 근거한다.

러시아 에너지부 자료에 의하면(Ministry of Energy of the Russian Federation 2015), 2015년에 LNG 생산량은 전년보다 0.8% 증가한 1082만 톤, LNG 수출량은 1080만 톤이었다. 이 중 일본으로 763.6만 톤(70.6%), 한국으로 271.7만 톤(25.1%), 대만으로 25.8만 톤, 중국으로 19.7만 톤 각각 수출되었다. 러시아 정부는 2035년까지 LNG 생산량을 7000만 톤 수준까지 증가할 것으로 전망하고 있다. 또한, 2014년 기준 러시아 동시베리아 및 극동 지역의 가스 확인매장량은 11.22tcm(trillion cubic meter)로 추산된다. 이를 권역별로 살펴보면, 야쿠츠크 권역(주요 가스전 차얀다(Chayanda)) 2.91tcm, 이르쿠츠크 권역(코빅타) 4.52tcm, 크라스노야르스크 권역 1.88tcm, 사할린 권역(사할린-I, II, III, 캄차카 지역 포함) 1.91tcm이다.

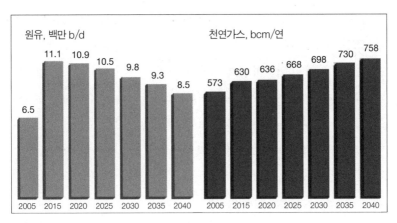

그림 3. 러시아 원유 및 가스 생산량 전망(~2040년)
출처: IEA(2016)

2) 신규 매장지 개발 촉진

대규모 소비지와 가까운 육상 매장지에 석유·가스 생산을 오랫동안 의존해 온 결과, 현재 이들 기존 매장지의 노후화 현상이 빠르게 진행되고 있다. 러시아 천연자원환경부는 2016년 3월에 신규 매장지 개발이 활발히 이루어지지 않으면, 2020년부터 기존 매장지에서 원유 생산이 감소하기 시작할 것이고, 향후 28년 후에는 현재 확인매장량이 고갈될 것으로 전망했다(Kommersant 2016). 러시아 정부는 에너지 전략-2035에서도 장기적으로 석유·가스 생산을 안정적으로 유지하기 위해 해상 매장지, 북극 지역 매장지, 채굴이 어려운 매장지 등에 대한 적극적인 탐사 및 개발 필요성을 강조했다.

　　그러나 이러한 신규 매장지들은 그동안 미개발 상태로 있었기 때문에 소비지까지 장거리 파이프라인을 부설하고 연안 지역에 수출터미널과 액화가스 생산공장을 건설해야 하기 때문에 초기 투자비가 많이 들고 투자위험도 높은 편이다. 이러한 개발 여건은 사업의 경제성을 악화시키고, 국제시장에서 가격경쟁력을 떨어뜨리는 요인으로 작용할 것이다. 또한, 셰일자원을 포함한 채굴이 어려운 매장지와 북극해 매장지들은 서방 메이저 기업들의 개발 기술과 장비를 도입하지 않으면 러시아 기업만으로는 개발하기 어렵다. 그럼에도 불구하고 러시아 정부와 국영 석유·가스 기업들은 이들 매장지에 대한 개발 투자를 우선적으로 배정하고 있다. 한편으로 서방의 경제 제재는 러시아 기업들로 하여금 셰일 자원부문에 대한 자체적인 기술개발을 촉진시키는 방향으로 작용하기도 했다.

러시아 정부는 동시베리아 및 극동 지역과 대륙붕에서의 자원 개발 사업에 대해 지하자원채굴세율을 인하하고, 수출세를 일정 기간 동안 면제하며, 세금납부 시점도 수익이 발생하는 시점까지 연기해 줌으로써 석유·가스 기업들의 투자 활동을 촉진시켰다. 이러한 정부의 세제혜택으로 러시아 동부 지역과 대륙붕에서의 자원 개발 사업은 러시아 내 다른 사업들보다 우선적으로 추진될 수 있었다. 또한, 러시아 에너지부는 북극해 자원 개발 사업과 대륙붕 개발 사업에 대해 외국기업과의 공동개발을 허용해 주었다. 이를 통해 러시아 영해에 속하는 북극해와 카스피해 자원개발 사업에 미국과 유럽계 기업들의 참여가 활발히 이루어졌었다.

'러시아 에너지전략-2035'에 의하면, 향후 2035년에 기존 원유생산 매장지에서의 생산량이 현재보다 23% 감소하겠지만, 대륙붕 및 셰일오일 생산 증대로 러시아 전체 생산량은 현재 수준을 계속 유지할 것으로 전망하였다. 러시아 에너지 전문가들도 기존 육상 매장지에서의 빠른 생산 감소 상황이 북극해와 대륙붕에서의 자원 개발 속도를 가속화시킬 것이며, 이로 인해 러시아 전략적 생산 지역이 서시베리아 육상 지역에서 점차 북극 지역으로 이동할 것으로 전망하고 있다. 전문가들은 2050년에 북극 지역이 러시아 전체 원유 생산의 약 20~30%를 차지하게 될 것

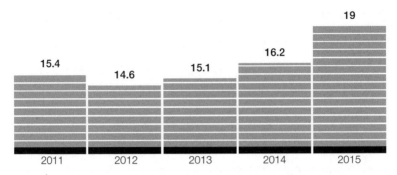

그림 4. 러시아 대륙붕(북극해 포함) 원유 생산량 추이(2011~2015년)(단위 : 백만 톤)
출처: RG(2016)

으로 전망하였다(RG 2016).

　그러나 IEA는 러시아 정부의 이러한 예상이 실현되기 어려울 것으로 분석하고 있다. 러시아 정부의 전망이 실현되기 위해서는 우선적으로 서방의 제재가 철회되고, 현재 저유가 상황이 개선되고, 석유 기업들이 북극해 및 셰일자원 개발부문에서 선진 기술·경험을 획득하고, 그리고 정부의 세제 혜택이 오래 지속되어야 가능할 것이다. 로스네프트는 2020년까지 '채굴이 어려운 매장지'에서의 원유생산 비중을 현재 7%에서 11%까지 증대시킬 계획이다. 로스네프트의 기존 전통적 매장지에서 원유 생산원가는 배럴당 2.1달러인데 '채굴이 어려운 매장지'에서의 생산원가는 배럴당 10~35달러로 평가된다(Izvestia 2016). 따라서 채굴이 어려운 매장지에서 생산되는 원유는 당분간 정부의 세제 혜택이 있어야 국제시장에서 가격경쟁력을 갖게 될 것으로 보고 있다.

3) 주요 수출투자 프로젝트

(1) 석유 수출 프로젝트

현재 러시아 동시베리아 및 극동 지역(사할린 대륙붕 포함)에서 생산되는 원유의 대부분은 송유관을 통해 중국으로 수출되고 있다. 러시아와 중국은 ESPO 송유관과 중국 지선(스코보로디노~다칭으로 연결되어 있다.[9] 2016년에 러시아는 사우디를 제치고 중국에 가장 많은 원유를 수출한 국가가 되었다. 2009년에 러시아와 중국은 2011년부터 2030년까지 20년 동안 ESPO 송유관을 통해 연간 1,500만 톤의 원유를 공급하는 계약을 체결했고, 이후 2013년 6월에는 2009년 계약에 추가하는 형태로 향후 25년간 연간 최대 3,100만 톤의 원유를 공급하는 계약을 체결했다. 2014년에 ESPO-2 송유관을 통해 코즈미노 원유수출터미널로 수송된 총 2,490만 톤의 ESPO 원유 중에 일본으로 890만 톤(36%), 중국으로 590만 톤(24%), 한국으로 370만 톤(15%)이 각각 공급되었다. 그 외 말레이시아, 태국, 필리핀, 싱가포르, 뉴질랜드, 대만, 미국, 인도네시아 등으로 총 640만 톤(26%) 원유가 수출되었다.

러시아 국영송유관 운영기업 트란스네프트(Transneft)는 ESPO-1 송유관(타이쉐트~스코보로디노)의 수송능력을 기존에 5800만 톤에서 2020년까지 연간 8000만 톤까지 확충하는 사업을 추진하고 있는데, 그렇게 되면 이 중에서 3000만 톤은 ESPO-1 송유관의 중국 지선을 통해 중국으로, 2400만 톤은 ESPO-2 송유관(스코보로디노~코즈미노 원유 수출터미널)을 통해 아·태시장으로, 그리고 나머지 2600만 톤은 러시아 내 정제공장으로 공급될 것이다(Vedomosti 2017b). 물론, 중국으로 3000만 톤이 공급되기 위해서는 ESPO-1 송유관뿐만 아니라 중국 지선도 수송용량이 확장되어야 한다. 중국 지선을 확장하는 사업은 중국 중

---

9   ESPO 수송시스템은 총 길이 2,694km의 ESPO-1 송유관, 2,046km의 ESPO-2 송유관, 1,650㎥ 용량의 석유저장시설, 코즈미노(Kozmino) 원유수출터미널 등으로 구성된다. 중국 지선은 러시아 측 구간(스코보로디노에서 중국 국경까지 64km)과 중국 측 구간(모혜에서 다칭까지 1,000km)으로 구성된다.

국석유천연가스집단공사(China National Petroleum Corporation, 이하 'CNPC')가 담당하고 있다. 러시아 트란스네프트는 중국 CNPC와 2013년 6월에 수송량을 3000만 톤까지 증대시키는 계약을 체결했다.

ESPO 송유관의 주요 원유공급원들은 대부분 로스네프트가 소유하고 있다. 반코르(Vankor)유전과 그 주변의 중소형 유전들을 비롯해서 이르쿠츠크 지역과 크라스노야르스크 지역의 ESPO 송유관 주변의 여러 유전들에서 채굴되는 원유가 중국과 아·태 지역으로 수출된다. 2020년에 완공될 예정으로 있는 ESPO 송유관의 수송용량 8000만 톤을 확보하기 위해서는 신규 매장지 개발에 대한 투자가 더욱더 활발히 이루어져야 한다.

또한, 러시아 로스네프트와 중국 CNPC는 2013년에 체결한 계약에 따라 카자흐스탄 송유관을 이용해서 원유 700만 톤/연을 2014년~2018년 동안 공급하는 것을 2023년까지 연장하고, 공급물량도 연간 1000만 톤으로 늘리기로 2017년 1월에 합의했다. 이는 로스네프트가 러시아 국경에 위치한 카자흐스탄 파블로다르(Pavlodar) 정제공장에 원유를 공급하고, 카자흐스탄은 자국 원유를 아타수(Atasu)~알라산코우(Alashankou) 송유관을 통해 중국으로 공급하게 되는데, 이러한 스왑거래 방식으로 로스네프트는 2014년부터 5년간 연간 700만 톤의 원유를 중국으로 공급해 왔다. 로스네프트는 기존 계약물량에서 추가된 300만 톤을 ESPO 송유관의 중국 지선을 통해 공급하려고 했으나, 중국 지선의 수송능력 확장건설 지연으로 카자흐스탄 경유 노선을 연장해서 이용하기로 하였다.

(2) 가스수출 프로젝트

가즈프롬의 아·태 지역에 대한 가스수출은 파이프라인과 LNG 선박을 통해 이루어지고 있는데, 파이프라인 수송은 주로 중국으로의 가스수출에, 선박 수송은 한국과 일본을 포함한 아·태 지역으로의 수출에 각각 이용되고 있다.

2014년 5월 러-중 간에 극적으로 가스거래 계약이 체결되었다. 가즈프롬은 러시아 동시베리아 및 극동 지역에서 생산된 가스 38bcm을 매년 양국 간 파이프라인(일명 'Sila Sibiri(Power of Siberia)' 또는 '동부노선')을 통해서 2020년 이후부터 30년 동안 중국에 공급하기로 했다. 또한, 양국은 서시베리아 지역에서 생산된 가스 30bcm도 서부노선(러시아 알타이 지방과 중국 신장 지역을 연결, 일명 '알타이노선')을 통해 공급하는데 합의하였지만, 아직까지 기업 간 계약까지 발전시키지 못했다. 사실 가즈프롬은 동부노선보다는 서부노선을 통해 중국으로 가스를 먼저 수출하는 것을 원했다.[10] 러시아 정부가 중국과의 협상에서 크게 양보해 가면서 동부노선에 기반한 가스계약을 먼저 체결한 것은 서방의 경제 제재에 따른 대응책의 일환으로 분석되고 있다. 서부노선 사업은 현재 양국 기업 간에 정식계약 체결을 위한 협상을 진행 중이지만, 당분간 체결 가능성은 낮을 것으로 판단된다. 최근에 가즈프롬은 투자자금 조달상의 문제로 중국으로의 가스공급 시점을 당초보다 2년 연장해서 2022년으로 발표했다. 그러나 서방 가스전문가들은 동부노선의 가동 시점을 이보다 늦은 2026년으로 전망하고 있다.[11] 또한, 가즈프롬은 동부노선

---

10 서부노선은 여러 가지 측면에서 동부노선보다 가즈프롬에게 전략적으로 더 유익하다. 첫째, 서부노선의 가스공급원은 서시베리아 지역 내 생산단계에 있는 가스전으로 상대적으로 초기 비용을 크게 들지 않고서도 중국에 빠른 시일 내로 수출할 수 있다. 둘째, 서시베리아 지역에서 채굴되는 가스는 지금까지 대부분 유럽으로 공급되고 있는데, 가즈프롬은 이 중 일부를 중국으로 공급함으로써 유럽과의 가스협상에서 서부노선을 협상 지렛대로 활용하려고 한다. 셋째, 서부노선은 중앙아시아(투르크메니스탄, 우즈베키스탄, 카자흐스탄) 가스의 중국으로의 수출을 억제시키는 효과도 있다. 중국은 전략적으로 중앙아시아 가스 수입을 증대시키려 한다.

11 미국 기업공개 전문 조사기관 Renaissance Capital이 2016년 7월 발표하였다(Lenta 2016).

의 주된 가스공급원 중에 하나인 코빅타 가스전의 연간 생산량을 당초에 35bcm에서 25bcm으로 하향 추산했다. 이는 중국의 가스 수요 증가세 둔화뿐만 아니라 그동안 탐사에서 기대했던 것만큼 확인매장량을 발견 하지 못했기 때문인 것으로 보인다.

한편, 2016년 6월 중국 CNPC는 가즈프롬에게 가스의 공동 생산과 가스관의 공동 건설·운영을 포함하는 통합계약(integrated contract) 방식을 제안했었는데, 가즈프롬은 아직까지 이에 대한 대답을 하지 않 고 있다. 중국 측의 요구는 푸틴 정부의 자원민족주의 전략과 수송부문 에서 가즈프롬의 독점 권한을 허무는 것으로 러시아 입장에서는 쉽사리 받아들일 수 없을 것으로 판단된다. 그러나 중앙아시아 국가들은 중국 측의 이러한 요구를 받아들여 러시아보다 먼저 가스를 중국에 수출할 수 있었다.

중국을 포함한 동북아 지역으로의 가스공급 사업은 파이프라인 건 설 이외에 가스전 개발도 동시에 해야 되기 때문에 막대한 초기 비용을 수반한다. 서방으로부터의 자금조달이 사실상 어려운 상황에서 가즈프 롬의 투자는 크게 감소하였고, 이는 주요 사업들의 추진 지체·연기 결정 으로 나타났다. 최근 들어 유럽에서 러시아 가스에 대한 수요가 회복되 고, 루블화 환율 상승에 따른 가즈프롬의 루블화 수출수익이 증가하며, 또한 중국의 가즈프롬에 대한 자금지원이 이루어지면서 가즈프롬의 투 자가 다시 증대되는 모습을 보이고 있다.[12]

한편, 동부노선의 주요 가스공급원은 차얀다 가스전과 코빅타 가스 전이었는데, 가즈프롬은 최근에 추가로 사할린 지역 가스도 동부노선의 공급원에 포함시키는 것을 중국 측과 협의 중인 것으로 알려지고 있다.

---

12   가즈프롬은 2017년 1월에 동부노선에 대한 2017년 투자규모를 2016년보다 2배 증가한 26.5억 달러로 결정하였다(Neftegaz 2017).

동일한 공급원을 놓고 소비자들 간에 경쟁을 유발시킴으로써 협상력을 높이려는 가즈프롬의 전형적인 수출전략으로 이해된다. 또한 가즈프롬은 단일 가스공급망에 가능한 많은 가스전들을 연결시켜 수송되는 모든 가스(천연가스와 액화가스)의 평균단가를 낮추고, 상대적으로 개발단가가 높은 가스전들도 최대한 활용하려고 있다.

그 외 남-북-러 가스관 사업과 일-러 간 가스관 사업은 경제적 측면보다는 남북관계 악화나 북방영토 반환 문제 등과 같은 외교적 문제가 더 큰 장애요인으로 작용하고 있다. 이러한 외교적 문제가 해결되지 한 이들 사업은 추진되기 어려울 것으로 판단된다.

가즈프롬은 아·태시장으로 수출시장을 확대하기 위해 LNG 사업을 활발히 추진하고 있다. 동북아 국가는 물론 태국과 인도와도 LNG공급 계약이 체결되었다. 또한 가즈프롬은 메이저 기업처럼 국제 트레이딩 업무를 담당하는 자회사도 설립·운영하고 있다. Gazprom Marketing and Trading Singapore는 2012년에 인도 가스 기업 GAIL과 향후 20년간 연간 250만 톤의 액화가스를 공급하는 계약을 체결했고, 2018년부터 가즈프롬의 사할린-II와 노바텍의 야말 LNG 사업에서 생산된 가스를 공급할 계획이다.

가즈프롬의 LNG 수출사업은 서방의 경제 제재로 인해 파이프라인 사업보다 더 큰 타격을 입었다. LNG 생산 설비와 기술을 가즈프롬이 갖고 있지 못해서 서방기업에 의존할 수밖에 없는데 서방의 제재로 이것이 사실상 불가능하게 되었다. 또한, 저유가 상황과 한국과 일본에서 가스 소비 정체가 가즈프롬의 신규 LNG 수출 사업(사할린-II LNG 확장사업,[13]

---

13 가즈프롬은 2016년 11월에 사할린-II LNG 확장사업(추가로 500만 톤/연 확장)의 가동 시점을 당초 2021년에서 2023-2024년으로 연기했다(Kommersant 2017a).

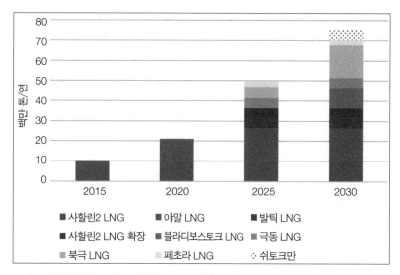

그림 5. 러시아 운영 · 건설 · 계획 중인 LNG 사업
출처: Henderson and Mitrova(2015)

블라디보스토크 LNG 사업,[14] 사할린-III 가스전 개발사업[15] 등)의 경제성을
악화시켰다.

사할린-I 사업에 참여하고 있는 미국 엑슨모빌과 러시아 로스네프
트도 액화가스 수출 사업을 계획하고 있다. 이는 로스네프트가 석유 기
업으로서 정부로부터 가스수출 권한을 획득함에 따라 가능하게 되었다.
그리고 서방의 경제제재 대상에서 제외된 노바텍의 야말 LNG사업은 순

---

14 블라디보스토크 LNG 생산공장은 러시아 연해주 로모노소프(Lomonosov)반도 페레보즈
    나야(Perevosnaya)만에 건설되며, 설비 생산용량은 총 1500만 톤(2018년에 500만 톤,
    이후 2020년까지 연 1000만 톤까지 증대)이다. 총 건설비의 경우, 가즈프롬은 70억 달러
    로 추산했는데, 전문가들은 이보다 2배 많은 140억 달러로 평가하고 있다. 가스공급원은
    사할린-III 가스전, 차얀다 가스전, 그리고 코빅타 가스전이다.
15 가즈프롬은 당초 사할린-III 가스전에서 2017년부터 가스를 채굴할 계획이었다. 그러나 투
    자자금 조달상의 문제로 사업 추진이 제대로 이루어지지 않아서 현재로써는 불가능한 상
    황이다. 가즈프롬은 이미 3개 광구(키린스키, 아야쉬스키, 보스토치노-오도프틴스키)에 대
    한 지질탐사를 완료했는데, 2015~2016년에 키린스키 광구에서 시추작업을 실시했으나
    아직까지 경제성 있는 매장지를 발견하지 못한 것으로 알려졌다.

조롭게 진행되고 있는데, 2018년부터 쇄빙 LNG 선박을 통해 중국과 유럽으로 LNG를 공급할 예정이다.

2. 에너지산업별 수출 전략

1) 고부가가치 제품 수출 증대

러시아는 현재 자국 내 정제능력 부족과 시설 노후화로 대부분을 원유 형태로 해외에 수출하고 있다. 그래서 로스네프트는 아·태시장을 겨냥해서 블라디보스토크 주변 지역에 동부석유화학단지를 건설하는 것을 추진하고 있다. 극동석유화학단지 조성 사업은 총 3단계(1단계 2020년, 2단계 2022년, 3단계 2028년 개시)로 추진되며, 총 사업비는 1.3조 루블(약 223억 달러)로 추산되고, 3단계에서 연간 정제용량은 2400만 톤, 석유화학제품 생산용량은 680만 톤으로 계획되고 있다. 1단계에 석유정제단지에서 생산된 휘발유, 경유, 등유, 중유 등이 아·태 시장으로 수출될 것이다. 2단계에서는 석유화학단지가 건설되어 아·태 시장으로 폴리에틸렌과 폴리프로필렌 등의 석유화학제품들이 공급될 것이다.

그러나 동 사업은 아직까지 지분 투자하겠다는 외국기업을 유치하지 못해서 실질적인 투자가 이루어지지 못하고 있다.[16] 또한, 러시아 석유전문가들은 ESPO 송유관을 통해 연간 1200만 톤의 원유를 동부석유화학단지에 공급할 수 있겠지만, 이를 초과하는 물량은 어려울 것으로 보고 있다(Kommersant 2017b). 그리고 동북아 지역의 석유제품 및 석유화학제품 시장은 한·중·일 3국 간에 경쟁 상태에 있으며, 앞으로도

---

16 2016년 9월 러시아 로스네프트와 중국 ChemChina는 극동석유화학단지 건설을 위한 합작기업(로스네프트 60%, ChemChina 40%) 설립에 관한 협정을 체결하였고, 2015년 11월 로스네프트는 '러-일 에너지협력 컨퍼런스'에서 일본 기업들의 참여를 제안한 바 있다.

중국의 빠른 설비 증설로 인해 계속 치열해 질 것으로 전망된다. 그래서 역내 정유기업들은 로스네프트의 동 사업에 참여하는 것을 고려치 않고 있다. 한편, 러시아 정부는 동 사업의 경제성을 개선시킬 목적으로 2017년 2월에 블라디보스토크 주변 지역(나호트카, 코즈미노 등)을 '석유화학 선도개발구역(Priority Development Territory)'[17]으로 지정하였다.

로스네프트는 해외 정유산업에도 활발히 진출하고 있는데, 중국 CNPC와 공동으로 중국 내에 정제공장 건설과 주유소 판매사업을 추진하고 있다. 또한 로스네프트는 인도네시아 국영 석유 기업 페르타미나(Pertamina)과 계약을 체결해서 말레이시아와 인도네시아에 석유제품을 공급했고, 페르타미나가 추진하고 있는 투반(Tuban) 석유정제·화학단지(처리용량 연간 1500만 톤) 건설 사업에 참여하여 현재 타당성 조사를 수행하고 있다.

2) 수출시장 지배력 유지·확대

러시아는 세계 1위의 가스수출국이며, 세계 3위의 석유생산국이다. 유럽 가스 수요의 약 25% 정도를 러시아 가스가 차지하고 있는데, 러시아 정부는 이러한 시장 지배력을 계속 유지하는 것을 수출정책의 핵심에 두고 있다. 현재 유럽 가스시장에서는 중동 LNG, 동부아프리카 LNG, 그리고 미국 LNG 등이 러시아 가스의 새로운 경쟁자로 부상하고 있다. 아·태 시장에서 러시아는 후발주자로서 기존 수출국인 중동국가와 호주, 그리고 신규 진출국인 미국과 동부아프리카 국가와 경쟁을 해야 하며, 단거

17   선도개발구역은 2013년 12월 푸틴 대통령이 경제성장 둔화에 대한 대응책의 하나로 극동 지역 개발을 위해 제안하였고, 2015년 1월 1일부터 시행되고 있다. 선도개발구역으로 지정된 구역에 입주하는 기업들은 특별 토지 이용권, 임대료 우대, 입주 초기 10년간 부가가치세 및 재산세 면제, 소득세 감면 등의 특혜를 누리게 된다.

리 수송 이점을 이용해서 경쟁자보다 시장을 선점하는 전략을 구사하고 있다.

현재 러시아 동시베리아·극동 지역에서 생산되는 화석연료(석탄, 석유, 가스)는 한·중·일 3국의 에너지소비에서 차지하는 비중이 10% 이내 수준으로 공급되고 있으며, 대부분이 중국으로 수출되고 있다. 중국은 러시아와 육상으로 국경을 맞대고 있어서 국경 간 수송망 건설에 한국이나 일본보다 유리하고, 러시아 화석연료에 대한 수요도 큰 편이다. 중국 당국은 해상수송에 따른 국가안보상의 문제를 해소하기 위해 전략적으로 육상을 통한 에너지 수입에 적극적이다. 그래서 러시아와 중앙아시아는 해상 수송에 의한 중동 석유·가스 수입 의존도를 낮출 수 있는 유용한 대안으로 되고 있다. 일본과 한국은 러시아 사할린-II로부터 LNG를 장기계약으로 수입하고 있지만, 러시아 원유의 경우는 태평양 연안 수출터미널로 유입되는 원유물량이 많지 않아 소규모 물량을 현물 거래 형태로 선박을 통해 도입되고 있다.

러시아 정부와 석유 기업들은 중·장기적으로 블라디보스토크 지역을 동아시아 석유시장에서 오일허브로 개발하려고 한다. 그리고 동북아 지역으로 수출되는 원유(일명 'ESPO'유)를 역내 시장을 대표하는 기준원유로 만들려고 한다.

유럽으로 수출되는 러시아 원유는 우랄(Urals)유로 부르며, 우랄 및 서시베리아 지역 내 여러 매장지들에서 생산되는 원유의 혼합물이다. 우랄유는 주로 장외시장에서 거래되거나 양자 간 장기계약을 통해 거래되어 유럽 석유시장에서 브렌트(Brent)유처럼 기준원유로 사용되지 못하고 있다. 이에 러시아 정부는 러시아 국제상품거래소(St. Petersburg International Mercantile Exchange)에서의 우랄유 거래물량을 증대시키려 한다. 현재 우랄유 가격은 낮은 품질로 평가받아 브렌트유보다 할인

된 가격으로 거래되고 있다.[18] 동아시아 지역에서 ESPO원유가 기준원유
로 되기 위해서는 장기적으로 역내 거래 비중이 높게 차지하고, 역내 상
품거래소가 개설되어 ESPO유의 현물 및 선물거래가 활발히 이루어져야
한다. 러시아 정부는 중·장기적으로 블라디보스토크 지역에 국제상품거
래소를 개설하여 ESPO유의 현물거래와 선물거래 물량을 점차 증대시킬
계획으로 있다.

3) 주변국과 전력망 연계를 통한 전력수출 증대

러시아 정부와 전력기업들은 동시베리아 및 극동 지역의 풍부한 수력발
전과 석탄화력발전을 개발해서 잉여전략을 중국, 몽골, 일본, 그리고 한
국 등에 공급하는 것을 동북아 국가들과 최우선적으로 추진하였다. 그러
나 주변국으로의 대규모 전력 수출은 장거리 송전선을 건설해야 하며,
전력 수입국의 전력망을 불안정하게 않을 정도의 공급 안정성과 일정 수
준 이상의 전력 품질을 유지해야 하며, 그리고 극동 지역에 새롭게 수력
발전과 화력발전 시설을 건설하기 위해 대규모로 외국자본을 유치해야
한다.

　　그동안 한-러 전력기업들은 남-북-러 전력망 연계 사업과 관련된 협
정을 체결하였고, 실무그룹을 결성하여 예비 타당성 조사를 완료했다.
그러나 동 사업은 남북관계 악화로 현재까지 사실상 중단된 상태로 있

18　최근에 사우디 및 이란 원유의 대 유럽 공급이 이루어지면서 우랄유의 할인폭이 더 크게
　　벌어지기도 했다. 2016년 6월에 우랄유와 브렌트유의 가격 차이는 배럴당 2.4달러까지 확
　　대되었으며, 이는 지난 2년래 최대치이다. 2012년 이란에 대한 제재조치로 이란 원유의 대
　　유럽 공급이 중단된 이후 이란 원유와 성상이 비슷한 러시아 우랄유가 최대 혜택을 보았
　　다. 그러나 이란 원유가 유럽시장에 공급됨에 따라 우랄유가 유럽시장에서 중동산 원유로
　　인해 어려움을 겪게 될 것이다. 러시아 에너지부는 우랄유의 선물거래 물량이 증대되면, 시
　　장에서의 평가를 통해 브렌트유 대비 할인폭이 축소될 것으로 기대하고 있다.

다. 러시아 정부와 기업이 북한 당국과 접촉해서 협상을 벌였으나 구체
적인 성과를 내지 못한 것으로 알려지고 있다. 최근 들어 북한의 연이은
핵실험과 탄도미사일 발사 등으로 남·북 관계가 더욱 악화되었고, 북한
은 국제사회의 제재를 받고 있다.

러시아 극동 지역 전력기업들은 소량의 잉여전력을 중국 동북3성
지역으로 공급하고 있는데(2014년에 약 32억 kWh), 이를 계속해서 증대
시키려고 한다. 러시아 국영전력기업 Inter RAO는 중국으로 전력을 수
출하기 위해 8GW 규모의 석탄화력발전소 건설을 추진하고 있으며, 현
재 타당성 조사가 진행 중이다. 그러나 일단, 양국 간 전력공급 가격에
대한 합의가 이루어지지 않고 있으며, 대규모 물량을 공급할 수 있는 극
동 지역 내 신규 발전설비 건설이 요구되고 있다. 최근 들어 중국 동북3
성의 전력수요가 급증하면서 러시아 전력에 대한 수요도 함께 증가하고
있지만, 여전히 양측 간에 제시하고 있는 가격 차이가 최대 장애요인으
로 작용하고 있다. 또한, 러시아 전력기업은 전력공급까지 긴 시일이 걸
리는 수력발전보다 단기간 내에 공급이 가능한 화력발전 건설에 역점을
두고 있다. 아직까지 양국의 전력기업들은 발전설비(수력발전 또는 석탄
화력발전)를 공동으로 건설하기 위한 논의만 진행하고 있다.

중·장기적으로 러시아 전력기업들은 극동 지역 수력발전을 공급
하는 '동북아 슈퍼그리드' 구축을 추진하려고 한다. 그러나 중국, 일본,
한국 3국은 몽골 고비사막의 풍력자원을 개발해서 몽골~중국~서해해
저~한국~대한해협~일본까지 연결하는 '아시안 슈퍼그리드(Asian Su-
per Grid)' 사업을 러시아 수력발전 개발보다 먼저 추진하는 것을 계획
하고 있다. 아시안 슈퍼그리드 사업 추진과 관련해서 2016년 3월에 러시
아 로세티(Rosseti), 중국 국가전망공사(SGCC: State Grid Corporation
of China), 한국전력공사(KEPCO), 일본 Softbank Group 간에 협력협

정이 체결되었고, 2016년 9월 블라디보스토크에서 개최된 동방경제포럼에서 푸틴 대통령은 아시안 슈퍼그리드 사업 추진을 위한 정부 간 실무그룹 결성을 제안하기도 했다. 아시안 슈퍼그리드는 역내 신재생에너지 발전원을 개발해서 여러 국가들에 공급하기 때문에 친환경적이고 경제적이라고 할 수 있다. 또한, 기후변화 대응, 환경문제 및 신규 발전시설부지 확보문제 해결, 친환경 에너지 및 전원 믹스(mix) 구축의 이점도 얻을 수 있다.

또한, 러시아 정부와 전력기업 로세티는 러-일 간 전력망 연계도 일본 측에 제안하고 있다. 로세티는 사할린 지역에 가동 중인 가스발전소(Noglinskaya)와 열병합발전소(Sakhalinskaya), 그리고 현재 건설 중에 있는 여러 열병합발전소(Sakhalinskaya, Yuzhno-Sakhalinskaya)들에서 생산되는 전력을 일본으로 공급하려고 한다. 러-일 간 전력망 연계 사업은 2000년에 처음 논의되기 시작했으나 그동안 별다른 진전이 없었다. 일본은 연구기관과 홋카이도 전력기업을 중심으로 러시아 전력도입 사업을 검토하고 있다. 그러나 대형 전력기업들은 자신들의 지역과점 체제를 존속시키기 위해 러시아 전력 도입에 상당히 소극적인 편이다. 일본 정부는 후쿠시마 원전 사고 이후 전력공급의 안정성을 크게 개선시키기 위해 전력시장에 대한 대대적인 자유화 정책을 추진하고 있다. 또한, 역내 전력시장이 자유화되면 국가 간 전력 교역이 활발히 이루어지고, 이를 위한 전력망 연계 사업도 함께 추진될 것이다. 그러나 일본 정부는 러시아로부터의 전력 수입도 북방영토 반환 문제와 연계해서 추진하려고 해서 아직까지 연구검토 단계에 머물러 있다.

3. 북극 지역 자원과 북극항로를 이용한 수출 증대

1) 북극 지역 투자 프로젝트

서방의 경제제재 이전까지만 해도 북극 지역은 러시아 정부 및 석유·가스 기업의 전략적 매장 지역으로 가장 활발하게 투자가 이루어지는 곳이었다. 푸틴 대통령은 2013년에 중·장기 북극 지역 개발 추진 정책인 '2020 러시아 북극 지역 개발 및 국가안보 전략'을 발표했다. 이를 기반으로 정부의 지원하에 북극 지역을 체계적으로 개발하려고 했다. 특히, 정부는 북극 지역 자원 개발 촉진을 위해 우선적으로 대륙붕 및 연안 지역에 대한 종합적인 지질탐사와 인프라 시설을 건설하는데 주력했다.

그러나 대규모 초기 투자비 마련과 자원 개발 기술·장비 도입을 위해 러시아 석유·가스 국영기업들은 외국기업과 긴밀히 협력했다. 그래서 러시아 기업들은 서방 메이저 기업(엑슨모빌, 쉘, BP 등), 노르웨이 스타트오일(Statoil) 등과 공동으로 북극자원 탐사 및 수출 투자프로젝트를 추진했다. 그러나 서방의 러시아에 대한 경제 제재가 시행되면서 기존의 메이저 기업들과의 북극해 사업들이 전면 취소·연기되었고, 외국자본 유치도 불가능하게 되었다. 다만, 제재 대상에서 제외된 야말 LNG사업과 같은 가스 수출관련 사업만이 순조롭게 추진되었다.

또한, 북극해 자원 개발 사업은 저유가 상황에서 채산성을 갖기 어렵게 되었다. 전문가들은 북극해 자원 개발 사업은 국제 유가가 70~100달러 수준에서 경제성을 가질 수 있는 것으로 보았다.

그럼에도 불구하고 러시아 정부와 석유가스 국영기업들은 북극 지역을 미래 전략적 생산 지역으로 평가하고 저유가 상황임에도 불구하고 동 지역에 대한 투자를 증대시키고 있다. 러시아 에너지부는 북극에 대한 투자 잠재력이 향후 20년간 4000억~6000억 달러에 달할 것으로 추

산하였다. 로스네프트는 2012~2016년 중 북극 대륙붕 개발에 약 1000
억 루블(약 17.8억 달러)을 투자했고, 2021년까지 2500억 루블(약 44.6
억 달러)을, 가즈프롬 네프트는 2017년에 북극 프로젝트에 160억 루블
(약 2.9억 달러)을, 그리고 가즈프롬은 2016년 대륙붕 지질탐사에 308억
루블(약 5.5억 달러)을 각각 투자할 계획이다(Tass 2017).

　서방의 제재에서 제외된 민간 가스 기업인 노바텍의 야말 LNG 사
업은 LNG쇄빙선을 이용해 북극항로를 통해 유럽과 아시아 시장에 가스
를 2018년부터 장기계약에 따라 중국에 공급할 예정이다. 야말 LNG사
업은 중국과 유럽 기업들의 지분투자와 금융투자 덕택으로 계획대로 추
진될 수 있었다.[19]

　또한, 노바텍은 북극 LNG사업도 추진하고 있다. 동 사업은 야말반
도 인근의 북극 지역 카라해(Kara sea)에 위치한 기단(Gydan) 반도에
연간 1650만 톤 규모의 액화가스 생산공장을 건설하며, 살마노프스코예
가스전과 게오피지첸스코예 가스전을 공급원으로 하고, 총 사업비는 약
100억 달러로 추산된다. 노바텍은 2018년부터 건설을 시작해서 2022년
에 완공할 계획을 갖고 있다. 현재 중국의 CNPC, 프랑스 토탈(Total),
그리고 일본 기업들이 동 사업에 참여를 검토하고 있는 것으로 알려진
다. 북극 LNG 사업의 손익분기점은 야말 LNG 사업의 1단계와 유사할
것으로 예상되며, 1,000m^{3}당 250달러 이하로 추산되었다.[20] 그러나 전
문가들은 현재까지 북극 LNG 사업과 체결한 장기계약이 없기 때문에
국제 시장, 특히 아시아 LNG시장에서 수요 증가가 나타나야 본격적인

19　중국 CNPC는 야말 LNG 사업과 연간 350만 톤의 장기도입 계약을 체결했음. 야말 LNG
　　사업의 지분 구성은 노바텍 50.1%, 토탈(Total) 20%, CNPC 20%, 중국 실크로드기금
　　(Silkroad Fund) 9.9%이다.
20　최근 개발 중인 호주 LNG 사업의 손익분기점은 1,000m^{3}당 500달러 이상으로 추산되고
　　있다(Oilru 2016).

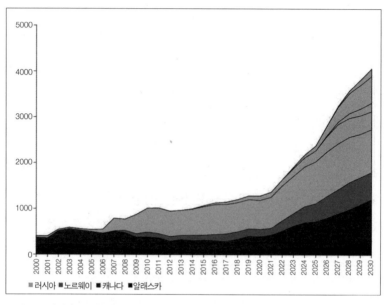

그림 6. 국가별 북극 대륙붕에서 석유 생산량 전망(2000~2030년) (단위: 1,000boe/d)
출처: Duesund(2015)

사업 추진이 가능할 것으로 보고 있다. 또한 동 사업은 생산개시 시점에 현재 건설 중에 있는 호주 및 미국 LNG 사업들뿐만 아니라 가즈프롬의 사할린-II LNG 확장사업과 발틱 LNG 사업, 그리고 로스네프트의 사할린-I LNG 사업 등과 경쟁을 하게 될 것이다.

한편, 세계석유회의(WPC: World Petroleum Council) 전망보고서 (2015)에 따르면(Duesund 2015), 2030년에 북극 지역 전체 석유·가스 생산량의 절반 이상(55%)이 러시아 북극해 대륙붕에서 이루어지며, 여기서 최대 220만 boe/d[21](오호츠크해 광구 포함)의 석유·가스가 생산될 것이다. 북극해 대륙붕 중에서 가장 유망한 지역은 러시아의 카라해, 바

---

21   boe/d는 barrel of oil equivalent per day.

렌츠해, 페초라해, 미국의 알래스카 대륙붕, 러시아 동시베리아해, 러시아와 노르웨이 사이의 바렌츠해, 캐나다 북부 지역 대륙붕, 그린란드 대륙붕 순이다. 2015년에 러시아 북극해 대륙붕에서의 석유·가스 생산량은 약 60만 boe/d이지만, 2030년에는 약 3.6배 증가할 것으로 전망된다.

2) 북극항로 개발

기후변화로 인해 북극항로가 개방되기 시작하면서 북극 지역(북극해 해상과 연안 지역) 석유·가스 자원 개발과 생산된 자원을 북극항로를 통해 유럽 지역과 동북아 지역으로 공급하는 협력 사업이 추진되고 있다. 북극해 해빙(海氷)면적이 줄어들면서 북극항로가 새로운 항로로서 각광받고 있으며, 북극해 연안 및 해상 자원 개발이 훨씬 쉬워졌다.

　　푸틴 정부는 북극 지역 자원 개발과 북극항로 이용을 국가 전략사업으로 정해서 대규모로 지원하고 있다. 미국의 트럼프 정부도 알래스카 자원 개발에 대한 오바마 행정부의 각종 규제를 폐지하고 있다. 한·중·일 3국도 북극항로를 통한 러시아와 북미 북극 지역 자원 도입에 커다란 기대감을 갖고 있다. 이미 3국은 러시아 북극 지역 자원 개발 사업에 직·간접적으로 참여하고 있다. 중국과 일본은 러시아 북극 지역 LNG 사업에 지분참여하고 있으며, 한국은 이들 사업에 필요한 쇄빙선을 건조했다. 중국과 일본의 건설·플랜트 기업들도 액화설비 및 항만 건설 사업에 참여하고 있다.

　　한·중·일 3국의 해양관련 기업과 전문기관들은 러시아와 북극해 및 북극항로에 대한 지식·경험 공유, 공동연구, 인력교류, 북극항로 시범운행 등의 협력 사업을 추진 중이다. 또한, 러시아 정부는 북극해 항로 이용과 관련한 각종 규제, 요금 등에 대한 협의 채널을 구축하려고 한다.

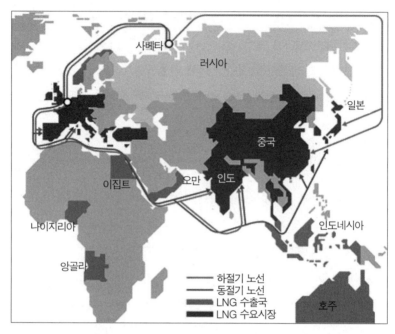

그림 7. 러시아 북극 지역 야말반도에서 LNG 수출 노선
출처: 이주리(2016)

III. 동북아 에너지협력에서 러시아의 역할과 한-러 에너지협력

지역 에너지협력은 역내 에너지자원을 효율적으로 공동개발하고, 역내 통합 수송망을 건설해서 저렴하고 안정적으로 거래함으로써 회원국 모두의 경제적 이득과 에너지·환경 안보를 획득할 수 있게 한다. 역내 에너지 교역에 대한 수요가 커지게 되면 자연스럽게 역내 단일 에너지수송망(파이프라인, 송전선)이 연결되고, 이를 통한 역내 에너지자원(화석연료, 발전원) 개발도 활발히 이루어질 것이다. 역내 에너지 상품이 현물 및 선물거래로 활발히 거래되는 상품거래소가 지역 에너지 허브로서 역

할을 하게 될 것이고, 여기서 결정되는 에너지 가격이 기준가격으로서
사용될 것이다.

역내 에너지자원 교역 및 투자가 활성화되기 위해서는 역내 기업
들에 의한 에너지자원의 자유로운 개발, 수송, 교역, 시장 진출 등이 보
장되어야 한다. 그리고 우선적으로 러시아 에너지자원이 충분한 물량으
로 동북아 지역에 공급되어야 한다. 그러나 앞서 설명했듯이 러시아 정
부는 현재까지도 자원민족주의 정책을 고수하고 있다. 다만, 러시아 정
부가 에너지부문의 투자촉진을 위해 국영기업에게 부여했던 독점적 권
한을 축소하는 대신 민간기업에게 더 많은 투자기회를 제공하려고 하지
만, 아직까지 외국기업에게는 이러한 기회를 주지 않고 있다. 물론, 북극
해 또는 심해 자원 개발 사업처럼 외국 기업과의 협력이 반드시 필요한
사업에서는 공동 탐사를 허용하고 있다. 그러나 이마저도 서방의 경제제
재 대상에 포함되어 현재는 사업이 사실상 폐지된 상태에 있다. 동북아
에너지 기업들이 러시아 에너지부문에 투자하기 위한 여건이 조성되어
야 하는데, 우선적으로 러시아에 대한 서방의 제재가 철회되어야 하는데
이것은 역내 경제주체들의 통제 밖에 있기 때문에 상황이 좋아질 때까지
기다릴 수밖에 없다. 다음으로 역내 투자자들의 신뢰를 얻기 위해 역내
공급원으로 분류되는 매장지 개발과 수송시설 건설을 상징적 차원에서
한·중·일 그리고 러시아 4개국이 공동으로 추진될 필요가 있다. 또한,
에너지협력 사업을 외교적 수단으로 활용하는 전략도 역내 모든 국가들
이 지양해야 한다.

한편, 한·중·일 3국이 최근 들어 기후변화 대응, 환경규제 강화, 전
기자동차 수요 증대, 에너지소비 효율 개선, 그리고 경제성장세 둔화 등
으로 화석연료(석탄, 석유, 가스) 수요가 정체·감소하면서 러시아 에너지
자원에 대한 수요가 계속 감소하고 있다. 결과적으로 동북아 시장에서는

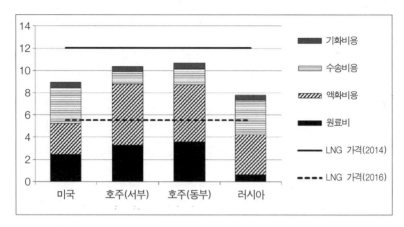

그림 8. 중국 시장에서 신규 LNG 사업들 간 가격경쟁력(장기한계비용) 비교(단위: 달러/백만 Btu)

출처: ERI(2016); 이주리(2016)에서 재인용

러시아를 포함한 중동, 호주, 미국, 캐나다 등 주요 공급자들 간 경쟁이 더욱 심해질 것으로 예상된다. 러시아 과학아카데미 산하 에너지연구소(Energy Research Institute, ERI)에서 분석한 것에 의하면, 동북아 시장에서 러시아 LNG가 미국 LNG, 호주 LNG보다 가격경쟁력에서 우세한 것으로 나타났다.

현재와 같은 저유가 상황이 지속되고 역내 공급자들 간 경쟁이 심해지는 상황에서 러시아 동시베리아·극동 지역 에너지는 동북아 시장에서 수송거리가 짧다는 이점만으로 다른 경쟁자들과의 경쟁에서 이길 수는 없을 것이다. 가격경쟁력뿐만 아니라 외국 기업과 공동으로 추진하는 자원개발 사업을 허용하고, 수송부문에 대한 제3자의 자유로운 접근을 보장하며, 유연한 계약조건을 제안하는 등의 노력도 필요할 것이다.

북극 지역 자원 개발 사업 참여와 북극항로를 통한 자원도입은 에너지부문에서 경제적 측면 못지않게 북극해 및 북극항로 관련 경험 습득과 연관부문에서 사업권 수주(건설·플랜트, 쇄빙선 건조 등) 측면도 충분히 고려해야 할 것이다. 중국은 이미 북극해 자원 개발 및 LNG사업에 지분참여, 공적자금 지원, 장기도입계약 체결 등을 하는 대가로 각종 인프라 건설 사업에 참여하고 있다. 일본 기업들도 북극 지역에서 발생하는 건설·플랜트 수주와 쇄빙선 건조 수주를 획득하기 위해 다방면으로 러시아 기업과 협력을 추진하고 있다.

참고문헌

에너지경제연구원. 『세계에너지시장 인사이트』 17-2호 2017.1.23.

윤익중·이성규. "러시아의 새로운 가스공급 여건과 푸틴 집권 3기의 에너지 수출전략." 『동서연구』 제24권 4호 (2012.12).

이성규 외 "중-러 가스협상 타결과 향후 전망." 『세계 에너지시장 인사이트』 14-18호 에너지경제연구원 (2014.5.23).

이성규·이주리. "러시아 에너지전략-2035." 『세계 에너지현안 인사이트』 15-4호 에너지경제연구원 (2015.12).

이주리. "러시아의 대아·지역 LNG 공급 전략." 『세계 에너지시장 인사이트』 16-43호 에너지경제연구원 (2016.11.23).

BP. *BP Statistical Review of World Energy 2016*. London, 2016.

Duesund, Jon M. "Outlook on offshore oil and gas in the Arctic." *World Petroleum Council: Yearbook 2015*. London, 2015.

Energy Research Institute (ERI). Среднесрочные перспективы вхождения новых СПГ-производств на ключевые рынки в условниях низкой ценовой конъюнктуры. Moscow, 2016.

GlobalData. *Hydropower in Russian Federation, Market Outlook to 2030*. 2016.

Henderson, J. and Mitrova, T. *The political and commercial dynamics of Russia's gas export strategy*. Oxford Institute for Energy Studies. Oxford, 2015.

IEA, *World Energy Outlook 2016*. Paris, 2016.

Ilya Kedrov. "Russia looks to boost LNG output to 70M tonnes a year." Russian Petroleum Investor, (August, 2016).

Izvestia. "≪Роснефть≫ к 2020 году увеличит добычу ≪сложной≫ нефти." (Semtember 29, 2016). http://izvestia.ru/news/634822 (검색일: 2017.4.25).

Kommersant. "Сергей Донской: доказанных запасов нефти в России хватит только на 28 лет." (March 17, 2016). http://www.kommersant.ru/doc/2939576 (검색일: 2017.4.25).

_____. "≪Газпром≫ отложил сжижение в долгий ящик." (March 12, 2017a). http://www.kommersant.ru/doc/3240636 (검색일: 2017.5.3).

_____. ""Роснефть"показала ВНХК правительству"." (March 21, 2017b). http://www.kommersant.ru/doc/3248040 (검색일: 2017.5.3).

Lenta. "Аналитики предсказали ≪Газпрому≫ отрицательные результаты." (July 11, 2016). https://lenta.ru/news/2016/07/11/gazprom/ (검색일: 2017.5.3).

_____. "≪Роснефть≫ стала вторым крупнейшим производителем газа в России." (January 13, 2017). https://lenta.ru/news/2017/01/23/rosneft_gaz/ (검색일: 2017.3.10).

Ministry of Energy of Russian Federation. *Energy bridge Russia-Asia Pacific*. Moscow, 2015.

Neftegaz. "Газпром в 2017 г удвоит инвестиции в газопроводы Турецкий поток и Сила Сибири-1. Финансирование получит и Северный поток-2." (January 19, 2017). http://neftegaz.ru/news/view/157438-Gazprom-v-2017-g-udvoit-investitsii-v-gazoprovody-Turetskiy-potok-i-Sila-Sibiri-1.-Finansirovanie-poluchit-i-Severnyj-potok-2 (검색일: 2017.5.3).

Oilru. "CNPC, Total и другие интересуются проектом ≪Арктик СПГ-2≫ ≪Новатэка≫. К нему также проявляют интерес инвесторы, которые не участвуют в текущих партнерских проектах." (June 20, 2016). http://www.oilru.com/news/520669/ (검색일: 2017.5.19).

Oxford Institute for Energy studies. *Asian LNG Demand: Key drivers and Outlook*. Oxford, 2016.

RG. "Освоение шельфа выходит на новый уровень." (August 31, 2016). https://rg.ru/2016/08/31/prioritety-neftegazodobychi-budut-smeshchatsia-v-storonu-arkticheskogo-shelfa.html (검색일: 2017.4.25).

RIA. "Российское правительство приняло к исполнению бюджет на 2017 год," (December 31, 2016). https://ria.ru/economy/20161231/1485043742.html (검색일: 2017.3.10).

Vedomosti. "Россия увеличила добычу и экспорт нефти в 2016 году." (January 9, 2017a). https://www.vedomosti.ru/business/articles/2017/01/09/672133-dobicha-nefti-2016 (검색일: 2017.4.25).

_____. "Россия установит рекорд добычи нефти даже с учетом сделки с ОПЕК–Новак." (April 12, 2017b). https://www.vedomosti.ru/business/news/2017/04/12/685312-rossiya-rekordnii -dobichi (검색일: 2017.4.25).

Правительство Российской Федер-ации. Энергетическая Стратегия России на Период до 2030года. Москва, 2009.

_____.Энергетическая Стратегия России на Период до 2035года. Москва, 2015.

제4장

저유가 체제하 미국 셰일 생산과 수출 전략

김연규·블라도 비보다

2016년 4월 21일 걸프만의 수출 기지를 출발한 미국의 LNG 선박이 처음으로 유럽으로 향해 포르투갈에 도착하였다. 2016년 2월에 미국 LNG 수출은 개시가 되었지만 유럽의 LNG 현물 가격 하락이 4달러대로 하락해 있는 수출 경제성 문제 때문에 6~7달러대의 현물 가격이 유지되던 남미로 대부분 향하고 있었다. 이제 경제성 문제에도 불구하고 유럽으로 수출이 시작되면서 그동안 이론적 논쟁과 언론에서 수없이 언급되었던 유럽으로의 미국의 LNG 수출이 과연 러시아의 유럽 가스 시장 지배를 약화시킬 것인가 하는 논쟁이 다시 불붙었다. 저유가 체제하에서의 미국 LNG와 러시아의 유가 연동 파이프라인 가스 간 전쟁은 어떻게 귀결될 것인가? 두 가지 서로 다른 견해가 대립을 하고 있는 것으로 보인다. 한쪽에서는 미국 LNG는 계약 면에서 도착지 조항이 없고 계약 기간도 러시아가 요구하는 것처럼 장기간이 아니고 여러 면에서 유연하기 때문에 구매자에게는 매력적이고 다만 생산 비용이 러시아와 카타르 등 기존 생산자들과 비교해 비싼 문제점이 장애물이 될 것으로 생각한다. 다른 한

쪽에서는 아직 유럽 국가들의 가스 수입은 85%가 파이프라인으로 이루어지고 있고 대부분이 러시아와 노르웨이가 공급하며, 시장점유율 측면에서 30~33%를 차지하는 러시아 파이프라인 가스는 낮은 생산비용과 완비된 인프라 구축 면에서 미국 LNG와의 가격 전쟁에서 우위를 차지하고 있다고 말한다. 저유가 체제하에서 이러한 저비용의 러시아 파이프가스의 장점은 두드러지게 드러나고 있다.

I. 저유가 체제하 미국의 셰일가스 생산 현황

미국은 2009년에 이미 러시아를 제치고 세계 1위의 가스생산국이 되었으며 2020년경 세계 3대 LNG 수출국이 될 것으로 전망된다. 저유가는 미국의 가스 산업에 몇 가지 중요한 변화를 가져왔다. 2010-2014년 고유가 기간 WTI 유가와 가스가격 간 차이가 4~5배 가량 벌어져 석유 시추 활동으로 중심이 이동하였다. 2014년 하반기부터 시작된 유가하락으로 WTI 유가와 가스가격 간 차이가 다시 좁혀져 시추활동이 다시 가스전으로 이동한 것이다. 마르셀러스 가스전(Marcellus Basin)과 유티카 가스전(Utica Basin)에서의 가스시추 활동이 다시 본격화하였다(Cornot-Gandolphe 2016: 14). 마르셀러스와 유티카에서의 셰일가스 생산은 전체 셰일가스전에서 셰일가스 생산량 가운데 약 85%를 차지한다. 2011~2016년 사이 특히 마르셀러스에서의 생산량 증가는 6배에 달했다. 미국 전체 가스 생산량이 767bcm이었으며 이 가운데 셰일가스 생산량이 400bcm으로 53%의 비중을 차지하였다.

　저유가로 인한 미국 셰일가스 개발회사들의 생산활동과 시추활동 감소와 투자비 감소에도 불구하고 이러한 셰일가스 생산량의 지속적인 증가는 매우 이례적인 것이다. 2015년 동안 가스사업자들의 E&P 자본은 44%나 감소한 것으로 나타났다(Cornot-Gandolphe 2016: 15). 2016년 3월부터는 셰일가스 생산량이 마침내 감소하기 시작했으나 그 이전까지는 생산량이 계속 늘어났다.

미국 에너지정보청(EIA: Energy Information Administration)이 발행하는 2015 Annual Energy Outlook(AEO)에 의하면 2040년까지 미국의 전체가스 생산량은 45% 증가하여 1000bcm에 달할 것이라고 예측하고 있으며 이 가운데 셰일가스는 555bcm이다.

II. 저유가 체제하 타이트오일 생산 현황

2000년대 들어와서 예상대로 셰일혁명의 효과로 미국의 원유생산량은 괄목할만하게 증가하였다. 2008년에 일일생산량 500만 배럴에 머물던 것이 2015년 중반에는 950만 배럴로 정점에 달했다(Curtis 2015: 1). 국제유가 급락으로 셰일산업을 포함해 에너지산업과 에너지기업들의 위축을 가져왔는데 이러한 저유가의 여파가 타이트오일 생산에 어떤 영향을 미칠 것인지에 대한 많은 논쟁과 관심이 있어 왔다. 논쟁의 핵심은 일반적으로 고비용 생산으로 알려진 타이트오일 생산이 저유가 환경에서 생존할 수 있을 것인가 하는 것이다. 말하자면 타이트오일 르네상스에 대한 경제성의 첫 시험대가 바로 저유가로 인해 마련된 것이다.

몇 가지 새로운 흥미로운 사실이 드러났다. 유가급락에도 불구하고 실제로 타이트오일 생산량이 하락하기까지는 1년이라는 시간이 걸렸다는 사실이다. 2015년 중반이 되어서야 타이트오일 생산량이 드디어 감소하기 시작했다. 지연된 생산 하락의 원인이 무엇이고 미국 셰일산업의 지속가능성 측면에서 무엇을 의미하는지에 대한 분석을 필요로 한다. 저유가 환경하에서 산업과 기업의 경영 축소가 바로 원유생산 감소로 이어지지는 않은 이유는 현재 생산되고 있는 원유는 작년에 드릴링을 한 것들이 이제 생산물로 나오기 때문이고 따라서 유가급락과 생산감소 사이에는 시간적 간극이 존재하기 때문이다. 지금 드릴링과 시추활동을 축소하고 있기 때문에 이 결과는 몇 개월 뒤에 생산량 감소의 결과로 나타나는 것이다.

　미국 에너지 정보청(EIA)에서는 매월 드릴링생산성 보고서(DPR: Drilling Productivity Report)를 발행한다. DPR은 미국의 7개 타이트오일과 셰일가스 생산 지역(Bakken, Eagle Ford, Haynesville, Marcellus, Niobrara, Permian and Utica)의 원유와 가스생산량 현황, 시추활동의 척도인 리그 개수, 그리고 생산 지역별 생산효율성등을 집계한다. 아래 표들은 2014~2016년 동안 기간별로 미국의 주요 유전과 가스전의 타이트오일 생산량과 가스생산량의 변화를 보여준다. 2011~2014년 동안 위 7개 지역의 원유, 가스 생산량은 전체 생산량의 92%에 달했다.

　앞의 DPR 표들에 의하면 저유가 시작이후 타이트오일 생산량이 감소하기 시작한 정확한 시점은 2015년 여름, 즉, 2015년 6~8월 사이임을 알 수 있다. 2015년 여름 이전 최대 560만 배럴까지 확대되던 타이트오일 생산량은 2016년 말까지 계속 감소해 450~460만 배럴까지 감소하였다. 2017년 1월부터 다시 생산량이 증가하기 시작해 2017년 4월 500만 배럴까지 늘어났다.

　미국 셰일산업에서 저유가 기간 동안에 걸쳐 진행된 가장 중요한 변화는 비용의 압박 속에서 비용 절감을 위한 다양한 기술진보와 시추 효율성의 약진이다. 이러한 생산성 증가는 단순 타이트오일 생산량의 시간별 비교로는 파악해 낼 수 없다. 생산성 증가를 측정하기 위해서는 시추기 개수(Rig Count)의 변화와 생산량의 관계를 살펴봐야 한다.

표 1. 미국 셰일오일/가스 생산량, 2014년 10월

Region	Oil production thousand barrels/day			Gas production million cubic feet/day		
	October 2014	November 2014	Change	October 2014	November 2014	Change
Bakken	1,164	1,193	29	1,432	1,462	30
Eagle Ford	1,579	1,614	35	6,938	7,040	102
Haynesville	57	57	-	6,730	6,797	67
Marcellus	52	53	1	15,828	16,045	217
Niobrara	362	370	8	4,499	4,559	60
Permian	1,765	1,807	42	5,779	5,841	62
Utica	40	48	3	1,459	1,534	75
Total	5,019	5,138	118	42,664	43,277	613

출처: Drilling Productivity Report, Energy Information Administration

표 2. 미국 셰일오일/가스 생산량, 2015년 3월

Region	Oil production thousand barrels/day			Gas production million cubic feet/day		
	March 2015	April 2015	Change	March 2015	April 2015	Change
Bakken	1,328	1,320	(8)	1,557	1,549	(8)
Eagle Ford	1,733	1,723	(10)	7,518	7,532	14
Haynesville	57	57	-	7,055	7,135	80
Marcellus	57	57	-	16,712	16,787	75
Niobrara	418	413	(5)	4,767	4,752	(15)
Permian	1,961	1,982	21	6,403	6,428	25
Utica	59	62	3	1,920	1,970	50
Total	5,613	5,614	1	45,932	46,153	221

출처: Drilling Productivity Report, Energy Information Administration

표 3. 미국 셰일오일/가스 생산량, 2015년 5월

Region	Oil production thousand barrels/day			Gas production million cubic feet/day		
	May 2015	June 2015	Change	May 2015	June 2015	Change
Bakken	1,298	1,267	(31)	1,529	1,499	(30)
Eagle Ford	1,690	1,643	(47)	7,486	7,405	(81)
Haynesville	58	58	–	7,034	7,034	–
Marcellus	57	57	–	16,716	16,737	21
Niobrara	427	411	(16)	4,630	4,565	(65)
Permian	2,049	2,056	7	6,442	6,436	(6)
Utica	64	65	1	2,460	2,509	49
Total	5,643	5,557	86	46,297	46,185	(112)

출처: Drilling Productivity Report, Energy Information Administration

표 4. 미국 셰일오일/가스 생산량, 2015년 9월

Region	Oil production thousand barrels/day			Gas production million cubic feet/day		
	September 2015	October 2015	Change	September 2015	October 2015	Change
Bakken	1,203	1,182	(21)	1,577	1,575	(2)
Eagle Ford	1,486	1,424	(62)	6,925	6,808	(117)
Haynesville	58	58	–	6,484	6,523	39
Marcellus	71	71	–	16,372	16,290	(82)
Niobrara	399	380	(19)	4,371	4,321	(50)
Permian	1,997	2,020	23	6470	6,478	8
Utica	72	71	(1)	2,794	2,790	(4)
Total	5,286	5,206	(80)	44,993	44,785	(208)

출처: Drilling Productivity Report, Energy Information Administration

표 5. 미국 셰일오일/가스 생산량, 2015년 12월

Region	Oil production thousand barrels/day			Gas production million cubic feet/day		
	December 2015	January 2016	Change	December 2015	January 2016	Change
Bakken	1,125	1,098	(27)	1,578	1,599	(19)
Eagle Ford	1,278	1,201	(77)	6,578	6,406	(172)
Haynesville	54	53	(1)	6,313	6,519	24
Marcellus	52	50	(2)	15,663	15,450	(213)
Niobrara	368	344	(24)	4,172	4,106	(66)
Permian	2,021	2,035	14	9,878	6,892	14
Utica	79	80	1	3,139	3,206	67
Total	4,977	4,861	(116)	44,321	43,956	(365)

출처: Drilling Productivity Report, Energy Information Administration

표 6. 미국 셰일오일/가스 생산량, 2016년 2월

Region	Oil production thousand barrels/day			Gas production million cubic feet/day		
	February 2016	March 2016	Change	February 2016	March 2016	Change
Bakken	1,125	1,100	(25)	1,601	1,577	(24)
Eagle Ford	1,272	1,222	(50)	6,602	6,444	(158)
Haynesville	50	49	(1)	6,225	6,202	(23)
Marcellus	48	46	(2)	15,897	15,695	(202)
Niobrara	404	389	(15)	4,219	4,149	(70)
Permian	2,039	2,040	1	6,914	6,908	(6)
Utica	78	78	–	3,248	3,280	32
Total	5,016	4,924	(92)	44,706	44,255	(451)

출처: Drilling Productivity Report, Energy Information Administration

표 7. 미국 셰일오일/가스 생산량, 2016년 3월

Region	Oil production thousand barrels/day			Gas production million cubic feet/day		
	March 2016	April 2016	Change	March 2016	April 2016	Change
Bakken	1,107	1,079	(28)	1,659	1,632	(27)
Eagle Ford	1,235	1,177	(58)	6,517	6,335	(182)
Haynesville	49	48	(1)	6,204	6,143	(61)
Marcellus	41	41	–	17,427	17,319	(108)
Niobrara	423	408	(15)	4,246	4,170	(76)
Permian	2,040	2,036	4	7,082	7,064	(18)
Utica	82	82	–	3,623	3,645	22
Total	4,977	4,871	(106)	46,758	46,308	(450)

출처: Drilling Productivity Report, Energy Information Administration

표 8. 미국 셰일오일/가스 생산량, 2016년 4월

Region	Oil production thousand barrels/day			Gas production million cubic feet/day		
	April 2016	May 2016	Change	April 2016	May 2016	Change
Bakken	1,078	1,047	(31)	1,633	1,601	(32)
Eagle Ford	1,246	1,,184	(62)	6,405	6,192	(213)
Haynesville	48	47	(1)	6,099	6,036	(63)
Marcellus	41	41	–	17,337	17,277	(60)
Niobrara	420	404	(16)	4,217	4,134	(83)
Permian	2,036	2,032	4	7,064	7,023	(41)
Utica	81	81	–	3,665	3,666	1
Total	4,950	4,836	(114)	46,420	45,929	(491)

출처: Drilling Productivity Report, Energy Information Administration

표 9. 미국 셰일오일/가스 생산량, 2016년 5월

Region	Oil production thousand barrels/day			Gas production million cubic feet/day		
	May 2016	June 2016	Change	May 2016	June 2016	Change
Bakken	1,052	1,024	(28)	1,683	1,654	(29)
Eagle Ford	1,270	1,212	(58)	6,496	6,301	(195)
Haynesville	48	47	(1)	6,047	5,983	(64)
Marcellus	41	40	(1)	17,346	17,293	(53)
Niobrara	406	391	(15)	4,188	4,114	(74)
Permian	2,029	2,019	(10)	7,024	6,971	(53)
Utica	79	79	–	3652	3,656	4
Total	4,925	4,812	(113)	46,436	45,972	(464)

출처: Drilling Productivity Report, Energy Information Administration

표 10. 미국 셰일오일/가스 생산량, 2016년 6월

Region	Oil production thousand barrels/day			Gas production million cubic feet/day		
	June 2016	July 2016	Change	June 2016	July 2016	Change
Bakken	1,042	1,010	(32)	1,665	1,639	(26)
Eagle Ford	1,215	1,152	(63)	6,322	6,111	(211)
Haynesville	47	46	(1)	5,983	5,930	(53)
Marcellus	40	39	(1)	17,507	17,456	(51)
Niobrara	398	384	(14)	4,114	4,037	(77)
Permian	2,020	2,013	(7)	6,968	6,914	(54)
Utica	79	79	–	3,670	3,666	(4)
Total	4,841	4,723	(118)	46,229	45,753	(476)

출처: Drilling Productivity Report, Energy Information Administration

표 11. 미국 셰일오일/가스 생산량, 2016년 8월

Region	Oil production thousand barrels/day			Gas production million cubic feet/day		
	August 2016	September 2016	Change	August 2016	September 2016	Change
Bakken	968	942	(26)	1,570	1,543	(27)
Eagle Ford	1,079	1,026	(53)	5,806	5,594	(212)
Haynesville	46	45	(1)	5,880	5,844	(36)
Marcellus	38	37	(1)	17,843	17,810	(33)
Niobrara	377	370	(7)	4,182	4,113	(69)
Permian	1,974	1,977	3	6,868	6,863	(5)
Utica	73	73	–	3,674	3,683	9
Total	4,555	4,470	(85)	45,823	45,450	(373)

출처: Drilling Productivity Report, Energy Information Administration

표 12. 미국 셰일오일/가스 생산량, 2016년 9월

Region	Oil production thousand barrels/day			Gas production million cubic feet/day		
	September 2016	October 2016	Change	September 2016	October 2016	Change
Bakken	942	914	(28)	1,572	1,547	(25)
Eagle Ford	1,027	981	(46)	5,753	5,555	(198)
Haynesville	45	45	–	5,844	5,810	(34)
Marcellus	37	36	(1)	17,806	17,784	(22)
Niobrara	369	361	(8)	4,137	4,077	(60)
Permian	1,977	1,999	22	6,863	6,898	35
Utica	69	69	–	3,602	3,604	2
Total	4,466	4,405	(61)	45,577	45,275	(302)

출처: Drilling Productivity Report, Energy Information Administration

표 13. 미국 셰일오일/가스 생산량, 2017년 4월

Region	Oil production thousand barrels/day			Gas production million cubic feet/day		
	April 2017	May 2017	change	April 2017	May 2017	change
Bakken	1,024	1,023	(1)	1,729	1,737	8
Eagle Ford	1,177	1,216	39	5,852	5,936	84
Haynesville	44	44	–	6,237	6,375	138
Marcellus	39	40	1	18,977	18,992	15
Niobrara	448	456	8	4,633	4,690	57
Permian	2,286	2,362	76	7,976	8,135	159
Utica	51	52	1	4,184	4,224	40
Total	5,069	5,193	124	49,588	50,089	501

출처: Drilling Productivity Report, Energy Information Administration

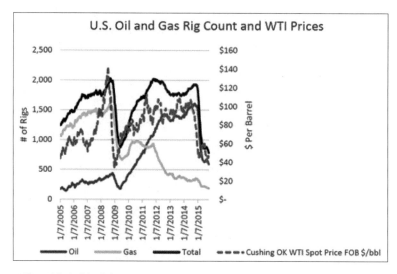

그림 1. 시추기 개수 변화

출처: Baker Hughes, EIA

표 14. 2014년 7월

Region	New-well oil production per rig barrels/day			New-well gas production per rig thousand cubic feet/day		
	July 2014	August 2014	change	July 2014	August 2014	change
Bakken	510	516	6	519	527	8
Eagle Ford	479	483	4	1,294	1,307	13
Haynesville	23	23	–	5,320	5,402	82
Marcellus	30	30	–	6,552	6,598	46
Niobrara	372	380	8	1,622	1,648	26
Permian	148	150	2	298	301	3
Rig-weighted average	277	281	4	1,366	1,355	(11)

출처: Drilling Productivity Report, Energy Information Administration

표 15. 2015년 7월

Region	New-well oil production per rig barrels/day			New-well gas production per rig thousand cubic feet/day		
	July 2015	August 2015	change	July 2015	August 2015	change
Bakken	665	691	26	679	695	16
Eagle Ford	741	766	25	2,006	2,049	43
Haynesville	28	29	1	5,953	5,973	20
Marcellus	58	59	1	8,282	8,350	68
Niobrara	502	516	14	1,914	1,956	42
Permian	315	327	12	570	582	12
Utica	262	271	9	6,875	7,061	186
Rig-weighted average	422	432	10	2,421	2,425	4

출처: Drilling Productivity Report, Energy Information Administration

표 16. 2016년 7월

Region	New-well oil production per rig barrels/day			New-well gas production per rig thousand cubic feet/day		
	July 2016	August 2016	change	July 2016	August 2016	change
Bakken	841	858	17	1,116	1,149	33
Eagle Ford	1,052	1,076	24	3,135	3,193	58
Haynesville	31	31	–	5,505	5,573	68
Marcellus	69	69	–	11,225	11,267	42
Niobrara	940	961	21	2,927	3,004	77
Permian	503	515	12	883	895	12
Utica	358	369	11	7,397	7,513	116
Rig-weighted average	548	558	10	2,884	2,850	(34)

출처: Drilling Productivity Report, Energy Information Administration

리그당 생산량 비교 자료(표 14~표 17)들에 의하면 2014년 7월 대비 2017년 4월의 리그당 생산량은 거의 4배 증가한 것으로 나타나고 있다. 위 〈그림 1〉의 저유가 기간 시추기 개수 변화 추이를 살펴보면 유가 하락 이후 리그 개수 감소를 감안하면 당시의 타이트오일 생산량은 생산성의 괄목할 만한 증가를 함축함을 알 수 있다. 즉, 생산성의 증가가 아니었다면 유가 하락 폭과 이에 따른 시추활동의 감소폭을 감안하면 생산량 감소폭이 훨씬 더 컸을 것이라는 의미이다(Curtis 2015: 4).

2014년 10월 원유시추 리그 개수는 1,609개로 정점에 달했다. 이후 시추 리그 감소는 가파르게 진행되어 2015년 7월 638개로 급감하게 되었는데 당시 국제유가는 40달러 근처였다(Curtis 2015: 4). 저유가 환경 하에서 리그 운용은 전적으로 E&P 기업의 전략과 사정에 따라 매우 달

표 17. 2017년 4월

Region	New-well oil production per rig barrels/day			New-well gas production per rig thousand cubic feet/day		
	April 2017	May 2017	change	April 2017	May 2017	change
Bakken	1,067	1,068	1	1,484	1,492	8
Eagle Ford	1,448	1,448	–	4,606	4,610	4
Haynesville	32	33	1	7,266	7,331	65
Marcellus	69	70	1	13,194	13,368	174
Niobrara	1,300	1,301	1	4,406	4,520	114
Permian	662	662	–	1,112	1,113	1
Utica	218	234	16	10,465	10,556	91
Rig-weighted average	725	735	10	3,526	3,568	4

출처: Drilling Productivity Report, Energy Information Administration

라질 수밖에 없다. 기업에 따라서는 저유가 체제하에서도 생산을 늘리는 전략을 취하고 어떤 기업들은 시추활동을 줄이면서 유가가 다시 올라갈 때 까지 기다리는 전략을 취하기도 한다. 일반적으로는 E&P 회사들은 저유가의 불리한 경제상황에서도 리스한 부지를 유지하기 위해 의무적으로 시추활동을 해야 하기 때문에 최소한의 시추활동은 계속하게 되어 있다(Curtis 2015: 4).

최근 몇 년 동안 E&P 기업들은 드릴링 생산성 증가에서 괄목할만한 기술적 성과들을 가져왔는데 예컨대 드릴링 시간을 단축한다든지, 또는 소위 "enhanced completion"이라고 불리는 막대한 양의 프레킹 과정의 모레를 투입해서 훨씬 많은 타이트오일을 수집하는 기술이 사용되게 되었다. High-grading은 매장량과 생산성이 가장 높은 최고의 장소

표 18. 2014~2017년 미국의 원유 가스 시추기 개수

시기	원유시추 개수	가스 시추 개수
2014. 10	1,609	267
2015. 7	638	163
2016. 3	392	92
2016. 10	428	114
2017. 1	566	145
2017. 4	688	167

출처: Saefong(2017)

를 효과적으로 찾아내 집중적으로 시추하는 것을 의미한다. 이러한 기술들로 E&P 기업들은 저유가 체제하에서 이제는 훨씬 적은 개수의 리그로 훨씬 더 많은 원유와 가스를 개발하게 되었다. 일반적으로 저유가 이전 시기와 비교할 때 2017년 현재 셰일 개발 비용은 약 30% 정도 비용이 절감되었다고 한다(Curtis 2015: 5).

4대 유전인 바켄, 이글포드, 퍼미안, 니오브라라는 유전의 지질적 성격, 운송들을 위한 입지 등에 따라 저유가에 따른 생산활동이 다르게 나타나고 있다. 유전별 서로 다른 break-even price(BEP)에 대한 보고서에 나타나듯이 BEP가 높은 고비용의 생산 지역이 먼저 어려움을 겪고 있음을 알 수 있다. 바켄유전이 어려움을 겪고 있는데 반해 이글포드는 비교적 생산이 원활하다. 일괄적으로 부정적인 영향을 미치는 것이 아니고 셰일유전별로 셰일기업별로 차별적으로 영향을 미치고 있다. 타이트 오일 생산 4대 유전은 생산량 순서대로 2015년 2월 현재,

- 서부텍사스의 퍼미안(196만 배럴)
- 남부텍사스의 이글포드(173만 배럴)
- 바켄(131만 배럴)
- 니오브라라(40만 배럴) 등이다.

생산량 감소가 가장 큰 곳은 바켄 지역으로 바켄 오일 생산량은 2014
5월 123,000 b/d에서 2015년 1월 101,000 b/d로 감소하였다. 유정의 숫
자도 감소하여 2014년 5월 215개에서 2015년 1월에는 185개로 감소하
였다(Krane and Egerton 2015: 13). 시추활동의 대표적 지표인 시추리그
(Rig Count)도 2014년 11월 190개에서 2015년 1월 146개로 감소했음을
알 수 있다. 바켄유전 지역은 생산된 타이트오일을 운송하기 위한 인프라
가 아직 구축되어있지 않아 바켄철도(Bakken Light Sweet Crude 철도)
로 동부해안으로 운송하고 있는데 이 경우 운송료가 배럴당 19달러에 달
해 송유관으로 운송 시 11달러와는 커다란 차이가 나기 때문에 저유가로
인해 생산량 감소가 비교적 빨리 시작된 이유라고 볼 수 있다.

〈표 19〉에서 알 수 있듯이 바켄유전 지역에서 생산 활동 중인 대표

표 19. 바켄유전의 주요 셰일가스 회사

	생산량	개발부지	자본금
EOG Resources	293,500	110,000 acre	56.4
Hess	63,000	640,000 acre	50.4
Continental Resources	127,788	1.2 million acre	22.3
Whiting	107,000		4
Statoil	50,000	350,000 acre	

적인 기업은 EOG Resources이다. EOG Resources는 바켄유전 지역에 초기에 진출한 회사 가운데 하나이며 이글포드유전을 처음 발견한 회사로 볼 수 있다. 따라서 바켄과 이글포드 두 지역에서 소위 셰일가스 회사들의 "부지확보(land grab)" 단계에서 가장 생산성이 좋은 "sweet spot" 부지를 확보할 수 있었다(Helman 2013). 당시 경쟁 셰일가스 회사인 체사피크(Chesapeake Energy)사 등과 경쟁적으로 저렴한 부지매입을 하던 때로 체사피크사가 한때 경영 위기를 겪은 것과 달리 EOG가 탄탄한 경영을 할 수 있었던 것은 체사피크사가 채무를 감수하면서 무리하게 부지를 확보한 것과 달리 EOG는 과도한 차입 없이 생산성이 떨어지는 부지는 과감하게 좋은 가격에 매각하기도 하는 전략을 취했다. 2008년만 하더라도 가스가격은 14달러에 달해 많은 셰일가스 회사들이 경쟁적으로 차입을 통해 몰려들었으나 2009년부터 가스가격은 급락하기 시작해 급기야 2012년 1.87달러까지 떨어지자 다시 위기에 몰린 회사들의 부지가 헐값에 매물로 나왔던 것이다.

EOG는 원래 뉴멕시코주에서 파산한 에너지기업인 엔론의 일부회사로 1999년 출발하여 지난 10여 년 동안 650% 외형이 성장한 자원개발기업이다. 자본금은 400억 달러로 Apache사나 Marathon Oil사보다 크며 체사피크사의 세 배에 달한다.

생산량 오히려 증가한 지역 가운데 하나가 이글포드이다. 이글포드는 지리적으로 운송인프라가 완벽하며 대규모도시 근접 수요처에 가까우며 걸프만 석유화학단지 근접해 생산과 운송 면에서 다른 유전에 비해 이점을 가지고 있다. 이글포드 유전의 신규유정의 숫자가 2014년 11월에는 220개였으나 2015년 1월에 260개로 증가하였다(Krane and Egerton 2015: 14).

저유가로 미국의 타이트오일 생산량은 2015년 중반 이후 약 50만

표 20. 이글포드의 셰일가스 회사들

	생산량	개발부지	자본금
EOG Resources	170,000 boe	632,000 acre	34.5
BHP Billiton	75,000 boe	640,000 acre	29.5
ConocoPhilips	212,000 boe	200,000 acre	31.0
Chesapeake	80,000 boe	450,000 acre	11.9
Marathon Oil	75,000 boe	200,000 acre	10.5

배럴 정도 감소하였다. 저유가에도 가장 생산활동이 활발한 곳은 텍사스 퍼미안 유전이다. 퍼미안 유전은 서부 텍사스주와 멕시코주 남동부 지역에 이르는 유전으로 2011년 이후 투자와 생산이 가장 활발한 지역이다.

III. 미국 LNG 수출 현황과 전망

1. LNG 수출 프로젝트 현황

미국에서 LNG 수출을 하기 위해서는 에너지부와 연방에너지규제 위원회(FERC: Federal Energy Regulatory Commission)의 승인을 받아야한다. 현재 FERC에서 수출승인을 얻은 수출 프로젝트는 7개에 달하며 수출규모로는 연간 140bcm에 달한다. 이 가운데 셰니어사가 운용하는 세빈패스 LNG 수출 프로젝트는 최초의 프로젝트로 2016년 2월에 첫 수출을 시작하였으며, 이외에 4개의 수출 프로젝트가 건설 중에 있다 (Cornot-Gandolphe 2016: 21).

5개 수출 프로젝트의 현재까지의 계약물량을 합치면 약 연간 80bcm

표 21. 미국 LNG 수출 프로젝트 현황

Project		capacity	status	latest company announced start date	doe/ferc approval	fta/non-fta approval	operator
united states lower 48							
sabine pass lng	t1-2	9	uc**	2016	doe/ferc	fta/non-fta	cheniere energy
	t3-4	9	uc**	2016-17	doe/ferc	fta/non-fta	
	t5	4.5	uc**	2019	doe/ferc	fta/non-fta	
	t6	4.5	pre-fid	2019	doe/ferc	fta/non-fta	
Freeport lng	t1-2	8.8	uc**	2018	doe/ferc	fta/non-fta	freeport lng liquefaction
	t3	4.4	uc**	2019	doe/ferc	fta/non-fta	
cameron lng	t1-3	12	uc**	2018	doe/ferc	fta/non-fta	sempra energy
	t4-5	8	pre-fid	2019-21	doe	fta	
cove point lng		5.25	uc**	2017	doe/ferc	fta/non-fta	dominion resources
elba island lng t1-2		2.5	pre-fid	2017	doe	fta	kinder morgan
corpus christi lng	t1-2	9	uc**	2019	doe/ferc	fta/non-fta	cheniere energy
	t3	4.5	pre-fid	2020	doe/ferc	fta/non-fta	cheniere energy
magnolia lng t1-4		8	pre-fid	2019	doe	fta	lng limited
jordan cove lng t1-4		6	pre-fid	2019	doe	fta/non-fta	veresen

에 달한다. 5개를 제외한 나머지 7개의 프로젝트들(Lake Charles, Golden Pass, Magnolia, Jorden Cove, Elba Island, 세빈 패스 추가 트레인, Corpus Christi)은 구매계약을 체결한 단계이고 아직 최종투자결정(FID: Final Investment Decision)은 아직 내려지지 못하고 있다. 세계 LNG 시장의 초과 공급 상태로 최종 투자결정이 상당 기간 내려지지 못하고 대기하고 있는 프로젝트들이 늘어가고 있다. 세빈패스와 프리포트 프로

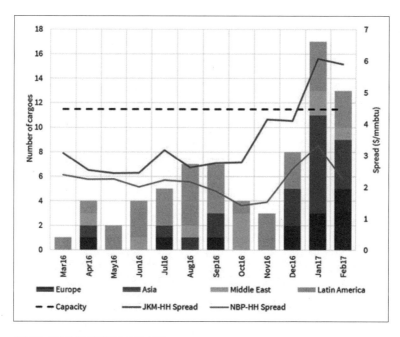

그림 2. 2016년 미국 LNG 수출 지역
출처: Timera Energy(2017)

젝트는 소위 수입터미널을 전환해서 수출 터미널로 만든 경우로 투자 비용이 비교적 낮은 소위 "그린필드" 프로젝트인 것을 제외하고는 조단 코브와 같은 프로젝트는 2016년 3월 FERC 승인을 획득하였으나 액화플랜트와 연결 가스관 등의 건설 승인이 나지 않았다(Cornot-Gandolphe 2016: 23).

2016년 2월 이후 미국의 LNG 수출량은 총 4.2bcm(320만 톤)으로 비교적 소규모에 그쳤으며, 세빈패스 수출 터미널 시설용량도 2개의 트레인(Train 1 & 2)에서만 수출이 진행되었다.

〈그림 2〉에 나타난 바와 같이 2016년 동안 미국의 LNG 수출은 지역 면에서 몇 가지 특징을 보여준다. 우선 1년 평균을 기준으로 보면, 남

표 22. 2016년 1월 셰니어 사 수출 마진

비용 항목	유럽	아시아
가스	$2.60	$2.60
운송	1.00	2.50
기화	0.40	0.00
최종비용	4.00	5.10
도착가격	5.00 (TTF)	6.90 (JKM)
수익마진	1.00	1.80

출처: Cornot-Gandolphe(2016: 29)

미가 44%, 아시아 27%, 유럽 17%, 중동 12%의 비중을 보인다. 7~8월까지는 남미로의 수출이 60~70%를 차지했으며, 9월 이후 아시아의 비중이 늘어나면서 전체적으로 남미의 비중도 내려갔음을 알 수 있다(Timera Energy 2017).

　　미국과 남미는 에너지 시장 측면에서 이미 오랜 기간 동안 통합과 상호의존의 관계를 가지고 있어서 미국은 콜롬비아, 에쿠아도르, 멕시코, 베네수엘라 등으로 부터의 원유수입 비중이 30%에 달한다(Viscidi and O'Connor 2017). 최근 미국의 메이저 석유회사와 전력회사들은 아르헨티나, 멕시코, 브라질, 베네수엘라의 에너지 사업에 투자를 급격히 늘려왔다. 멕시코는 국내 생산감소와 가스 수요의 급격한 증가에 대비해 국내 에너지시장을 개방해 신규 가스관 사업 등이 증가하였으며 미국의 에너지 기업의 진출이 두드러지게 되었다. 최근 미국의 LNG 수출이 칠레, 아르헨티나 등으로 가장 많이 향하게 된 배경은 남미 현지의 6~7달러/MmBtu 수준의 비교적 높은 현물 LNG 가격이 가장 큰 영향을 미쳤다고 볼 수 있다.

2011~2014년 동안은 아시아와 유럽의 LNG 수입가격은 미국 LNG 수출업자에게는 충분한 수익을 낼 수 있을 정도로 높았으나, 2016년에는 상황이 완전히 역전되어서 아시아와 유럽의 현물가격이 더 이상 수익 마진을 낼 수 없게 되었다. 셰니어사의 추산에 의하면 2016년 1월 현재 미국에서 아시아로 수출되는 LNG의 경우 제반비용을 모두 제외하고 남는 최종 수익마진이 1.8달러/MBtu이며, 유럽의 경우는 1달러에 불과하다.

2016년 4월 아시아와 유럽의 현물가격이 하락하면서 유럽으로의 수출의 수익 마진은 0.60 달러인 반면 아시아로의 수출은 마이너스 적자가 되는 것으로 드러났다. 이러한 이유 때문에 2016년 2월 미국에서 LNG 수출이 시작된 이후 유럽이나 특히 아시아로는 LNG 수출 물량이 향하지 못하고 대신 수익이 가능한 남미나 중동, 인도 등으로 향했던 것이다(Cornot-Gandolphe 2016: 30).

2. 미국 LNG 수출과 러시아의 대응

2016년 4월 포르투갈에 첫 미국 LNG 수입 선적이 도착하였다. 미국 LNG 의 유럽으로의 수출개시라는 역사적 사건과 함께 2009-2010년 셰일혁명 초기의 논쟁이 다시 일어났다. 과연 미국의 유럽으로의 LNG 수출이 러시아 파이프라인 가스 의존으로부터 유럽 국가들을 얼마만큼 자유롭게 할 수 있는지 2016년 4월의 유럽으로의 수출개시가 이러한 변화의 시발점이 될 수 있는지에 관한 것이었다. 한편 러시아는 처음부터 일관되게 미국 LNG는 러시아 파이프라인 가스에 위협이 되지 못한다는 입장을 취해 오고 있다.

2016년 미국의 유럽으로의 LNG 수출은 남부 유럽에 국한되고 있었음을 알 수 있으며, 포르투갈(1카고), 스페인(1카고), 이태리(1카고), 그

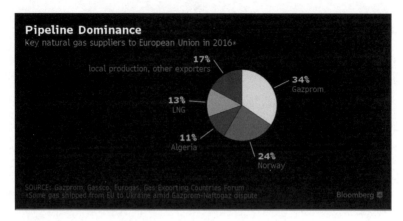

그림 3. 유럽의 가스공급 비중

리고 터키(2카고)가 포함된다. 대부분은 "테스트" 성격의 한번 선적분에 그쳤으며 후속 선적으로 계속 이어지지는 못했다(Platts 2016).

제한적이기는 하지만 미국 LNG는 남부유럽 지역으로는 수입이 시작되었지만 아직 북동부유럽(Northwest Europe)에서는 러시아와 노르웨이의 파이프라인 가스 공급과의 경쟁에서 미국 LNG 가격 경쟁력을 갖지 못하고 있음을 알 수 있다. 러시아의 가즈프롬사는 여러차례에 걸쳐 특히 저유가 체제하에서는 미국의 LNG수출은 러시아의 파이프라인 가스와 경쟁이 될 수 없다고 밝힌 바 있다(Platts 2016). 북동부 유럽 국가의 가스수입업자들도 미국의 셰니어사에게 파이프라인 가스공급이 충분한 상황에서 미국 LNG 수입의 필요성을 못 느끼고 있다고 전한 것으로 알려졌다(Platts 2016).

2016년 유럽과 터키로의 러시아 파이프라인 가스 수출량은 연 180bcm에 달해 사상 최대를 기록했다. 노르웨이의 유럽의 파이프라인 가스 수출도 115bcm으로 사상 최대였다. 아래 2016년 블룸버그 자료에 의하면 유럽으로 공급되는 가스의 87%는 아직도 파이프라인에 의한 것

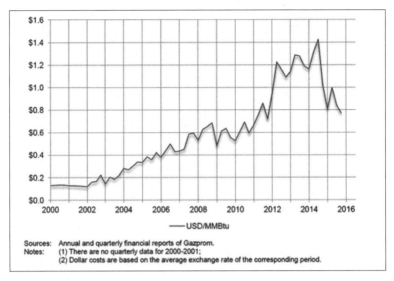

그림 4. 러시아의 가스생산비용(단위: MmBtu)

이며 러시아의 점유율은 34%에 달한다. 가즈프롬사와 유럽 수입업자 간에 장기공급계약은 2025년까지 공급하는 것으로 체결되어 있다.

〈그림 4〉에 의하면 러시아의 가스생산비용은 2013년의 1.2달러/MmBtu에서 2015년에는 0.85달러/MmBtu로 감소하였다. 옥스퍼드 에너지 연구소에 의하면 러시아의 유럽으로 가스공급 비용은 3.5달러/MmBtu이며 미국의 4.3-5.0달러/MmBtu에 비해 훨씬 더 유리한 가격경쟁력을 가지고 있다(Henderson 2016). 2015년 이후 새로운 변수 가운데 한 가지는 미국 루블화 대비 달러화의 강세였다. 2014년과 비교해 러시아 루블화 가치는 60%나 하락해서 실제 환율을 고려한 러시아 파이프라인 가스 공급 비용은 3.1달러/MmBtu에 불과한 것으로 알려졌다 (Henderson 2016).

미국 LNG 수출에 대비한 러시아 가즈프롬사의 전략 가운데 하나는 서시베리아에 여분으로 이미 개발해 놓은 100bcm 정도의 가스생산

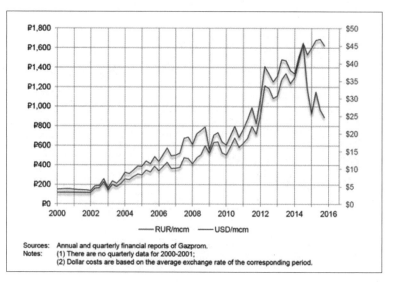

그림 5. 루블화 표시 러시아의 가스생산비용(단위: mcm)

분을 저가 공세의 기반으로 활용하는 것이다(Henderson 2016: 4). 2000
년대 중반 가스 수요 전망이 낙관적인 확대에 기반하여 러시아는 야말반
도 가스전에 과잉 투자 생산을 한 것이다. 이러한 여분의 생산량에 기반
해 미국 LNG와 가격전쟁에 돌입하게 된다면 러시아는 훨씬 더 낮은 가
격으로 공급할 수 있는 가능성이 있다.

미국 LNG에 대한 러시아의 대응 전략은 미국 타이트오일에 대한
사우디아라비아의 대응전략과 비슷하다. 사우디아라비아는 석유생산량
을 늘려 국제 저유가를 유도하여 고비용 생산 미국 셰일플레이어들을 도
태시키는 전략을 취하고 있다. 러시아의 가즈프롬사도 가스생산을 극대
화하여 유럽으로의 공급가격을 낮추어 고비용의 미국 LNG 수출을 유럽
시장에서 축출하는 전략을 채택하고 있다. 러시아는 30%라는 유럽가스
시장에 대한 시장점유율을 지키기 위해 가격을 희생하는 전략(market
share over price)을 취하고 있는 것이다.

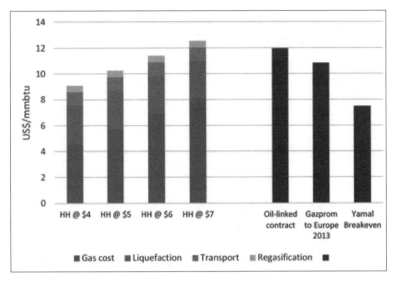

그림 6. 미국 LNG 공급 가격과 유가연동 러시아 파이프 가스 비교
출처: Tatiana Mitrova(2016)

이러한 저렴한 경쟁력 있는 러시아의 파이프라인 가스라는 시각
에서 본다면 미국의 고비용 LNG는 유럽에서 러시아의 가스 독점 아성
을 무너뜨리는 데에는 상당한 한계가 예상된다고 할 수 있다(Clemente
2016). 중단기적 측면에서는 미국의 에너지정보청의 추산에 의하면 미
국의 LNG 수출양은 2016년에 5bcm, 2017년에는 13bcm에 달할 것이
다. 중기적으로 미국 LNG 채산성에 가장 영향을 미칠 요인은 미국현지
의 가스가격과 수입국가의 가스가격의 차이가 될 것이며, 수입국가의 가
스가격은 국제유가에 좌우된다. 브렌트 가격와 헨리허브 가격의 비율이
2015년에는 3.5, 2016년에는 2.5로 하락하지만 2017년부터 다시 벌어
지기 시작해 2040년에는 4.9까지 된다. 이 수치가 커지면 커질수록 미
국 LNG 수출 수익 마진은 커진다. 미국의 에너지정보청의 자료들은 이
러한 추산에 근거해 향후 미국LNG 수출이 계속 증가할 것이라고 예상

한다. 2020년에는 68bcm, 2040년에는 190bcm까지 늘어난다(Cornot-Gandolphe 2016: 24).

표 23. 2016년 이후 중국의 미국 LNG 수입

natural gas exports to china										
	jan-14	...	jul-16	aug-16	sep-16	oct-16	nov-16	dec-16	jan-17	feb-17
sabine pass, la liquefied natural gas exports to china(mmcf)		...	3132				7341	6747	3391	10338
price (dollars per tcf)		...	$5.10				$3.21	$4.50	$4.70	$4.91

출처: EIA 자료를 저자가 종합

표 24. 2014년 이후 일본의 미국 LNG 수입

natural gas exports to japan																	
	jan-14	...	may-14	jun-14	jul-14	aug-14	sep-14	oct-14	...	jul-15	aug-15	sep-15	oct-15	...	dec-16	jan-17	feb-17
kenai, ak liquefied natural gas exports to japan (mmcf)		...	1886		2809	2846	2886	2884	...	2753		2753	2753	...			
sabine pass, la liquefied natural gas exports to japan (mmcf)		...					...							...	11137	10533	3705
price (dollars per tcf)		...	$15.81		$16.03	$16.03	$15.76	$15.12	...	$8.08		$7.90	$6.51	...	$3.76	$6.65	$7.18

출처: EIA 자료를 저자가 종합

표 25. 2016년 이후 한국의 미국 LNG 수입

	jan-14	...	dec-16	jan-17	feb-17
natural gas exports to south korea					
sabine pass, la liquefied natural gas exports to korea (mmcf)		...	10166		
price (dollars per tcf)		...	$5.75		

출처: EIA 자료를 저자가 종합

3. 미국 LNG 수출과 동북아 LNG 시장 변화

2016년 2월 미국 LNG 수출이 개시된 이래 2017년 4월 미국은 100번째 카고가 수출되었다고 이례적으로 발표하였으며 미국 LNG를 수입한 국가는 18개 국가에 달했다. 2017년 5월 미국 상무부는 100일 행동계획(100-day Action Plan)의 일부로 중국과의 LNG 수출 합의를 발표하였다. 국제유가가 60달러대로 진입하면 본격적으로 수출확대가 예상된다. 2018-2020년 사이 미국 LNG는 아시아와 유럽으로 80 bcm 정도 수출될 것으로 예상되며, 한국, 중국에서 러시아 파이프가스와 경합할 것으로 예측된다(DiChristopher 2017).

현재까지 동북아시아에서 미국 LNG를 가장 먼저 수입한 국가는 중국으로 5개 선적분에 해당된다(Corbeau 2016).

일본은 2017년 한 해 동안 70만 톤의 미국LNG를 수입할 예정으로 2016년 12월과 2017년 1월 주부전력과 도쿄전력이 각각 7만 톤씩 미국 LNG를 수입하였다(Collins 2017).

한국의 SK E&S는 2016년 12월 현물거래 물량으로 셰니어사부터 66000톤을 처음으로 수입하였으며, 2019년부터 장기거래에 의해 220

만 톤을 수입하기로 되어있다. 한국가스공사의 280만톤 20년 장기계약물량은 2017년 7월부터 세니어사로부터 수입되기 시작한다(Chung 2017).

미국이 LNG 시장에 본격적으로 가세함으로써 향후 동북아 LNG시장은 상당한 변화가 예상되며 궁극적으로는 유가연동 가격이 아닌 자체의 독자적인 LNG 가격지표 형성과 가스트레이딩 허브 구축의 방향으로 가야하지만 아직은 여러 가지 장애물이 존재해 상당한 시간이 걸릴 것으로 예상된다.

IV. 결론

韓·中·日 3국의 액화천연가스(LNG) 수입은 60% 정도가 카타르, 호주가 차지하고 있다. 韓·中·日 3국은 가격과 계약 면에서 장기의 유가연동인 기존 LNG 수입처를 미국과 러시아 등으로 다변화하고 Buyer's Club 등 지역협력을 통해 다변화하려고 하고 있다. 아시아의 중동의존 감소분을 러시아와 미국 중 누가 차지할 것인가? 카타르, 호주는 시장 점유율을 유지하기 위하여 어떠한 전략을 구사하고 있는가? 미국의 가세로 LNG 시장은 훨씬 더 경쟁적인 시장으로 변모하고 있으며 트레이딩과 포트폴리오 거래가 급속히 늘어나면서 구매자 위주의 시장으로 빠르게 이동하고 있다. 미국 LNG는 Henry Hub 가격연동과 유연한 계약으로 유리하며, 러시아는 저렴한 파이프라인 가스 공급으로 한중일 3국을 공략하려고 한다.

참고문헌

Chung, Jane. "SK E&S Imports South Korea's First US Shale Gas Spot Cargo." *Reuters* (January 20, 2017).

Clark, Andrew. *Navigating the Transformation of the Gas Market: Adapting to Survive in a Period of Change.* Price Waters House, 2016.

Clemente, J. "Six Threats for the US Liquefied Natural Gas Business." *Forbes* (May 15, 2016).

Collins, Ryan. "Forget Latin America, Asia is the Biggest US LNG Buyer Now." *Bloomberg* (January 4, 2017).

Corbeau, Anne-Sphie. *Shaking Up the LNG Scene.* KAPSARC (King Abdula Petroleum Studies and Research Center), Qatar, 2016.

Cornot-Gandolphe, Sylvie. *The US Natural Gas Exports: New Rules on the European Gas Landscape.* Paris, France: IFRI, 2016.

Curtis, Trisha. *US Shale Oil Dynamics in Low Price Environment.* OIES Paper 62, Oxford Institute for Energy Studies, 2015.

Deloitte. *How Can Business Models Adapt to Evolving LNG Markets?* Deloitte Center for Energy Solutions. 2016.

DiChristopher, Tom. "Trump just Gave China a Sledgehammer to Smash the LNG Monopoly." *CNBC* (May 19, 2017).

DiSavino, Scott. "US LNG Exports to Shift to Europe from Asia." *Reuters* (January 24, 2017).

Hashimoto, Hiroshi, Shinya Tanaka, and Takeshi Yoshiyasu. "Structural Shifts in the Global LNG Market." *IEEJ* (Institute of Energy Economics in Japan), 2016.

Henderson, James. "Gazprom – Is 2016 the Year for a Change of Pricing Strategy in Europe?" *Oxford Energy Comment*, Oxford Institute for Energy Studies, (January 2016).

Helman, Christopher. "How EOG Resources Became One Of America's Great Oil Companies." *Forbes* (July 4, 2013).

Krane, Jim and Mark Egerton. *Effects of Low Oil Prices on US Shale Production: OPEC Calls the Tune and Shale Swings.* Baker Institute for Energy Studies, 2015.

Oil & Gas 360. "LNG: Cheniere Announces 100th Cargo Shipment." (April 3, 2017).

Platts. "US LNG Makes Negligible Impact on European Gas Market." 2016.12.27

Sakmar, Susan. "US LNG exports: Where did They Go? *OilPrice.com* (September 28, 2016).

_____. "Can US LNG Compete with Qatar, Australia?" *OilPrice.com* (May 8, 2017).

Stokes, David and Olly Spinks. "US Export Flows, the Global Supply Glut and Europe."
  Timera Energy (March 13, 2017).

제5장

중동의 대동북아 원유, 가스 수출 전략

서정민

I. 들어가는 말

10여 년 전에 시작된 북미 지역의 '셰일혁명'으로 세계 에너지 역학에 큰 변화가 진행되고 있다. 새로운 공급자의 부상은 전통적 중동의 에너지 수출국의 정치 및 경제에도 막대한 영향을 주고 있다. 세계 경기 침체 및 중동의 정세불안과 겹쳐, 국제 에너지 가격의 변동성도 커지고 있다. 2014년 말 이후 저유가를 경험한 중동의 에너지 공급 국가는 2016년 11월 말 산유량 감산 합의를 통해 심각해지는 재정난을 극복하고자 노력하고 있다.

중동국가는 지난 2년간 감산을 거부하면서 공급국 중심의 세계 에너지 질서를 유지하고자 노력해 왔다. 사우디아라비아, 카타르 등은 재정수입이 감소하고 시장지배력이 약화하는 상황에서 저유가 정책을 통해 시장 지배력 유지, 대체에너지 개발 및 도입, 산업구조 고도화 및 다각화, 석유화학산업 육성 등의 전략을 통해 에너지 주도권을 유지하고 자국의 경제구조 조정을 추진해 왔다.

그러나 2016년 11월 말 감산 합의를 통한 유가 상승을 추진한 것을 고려해 본다는 지난 2년간의 노력에 큰 성과가 없었던 것으로 보인다. 궁극적으로 셰일혁명으로 인해 세계 에너지 시장이 근본적으로 공급국 중심에서 수요국 중심으로 변화하고 있다는 큰 흐름을 거스를 수 없는 상황이 되고 있다(권성욱 2014). 대표적인 사례로 셰일가스 생산을 통해 최대 에너지 소비국인 미국이 에너지 수입국에서 자립국으로 나아가고 있고, 도널드 트럼프 대통령도 이 부분에 정책의 초점을 맞추고 있다. 공급선이 다변화하고 수입국의 위상이 변모해감에 따라 향후 전 세계 에너지 수요 및 공급의 흐름이 바뀌고 있다는 것이다.

더욱이 이란과 서방의 핵협상 타결과 경제제재 해제도 사우디, 카타르 등 걸프국가 중심의 에너지 공급에 큰 변화를 가져올 것으로 보인다. 막대한 가스와 원유 매장량을 보유하고 있는 이란이 국제 에너지 시장에 재진입한다는 사실도 중요한 변수로 작용하고 있다. 석유수출국기구(OPEC)가 어렵게 감산 합의를 도출했음에도 유가가 기대만큼 상승하지 않고 있다. 이란이 생산시설을 복구하고 정상적으로 생산 및 수출에 나설 경우 공급량이 더욱 커질 수 있다는 점에서 저유가 상황이 상당 기간 지속될 것으로 보인다.

이런 급변하는 시장 상황에서 중동의 전통적 산유국은 대미국 수출 감소의 대응방안으로 수출 시장 다변화를 추진하고 있다. 에너지 공급이 과잉된 상태에서 시장 재진입을 추진하는 새로운 행위자 이란도 동북아시아의 중요성을 높이 평가하고 있다. 이런 전략의 틀에서 에너지 수요가 급증하는 중국을 포함한 동북아시아 국가들과의 협력 증대가 필요한 시점이라는 점을 중동 산유국도 잘 인식하고 있다. 중동 산유국에 대한 에너지 의존도가 큰 우리로서도 시장과 산유국의 상황 및 전략 변화에 대해 명확한 평가와 분석을 필요로 한다.

따라서 본 연구는 중동의 전통적 에너지 공급국 사우디 및 카타르 그리고 내전과 제재를 극복하고 새로운 공급국으로 부상하고 있는 이란 및 이라크의 셰일혁명에 대한 대응 전략을 고찰하였다. 우선 셰일혁명이 중동 산유국에 가져온 영향 및 이에 따른 대응전략을 분석하고, 이에 따른 중동 에너지 공급 국가들의 동북아 지역에 대한 전략 변화를 파악하였다. 이 과정에서 중동 산유국과 동북아 국가 간 양자 혹은 다자 협력이 어떻게 진행되고 있는지 조사하고, 마지막으로 이들 중동 원유 및 가스 생산국들의 전략에 동북아 국가의 시각과 전략도 고찰하였다.

II. 중동의 에너지생산과 유가

OPEC이 2016년 11월 30일 오스트리아 빈에서 열린 회의에서 2008년 이후 처음으로 하루 석유 최대 생산량을 기존 대비 120만 배럴 줄인 3250만 배럴로 감산하는 것에 합의하였다. 사우디 주도 회원국의 적극적인 참여로 8년 만에 감산이 합의된 것이다. 무려 9시간에 걸친 회의를 거치면서 사우디아라비아와 이란, 이라크 등 3대 산유국이 쟁점에 합의하면서 전 회원국의 동의를 이끌어 낼 수 있었다. 따라서 2016년 9월 알제리에서 열린 비공식 OPEC 임시 총회에서 일일 산유량을 3250만 배럴 수준으로 제한하기로 잠정 합의하였고 이번 171차 OPEC 정기 총회에서 정확한 국가별 산유량을 최종 결정한 것이다. 이번 결정은 내년 1월부터 6개월간 이행될 예정이며, 내년 5월에 열릴 차기 OPEC 정기 총회에서 감산 지속 여부 등을 검토할 계획이다.

OPEC의 최대 산유국인 사우디는 하루 산유량을 48만 6,000배럴

표 1. OPEC 감산 합의 내용(2016년 11월 31일 171차 정례회의, 단위: 1,000배럴)

국가	합의안 생산량 기준	10월 생산량	감축량	1월 국가별 생산량
알제리	1,089	1.088	-50	1,039
앙골라	1,753	1,586	-80	1,673
에콰도르	548	549	-26	522
가봉	202	202	-9	193
인도네시아	-	722	-	OPEC 탈퇴
이란	3,707	3,690	+90	3,797
이라크	4,561	4,561	-210	4,351
쿠웨이트	2,838	2,838	-131	2,707
리비아	-	528	-	528
나이지리아	-	1,628	-	1,628
카타르	648	646	-30	618
사우디	10,544	10,532	-486	10,058
UAE	3,013	3,007	-139	2,874
베네수엘라	2,067	2,067	-95	1,972
OPEC	30,970	33,643	-1,166	31,960

출처: 홍춘욱(2016)

줄여 1005만 8,000배럴을 생산하기로 하였다. 나이지리아와 리비아는
이번 OPEC 감산 합의에서 면제되었으며 이란은 일 5만 배럴 증산을 허
용 받았다. 이어 12월 10일 OPEC 비회원국도 감산에 뜻을 모으면서
OPEC 국가들과 비회원국가들이 줄이기로 한 원유량은 세계 원유 생산
량의 2%에 이르게 되었다. OPEC 비회원국들은 하루 평균 55만 8000
배럴의 생산량 감축에 합의하였다. 러시아의 경우 하루 평균 30만 배럴

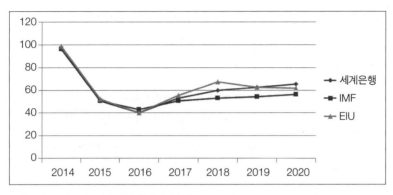

그림 1. 주요 경제기관의 유가 전망(단위: 달러)
출처: World Bank, IMF, EIU

의 감산을 약속했으며 멕시코, 오만, 아제르바이잔, 수단 등 10개국도 원
유 산출량 감축에 동의하였다. OPEC국가들의 협약에 비OPEC 산유국
이 참여한 것은 지난 2001년 이후 15년 만에 처음이다. 그러나 일각에서
는 법적 구속력이 없어 실효성이 우려된다는 지적도 있으며, 더욱이 현
재 OPEC과 비회원국들의 협약에서는 각국의 생산량 감축량에 대한 세
부사항을 제시하지 않은 상태다.

　　그럼에도 불구하고 OPEC과 비OPEC 산유국의 산유량 감산 합의
로 인해 유가는 중단기적으로는 점진적 상승곡선을 그릴 것으로 예상된
다. 실제로 11월 말 OPEC 합의 직후 국제유가는 하루 만에 10% 가까
운 배럴당 50달러를 넘어섰다. 감산 합의에 따라 일단 단기적으로는 공
급 과잉이 다소 해소되면서 유가 상승이 이어질 것으로 전망된다. 특히
OPEC 감산의 대부분은 주로 중동 산유국에서 이루어질 수밖에 없어 중
동 원유, 특히 두바이유의 상대적 강세가 이어질 것으로 예상된다. 일부
전문가들은 국제유가가 금명간 60달러 후반까지 오를 것으로 전망하고
있다. OPEC은 12월 14일 월간보고서에서 "비회원국들의 감산은 전 세
계 재고 감소 속도를 높일 것이며 2017년 하반기 원유시장이 수급 균형

을 향해 가는 시간을 앞당길 것"이라고 설명하였다(OPEC 2016b). 실제로 OPEC 회원국과 비회원국의 감산 합의 후 유가는 상승세를 보여 왔으며 12월 14일 기준 브렌트유 가격은 지난달 OPEC의 감산 합의 이후 약 20%나 올랐다. 그러나 국제에너지기구(IEA)는 내년 상반기 원유시장이 균형을 찾아갈 것으로 전망하면서도, 중장기적으로는 유가 상승 전환에 따른 셰일가스 생산량 증가 우려로 유가 상승 폭이 제한적일 것이라는 전망도 나오고 있다(International Energy Agency 2016).

산유국의 감산 합의는 재정 위기 및 경체 침체 탈피 노력의 일환으로 볼 수 있다. 2년여간 침체된 시장에서 유가를 올리기 위해 석유 생산 국가들이 전례 없는 협력을 한 것이다. 시장의 원유 과잉공급을 해소함으로써 유가의 점진적 인상을 통해 산유국들은 재정난을 탈피하기 위한 포석을 던졌다. 따라서 산유국들은 수요 증가와 감산이 현재 과잉공급 상태인 원유시장이 균형을 찾는 데 도움이 될 것이라고 기대하고 있다. 결국 이번 감산 합의는 셰일가스의 시장 진출과 생산량 확대에 대한 기존 산유국의 대응 방안에 한계가 있었음이 나타난 결과이다. 지난 8년간의 미국 원유 생산이 증가하자 OPEC은 가격 유지, 공급 규제 등 전통적인 역할도 포기하며 시장점유율을 방어하기 위해 자체 생산량을 늘려왔다. 2014년 11월 유가가 급락하자 사우디는 감산 계획을 보류하고 시장 점유율 확대를 위해 증산 경쟁에 돌입하는 '치킨게임'을 강행하였으며, 유가 폭락을 야기해 고비용 생산자들, 특히 미국의 셰일 기업들을 시장에서 퇴출시키려 하였다. 그러나 유가는 업계 예상보다 훨씬 더 낮아졌으며 2014년에 배럴당 100달러보다 높았던 유가는 올해 28달러 아래를 밑돌았다. 결과적으로 베네수엘라, 나이지리아와 같은 OPEC 회원국은 경제에 타격을 입었고, 사우디아라비아는 석유 수입 감소로 정부 보유 현금도 사용하기 시작하였다. 따라서 장기화하는 경기 침체와 재정 부족을 극복하기 위해 감산을 결정할 수밖에 없는 상황이 도래하였다. 전문가들은 이번 감산으로 글로벌 원유 생산자들이 기다려온 수요-공급 재조정을 가속화할 수 있을 것으로 지적하고 있다(OPEC 2016b).

특히 이번 감산 합의는 2년간의 재정적 어려움을 극복하기 위한 사우디의 강력한 의지가 반영된 결과다. 사우디아라비아는 산유량을 1000만 배럴 이하로까지 감산할 수 있다고 천명하는 등 감산과 유가 상승에 강력한 의지를 보여주고 있다. 사우디 에너지부 장관 칼리드 알-팔리(Khalid al-Fali)는 지난 10일 열린 OPEC-비OPEC 회담 기자회견에서 "사우디는 반드시 감산을 이행할 것이며, 감산량을 기존 계획보다 더 늘려 하루 1000만 배럴 이하로 정할 수 있다"고 말했다(Houston Chronicle 2016). 사우디는 2016년 12월 9일 고객사에게 서한을 보내 사우디의 성실한 감산 이행 계획을 밝히며, 감산 합의로 원유 판매 물량이 줄어들 수 있다고 공지하면서 감산 이행 의지를 대외적으로 표명하였다. 특히 1980년대 감산 합의 때 산유국들의 합의 위반으로 감산을 이행했던 사우디의 시장점유율이 크게 감소했던 상황이 재현되지 않기 위해 주변 산유국을 압박하는 움직임을 보이고 있다. 이를 통해 사우디는 감산을 통해 유가를 배럴당 60달러 이상 수준으로 끌어올리겠다는 의지를 가지고 있다.

사우디아라비아는 지난 2년간의 저유가로 인해 성장 동력을 상당 부분 상실하였으며 더불어 여러 방면에서 재정 부담을 가지고 있는 상황이다. 사우디의 2016년 재정적자는 960억 달러 이상으로 국내총생산(GDP)의 16%에 달했다. 이에 2016년 2월 17일 국제 신용평가사 스탠더드 앤 푸어스(S&P)는 사우디의 국가 신용등급을 A+에서 A-로 두 단계 낮췄다(Parasie 2016). 재정 악화로 인해 사우디 정부는 보통 휘발유의 가격을 67% 인상하였으며 전기와 수도 요금에 지급하던 보조금도 대폭 축소하였다. 더불어 사우디 정부는 해외에 투자한 국부펀드를 일부 회수하였으며, 해외 국채발행을 통해 재정적자의 상당 부문을 충당하고 있고 2017년에도 최소한 100억 달러 이상의 국채를 발행할 것으로 예상된다(Moore and Kerr 2016).

사우디의 적극적인 행보는 또 비전 2030 추진을 위한 재원 마련을 위한 노력의 일환이라고 볼 수 있다. 비전 2030은 탈석유 시대를 대비해 산업다각화를 추진하고 이를 위해 다양한 분야에 투자하기 위해 2조 달러 규모의 국부펀드를 조성한다는 것을 적시하고 있다. 이를 위해 막대한 재원이 필요하지만 저유가 기조로 인해 비전의 실현이 어려워졌기 때문이다. 따라서 사우디 정부는 산유국들의 원유 감산을 주도함으로써 유가를 끌어올려 내년 초 계획하고 있는 아람코 국제 상장을 성공으로 이끌겠다는 전략을 추진하고 있다. 아람코 지분 매각이 국부펀드 조성에 가장 중요한 부분이기 때문이다. 사우디 정부는 2017년 초부터 미국 뉴욕, 영국 런던, 일본 도쿄, 사우디 리야드 등에서 국영기업 아람코의 상장을 추진할 계획이다. 아람코 자산의 대부분이 원유이기 때문에, 유가가 올라가면 그만큼 자산가치가 높아져 주식 상장에서 유리한 평가를 받을 수 있다. 아람코의 기업 가치는 총 3조 달러로 평가되며, 사우디 정부는 이 가운데 5%만 상장할 계획이며, 이를 통해 약 1500억 달러의 재원을 마련한다는 계획이다(Pettit 2016).

하지만 OPEC의 감산을 주도한 사우디는 향후 중동 내 정치 및 경제 영향력 약화를 목도해야 하는 상황에 처하게 됐다. 사우디아라비아는 이란의 증산을 저지하고 이란의 경제재건을 늦추기 위해 저유가 기조 유지를 추진하였으나 결국 감산으로 돌아서면서 중동 내 정치적 입지에서 다소 피해를 볼 것으로 보인다. 핵협상 타결과 경제제재 해제로 이란이 역내 주요 정치 및 경제 행위자로 복귀하는 것을 사우디아라비아는 저지 혹은 최대한 지연시키기 위해 노력해 왔다. 이란의 정치 경제적 잠재력이 사우디를 능가한다는 점에서 사우디 정부는 제재 해제 이후 이란의 경제재건을 최대한 늦추기 위해 저유가 기조를 선호하였다. 때문에 사우디는 지속적으로 "이란의 동참 없이 산유량 조절에 나설 수 없다"는 입장을 고수해 왔다. 반면 이란으로서는 사우디가 지난 5년간 평균 200만 배럴을 증산한 반면 이란은 그동안 서방의 제재로 인해 원유 생산량이 대폭 줄어들었다는 점에서 사우디의 감산 요구를 거부해 왔었다. 그러나 2016년 11월 사우디는 이란과의 사전 실무회담을 통해 먼저 감산을 제안하는 등 적극적인 모습을 보이면서 자국의 경제 및 재정 문제로 인해 '감산을 통한 이란 견제' 전략을 수정한 것으로 판단된다. 제171차 OPEC 정례회의에서 사우디는 이란의 증산을 허용함으로써 경제 위기를 타파해 나가는 데 있어서 석유판매 증대가 절실한 이란의 입장을 존중하는 차원에서 양보를 단행하였다. 따라서 이란의 패권국가 부상 견제 전략에서 사실상 한걸음 물러나는 모양을 보여주었으며, 이로써 사우디의 중동 내 주도적 지위가 다소 약화될 것으로 보인다(Bobylev 2016).

III. 중동 주요국의 대동북아시아 에너지 공급

북미의 셰일혁명, 세계 경기 침체, 그리고 중동의 정세 불안은 세계 에너지 시장과 에너지 지정학에 적지 않은 영향을 주고 있다. 특히 미국의 셰일가스 생산은 원유가격 하락을 야기하면서 중동을 중심으로 한 전통 원유 혹은 가스 생산국의 영향력을 감소시켰다. 이런 상황에서도 한국, 중국, 그리고 일본의 지속적인 원유 수요 증가는 세계 에너지 시장이 동북아를 중심으로 재편되고 있는 상황이다. 블룸버그(Bloomberg)는 2016

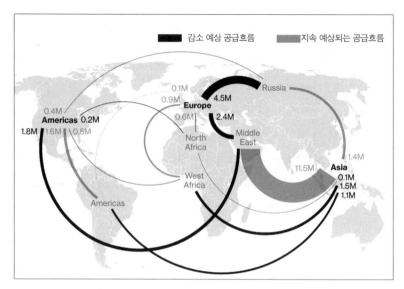

그림 2. 뒤집어진 원유 공급 흐름
출처: Wingfield and Kayakiran(2017)

년 12월 분석기사에서 "중동의 산유국들이 공급과잉 상태에 있는 유럽 및 미주보다는 아시아에 대한 공급 증대에 노력하고 있다"고 보도 했다 (Wingfield and Kayakiran 2016).

그럼에도 불구하고 동아시아 국가들은 중동 원유 및 가스에 대해 가장 높은 도입가격을 지불하고 있는 실정이다. 사우디 국영 석유회사인 아람코의 2015년 연례 보고서에 따르면 한국, 일본 그리고 중국은 이 회사 원유 수출의 3분의 2를 차지하는 중요한 거래 선이다. 하지만 2016년 11월 말 원유감산 합의 이후에도 사우디 국영 석유회사인 아람코는 2017년 1월 4일 한국, 일본, 중국 등 동북아 국가에 판매하는 주요 유종의 가격을 일제히 인상했다(문정식 2017). 반면 아람코는 미국에 수출하는 아랍 미디엄과 아랍 헤비의 가격을 예상 외로 인상하지 않았다. 따라서 셰일혁명 이후 중동의 주요 석유 및 가스 생산국가의 동북아에 대한 공급전략에 대해 파악하는 것이 중요한 시점이다.

1. 사우디아라비아의 동북아시아 석유 공급 전략

중동의 최대 에너지 대국 사우디아라비아의 석유 확인매장량은 2015년 말 기준으로 약 2665억 배럴이며, 이는 전 세계 전통 석유 확인매장량의 약 18%에 가까운 규모이다. 천연가스 확인매장량은 2015년 말 기준으로 약 8.6Tcm이며, 이는 이란, 러시아, 카타르, 투르크메니스탄, 미국 등에 이어 세계 6위 규모이다(OPEC 2016a). 국영 석유 기업 아람코는 아직도 자국 내 미탐사 부존지대가 존재하기 때문에 향후 원유 및 가스 매장량 증대가 지속적으로 이루어질 것으로 예상하고 있다. 2015년 사우디 원유 생산량은 약 1019만 b/d이고, 이 중에서 약 30%를 자국 내에서 소비하고 나머지 70% 정도를 수출하고 있다. 지역별로는 아시아와 태평양 지역으로 약 64%, 북미로 약 17%, 유럽으로 약 12%를 수출하였다(OPEC 2016a). 2015년 사우디의 가스 생산량은 104bcm이었으나, 대부분 국내 소비로 사용되었다(OPEC 2016a).

2015년 사우디아라비아의 원유 정제능력은 중동 최대인 290.7만 b/d를 기록했다. 사우디 정부는 2023년까지 자국 및 해외에서 800만 b/d까지 증대시켜 세계 최대 정제능력을 갖춘 국가로 성장할 것을 목표하고 있다. 정제부문을 포함한 하류부문에서도 국영기업 아람코가 가장 많은 비중을 차지하고 있지만, 엑손모빌(ExxonMobil), 셸(Shell), 페트롤라(Petrola) 등 세계적인 메이저와 아람코의 합작기업도 생산량을 늘려나가고 있다. 사우디 아람코는 또 미국, 중국, 일본, 한국 등과 합작기업을 해외에 설립해 매년 약 200만 b/d를 정제하고 있다. 아람코는 또 석유 및 가스 상류부문과 판매에 있어서 독점을 해소하기 위해 2017년 지

표 2. 사우디아라비아의 원유 및 가스 매장량, 생산량, 수출량

구분 (단위)	2011	2012	2013	2014	2015
원유매장량 (mb)	265,405	265,850	265,789	266,578	266,455
원유생산량 (1,000b/d)	9,331	9,763	9,637	9,712	10,193
원유수출량 (1,000b/d)	7,218	7,557	7,571	7,154	7,163
원유 · 가스수출액 (억 달러)	3,176	3,375	3,219	2,844	1,580
원유정제능력(1,000b/cd)	2,107	2,107	2,507	2,907	2,907
천연가스매장량(10억 cu m)	8,151	8,235	8,317	8,489	8,588
천연가스생산량(억 cu m)	1,024	1,112	1,141	1,167	1,198
천연가스수출량(억 cu m)	0	0	0	0	0

출처: OPEC(2016a)

분의 5% 전후를 해외 주식시장에 상장할 계획이다.

사우디 정부는 셰일혁명으로 인한 저유가, 공급자 증가 등 새로운 에너지 시장 환경 등장과 국내 전력 및 화석연료 수요 증가가 향후 자국의 원유 수출능력과 수출수익에 미치는 부정적 영향을 크게 우려하고 있다. 사우디의 1인당 에너지소비량은 세계 최고수준이며, 이는 정부의 높은 보조금 지급, 에너지소비 효율에 대한 낮은 관심, 그리고 풍부한 매장량에 기인한다고 판단하고 있다. 이러한 문제를 해결하고 위해 21세기 들어 사우디 정부는 에너지 효율 관련 정책, 규제, 지원제도 등을 마련하고 있고, 저유가가 지속되자 보조금 삭제 등의 정책도 추진하고 있다. 또한 재생에너지 개발과 원자력발전을 통한 석유자원의 수출물량을 유지하려 한다. 특히 사우디 정부는 2030년까지 16개의 원자로를 건설한다는 계획을 추진하고 있다. 석유, 가스 등 전통적 석유·가스에 100% 의존하고 있는 자국의 에너지소비 구조를 2030년까지 원자력으로 약 18% 대체하겠다는 것이다.

저유가가 장기화하면서 사우디아라비아는 또 석유 및 가스 자원에 대한 높은 의존도를 줄이고 산업구조 다각화하기 위한 노력에 박차를 가하고 있다. 2016년 4월 사우디 정부가 발표한 대대적인 경제개혁 청사진 '비전 2030'이 대표적인 사례다. 석유 의존도를 줄이고 취약한 민간 부문을 활성화해 과도한 정부 지원을 줄이겠다는 야심찬 개혁 드라이브를 추진하기 위해 21년간 재임한 알리 이브라힘 알-나이미(Ali Ibrahim al-Naimi) 석유부 장관도 전격 교체했다. 우선적으로 2020년까지 석유 수출대금이 차지하는 재정수입의 비중을 현재 90%선에서 70%까지 낮출 계획이다. '포스트 오일'시대에 선제적으로 대응하기 위해 특히 비교우위를 가진 석유화학산업, 정유 산업 등을 중심으로 '하류부문'에 대한 투자를 증대하기 위해 석유산업 클러스터를 확장하고 있다. 또한, 사우디 정부는 아람코의 사업 다변화 외에서도 지질탐사·시추 전문 기업, 플랫폼 건설기업, 원유 및 석유제품 수송 기업, 석유화학기업 부문에서 민간기업 육성을 통해 산업구조 다각화 및 고도화 정책을 추진하고 있다. 사우디 정부는 국영 석유화학기업인 SABIC(Saudi Basic Industries Corporation)을 세계 3위권에 드는 종합 석유화학기업으로 육성시키려고 한다. 대규모 정제·석유화학산업 단지 조성을 통해 신규 일자리를 창출하고, 북미 지역의 비전통 자원 개발로 인해 중·장기적으로 예상되는 세계 석유시장의 원유 과잉공급 우려에 대응하려고 한다(송상현 2015: 48-50).

그러나 셰일혁명에 따른 북미의 산유량 증가와 석유화학산업의 경쟁력 증대는 사우디의 석유화학산업 육성 전략에 커다란 위협이 되고 있다. 때문에 세계 에너지 시장에서는 시장지배력 유지가 사우디의 주요 전략이다. 2016년 11월 말 OPEC의 감산 합의를 주도하면서 약간은 뒤로 물러서기는 하였지만, 국제 석유시장에서 자국의 전통적인 시장점유율을 방어하겠다는 전략을 취하고 있다. 이것은 미국. 캐나다 등 북미와

이라크, 이란 등 중동의 지속적인 원유증산으로 인한 자국의 시장점유율 하락을 막겠다는 것이다. 특히 상대적으로 개발 비용이 높은 북미의 타이트오일 생산의 경제성을 악화시켜 신규기업의 진입을 최대한 막겠다는 접근법이다. 때문에 2016년 말 감산 합의 이전 대부분 산유국이 감산을 요구했지만, 사우디가 주도적으로 이를 막아 왔었다. 사우디는 1980년대 초반에 OPEC 회원국들과 함께 원유의 적정가격 유지를 위해 몇 차례 원유 감산정책을 추진했으나 결과적으로 적정 원유가격 달성과 시장점유율 유지에서 실패한 경험을 갖고 있다(이성규·윤익중 2015: 22-23).

사우디 정부는 석유정책 목표를 국제사회에서 최대 산유국으로서 위상 유지, OPEC 체제 유지 및 OPEC 내 자국의 지배적 영향력 및 석유 수출입의 안정성 확보, 국제 원유시장에서 시장점유율 유지 등에 두고 있다. 특히 주요 수출 대상국으로 부상해 있는 아시아 시장에 대한 집중적인 노력을 견지하고 있다. 대규모 석유 수요를 가진 중국과 인도와의 전략적 관계를 강화하는 데 초점을 두고 있다. 사우디는 아시아 에너지 다소비국과 고위급 양자회담을 통해 외교, 교역 및 투자, 에너지 분야에서 협력을 확대하고, 중동 원유의 아시아 프리미엄 문제를 상당 부분 해소하고 있으며, 자국 내 석유개발 사업에 아시아 국영 석유 기업의 참여를 허용하고 있다. 현재 아시아는 사우디 원유 수출액의 약 70%, 석유 제품 수출액의 50% 이상을 차지하고 있는 주요 시장이다. 2016년 말 감산 이후 가격을 올리기는 하였지만, 사우디는 2015년 3월 인도분 아시아 지역 아랍 경질원유(Arab Light Crude)의 공식판매가격을 중동 벤치마크 대비 배럴당 2.3달러 인하하는 등의 조치를 취하였다. 북미, 이라크, 이란 등 향후 경쟁국으로부터 자국의 시장점유율을 방어하기 위한 노력이다(김진영·김아름 2015: 22).

셰일혁명으로 미국의 중동 원유 의존도가 감소하고 버락 오바마 행

표 3. 사우디아라비아의 지역별 원유 수출량(단위: 1,000 b/d)

구분	2011	2012	2013	2014	2015
유럽	890	991	952	952	877
북미	1,313	1,423	1,459	1,251	1,191
아시아 및 태평양	4,487	4,577	4,586	4,417	4,592
남미	75	68	80	69	70
아프리카	169	216	222	191	147
중동	284	281	272	273	286

출처: OPEC(2016a)

정부의 아시아 중시전략이 진행되면서 사우디도 대외 에너지 정책의 다변화를 추구해왔다. 실제로 사우디 원유의 대미 수출량은 두드러지게 감소하고 있다. 이로 인해 사우디는 자국 원유에 대한 의존도가 높아지거나 계속 높게 유지될 것으로 예상하는 중국, 인도, 일본, 그리고 한국과의 협력확대를 도모해왔다(Wingfield and Kayakiran 2017). 사우디 정부는 미국의 사우디 석유 수입 감소에 대해 아시아 국가와의 협력 강화와 석유화학산업 육성 및 해외시장 진출 증대로 대처하고 있다. 이를 반영하듯 사우디 압둘라(Abdullah) 전 국왕은 취임 초부터 중국, 파키스탄, 일본, 그리고 인도 등을 순방했다. 아시아 대륙의 대규모 원유 수입국에 큰 관심을 적극적으로 보이고 있어왔다.

한편으로 사우디가 아시아 전략에 공을 들이는 다른 이유는 이란과의 공급 경쟁 차원이다. 2015년 7월 14일 이란과 국제사회 간의 핵협상이 최종 타결되고 2016년 1월부터 유엔의 경제제재가 해제되면서 이란의 원유 및 가스 생산 증대가 진행되고 있다. 중동 내 주요 경쟁자로 이란이 부상하면서 사우디와 이란 간 아시아 시장에서의 시장점유율 경쟁

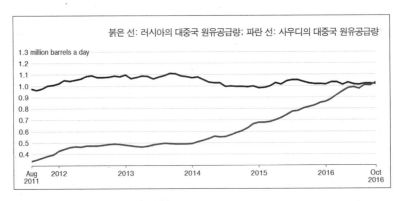

그림 3. 사우디와 러시아의 대중국 원유 공급
출처: Wingfield and Kayakiran(2017)

이 고되고 있는 상황이다. 특히, 이란은 그동안 동북아 국가들에 대한 줄어든 수출량을 회복시키려고 적극적으로 노력할 것이라는 점에서, 사우디는 이란의 추격을 뿌리치고 기존의 아시아 시장에서 우위를 계속 유지하기 위해 아시아 국가들과의 경제·투자·에너지 교역 부문에서 더욱 긴밀히 협력하려고 할 것이다. 더불어 역내 정치역학에서도 사우디는 현재의 중동 패권지위를 유지하기 위해 이란을 견제할 필요가 있다. 경제제재가 해제된 이란이 모든 면에서 사우디보다 월등한 잠재력을 가지고 있다(서정민 2016: 16). 이란은 세계 4위의 석유 그리고 1위의 천연가스 매장량을 가지고 있으며, 이외에도 산악국가로서 구리, 철광석, 아연 등 부존자원이 풍부한 나라다. 수자원도 사우디 등 다른 중동 국가에 비해 풍부하고 식량 자급자족이 가능한 나라다. 인구도 8,000만 이상으로 사우디 자국인 인구보다 4배가 큰 거대한 시장이다. 터키와 이스라엘에 이어 중동 내 세 번째 군사대국이다. 정규군 40만 그리고 공화국수비대 12만과 더불어 100만 이상의 예비군을 운용하고 있다. 전투기와 잠수함을 조립하여 배치하고 있으며 중장거리 미사일을 다수 보유하고 있다.

사우디의 아시아 지역 원유 공급에 있어서 또 다른 위협은 원유 수출 경쟁국인 러시아, 쿠웨이트, UAE 등이 공격적인 판매 전략을 구사해 중국시장에서 사우디의 입지는 좁아지고 있다는 것이다. 특히 중국에서 러시아가 2011년 이후 적극적인 공세를 펼치면서 사우디 정부는 크게 긴장하고 있다. 러시아의 대중국 원유 공급은 2012년 약 45만 b/d에서 2016년 말 약 100만 b/d까지 지속적으로 급상승하였다. 반면 사우디의 대중국 원유 공급은 2012년 약 100만 b/d에서 약간의 상승곡선을 보이다 2016년 말에는 비슷한 수준인 100만 b/d로 상승 곡선이 꺾였다. 이처럼 러시아의 공급량이 지속적 증가를 보이는 상황에서 사우디 정부와 아람코는 중국 시장의 공급량 회복 및 확대를 위해 다각적인 노력을 기울일 수밖에 없는 상황이다(Wingfield and Kayakiran 2017).

2. 이란 및 이라크의 동북아 에너지 시장 접근 전략

1) 이란의 석유 산업과 해외 시장 전략

이란은 중동의 최대 산업국이지만, 산업 수준은 단순조립단계이다. 따라서 장기간 국제사회의 경제 제재 하에서 품질보다는 8000만 이상의 인구에 공급하기 위한 생산량 확대에 주력해 왔다. 그러나 2016년 1월 경제 제재 해제 이후 자국 산업의 경쟁력 회복 및 수출산업화를 위한 다양한 정책을 추진하고 있다. 이 중에서 석유 및 가스 그리고 관련 산업에 대한 정부의 기대도 높고 대대적인 투자도 진행될 예정이다. 제재가 해제되면서 외국인 투자 유입의 급증할 것으로 예상되고 있어, 석유 및 가스 생산량 및 수출량 증대 그리고 관련 산업의 급속한 발전이 기대된다. 궁극적으로는 석유의존 산업구조 개선을 위한 수입대체산업 육성과 수출 증대를 적극 추진하고 있으며 기계류, 철강, 석유화학 부문 등에 투자

표 4. 이란의 원유 및 가스 매장량, 생산량, 그리고 수출량

구분 (단위)	2011	2012	2013	2014	2015
원유매장량 (mb)	154,880	157,300	157,800	157,530	158,400
원유생산량 (1,000b/d)	3,576	3,739	3,575	3,117	3,151
원유수출량 (1,000b/d)	2,537	2,102	1,215	1,109	1,081
원유 · 가스수출액 (억 달러)	1,148	1,014	619	537	273
원유정제능력(1,000b/cd)	1,715	1,715	1,715	1,781	1,781
천연가스매장량(10억cu m)	33,620	33,780	34,020	34,020	33,500
천연가스생산량(억 cu m)	2,241	2,313	2,289	2,446	2,577
천연가스수출량(억 cu m)	91	92	93	84	85

출처: OPEC(2016)

를 확대할 계획이지만, 한동안 투자재원을 대부분 원유수출이나 외국인 투자유치로 조달할 수밖에 없는 상황이다. 특히 2014년 하반기부터 유가가 하락하면서 재정이 악화하고 산업 투자 재원 부족이 장기화하고 있어, 석유와 가스 부문에 대한 의존도는 더욱 장기화할 것으로 보인다.

이란은 세계적인 원유 부존 및 생산 국가이다. BP의 2016년 보고서에 따르면, 2015년 이란의 원유 생산량은 일 392만 배럴(표 4의 OPEC 통계와는 차이가 있음)로 전 세계 생산량의 4.50%를 생산한 것으로 집계됐다. 중동에서는 4위이나 사우디아라비아를 제외한 이라크 및 UAE와 2위권을 엎치락뒤치락 경쟁하고 있다. 또한 2015년 기준 원유 매장량은 베네수엘라, 사우디아라비아, 캐나다에 이어 4위로 집계됐으며 1,578억 배럴이 매장돼 있다(BP 2016).

이란의 원유 생산과 수출은 미국의 37년간 제재와 핵 개발 관련 국제사회의 제재로 수년간 큰 타격을 입었다. 이란은 1979년 이슬람 혁명 당시 일일 원유 600만 배럴을 생산해 사상 최고의 원유 생산량을 기록했

다. 또한, 이란 제재 이전까지 일일 250만 배럴의 원유를 꾸준히 수출했다. 그러나 2012년 7월 석유금수조치가 시행되면서 원유 생산 및 수출은 판로가 막히면서 감소해 2013년 일일 원유 수출은 약 90만~100만 배럴 수준으로 급감하였다. 더욱이 원유개발을 위한 선진기술 도입 및 투자유치가 어려워져 노후화 유전에 대한 보수 및 신규 유전 개발이 원활히 이루어지지 않았다. 또 제재 시행에 따라 대표적인 국제 석유회사들이 이란에서 철수했고 이에 따라 이란 국영 및 준민영 기업, 중국 기업들이 유전개발을 담당했다. 그러나 이란 국영 및 준민영 기업들의 경우 기술력이 낙후돼 자체적으로 유전사업을 추진할 것으로 기대하기는 어려운 수준이었다. 여기에 급증하는 인구로 인해 국내의 에너지 수요가 증가하면서 수출에 악영향을 주었다.

하지만 제재가 해제되면서 그동안 자본, 기술의 부족으로 인해 미개발 상태로 남아 있는 유전을 신규 탐사작업을 통해 개발할 여지가 큰 관계로 향후 생산량 증가폭이 클 전망이다. 경제제재 기간 중 수출되지 못하고 축적된 원유 저장분과 생산 증가분의 대부분이 수출로 이어져 일일 평균 원유 수출량은 2016년도 빠른 속도로 늘어났다. 제제 해제 한 달 전인 2015년 12월 일 110만 배럴의 수출량은 2016년 5월 260만 배럴로 급증했고, 12월에는 285만 배럴에 이르렀다(Financial Tribune 2017). 원유 생산량도 제재 해제 이후 급속히 늘어나 2016년 9월 기준 일 367만 배럴을 생산했다. 이란 국영 Press TV는 제재 해제 이후 9개월 동안 이란의 석유 생산은 19% 증가하였다고 보도했다(Press TV 2016a). 이란은 또 2025년까지 세계시장에서 주도적인 에너지 국가로 성장하기 위해 석유 및 가스 산업에 5000억 달러를 투자한다는 목표를 세우고 있다.

이란은 또한 전 세계적으로 중요한 천연가스 생산지이기도 하다. 세계 가스 매장량의 약 18.%인 34조 cu m의 천연가스가 매장돼 있다. 생

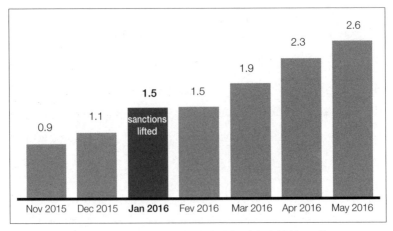

그림 4. 제재 해제 전후의 이란의 원유 수출 선적량(단위: 백만 배럴/일(mbd))
출처: CNN(2016)

산량은 연간 약 2,500억 cu m을 기록하고 있다. 그러나 이 중 수출량은 2016년 기준 연간 약 90억 cu m에 불과하다. 이 중 대부분은 터키에 공급하고 있다. 해제 이후 무함마드 레자 네마자데 이란 산업부장관은 유럽의 가스 수요가 증가하고 있다는 사실을 주지하고, 언론 인터뷰에서 유럽에 천연가스를 공급할 의향이 있다고 밝혔다. 이란은 천연가스 비축량이 풍부하기 때문에 러시아를 대체할 수 있는 천연가스 공급국이다. 이란 국영가스회사는 2017년 초 가스 생산을 증대해 2020년까지 현재의 7배에 달하는 700억 배럴 수출 계획을 발표하였다(Azernews 2017).

이란 정부는 특히 자국의 석유 및 가스 산업을 다른 중동 산유국과 차별화하려는 전략을 가지고 있다. 석유화학산업의 적극적 육성이다. 인구가 8000만 이상이라는 점에서 석유 및 가스 수출로 국가 경제 및 국민 복지를 유지할 수 없기 때문이다. 타이어, 플라스틱 용기, 섬유, 페인트, 세제, 접착제, 화학비료 등 제품과 중간재를 망라하는 석유화학산업을 자국이 가진 가장 경쟁력을 보유한 산업분야로 선정하고 일자리 창출에 적극적으로 활용한다는 전략이다. 이를 위해 석유화학 산업을 주요 전략산업의 하나로 선정해 과거 5년 동안 외국자본 117억 달러를 투자했으며 그 결과 생산과 수출이 지속적으로 증가하고 있다. 현재 이란은 매년 85억 달러 수준의 석유화학제품을 생산하고 있고 이 중 55억 달러 수준 가량을 수출하고 있다. 이 중 한국, 일본으로 41%가 수출되며, 그 다음으로 중동 24%, 인도 10%, 중국 9% 순이다. 2015년도 이란의 석유화학제품 수출액은 140억 달러로 동년 이란 상품수출액의 약 17.7%에 달했다. 생산량은 전년 대비 3.6% 증가한 4,600만 톤을 기록한 것으로 추정되며, 이 중 60%를 수출해 수출량이 전년대비 26% 증가하였다(Alavi 2016). 향후 이란은 2024년까지 생산량을 현재의 3배 이상으로 끌어 올려 세계시장에서 6%, 중동에서 32%를 점유할 계획을 갖고 있다. 이에 따라 반다르 이맘(Bandar Imam) 지역에 석유화학산업 특별경제자유지구(Special Petrochemical Economic Zone)을 설치해 외국 기업의 투자 유치를 위해 노력 중이며, 제5차 경제개발계획 기간(2010~2015년) 123억 달러를 투자해 27개의 대형 프로젝트를 진행할 계획을 발표한 바 있다.

제재 해제 이후 석유 및 가스 생산이 증가하면서 이란 정부는 판로에 깊은 관심을 가지기 시작했다. 현재 이란 원유 수출의 3분의 1은 중국으로 집중되고 있다. 이어 인도, 한국, 그리고 일본이 뒤를 이어 이란 원유를 수입하고 있다. 2016년 이란은 이 4개국에 하루 194만 배럴을 수출하였다. 전년 대비 117%가 증가한 수출 규모다. 특히 인도의 이란산 원유수입이 큰 폭으로 증가하고 있다. 이란은 2016년 말 전년에 비해 4배가 증가한 하루 62만 배럴을 이란에서 수입하고 있다. 일본의 경우 2015년에 비해 41.2%가 증가한 하루 약 24만 배럴의 수입량을 기록하였다. 한국의 이란산 원유 수입은 위 4개국 중 가장 빠른 증가세를 보이고 있다. 2016년 말 기준 한국은 이란에서 하루에 47.2만 배럴을 수입해 전년에 비해 다섯 배 증가세를 보였다(Press TV 2016b). 때문에 이란 정부는 아시아 국가에 대한 지나친 원유 수출 의존도를 줄이기 위해 유럽 국가들과의 석유 수출 계약에 적극적인 노력을 보이고 있다. 유럽과의 수출이 늘어날 경우, 아시아에 대한 수출 가격 상승이 예상되기에 우리 기업도 이 같은 상황을 예의 주시하며 대응 방안을 마련할 필요가 있다. 이란의 석유 공급 증가 속도가 이라크를 추월해 2021년까지 하루 394만 배럴에 달할 것으로 예상된다. 동시에 이란의 경제제재 해제에 따라 이란 정유·석유화학업계는 원료 부문의 수입선 다변화와 함께 제품 수입을 늘릴 것으로 예상된다. 이란의 화학산업육성정책(2024년까지 세계 6%, 중동 내 32% 수준 생산량 확대)에 따라 우리 기업의 유전 및 가스전 개발, 기술 라이선스 판매, 현지 합작사 설립, 인력 및 플랜트 운영 노하우 수출도 가능할 것으로 보인다.

2) 이라크의 석유 산업과 해외 시장 전략

이라크는 1990년 사담 후세인 정권의 쿠웨이트 침공으로 발생한 걸프전 이전까지 나름대로 제조업이 육성되었으나 걸프전 이후 UN 경제제재 체제하에 산업부문 역시 제재를 받아 제조업이 급격히 위축되었고, 2003년 미국의 이라크 전쟁으로 인해 기존 산업마저 파괴되었다. 결국 전통적인 농업을 제외하면 이라크 경제는 석유 및 가스 산업에 사실상 전적으로 의존하고 있는 상황이다. 석유 및 관련 산업은 주로 남부 바스라(Basra)와 북부 쿠르드 자치정부하의 키르쿠크(Kirkuk) 지역에 집중되어 있다. 2003년 이라크 전쟁 중에 파괴된 전기, 도로 등 각종 인프라 시설의 복구는 이라크 정부의 자금 부족, 치안 불안으로 인한 외국기업들의 투자 기피, 투명하지 못한 정책방향 등으로 큰 진전이 없는 실정이다.

표 5. 이라크의 원유 및 가스 매장량, 생산량, 그리고 수출량

구분 (단위)	2011	2012	2013	2014	2015
원유매장량 (mb)	141,350	140,300	144,211	143,069	142,503
원유생산량 (1,000b/d)	2,653	2,942	2,980	3,111	3,504
원유수출량 (1,000b/d)	2,166	2,423	2,390	2,516	3,005
원유 · 가스수출액 (억 달러)	830	941	894	836	544
원유정제능력(1,000b/cd)	810	820	830	900	900
천연가스매장량(10억 cu m)	3,158	3,158	3,158	3,158	3,158
천연가스생산량(억 cu m)	187	205	296	318	310
천연가스수출량(억 cu m)	0	0	0	0	0

출처: OPEC(2016a)

결국 앞서 언급한 이란과 마찬가지로 앞으로 상당 기간 정부 재정 충당 및 산업화 그리고 인프라 복구를 위해 석유 및 가스 생산 및 수출의 의존할 수밖에 없는 상황이다. 이라크 정부의 경제개발 전략에 있어서도 이 같은 석유자원 개발은 종자돈 역할을 할 것으로 기대되고 있다. 때문에 이라크 정부에서도 석유자원의 적극적인 개발과 수출이 핵심 정책과제가 되고 있다.

⟨표 5⟩에 나타난 바와 같이 2016년 OPEC 보고서에 따르면 2015년 이라크는 1,425억 배럴의 석유 확인매장량을 보유하고 있다. 따라서 이라크는 사우디아라비아, 베네수엘라, 캐나다, 이란에 이어 세계 5위의 석유매장 국가이다. 그러나 확인매장량 이외에 잠재매장량은 4000억 배럴 규모로 사우디아라비아를 넘어서는 것으로 평가되고 있다(KOTRA 2017). 1990년 걸프전쟁 이후 본격적은 추가 탐사가 이뤄지지 않았기 때문에 앞으로 탐사활동에 따라 확인매장량이 더 늘어날 가능성이 높다. 이라크 석유의 가장 대표적인 특정은 생산 단가가 낮다는 것이다. 이라

크 유전의 채굴비용은 배럴당 0.6달러로 여타 중동 지역의 평균 비용 1.5 달러에 비해 생산 단가가 절반 이하 수준이어서 경제성이 뛰어나다. 이라크 석유자원의 특징은 탄소 함량이 높고 황 함량은 낮아 고품질인 동시에, 생산광구의 원유 저류 층이 650m 이내에 위치하여 생산단가가 낮은 장점을 갖고 있다.

　이라크의 원유생산량은 2003년 이라크 전쟁으로 인한 시설파괴 등으로 일일 130만 배럴 수준까지 떨어졌으나 그 후 이라크 정부의 적극적인 시설복구 등으로 2013년 약 300만 배럴에 접근하기 시작했다. 2012년에는 310만 배럴 상회하기 시작했으며 2015년에는 전년 대비 40만 배럴이 늘어난 350만 배럴을 기록했다. 이라크 정부는 2020년까지 생산규모를 일일 900만 배럴까지 늘린다는 원대한 계획을 발표한 바 있다(Weil 2014). 그러나 석유 생산 및 수출 인프라 확대 지체, 각종 관료주의적 관행, 석유투자 관련 법령 미비 등으로 적지 않은 어려움을 겪고 있다. 특히 2014년부터는 이슬람국가(IS) 테러세력이자 반군이 이라크 북서부를 장악함에 따라 다수의 유전이 가동중지 상황에 이르고 있다. 다행히 2016년 하반기에 시작된 제2의 도시 모술 탈환작전이 성공적으로 완수된다면, 원유 생산이 좀 더 빠르게 늘어날 수 있는 환경이 조성되고는 있다.

　특히 석유법이 중요한 이슈로 작용할 것으로 예상된다. 이라크 정부는 석유법 제정을 통해 외국 자본을 유치하여 생산 설비의 증설과 개선을 도모하려 하고 있으나, 석유법의 제정 지연, 치안불안에 따른 외국석유기업의 투자 기피 등으로 당분간 석유생산의 큰 폭 증가는 어려울 전망이다. 새로운 석유법은 2007년 5월 제정 시한을 넘기고 7월 법안을 일부 수정하여 국회에 제출된 후 수차례 수정안이 제출됐으나 유전 관리권한을 둘러싼 쿠르드 자치정부의 반발, 정파 간 첨예한 이해 대립, 석유자원에 대한 민족주의적 입장 등으로 큰 진전을 보지 못하고, 2016년에 이

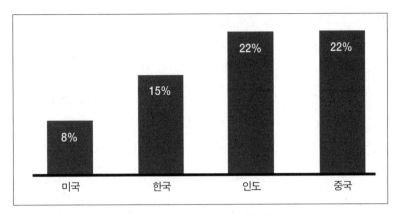

그림 5. 이라크의 원유 수출 주요 선적 국가 및 규모(2015년 기준)
출처: CNN(2016)

르는 지금까지 아직 통과되지 않았다.

이라크의 천연가스 확인 매장량은 3조 1758억 cu m이며, 전 세계 가스매장량의 1.7%, 순위 면에서는 11위이다. 천연가스의 70%는 유전과 연결되어 있어 원유생산 증대에 따라 가스 생산이 동반 증가 할 것으로 예상된다. 그러나 가스 생산 시설에 대한 투자가 미미하고, 원유추출 및 정제 시 발생하는 수반가스를 소각처리 하는 등 사실상 원유 생산량 증대에 따른 가스 생산 가능성에 비해 실질적인 증대는 현재로서는 기대하기 어렵다. 더불어 전력 수급을 위해 발전용 가스 터빈(Gas Turbine)을 이라크 전역에 대대적으로 설치하고 있어, 현재로서는 수출보다 내수 충당을 목표로 하고 있다. 현재 이라크는 이란으로부터 LNG를 수입하고 있는 실정이다. 따라서 가스전 개발 및 가스채집 시설 확보에 많은 노력을 기울이고 있다. 때문에 한국가스공사가 참여하는 이라크 서부 안바르(Anbar) 주 내 아카스(Akkas) 가스전 개발에 노력하고 있으나, IS의 발호 이후 이 사업도 실질적으로 중단된 상태다.

그럼에도 불구하고 석유 생산과 수출은 2003년 이라크 전쟁 이후 지속적으로 증가하면서 경제 재건에 긍정적인 현상이라고 평가되고 있다. 이라크 정부는 2016년 6월에 일 생산량을 450만 배럴까지 끌어올렸다(CNN 2016b). 수출량도 꾸준히 증가하고 있다. 2016년 12월 1일 이라크 석유부는 11월 수출량이 일 400만 배럴을 넘어섰다고 밝혔다. 이라크 남부 유전에서 340.7만 배럴, 북부 쿠르드 자치정부 관할 유전에서 키르쿠크 유전에서 64.4만 배럴이 수출되었다고 석유부는 구체적인 수치를 내놓았다(Reuters 2016). 북부 유전에서 생산된 원유는 주로 파이프라인을 통해 터키 등으로 수출되지만, 원유수출의 약 85%를 차지하는 남부 유전의 생산량 상당부분은 아시아로 향하고 있다. 2015년 기준 이라크산 원유의 22%는 각각 인도와 중국으로 수출되었다. 그리고 15%는 한국으로, 8%는 미국으로 향했다. 즉 이라크 원유의 대부분은 아시아 국가로 수출되고 있다. 이라크 정부가 2016년 말 OPEC의 감산 합의에도 불구하고 지속적으로 생산과 수출을 늘려 가려하고 있다. 월스트리트저널은 이라크 국영석유회사를 인용해 "이라크 정부가 2017년에도 7% 이상의 석유 수출 증대를 계획하고 있다"고 전했다(Faucon 2016). 따라서 주요 수출국인 아시아의 중요성이 더욱 증대되고 있다.

3. 카타르의 동북아 가스 공급 전략

카타르는 인구가 적고 국토 면적이 한국의 경기도 면적에 불과한 작은 나라지만 석유와 천연가스 부존량이 많은 에너지자원 부국이다. 카타르의 원유 252억 배럴로 세계 13위를 차지하고 있고, 생산량은 일 154만 배럴로 세계 17위이다. 천연가스 매장량은 약 25조 cu m이며 이란에 이어 세계 2위이다. 천연가스 생산량은 2015년 기준 1843억 c um으로 미국, 러시아, 이란에 이어 세계 4위를 기록하고 있다. 특히 북부가스

표 6. 카타르의 원유 및 가스 매장량, 생산량, 그리고 수출량

구분 (단위)	2011	2012	2013	2014	2015
원유매장량 (mb)	25,382	25,244	25,244	25,244	25,244
원유생산량 (1,000b/d)	1,571	1,551	1,553	1,549	1,542
원유수출량 (1,000b/d)	588	588	599	596	491
원유 · 가스수출액 (억 달러)	627	651	625	564	283
원유정제능력(1,000b/cd)	283	283	283	283	283
천연가스매장량(10억 cu m)	25,110	25,069	24,681	24,531	24,299
천연가스생산량(억 cu m)	1,500	1,631	1,837	1,800	1,843
천연가스수출량(억 cu m)	1,136	1,157	1,229	1,226	1,229

출처: OPEC(2016a)

전(North Field; 노스필드)은 세계 최대 단일가스전으로 전 세계 가스 매
장량의 15%가 매장되어 있다. 이처럼 석유·가스 분야가 국내총생산 비
중의 50% 이상을 차지하는 에너지 의존 경제구조이므로 카타르의 제조
업·건설·농업 등의 분야는 미미하다. 카타르의 석유와 가스는 연안구역
에서 각각 1965년, 1972년부터 생산되어왔다. 특히 방대한 천연가스 매
장량을 바탕으로 에너지산업이 국가 경제와 재정에 절대적인 역할을 하
고 있다. 따라서 카타르는 국제유가 변동에 의해 국가 경제가 좌우되는
경제구조의 취약성을 극복하기 위해 인프라, 서비스, 제조업 등과 같은
비-에너지산업에 대한 투자로 경제 구조의 다각화를 장기적으로 모색하
고 있으며, 그 결과 큰 비중을 차지하고 있던 에너지산업 비율을 점차 낮
춰가고 있다.

카타르는 2014년 기준 약 47km²에 달하는 유전에 대규모 원유 매
장량을 보유하고 있으며, 현재(2015년 기준)의 생산량을 유지할 경우 97
년 정도 석유 생산이 가능한 것으로 분석된다. 석유 산업은 카타르의 전

표 7. 국가별 LNG 수출 물량과 시장점유율(2015년 기준)(단위: mpta)

국가	수출량	시장점유율
카타르	77.8	31.8%
호주	29.4	12%
말레이시아	25.0	10.2%
나이지리아	20.4	8.3%
인도네시아	16.1	6.6%
트리니다드	12.5	5.1%
알제리	12.1	5%
러시아	10.9	4.5%
오만	7.8	3.2%
파푸아뉴기니	7.0	2.9%
브루나이	6.6	2.7%
UAE	5.6	2.3%
노르웨이	4.2	1.7%

출처: World LNG Report(2016)

통적인 주요 산업으로서 가스 산업에 이어 제2의 정부 수입 재원이다. 카타르의 석유와 가스는 마이단 마흐잠(Maydan Mahzam)과 불 하니네(Bul Hanine) 연안 구역에서 각각 1965년, 1972년부터 생산되어 왔다. 국영석유회사 QP(Qatar Petroleum)사는 이 지역에서 두 개의 생산시설을 운영하고 있는데, 두 시설 모두 석유는 물론 수반가스(associated gas)와 석유 화학 제품도 생산한다. 석유는 할룰(Halul)섬까지 연결된 수송관을 통해 이동하여 저장되었다가 수출이 이루어진다. 두칸(Dukhan) 지역은 거대 석유 및 가스 생산 지역을, 원유, 석유 화학제품, 수반가스 등을 생산 및 수출하고 있다. 두칸 유전은 2015년 기준 하루에 대략 34만 배럴 이상의 최상급 원유를 생산하고 있다.

세계 4위의 매장량을 바탕으로 카타르는 천연가스의 개발과 수출에 많은 노력을 기울이고 있다. 특히 셰이크 하마드 빈 칼리파 알 사니(Sheikh Hamad bin Khalifa Al Thani) 전 국왕의 즉위한 1995년부터 세계 최대 규모의 북부가스전 개발이 본격적으로 진행되었다. 이후 2008년부터는 천연가스가 석유를 제치고 카타르의 국가 주요 수입원이 되었다. 북부가스전알파(North Field Alpha), 알칼리지 가스(AKG: Al-Khaleej Gas) 1단계, 돌핀(Dolphin) 프로젝트 등의 시설에서 대규모로 생산된 천연가스 중 4분의 1은 내수로 쓰이고 나머지 4분의 3은 해외로 수출된다. 수출 물량 중 약 200억 cu m은 돌핀 프로젝트의 일환으로 건설된 400km 연장의 해저 가스 파이프를 통해 아랍에미리트와 오만으로 수출하고, 나머지 약 500억 cu m은 액화천연가스로(LNG: Liquefied Natural Gas)를 생산되어 한국, 일본 등에 수출되고 있다. 카타르의 2대 LNG 생산회사 라스가스(Rasgas)와 카타르가스(Qatargas)는 연간 약 8,000만 톤의 LNG 생산능력을 완비하였으며, 두 회사는 한국, 일본, 중국, 인도 등의 아시아 국가들과 스페인을 비롯한 유럽 국가들과 장기수입 계약을 맺고 이들 국가들에 LNG를 수출하고 있다. 한국은 1995년도에 라스가스와 연간 492만 톤의 장기수입계약을 체결함으로써 이 회사의 첫 번째 LNG 수출국이 되어 현재까지도 돈독한 관계를 유지하고 있다.

카타르의 LNG 수출은 2015년에 약 77.8백만 톤(mtpa)으로 2014년 76.37백만 톤 대비 약간 증가하였다. 감소하였다. 그럼에서 전 세계 LNG 공급량의 31.8%를 차지하여 세계 최대 LNG 수출국의 지위를 압도적으로 유지하고 있다(International Gas Union 2016). 카타르는 1996년부터 LNG를 수출하기 시작했고, LNG 생산은 그 이후 약 10배 정도 증가하였다. 2006년부터 카타르는 세계 최대 LNG 생산국으로 자리매

김하였다. 카타르 총 LNG 수출량의 약 70% 이상은 중국·일본·한국 등 아시아 시장으로 공급되고 있다. 그러나 2015년 한국의 가스 수요는 겨울철 온난한 기후로 인해 감소했고, 중국의 가스 수요는 경기성장세 둔화로 인해 기대했던 수준에 미치지 못했다. 더불어 중국은 2014년 러시아와 총 680억 cu m의 파이프천연가스(PNG) 도입 협정을 체결했는데, 이후 중국의 LNG 수요증가에 둔화현상이 나타나고 있다. 이들 동북아 국가의 LNG 수요 감소는 카타르 LNG 수출에 적지 않은 영향을 줄 것으로 예상된다. 다만 인도, 파키스탄 등 동남아에서의 수출은 지속적으로 증가하고 있다(Brown 2016).

카타르의 가스 산업은 최근 어려운 과제를 직면하고 있다. 북미 셰일혁명, 유럽과 동북아 지역의 수요정체, 호주 등으로부터 신규 공급물량의 유입, 그리고 이란의 복귀이다. 카타르는 북미 셰일혁명 이전에 대미국 수출을 겨냥해서 대규모 LNG 생산 프로젝트를 추진했었다. 그러나 비슷한 시기에 미국에서 셰일가스 개발 및 생산이 본격적으로 이루어지기 시작했다. 이로 인하여 미국으로의 대규모 카타르 LNG 수출은 불가능해졌다. 미국시장으로 가기로 되어 있었던 막대한 LNG 물량은 대신 영국시장으로 공급되었다. 카타르의 대유럽 LNG 수출 중 약 40% 이상이 영국시장으로 향하였다. 또한 유럽의 가스시장에서 러시아의 PNG가 카타르를 위협하고 있다. 여기에 세계 경제의 회복이 늦어지면서 유럽의 가스 수요도 늘지 않고 있다. 호주, 미국 등 거대 공급자의 등장도 무시할 수 없는 상황이다. 중남미와 아시아 국가들도 이들 나라로부터 수입을 늘려 가고 있다. 특히 호주는 빠르게 LNG 생산능력을 증대하면서 강력한 공급자로 부상하고 있다(Shiryaevskaya 2015). 이란의 복귀도 카타르에게는 위협적이다. 2016년 1월 제재 해제 이후 이란의 가스 생산 및 수출이 증가하고 있다. 이다. 이란은 세계 최대 가스 매장량을 가진 국가다. 2012년 국제사회의 석유금수조치 이후 가스 개발 및 생산이 제대로 이루어지지 않았다. 이란이 본격적으로 국제 LNG 수출시장에 복귀하게 되면 카타르가 커다란 피해를 입게 될 것이다.

이런 상황에서 카타르는 세계 최대 LNG 생산 및 수출국으로서 지위를 지키기 위해 다각적인 노력을 기울일 것이다. 우선 규제를 완화하면서 외국인 투자를 유치해 세계 최대 단일가스전인 북부 가스전의 개발 재개를 추진하고 있다. 북부 가스전은 생산 원가가 세계 최저수준이기 때문에 중단했던 개발을 다시 본격적으로 추진하면 가격 경쟁력을 가진 가스 생산을 지속할 수 있을 것이다. 또한 카타르 국영 가스 업체들은 LNG 플랜트를 해외 다른 지역에 건설하거나, 액화 시설 자산을 매입하여 현지 구매자들의 수요에 탄력적으로 대응하는 마케팅 전략을 통해 가스 수출증대를 적극적으로 모색하고 있다.

카타르는 또 새로운 LNG 고객을 유치하고 기존의 거래 국가와의 관계 개선에서 나서고 있다. 아시아 국가와는 현재 유럽 시장에 적용되고 있는 '도착지제한 규정 완화' 등을 검토하고 있다. 성장하는 다른 공급국가와 경쟁하기 위해 거래 조건을 완화하면서, 기존의 아시아 시장을 유지하려는 노력의 일환이다. 결국 세계 5대 LNG 수입 국가인 일본, 한국, 중국, 인도, 그리고 대만에 대한 적극적이고 우호적인 노력을 펼칠 것이다. 2015년 기준 일본은 세계 LNG 수입의 34%를 차지했고, 이어 한국이 13.2%, 중국이 7.9%, 인도와 대만이 5.8%를 기록하였다. LNG 산업에서 수요자 중심의 시장 환경이 조성되면서, 이를 적극적으로 활용할 필요가 있다.

IV. 중동 주요국의 대(對)동북아 에너지 전략

한국을 포함한 동북아시아 국가들은 전체 에너지 수입 중 중동에 대한 의존도가 큰 국가들이다. 최근 러시아가 동북아 지역의 가스 공급자로서 빠르게 부상하고 있는 추세가 나타나고는 있지만, 동북아 국가의 석유 및 가스 수요는 중국을 중심으로 지속적으로 늘어날 것으로 보인다. 하지만 아직 동북아 국가들은 에너지 수송에 있어서 고비용을 부담해야 하는 상황이다. 유럽과 미주 국가들의 경우 주로 파이프라인을 통해 석유와 가스를 수입하고 있으나, 아시아 국가들은 주로 LNG를 해상 운송을 통해 도입하고 있다. 예를 들어 러시아는 세계 최대 가스 수출국으로 주로 파이프라인을 통해 유럽 및 구소련 국가들로 수출하고 있다. 미국은 주요 가스 생산국이지만 소비가 많아 파이프라인을 통해 캐나다에서 수입하고 있다. 중국 역시 생산보다 소비가 많아 파이프라인을 통해 투르크메니스탄에서 수입을 하고 있다. 반면 한국과 일본은 주로 카타르, 호주, 인도네시아 등지에서 액화천연가스를 수입하여 소비량을 충당하고 있다. 한국의 경우 파이프라인을 통한 수입은 아주 없는 상태이며 카타르, 인도네시아, 말레이시아, 러시아 등에서 LNG를 수입하고 있다.

　　따라서 중동의 산유국들과 가스 생산국들은 중국과 일본, 한국 등지로 에너지 수송을 안정적으로 유지하기를 원하고 있다. 더불어 파이프라인이 아닌 해상 운송을 통한 방법에 의존해야 한다는 점에서 중동 산유국 각국은 동북아 3개국과 양자 협력을 통해 공급과 수송의 안정성을 추구하고 있다. 더불어 중동 산유국은 동북아 지역의 지속적인 수요 증가가 이어질 것으로 판단하고 향후 제1의 시장으로서 동북아 국가와 긴밀한 협력 관계를 구축하려 노력하고 있다. 특히 에너지 시장이 수요국 중심으로 전환하고 있고, 셰일오일이 부상하고 있고, 러시아의 파이프라인

표 8. 지역 간 석유 교역량(2015년 기준)(단위: 백만 톤)

		주요수입국						
		미국	캐나다	유럽	중국	인도	일본	한국
주요수출국	미국	–	21.0	1.8	0.1	0.0	0.0	0.5
	캐나다	157.8	–	1.4	0.1	0.0	0.0	0.0
	멕시코	34.3	0.0	13.7	0.8	6.3	2.2	2.4
	중남미	79.7	0.6	14.6	41.7	29.2	3.2	0.9
	유럽	1.3	0.8	–	2.1	0.7	0.0	4.0
	러시아	1.4	0.0	158.5	42.4	0.1	14.2	8.1
	기타 CIS	0.7	0.6	56.0	5.3	1.4	1.0	2.1
	중동	74.7	4.1	108.3	170.4	114.5	139.7	134.2
	북아프리카	0.4	2.3	48.4	3.9	3.6	0.0	0.1
	서아프리카	13.6	3.2	85.3	52.3	33.5	1.0	3.8

출처: BP(2016), 한국석유공사 Petronet

을 통한 에너지 공급이 증가하고 있는 상황에서 과거의 고자세에서 보다 호혜평등의 동등한 입장으로 자세를 바꾸고 있다. 이와 더불어 2011년 이후 중동의 불안정성 고조, 2016년 초 대이란 제재 해제, 지속되는 저유가 등 지역 내 정치경제적 변동성이 커지고 있는 상황에서, 중동 산유국은 동북아 시장에 대한 더 큰 관심을 표명하고 있는 상황이다. 정치적으로 보면 1980년대 국제유가가 급락했음에도 중동 산유국은 재앙적인 정치적 혼란을 겪지는 않았지만(Blackwill and O'Sullivan 2014), 2011년 아랍의 봄 이후에 등장한 저유가 상황은 산유국에 적지 않은 정치경제적 파장을 불러오고 있다.

사우디 등 중동의 주요 산유국은 유가 하락 상황을 감내하더라도 생산량을 크게 줄이지 않음으로써 국제 석유시장에서 시장점유율을 유지

표 9. 지역 간 액화천연가스 교역량(2015년 기준)(단위: bcm)

		주요수입국						
		미국	북미	중남미	유럽	중국	일본	한국
주요수출국	미국		0.9	0.2	0.1		0.2	
	중남미	2.0	4.4	10.2	3.0	0.1	0.3	0.1
	노르웨이	0.3	0.1	1.8	3.1	0.1	0.1	
	기타 유럽		0.3	1.2	0.2		0.4	0.4
	러시아					0.2	10.5	3.5
	오만				0.1	0.1	3.2	5.2
	카타르		0.7	2.0	27.3	6.5	20.2	16.3
	UAE			0.1			7.4	
	예멘	0.2				0.4	0.3	0.7
	알제리				13.1	0.5	1.0	0.5
	적도기니			0.6		0.2	0.5	0.9
	나이지리아		2.0	3.8	7.6	0.4	6.4	1.6
	호주					7.2	25.7	2.5
	브루나이						5.8	1.6
	인도네시아		0.3			3.9	8.9	4.9
	말레이시아					4.4	21.5	4.8
	파푸아뉴기니					2.1	5.3	0.3

출처: BP Stastical Review of World Energy(2016)

하겠다는 전략을 취하고 있다. 셰일유와 가스의 경제성을 악화시켜 신규 기업의 진입을 제한하겠다는 것이다. 또한 중국, 인도 등 아시아 국가의 대규모 석유 수요를 유지하기 위해 전략적 관계도 강화하고 있다. 사우디 등 산유국은 이들 아시아 국가와 고위급 양자회담을 통해 외교, 무역,

투자, 에너지 분야 등의 협력을 확대하고 있으며, 중동 원유의 아시아 프리미엄 문제도 상당 부분 해소해 주고 있다. 더불어 자국 내 석유개발 사업에 아시아 기업의 참여를 독려하고 있다. 예를 들어 사우디는 2015년 3월 인도분 아시아 지역 아랍 경질유의 공식판매가격을 중동 벤치마크 대비 배럴당 2.3달러 인하했다.

더불어 원유 수출을 통한 외화수익만으로는 심화되는 정부지출 압박을 해결할 수 없다고 판단하고 중동의 산유국은 산업구조 다각화 및 고도화를 추진하고 있다. 사우디 정부는 이를 통해 2017년까지 세계 5위 규모의 정제능력을 갖출 것을 목표로 하고 있다(김진영·김아름 2015: 22). 또한, 사우디는 원유 수출능력을 유지·확대하기 위해 자국 내 석유 소비를 대체할 수 있는 대체에너지를 개발·도입하고, 에너지소비 효율을 증진하는 데 주력하고 있다. 더불어 사우디는 1차 에너지소비에서 100%를 차지하는 석유·가스 비중을 낮추기 위해 원자력발전 도입과 태양에너지 개발을 추진하고 있다. 또한 유가하락은 단기적으로 중동 산유국의 재정적자, 석유화학 프로젝트 중단 등에 피해를 줄 수 있으나, 장기적으로는 에너지원 다변화와 비에너지산업의 역량 강화를 추진하게 하는 촉진제로 될 수 있을 것이다(임산호 2015: 15).

천연가스 생산과 수출에 있어서도 중동 생산국은 전략적 변화를 추구하고 있다. 셰일혁명으로 인해 중동의 가스 공급국의 고민이 깊어지고 있다. 특히 카타르로서는 CIS 국가의 대중국 파이프라인 수출이 증가하고 있는 상황이고, 미국, 캐나다, 호주 등이 새로운 LNG 수출을 확대하는 상황이 발생하고 있다. 따라서 카타르는 세계 최대 LNG 생산 및 수출국으로서의 지위 하락을 우려하고 있다. 특히 일부 가스 전문가들은 향후 10년 내 호주가 카타르를 제치고 세계 최대 LNG 생산국으로 부상할 것으로 예상하고 있다(이성규·윤익중 2015: 122). 이에 카타르 정부는

표 10. 지역 간 파이프라인을 통한 가스 교역량(2015년 기준)(단위: bcm)

		주요수출국									
		미국	캐나다	중남미	유럽	러시아	기타CIS	이란	카타르	북아프리카	아시아
주요수입국	미국		74.3								
	캐나다	19.8									
	멕시코	29.9									
	중남미			18.5							
	독일										
	유럽				199.2	159.8	7.4	7.8		27.2	
	기타CIS					33.2	20.0	0.5			
	중동						7.4		19.8		
	아프리카									8.9	
	중국						29.6				3.9
	기타아시아						1.9				27.6

출처: BP Stastical Review of World Energy(2016)

가스 수출을 안정적으로 유지시키고, 세계 최대 LNG 생산 및 수출국으로서 지위를 지키기 위해서 외국인 투자자 유치 및 새로운 시장 발굴에 적극적으로 나서고 있다. 이를 위해 북부 지역 가스전을 재개방하고 다양한 규제 완화를 추진하고 있다.

V. 동북아 3개국의 중동 에너지 안보 전략

동북아 지역은 대규모 원유 및 LNG 수요국들이 집중되어 있다. 특히 한국, 중국, 일본, 대만 4개국은 세계 LNG 수입의 과반 이상을 차지한다. 하지만 동북아 지역 내 원유 및 가스 시장이 존재하지 않고 생산도 미약할 뿐만 아니라 파이프라인 인프라도 구축되지 않았다. 따라서 막대한 수요에도 불구하고 동북아의 원유 및 가스가격은 유럽 및 북미 지역에 비해 비싸다. 소위 아시아 프리미엄이라는 용어가 등장할 정도다. 이런 상황에서 한중일 3국도 새로운 에너지 시장 환경에 대한 다양한 대책을 추진하고 있다.

2013년 세계 최대 원유수입국이 된 중국은 원유의 80%를 해로를 통해 운송해 오고 있다. 중동 지역에서 안보 공백이 발생할 경우 직접적인 영향을 받을 수 있는 상황이다. 실제로 2014년 6월 시진핑(習近平) 주석은 '에너지 안보는 국가 전략의 문제'라고 강조한 바 있다. 중국이 에너지 생산과 도입을 다변화하는 데 정책의 최우선 순위를 부여하는 것은 이 때문이다. 2014년 5월 중국이 러시아와 연간 380억㎥ 규모의 천연가스 공급 계약을 맺은 것도 이러한 맥락이다. 이는 중국 수요의 23%에 달하는 규모이다.

중국은 에너지 안보를 확보하는 데 자원외교의 역량을 강화하고 있다. 중국이 중앙아시아, 동남아시아, 동북아시아 지역에 자원외교를 위한 노력을 배가하고 있는 것은 에너지 수송로를 확보하려는 전략적 목표와 관련이 있다. 특히 이란과 중앙아시아 지역으로부터의 파이프라인을 통한 에너지 수입을 위해 노력하고 있다. 중국~카자흐스탄 송유관을 건설한 것은 향후 중국이 이란-이라크를 축으로 한 중동으로부터 해상이 아닌 육상으로의 보다 저렴한 에너지 도입을 중장기적으로 추진하고 있는 대표적인 사례다. 중동으로부터 에너지 도입에 있어서 해상 운송로의 안전을 유지하기 위한 노력도 병행하고 있다. 파키스탄의 과다르(Gwadar)항을 건설하는 데 소요되는 비용의 80% 이상을 중국이 지원한 것이 이를 대변한다.

중국은 더불어 양자 및 다자외교를 이용해 에너지 수급 및 자원 개발에 적극적으로 나서고 있다. 중국·아랍협력포럼(Sino-Arab States Co-operation Forum), 중국·아프리카포럼(China-Africa Forum) 등이 대표적인 중동 지역과의 에너지 및 포괄적 다자외교의 사례. 중국은 중동 국가들과의 자원협력을 추진하는 데 있어서 ODA, 경제협력, 기술 협력 등 다양한 수단을 활용하고 있다. 이러한 다자포럼의 형식이 갖는 장점은 중국이 다수 국가들을 하나의 장에 불러들임으로써 이 국가들 사이의 경쟁을 촉진하여 보다 유리한 입지에서 자원외교를 펼칠 수 있다는 점이다. 중국 정부는 3대 석유 회사를 포함한 에너지 기업들이 해외 자원을 획득하는 데 적극적인 지원을 위한 장으로서 다자외교를 활용하였다고 할 수 있다.

일본은 원유 및 LNG를 전적으로 수입에 의존하는 국가로서 지속적으로 에너지 수급 다변화 정책을 추구하여 왔다. 특히 중동으로부터의 에너지 의존도를 낮추기 위하여 노력해 왔다. 그럼에도 2015년 기준 전체 원유의 82%를 중동에서 수입하는 등 그 의존도가 크게 개선되지는 않았다(Stern 2016: 2). 따라서 지난 수년간 일본은 러시아, 미국 등 새로운 에너지 공급국가에 대한 관심을 끌어올리고 있으며, 일본은 미국의 셰일가스 도입을 추진하는 동시에 아프리카 및 러시아와의 가스도입을 통해 협력 다변화를 적극적으로 추진하고 있다. 그 결과 2015년 기준 일본은 러시아로부터 전체 원유의 9%를 수입하였다(Itoh 2016). LNG의 경우 일본의 수입선 다변화는 원유보다 성공적인 것으로 평가되고 있다.

중동으로부터의 LNG 수입은 2015년 27%까지 낮아졌다. 2016년부터
는 미국으로부터의 천연가스 도입을 확대하고 있다.

중동에 대한 에너지 의존도를 낮추는 동시에 일본은 저유가 흐름과
중동의 아시아 시장 중시 전략에 발맞춰 중동 지역 원유 및 가스 수입 가
격 인하를 위해 다각적인 협상과 전략적 협력을 추구하고 있다. 이런 협
상의 결과로 사우디 아람코 등 중동의 주요 원유 수출 국영기업은 아시
아 시장에 공급하는 원유의 가격을 추가적으로 인하하고 있는 상황이
다. 이런 상황에서도 새로운 시장으로 부상하고 있는 이란과의 자원 협
력에도 적극적인 상황이다. INPEX 등 일본 기업 5개 사가 이란 유전
및 가스전 개발을 위해 이란 국영 석유 기업 NIOC(National Iranian Oil
Company)와 협상에 들어간 것으로 알려지고 있다(에너지경제연구원
2017, 37).

일본은 더불어 트럼프 행정부 출범 이후 미국 원유 수입을 확대할
움직임을 보이고 있어, 중동산 원유 의존도를 더욱 낮춰 중동 지역의 지
정학적 위험 요인을 사전에 준비하는 전략을 추진하고 있다. 더욱이 일
본의 대미 무역 흑자규모를 줄이겠다는 트럼프 행정부의 환심을 사기 위
한 목적도 담겨있다(한국경제 2017). 이 외에도 셰일혁명으로 새로운 원
유 및 LNG 공급자가 경쟁하는 구도가 형성되고 있는 상황에서, 태평양
에너지 무역에 대한 구상을 추진하는데 중장기적 전략을 보이고 있다.
특히 동북아 지역에서의 석유 및 가스 시장 개설의 필요성을 지속적으로
제기하고 있다.

우리도 저유가가 장기화하고 새로운 공급자가 부상하는 상황에서
수입다변화는 물론 중동 산유국과의 에너지를 중심으로 한 포괄적 협
력을 추진하고 있다. 큰 틀에서는 원유 및 천연가스 수입을 전략적 차원
에서 유지하는 가운데, 원자력, 풍력 등 다양한 에너지 분야에서 긴밀하

표 11. 한국의 중동 원유 수입량(단위: 백만 배럴)

	2006	2007	2008	2009	2010	2011	2012	2013	2014	2015
사우디아라비아	262	250	263	255	277	291	303	287	293	306
쿠웨이트	93	94	105	100	103	117	138	140	136	142
이라크	15	47	41	62	60	89	93	91	71	127
카타르	50	46	64	54	64	93	104	86	100	123
UAE	159	142	158	115	106	87	87	110	108	100
이란	75	86	73	81	73	87	56	48	45	42
오만	36	15	17	18	12	17	9	4	7	3

출처: 한국석유공사 Petronet

게 협력하는 환경을 조성하려 노력하고 있다. 더불어 자원과 다른 산업 분야를 결합하는 사업도 추진하고 있다. 대표적인 사례는 SK가 2016년 말 UAE 및 사우디 등과 기존의 에너지 분야 협력관계를 소비재, 정보통신기술(ICT), 헬스케어 등 다른 분야로 확대하겠다는 계획을 발표한 바 있다.

하지만 수입선 다변화나 중동 지역 에너지 개발 분야의 진출에 있어서는 일본보다 큰 진척을 보이지는 못하고 있다. 〈표 11〉에 나타난 바와 같이 우리의 대중동 원유 수입은 지속적으로 늘어가고 있는 상황이고, 새로 부상하는 신흥 에너지 공급국가와의 원유 및 가스 도입도 크게 늘지 않고 있는 상황이다. 더불어 중동 지역에서의 원유 및 가스의 업스트림분야에 대한 투자와 참여도 확대되지 않고 있는 상황이다. 2011년 아부다비 유전개발 참여와 이라크에서의 가스전 개발 참여 시도 외에는 별다른 성과가 없는 상황이다. 특히 이명박 정부의 해외 자원 개발에서 여러 문제점이 제기된 상황에서, 중동 및 해외 자원 개발에 정부의 지원이 급감한 상태다(조규림 2016, 11).

우리는 또 중동과의 협상 능력을 강화하고 수입선 다변화를 위해 동북아에서의 에너지 허브 위상 구축을 추진하려는 전략을 가지고 있다. 정부는 2012년 9월 "셰일가스의 선제적 대응을 위한 종합전략"을 발표하면서 우리나라를 동북아 LNG의 허브로 만들겠다는 구상을 밝힌 바 있다. 2015년 12월에는 산업통산자원부가 '12차 천연가스 수급계획'에서 가스공사의 제5기지를 민간과 협력해 '아시아 LNG 허브기지'로 추진하겠다고 밝혔다. 여수, 당진, 보령 3곳에서 민간 업체들이 사업준비를 상당 부분 진척한 상황이다. 그러나 안타깝게도 후속 대처가 본격적으로 진행되지는 않고 있는 상황이다.

석유공사의 오일허브사업단도 우리나라가 동북아 오일허브로서 최적의 입지조건을 가진 것으로 분석하고 있다. 특히 한국~북한~중국~러시아를 연결하는 대륙 에너지 물류망 구축도 언급되어 왔다. 러시아로서도 1990년대부터 동북아 시장에 관심을 보여 왔고, 동시베리아~태평양 송유관(ESPO)의 개통으로 소량이지만 원유를 태평양 항구를 통해 아시아로의 수출을 시작했다. 더불어 사할린 남부에 위치한 LNG 수출기지를 통해 가스 수출도 개시했다. 특히 최근에는 우크라이나 사태 등으로 서방과 불편한 정치 환경이 조성되면서 동북아와의 협력을 고려하고 있지만, 안타깝게도 동북아의 정세도 최근 악화하면서 에너지협력의 대대적인 확대가 늦어지고 있는 상황이다. 더불어 러시아는 중국에 대한 에너지협력에 아직 크게 의존하고 있는 상황이며, 향후 한국 그리고 일본과의 관계가 다변화하기를 원하고 있다. 그러나 2011년 김정일 사망 이후 남북관계가 경색된 상황에서 한국~북한~러시아 가스 파이프라인에 대한 추진도 사실상 중단된 상황이다.

VI. 맺음말

셰일혁명, 중동 지역의 정세불안, 그리고 저유가 지속은 전반적으로 중동 산유국은 심각한 정치경제적 도전에 직면해 있다. 중동 산유국은 지난 수년간 서방 시장에서 아시아시장으로의 관심과 협력을 급속히 확대하고 있다. 이러한 새로운 환경 속에서 우리나라는 중동 국가와 다각적인 협력을 펼쳐 나가는 동시에, 동북아 3개국 간 에너지협력체계를 구축하여 새로운 시장 환경에 대응할 필요도 있다. 산유국과의 양자 협력의 틀을 벗어나 보다 협상력을 가지는 다자간 협력의 틀을 이용해 유리한 조건에서 공급 계약을 체결할 수 있는 노력을 진행해야 한다.

새로운 에너지 수요공급 환경하에서 우리나라의 경우 우선 중동 지역을 통한 에너지 도입의 지정학적 위험 증가에 대비하여야 한다. 우리나라는 에너지 수입 비중이 상당히 높고 중동 지역에서의 석유 수입이 80% 이상을 차지함에 따라 수입 과정에서 여러 지정학적 위험에 노출되어 있는 실정이다. 이라크에서도 IS 등 과격세력의 위협이 제거되지 않았고, 트럼프 행정부 등장 이후 이란과의 대립이 심화되면서 중동에서의 불안정성에 노출되어 있다. 더불어 석유 수송의 길목인 남중국해에서 중국과 일본 간 영유권 다툼이 발생하고 있어, 우리가 제어하기 어려운 위험요인이 상존하고 있다. 특히 트럼프 행정부의 에너지 자립 정책으로 인해 중동에 대한 이해관계 및 개입이 감소할 경우 중동의 지정학적 위험이 더욱 고조될 수 있다. 따라서 에너지 수입의 다각화를 보다 적극적으로 추진할 필요가 있다. 이런 관점에서 우리도 중동과의 협력을 유지하는 한편 북미 셰일가스와 러시아의 원유 및 가스 도입을 통한 수입국 다변화를 적극적으로 추진해야 한다. 한반도의 지정학적 특성을 살려 양대 축을 모두 아우르는 에너지 안보체제를 구축할 필요가 있다.

둘째, 새로운 에너지 시장의 역학관계를 면밀히 주시하면서, 전통적이 에너지 생산국과의 협력관계를 확대할 필요가 있다. 셰일가스 등으로 새로운 공급자가 등장하는 상황에 탄력적으로 대처하는 동시, 상대적으로 입지가 약해지고 있는 전통적인 에너지 생산국가인 중동 국가와 전략적인 협력 관계를 강화하는 것이 필요한 상황이다. 중동 국가는 미국, 캐나다, 러시아 등 새로운 에너지 생산국의 등장에 따라 동북아 국가와의 협력 확대를 추구하고 있다. 이런 중동 국가의 바람을 적극 이용해, 에너지 분야에 있어 더욱 진취적이고 장기적인 전략적 관계를 구축하여야 한다. 단순히 수입선만 확대하는 것이 아니라, 중동 산유국의 유전 및 가스전 개발에 적극적으로 참여하는 동시에 이들 국가와 석유화학산업 협력 및 수송 인프라 플랜트 건설에 기여할 필요가 있다.

셋째, 중동 산유국의 인도 및 동북아 지역에 대한 관심 증대를 적극적으로 활용할 필요가 있다. 인도와 중국을 제외하고 한국과 일본의 경우 파이프라인 설치가 쉽지 않은 상황이라는 점에서, 중동 산유국은 안정적인 원유 및 가스 수송을 위해 탱커 및 수출항구 시설 확충에 나설 것으로 보인다. 특히 이란의 경우 제재 해제 이후 새로운 원유 및 가스 수출 기지 및 탱커 확보 그리고 유전 및 가스전 개발에 적극적으로 나설 것으로 예상되고 있다. 더불어 사우디아라비아 비전 2030에 나타난 바와 같이 고용창출을 위한 산업다각화에 나서는 중동 산유국과의 에너지뿐만 아니라 석유화학, 인프라, 신재생에너지 등의 다각적인 협력의 틀을 구축할 필요가 있다.

참고문헌

권성욱. "셰일가스를 둘러싼 세계 에너지 시장과 국제정세의 변화 및 시사점."『에너지포커스』제
    11집 3호 (2014).
김연규. "글로벌 셰일혁명과 동아시아 에너지 시장/지정학 변화."『세계정치』제21집 (2014).
김중관. "걸프 산유국 경제분석과 한국의 대응전략."『한국중동학회논총』제29집 3호 (2008).
김진영 · 김아름. "최근 저유가 상황에서 사우디의 에너지 정책."『세계 에너지시장 인사이트』제15
    집 17호 (2015).
문진영 외 "최근 국제 석유 및 가스 수급 동향과 시사점: 주요 생산, 소비국을 중심으로."『오늘의
    세계경제』 (2013).
백서인 · 장현준. "동북아 에너지협력 강화를 위한 한 · 중 · 일 슈퍼그리드 구축 전략."『신아세아』
    제22집 4호 (2015).
서정민. "석유를 둘러싼 이란 등 중동의 정세변화." The EMRD 제10권 (2016).
송상현. "사우디아라비아 석유정책이 제2차 석유파동에 미친 영향."『한국이슬람학회논총』제25
    집 2호 (2015).
안세현. "중동 지역에서 미국, 중국, 러시아의 새로운 에너지 그레이트 게임(The Great Game)
    에 대한 분석."『국제 지역연구』제23집 4호 (2014).
에너지경제연구원. "INPEX 등 일본 기업 5개사, 이란 자원 개발 위해 NIOC와 협상 개시." 세
    계 에너지시장 인사이트 17권 2호 (2017). http://www.keei.re.kr/keei/download/
    WEMI1702.pdf. (검색일: 2017.02.25).
유승용. "최근 저유가 상황 속에서 사우디 에너지 정책의 향방은?"『에너지설비관리』345호
    (2015).
윤익중. "러시아의 새로운 가스공급 여건과 푸틴 집권 3기의 에너지 수출전략: 동북아시아 지역
    을 중심으로."『동서연구』제24집 4호 (2012).
이경희. "글로벌 경제위기하에서 중동의 에너지 산업 변화."『무역보험연구』제10집 2호 (2009).
이권형. "셰일가스 개발에 따른 정치, 경제적 함의."『JPI정책포럼』제111집 (2012).
이성규 · 윤익중. "중동 에너지 수출국들의 셰일혁명에 대한 대응 전략-사우디아라비아와 카타르
    를 중심으로."『세계정치』제23집 (2015).
이재승. "북미 셰일혁명과 동북아시아의 대응-에너지협력 가능성 모색."『세계정치』제23집
    (2015).
임산호. "MENA 국가들의 저유가 대응 전략."『세계 에너지시장 인사이트』제15집 8호 (2015).
정상률. "중동분쟁과 석유-가스 파이프라인의 정치경제."『한국중동학회논총』제36집 2호
    (2015).
조규림. "해외자원개발에 대한 정책적 지원 확대 필요성." The EMRD 13권 (Winter, 2016).
연합뉴스. "기름값 더 뛰나 ... 사우디, 한중일 원유 판매가격 인상." (2017.1.6).
홍춘옥. "OPEC, 쿼터 합의 성공."『Daily Issue』키움증권 투자전략팀, (2016.12.1). http://
    imgstock.naver.com/upload/research/invest/1480555680996.pdf (검색일:

2017.2.15.

한국경제. "아베 '트럼프 선물' 2탄 ... 미국 원유 수입 늘린다." (2017.2.23). http://www.hank-yung.com/news/app/newsview.php?aid=2017022330641 (검색일: 2017.2.26).

Ahn, Se Hyun. "Republic of Korea's Energy Security Conundrum: The Problems of Energy Mix and Energy Diplomacy Deadlock." *Journal of International and Area Studies* 22-3 (2015).

Alavi, Farnaz. "Iran Petchem Export to Reach 20 mln Tons." *The Iran Project* (Decenber 12, 2016) (검색일: 2017.1.14).

Azernews. "Iran Eyes to Increase Gas Export by Over 7 Times." (January 24, 2017). http://www.azernews.az/oil_and_gas/107296.html (검색일: 2017.1.24.)

Blackwill, Robert D. and O'Sullivan, Meghan L. "America's Energy Edge: The Geopolitical Consequences of the Shale Revolution." *Foreign Affairs* (Mar./Apr., 2014).

Bobylev, Yuri. "Oil Market: Low Prices Retained." *Russian Economic Developments* (December 23, 2016). https://ssrn.com/abstract=2889453 or http://dx.doi.org/10.2139/ssrn.2889453 (검색일: 2017.1.5).

BP. *Statistical Review of World Energy* 2016. https://www.bp.com/content/dam/bp/pdf/energy-economics/statistical-review-2016/bp-statistical-review-of-world-energy-2016-full-report.pdf (검색일: 2017.1.15).

Brown, Lincoln. "Qatar Sees Spike in LNG Exports to South Asia, Middle East." *OilPrice.Com.* (July 7, 2016). http://oilprice.com/Latest-Energy-News/World-News/Qatar-Sees-Spike-in-LNG-Exports-to-South-Asia-Middle-East.html (검색일: 2017.1.15).

CNN. "Iran's oil exports have tripled since late 2015." (June 16, 2016a). http://money.cnn.com/2016/06/16/investing/iran-pumping-lots-more-oil-sanctions/

_____. "Iraq Is Pumping Oil at Record Pace Despite Chaos." (July 9, 2016b). http://money.cnn.com/2016/06/07/investing/iraq-oil-production-record-high-isis/index.html?iid=EL (검색일: 2017.1.8).

Faucon, Benoit "Iraq Is Raising, Not Cutting, Oil Exports, Shipping Document Show." *The Wall Street Journal* (December 14, 2016).http://www.wsj.com/articles/iraq-is-raising-not-cutting-oil-exports-shipping-document-shows-1481727239 (검색일: 2017.1.9).

Financial Tribune. "Iran's Oil Revenues Reach $29b in Nine Months." (2017.1.16). (검색일: 2017.01.17.).

Houston Chronicle. "Saudis Signal Desire to Cut Oil Production." (December 10, 2016). http://www.houstonchronicle.com/business/article/Saudis-signal-desire-to-cut-oil-production-10788557.php (검색일: 2016.12.15).

International Gas Union. *2016 World LNG Report.* 2016. www.igu.org/download/file/fid/2123 (검색일: 2017.1.16).

International Energy Agency. *Oil Market Report: What a Difference a Year Makes.*

2016.12.13. (검색일: 2016.12.15.).

Itoh, Shoichi. "Japan's Energy Security in the Age of Low Oil Prices." *The National Bureau of Asian Research* (May 26, 2016). http://www.nbr.org/research/activity. aspx?id=693 (검색일: 2017.02.11).

KNOEMA, "Crude Oil Price Forecast: Long Term 2017 to 2030" *KNOEMA* (29 May 2017). https://knoema.com/yxptpab/crude-oil-price-forecast-long-term-2017-to-2030-data-and-charts

Moore, Elaine and Simeon Kerr. "Saudi Arabia's $17.5bn Bond Sale Has Lessens for Debt Market." *Financial Times* (October 20, 2016).https://www.ft.com/content/92158e52-95f4-11e6-a80e-bcd69f323a8b (검색일: 2017.01.05).

OPEC. *Annual Statistical Bulletin 2016*. 2016a. http://www.opec.org/opec_web/static_ files_project/media/downloads/publications/ASB2016.pdf (검색일: 2017.01.06).

_____. *OPEC Monthly Oil Market Report*. 2016b.12.14. http://www.opec.org/opec_web/ static_files_project/media/downloads/publications/MOMR%20December%202016. pdf (검색일: 2016.12.15).

Parasie, Nicolas. "Saudi Arabia Seeks Up to $8 Billion Loan." *The World Street Journal* (March 9, 2016http://www.wsj.com/articles/saudi-arabia-seeks-to-raise-up-to-8-billion-loan-1457534170 (검색일: 2016.12.15).

Pettit, Justin. *The Biggest Deal of the Century & How to Make It Work*. SSRN, 2016. https://ssrn.com/abstract=2776658 (검색일: 2017.01.08).

Press TV. "Iran Oil Production Increases by Nearly 19% in 9 Months." (December 25, 2016a). http://www.presstv.ir/Detail/2016/12/25/503449/Iran-oil-production-Energy-Information-Agency-EIA (검색일: 2017.01.10).

_____. "Asia Imports of Iranian Oil More Than Doubled." (December 28, 2016b). http://www.presstv.ir/Detail/2016/12/28/503825/Iran-oil-exports-Asia-exemption-deals (검색일: 2017.01.11).

Reuters. "Iraq Oil Exports Hit Record 4.051 Million bpd in November." (December 1, 2016). http://www.reuters.com/article/iraq-oil-idUSL8N1DW3KO (검색일: 2017.1.8).

Shi, Xunpeng, Hari Malamakkavu and Padinjare Variam "Gas and LNG Trading Hubs, Hub Indexation and Destination Flexibility in East Asia." *Energy Policy* 96 (September, 2016).

Shiryaevskaya, Anna "Qatar LNG Exports Shrink from Record as Austrailia, US Expand." *Bloomberg* (April 8, 2015).https://www.bloomberg.com/news/articles/2015-04-07/ qatar-lng-exports-shrink-from-record-as-australia-u-s-expand (검색일: 2017.1.11).

Stern, Jonathan. *The New Japanese LNG Strategy: A Major Step towards Hub-based Gas Pricing in Asia*. Oxford Energy Comment, 2016.

Weil, Dan. "Iraq Plans to Triple its Oil Output Capacity by 2020." *Newsmax* (January 30, 2014). http://www.newsmax.com/Finance/Markets/Iraq-oil-output-

OPEC/2014/01/30/id/549871/ (검색일: 2017.1.14).

Wingfield, Brian and Firat Kayakiran. "How Global Oil Flows Might Look After OPEC's Supply Shock." *Bloomberg* (December 17, 2016).https://www.bloomberg.com/news/articles/2016-12-16/what-global-oil-flows-might-look-like-after-opec-s-supply-shock (검색일: 2017.01.07).

한국석유공사 Petronet (http://www.petronet.co.kr/main2.jsp)

KOTRA 해외무역관. "이라크 국가정보: 주요 산업동향." http://news.kotra.or.kr/user/nationInfo/kotranews/14/userNationBasicView.do?nationIdx=183 (검색일: 2017.01.05).

OPEC. "Saudi Arabia." http://www.opec.org/opec_web/en/about_us/169.htm (검색일: 2017.01.08).

제3부 주요 국가별 에너지 수입 전략

제6장

중국의 대외 에너지 전략과 동북아 에너지협력: 원유와 천연가스를 중심으로

조정원

I. 들어가는 말

중국은 신장위구르자치구와 쓰촨성에 원유, 가스가 매장되어 있었고 전력 생산과 소비, 일상생활의 난방에서 석탄에 대한 의존도가 높았기 때문에 원유, 가스를 수입할 필요가 없었다. 그러나 1978년 개혁개방 이후 원유 소비가 증가하기 시작하면서 중국 공산당의 지도층은 국내 에너지 수급 문제에 관심을 갖지 않을 수 없었다.[1] 특히 1990년대에 폭스바

---

1   1980년대의 에너지소비 증가는 중국 공산당의 지도층 인사들이 국내 에너지 문제에 관심을 갖는 계기를 제공했다. 1989년 당시 상하이시의 중국공산당 총서기였던 장쩌민이 상해교통대학학보에 기고한 논문 "에너지 발전추세와 주요 에너지절약조치(能源发展趋势及主要能源节能措施)"는 중국 공산당의 지도층 인사가 중국의 에너지 수요 증가로 인한 에너지 문제의 심각성을 예측하고 관심을 갖기 시작한 대표적인 사례이다. 이 논문에서 장쩌민은 중국 국내의 에너지소비 증가 추세와 원인을 공업 위주의 에너지소비 구조로 보고 에너지 절약 관련 기술을 비롯한 에너지 절약을 할 수 있는 각종 방법에 대해 서술했다. 장쩌민의 논문을 통해 1980년대 중국 공산당 지도층은 중국 국내 에너지 문제의 해결 방법으로 에너지 절약 정책과 관련 기술에 관심을 가지고 있었음을 알 수 있다(조정원 2010: 120).

겐을 비롯한 선진국 자동차 업체들과 중국 로컬 기업들의 합작으로 자동차 산업이 발전하기 시작했다. 그로 인한 석유화학 산업 제품의 수요가 늘어나면서 석유의 수요가 늘어나기 시작했고 1993년에는 석유 순수입량이 연평균 100만 배럴을 넘어서면서 중국은 석유 순수입국이 되었다. 그러나 90년대에 접어들면서 자동차와 석유화학 산업의 발전으로 인해 석유의 수요가 증가하였고 1993년에 석유 소비량이 생산량을 초과하기 시작했고 석유 순수입량이 일평균 100만 배럴을 넘어서면서 석유 순수입국이 되었다. 그로부터 23년이 지난 2016년에는 3억 8103만 7,800톤의 원유를 수입하면서 전년 대비 13.58% 증가를 기록하면서 중국의 원유 수요가 지속적으로 늘어나고 있음을 보여 주었다(中国海关 2017). 천연가스 수입량도 석탄을 대체하는 겨울철 난방용 연료 수요와 장기 수입 계약이 지속적으로 늘어나면서 2016년에는 751억m³의 천연가스를 수입하여 전년 대비 22%의 증가율을 기록하였다(中国气候变化信息网 2017).

이러한 상황의 변화는 중국 중앙정부가 내부의 에너지 안보에 있어서 가장 중요한 천연자원인 석유, 천연가스의 안정적 확보에 관심을 갖게 만들었다. 그렇다면 중국은 석유, 천연가스의 안정적인 수입과 공급을 위하여 어떤 대외 에너지 전략을 수립, 실행하고 있는가? 중국의 대외 에너지 전략에 있어서 가장 중요한 해외 석유, 천연가스 수입과 공급 전략이 중동과 중앙아시아에서 동북아시아로 범위가 확대된 계기와 원인은 무엇인가? 본고에서는 이 두 가지 질문을 중심으로 중국의 대외 에너지 전략과 동북아시아 에너지협력과의 관계를 분석하고자 한다. 이를 토대로 향후 중국의 해외 석유, 천연가스 수급 전략이 동북아시아 에너지협력에 어떤 영향을 미칠 수 있을지를 예측해 보고자 한다.

II. 중국의 대외 에너지 전략

1. 제3세대 지도부: 해외 자원 수입과 개발

장쩌민 국가주석 중심의 중국공산당 제3세대 지도부는 에너지 안보 문제에 대해 관심을 가지고 해외에서의 자원 수입과 개발을 강조하면서 현재까지 지속되고 있는 중국 중앙정부의 대외 에너지 전략의 가장 기본적인 방향을 제시하였다.

1993년 12월 장쩌민은 중앙재경영도소조 회의에서 "동부 지역의 에너지 수요 안정, 서부 지역의 자원 발전, 국내 에너지 위주, 국외 보충, 석유 가스와 자원절약개발중시("稳定东部, 发展西部, 国内为主, 国外补充, 油气并举, 节约开发并重")"를 지시하였다(曾培炎 2010). 또한 중국 국내 자원 탐사와 채굴에 있어서 서부 지역의 자원 개발에 중점을 두고 에너지 비축과 생산량 증가에 힘쓸 것과 해외의 석유, 가스 자원을 이용해서 중국 국내의 석유, 가스 부족분을 보충해야 함을 언급하였다. 그 이후 중국의 에너지 안보 문제의 해결을 위해 국내 자원 개발뿐만 아니라 해외 자원 개발과 투자에도 관심을 갖기 시작했다.[2] 1996년에는 장쩌민이 아프리카 국가들의 방문을 마친 후에 해외 진출(走出去)에 대한 연구를 강화할 것을 지시했는데 이는 중국의 에너지 국유 기업들이 해외 자원 개발과 국외 에너지 기업의 지분 인수를 하게 되는 지침이 되었다. 이러한 대외 에너지 전략의 방향과 지침을 이행하는 역할은 중국의 에너지 국유 기업이 담당하였다. 1997년 6월 중국석유가 켄키악과 자나졸 유전

---

2 "1995년 중국의 국유 에너지 기업인 중국해양석유(CNOOC)가 말라카 해협에서 개발한 석유를 중국으로 운송하기 시작한 것이 강택민이 지시한 에너지의 해외 보충을 실천한 최초의 사례이다"(조정원 2010: 120).

을 보유한 카자흐스탄의 아크자빈 석유가스 회사의 지분 60%를 인수하면서 중국의 해외 자원 확보를 위한 활동이 본격적으로 시작되었다. 또한 중국의 제10차 5개년 경제사회발전 계획의 첫해인 2001년에는 중국의 제10차 5개년 에너지 발전 중점 계획 (我国"十五"能源发展重点专项规划)을 내놓으면서 에너지 수입 루트 다변화를 통한 에너지 안보 확보, 해외에서의 석유, 천연가스 개발과 수입의 지속적 확대를 강조하였다(人民网 2001).

2. 제4세대 지도부: 해외 자원 개발을 위한 금융 지원과 대외 협력 강화

장쩌민 국가주석 중심의 중국 제3세대 지도부는 에너지 수입을 통해 국내에서 원유, 가스를 중심으로 나타나는 부족분을 보충하고 해외 자원 개발을 병행하는 것이 대외 에너지 전략의 핵심이었다. 2003년 3월 15일부터 2013년 3월 14일까지 10년간 중국을 통치했던 후진타오 국가주석과 원자바오 총리의 제4세대 지도부는 제3세대 지도부의 대외 에너지 전략의 기조를 바탕으로 해외 자원 개발에 필요한 금융 지원과 대외 협력을 강화하였다. 이를 위해 2004년 10월에 에너지 정책의 컨트롤 타워를 맡은 국무원 국가발전개혁위원회와 자원 개발 금융 지원을 담당하게 된 중국수출입은행이 국가 지원 해외 투자 중점 프로젝트의 신용 대출 지원 정책에 대한 통지(关于对国家鼓励的境外投资重点项目给予信贷支持的通知, 이하 대외 투자 프로젝트신용 대출 지원 정책에 대한 통지)를 내놓았다(中国国际贸易促进委员会经济信息部 2007: 12). 대외 투자 프로젝트 신용 대출 지원 정책에 대한 통지에서는 국가발전개혁위원회와 중국수출입은행이 매년 해외 투자 전용 대출을 개설하고 일반 신용 대출보다 낮은 이자율로 자금을 지원할 계획을 언급하였다(中国国际贸易促进委员会经济信息部 2007: 12). 이러한 해외 투자 중점 프로젝트의 신용 대출 지원 정책은 중국수출입은행과 국가개발은행이 중국 에너지 국유 기업들의 해외 자원 개발과 인프라 구축, 해외 자원 수입을 위한 프로젝트의 자금을 지원하는 지침으로 활용되었다.

대외 협력 강화를 위해 후진타오 국가주석은 2006년 7월 17일 러시아 상트페테르부르크에서 개최되었던 주요 8개국(미국, 영국, 일본, 러시아, 독일, 프랑스, 캐나다, 이탈리아; G8) 정상과 중국과 콩고, 인도, 브라질, 남아프리카공화국, 멕시코 간의 개발도상국 정상회담에서 신에너지안보관(新能源安全观)을 제안하였다.

신에너지안보관은 다음과 같은 세 가지 주요 내용을 담고 있다. 우선 에너지의 개발과 이용을 위한 협력을 강화하는 것을 목표로 하고 있다. 이를 위해 에너지 수출국들과 원유, 천연가스를 중심으로 에너지를 대량 소비하는 나라가 된 중국 간의 대화와 협력을 강조하였다. 또한 합리적인 에너지 가격을 바탕으로 국제 에너지 공급의 안정과 각국의 에너지 수요 충족을 주장하였다. 둘째, 선진 에너지 기술의 연구 개발과 보급 체계 형성을 주장하였다. 각국의 에너지 절약과 효율 제고를 바탕으로 깨끗하고 안전하며 경제성과 신뢰성을 갖춘 미래 에너지 공급 체계를 통해 투자와 지적 재산권 보호, 기술 보급의 과정에서 각국이 모두 수익을 얻을 수 있게 해야 함을 강조하였다. 마지막으로 에너지의 안정적 공급을 위한 정치 환경의 안정을 강조하였다. 특히 원유가 생산되는 지역의 안정과 국제 에너지 통로의 안전을 확보해야 하고 대화와 협상을 통해 분열과 모순을 극복하여 에너지 문제가 정치적으로 이용되는 것을 막아야 함을 강조하였다.

후진타오는 신에너지안보관을 제안하면서 중국은 에너지 문제를 중시하고 있으며 절약을 우선으로 하고 국내를 기반으로 다원화된 에너지 발전, 환경 보호, 국제 협력의 강화, 안정적이고 경제적이며 청결한 에너지 공급 체계를 구축하는 것이 중국의 에너지 전략의 기본 내용임을 밝혔다. 또한 중국은 에너지소비 대국이지만 생산 대국이기도 하므로 평등 호혜, 상호 이익의 원칙하에서 에너지 생산국과 소비국의 협력을 강화하여 전 세계의 에너지 안보에 기여할 것임을 천명하였다.

신에너지안보관에서 언급한 국제 협력의 강화는 2007년 4월 중국 중앙정부 국무원의 국가발전개혁위원회가 내놓은 에너지 발전 11차 5개년 규획에서도 언급되었다(国务院 国家发展改革委员会 2008: 17). 또한 해외의 선진 기술과 자본 도입을 위한 대외 개방의 확대도 에너지 발전 11차 5개년 규획의 주요 내용에 포함되었다(国务院 国家发展改革委员会 2008: 17). 신에너지안보관의 주요 내용이 에너지 발전 11차 5개년 규획에 포함된 것은 중국의 1인당 자원 보유량에 있어서 원유는 세계 평균의 7.7%, 천연 가스는 세계 평균의 7.1%에 불과하지만 국가 경제의 발전과 주민들의 소비 수준이 향상되면서 에너지소비가 계속 늘어나기 때문이었다.[3] 그 이후 중국 중앙정부는 2008년 극동러시아와 중국 동북 지역을 연결하는 1차 송유관인 스코보로디노~다칭 송유관 건설에 합의하였고 2010년 12월 스코보로디노~다칭 송유관이 완공되면서 러시아산 원유의 중국으로의 대량 수입을 시작하였다. 이는 극동러시아와 중국 동북 지역의 헤이룽장성 다칭을 연결하는 동북아시아 지역의 에너지협력이 중국의 대외 에너지 전략에서 중요한 부분이 되는 계기가 되었다.

---

3   원유, 천연가스의 1인당 평균 보유량 부족과 소비 수요의 증가는 에너지 발전 11차 5개년 규획에서 중국이 직면한 도전과 주요 과제로 언급된 바 있다(国务院 国家发展改革委员会 2008: 4).

3. 제5세대 지도부: 일대일로

2013년 3월 14일부터 임기를 시작한 시진핑 국가주석 중심의 제5세대 지도부는 2013년 9월 카자흐스탄 나자르바예프 대학에서 실크로드 경제권 구상을 발표하고 1달 후인 동년 10월에 해상 실크로드 구축을 제안하였다. 그로부터 5개월여가 지난 2014년 4월 10일 리커창 국무원 총리는 보아오 포럼에서 이 두 가지 제안을 종합한 '일대일로(一帶一路, 실크로드 경제권과 21세기 해상 실크로드)' 전략을 발표하였다. 일대일로 전략을 발표한 지 약 11개월이 지난 2015년 3월에 중국 중앙정부는 실크로드 경제권과 21세기 해상 실크로드 추진을 위한 전망과 행동(推动共建丝绸之路经济带和21世纪海上丝绸之路的愿景与行动)을 내놓으면서 중국에게 필요한 원유, 가스의 안정적인 확보를 위한 송유관, 가스관의 연결, 자원 탐사와 개발 협력을 주요 협력 과제로 언급하였다(国家发展改革委·外交部·商务部 2015).

　　상술한 바와 같은 내용들은 제3세대 지도부의 해외 자원 수입, 제4세대 지도부의 에너지 안보를 위한 대외 협력 강화의 기조하에 중국에게 필요한 원유, 가스 수급을 위한 인프라 구축과 자원 개발의 필요성을 재확인한 것으로 볼 수 있다.

　　〈그림 1〉에 나온 바와 같이 일대(一帶)에 해당하는 실크로드 경제권에 속한 러시아는 유럽 파트가 중앙아시아 국가들과 국경을 마주하며 연결되어 있지만 러시아의 극동 지역을 포함한 동부 지역은 중국의 동북 지역과 국경을 마주하고 있다. 일대일로 전략이 구체화되기 전인 2011년부터 러시아산 원유를 자국의 동북 지역을 통해 수입하기 시작한 중국은 일대일로 전략을 내놓고 나서 러시아산 천연가스 수입을 위한 파이프라인을 극동러시아의 아무르강을 경유하여 동북 지역을 기점으로 수입

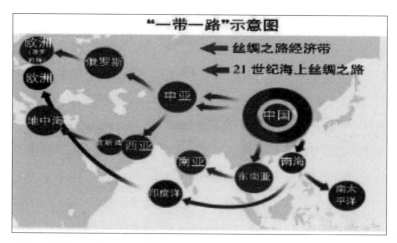

그림 1. 일대일로와 실크로드 경제권
자료: 中国石油新闻中心(2017)

하는 작업을 추진하기 시작했다. 그로 인해 중국의 대외 에너지 전략에 서 극동러시아와 중국 동북 지역을 중심으로 하는 동북아시아 에너지협 력의 비중이 커지게 되었다.

III. 중국의 동북아 에너지협력 전략

1. 원유: 러시아산 수입을 통한 중동, 남중국해 리스크 감소

중국 국유 에너지 메이저인 중국석유와 러시아 국유 에너지 기업인 로스 네프트가 건설한 러시아 아무르주 스코보로디노와 중국 동북 지역의 석 유 생산지인 헤이룽장성 다칭을 연결하는 송유관은 2010년 12월에 완공 되었고 2011년 1월에 스코보로디노~다칭 송유관을 통한 중국의 러시아 산 원유 수입이 시작되었다. 스코보로디노~다칭 송유관을 통해 시간당

표 1. 중국의 국가별 원유 수입량 (2015년~2016년)

국가	2015년 수입량 (단위: 만 톤)	2015년 전체 수입량에서 차지하는 비중 (단위: %)	2016년 수입량 (단위: 만 톤)	2016년 전체 수입량에서 차지하는 비중 (단위: %)
러시아	4,243	12.65	5,238	13.75
사우디아라비아	5,055	15.07	5,100	13.39
앙골라	3,870	11.54	4,343	11.4
이라크	3,211	9.57	3,622	9.5
오만	3,207	9.56	3,507	9.2
이란	2,661	7.9	3,130	8.21
브라질	1,392	4.15	1,873	4.92
베네수엘라	1,601	4.77	1,805	4.74
쿠웨이트	1,443	4.3	1,634	4.29
아랍에미리트연합	1,257	3.75	1,218	3.2

자료: 중국세관

2,100 m³의 러시아산 원유 수입이 가능해지면서 중국은 사우디아라비아를 비롯한 중동 국가들의 원유 수입 의존을 줄일 수 있게 되었다.

현재 가동 중인 스코보로디노~다칭 송유관 외에도 중국은 서북 지역 신장과 중국 동부 연해 지역의 산둥성 칭다오 항에서도 러시아산 원유를 수입하고 있다.

신장으로부터 들어오는 러시아 원유 수입량은 2017년 1분기에 210만 6,200톤을 기록하였다(中华人民共和国海关总署 2017). 이는 같은 기간 중국의 러시아산 원유 수입량(1357만 6,000톤)의 약 15.5%를 차지하였다(중국세관 2017). 또한 같은 기간 카자흐스탄~ 중국 송유관을 통해 들어온 카자흐스탄 원유 52만 7,500톤의 약 4배에 해당되는 양이다(中华人

民共和国海关总署 2017).

칭다오 항은 원유 수입권과 원유 사용권을 가지고 있는 산둥성의 정유 업체 12개가 러시아산 원유를 수입하면서 러시아산 원유 수입 항구의 역할을 하고 있다(界面新闻 2017). 산둥성이 2017년 1분기에 칭다오 항을 중심으로 77억 7000만 위안의 러시아산 원유를 수입하여 같은 기간 산둥성의 대러시아 수입액(98억 9000만 위안)의 약 78.6%를 차지하였다(济南海关 2017).

러시아산 원유 수입 증대로 인하여 러시아는 2015년 중국의 국가별 원유 수입량 2위, 2016년에는 1위를 차지하였다.

2016년 6월에는 헤이룽장(黑龍江)성 다칭(大慶)에서 몽골을 통과해 러시아로 이어지는 941.8km 길이의 중국~러시아 제2송유관을 건설하고 있다. 중·러 제2송유관 공사를 맡고 있는 중국석유는 예정대로 2018년 1월에 송유관이 완공되면 연간 3000만 톤의 러시아산 원유 수입이 가능할 것으로 기대하고 있다.

상술한 바와 같이 중국이 러시아산 원유 수입을 위한 송유관을 추가로 건설하면서 러시아산 원유 수입을 늘리고자 하는 이유는 중동 정세의 불안정, 중동 국가들의 원유, 천연가스 수입 루트인 남중국해를 둘러싼 중국과 미국 간의 갈등으로 인한 리스크를 줄이기 위한 것이다. 중동은 조지 W. 부시 미국 대통령 재임 기간에 이라크의 독재자였던 사담 후세인 대통령을 제거하고 미국이 개입하여 이라크의 민주화를 추진하였지만 그 과정에서 국제 테러 조직인 IS의 부상을 막지 못했다. IS의 세력이 커지고 시리아를 장악하면서 러시아와 시리아 정부군, 시리아 반군, IS 간의 치열한 전투가 진행되고 있다. 오바마 행정부 2기 재임 기간에 미국과 이란이 경제 제재 해제에 합의하면서 이란산 원유 수입이 원활해지기는 했지만 시리아의 불안정, 사우디를 중심으로 하는 이슬람교 수니

그림 2. 남중국해 미국·중국 갈등의 핵심
자료: 이길성(2017)

파, 이란을 중심으로 하는 이슬람교 시아파 간의 반목, 미국 트럼프 행정
부 등장에 따른 미국의 대 이란 협력 정책 기조의 변화 가능성으로 인하
여 중동 정세의 확실한 안정은 기대하기 쉽지 않다. 이러한 상황에서 중
국이 사우디아라비아, 이란을 중심으로 원유와 카타르, 오만의 천연가스
를 남중국해를 통해 수입하는 데만 의존하는 것은 자국의 신에너지안보
관으로 대표되는 대외 에너지 전략에 배치되며 미국이나 주변 국가들이
중국과의 영유권 분쟁 과정에서 중국으로 중동의 원유, 천연가스가 이동
하는 경로를 해상에서 차단하면 중국의 에너지 안보에도 좋지 않은 영향
을 미칠 수 있다.

　남중국해에서 중국과 미국의 갈등의 핵심은 중국이 최근 인공섬을
건설하며 영유권을 주장한 스프래틀리 군도(중국명 남사군도)이다.

　중국은 동북아시아 역내 인접 국가들인 한국, 일본과 함께 국제 무
역 물동량의 1/4이 통과되는 남중국해를 통해서 원유, 천연가스를 수입

하고 있다. 특히 에너지 생산국에서 에너지 수입국으로 전환한 중국은 남중국해를 통해 수입하는 에너지에 만족하지 않고 남중국해 주변 섬들에 대한 영유권을 주장하면서 자국의 산업, 생활에 필요한 원유, 천연가스를 더 많이 확보하려 하고 있다. 최근에는 중국이 남중국해에 인공섬 건설 외에도 중국과학원과 상하이의 이공계 명문 대학인 퉁지대학(同济大学)을 중심으로 남중국해 분쟁 수역에 해상 플랫폼을 건설하여 해저에 매장된 에너지를 탐사할 계획을 추진하고 있기도 하다.

이러한 중국의 시도에 미국은 중국과 남중국해 지역 영유권 분쟁 당사국들인 일본, 베트남, 필리핀과 함께 반대하고 있다. 특히 2017년 1월 20일에 출범한 트럼프 대통령 중심의 미국 행정부는 오바마 1기, 2기 행정부보다 더욱 강경한 입장을 견지하고 있다. 이에 중국은 남중국해를 담당하던 남해함대 사령관을 해군사령관으로 이동시키고, 남중국해 인근의 육·해·공군을 총지휘하는 남부전구 사령관에 북해함대 사령관을 임명하면서 중국의 남중국해 영유권을 포기하지 않을 것임을 보여 주었다(이길성 2017). 이와 같은 남중국해를 둘러싼 중국과 미국, 남중국해 주변국들 간의 대립으로 인하여 중국은 원유 수입에 있어서 러시아의 비중을 늘림으로써 중동 국가들의 정치적 불안정으로 인한 원유 수급의 리스크 발생을 피하고 있다.

표 2. 파이프라인을 통한 중국의 천연가스 수입(2014년~2016년)

종류	2014 수입량 (단위: 만 톤)	2014 수입액 (단위: 억 달러)	2015 수입량 (단위: 만 톤)	2015 수입액 (단위: 억 달러)	2016 수입량 (단위: 만 톤)	2016 수입액 (단위: 억 달러)
천연가스	2,302.3	116.14	2,468.4	96.9	2,797.48	75.5

자료: 중국세관, 조정원 외 (2017: 25)

표 3. 파이프라인을 통한 중국의 국가별 천연가스 수입(2014년~2016년)

국가	2014 수입량 (단위: 만 톤)	2014 수입액 (단위: 억 달러)	2015 수입량 (단위: 만 톤)	2015 수입액 (단위: 억 달러)	2016 수입량 (단위: 만 톤)	2016 수입액 (단위: 억 달러)
투르크메니스탄	1,874.3	94.41	2,040.2	76.81	2,163.5	54.8
우즈베키스탄	178.7	7.99	113.4	3.71	316.48	6.9
미얀마	220	13.22	288.4	15.88	286.07	13.27
카자흐스탄	29.1	0.51	26.2	0.49	31.4	0.56

자료: 중국세관, 조정원 외 (2017: 25)

표 4. 중국의 LNG 수입량(2014년~2016년)

종류	2014 수입량 (단위: 만 톤)	2014 수입액 (단위: 억 달러)	2015 수입량 (단위: 만 톤)	2015 수입액 (단위: 억 달러)	2016 수입량 (단위: 만 톤)	2016 수입액 (단위: 억 달러)
LNG	1,984.7	122.3	1,965.1	88.54	2,606	89.35

자료: 중국세관, 조정원 외 (2017: 26)

표 5. 중국의 주요 LNG 수입국(2014년~2016년)

국가	2014 수입량 (단위: 만 톤)	2014 수입액 (단위: 억 달러)	2015 수입량 (단위: 만 톤)	2015 수입액 (단위: 억 달러)	2016 수입량 (단위: 만 톤)	2016 수입액 (단위: 억 달러)
카타르	673.5	62.6	481.3	28.16	496.9	20.85
호주	381.1	7.24	553.8	16.32	1,197.7	37.48
말레이시아	299.3	13.2	325.2	14.16	258.7	8.25
인도네시아	255.5	8.34	286.6	12.47	278.9	9

자료: 중국세관, 조정원 외 (2017: 26)

2. 천연가스: 수입선의 다변화

원유와 달리 천연가스 분야에서는 중국은 극동러시아를 통한 천연가스 수입량 증대에 큰 비중을 두고 있지 않다. 중국은 중앙아시아 가스관을 통해 투르크메니스탄과 우즈베키스탄, 카자흐스탄의 천연가스를 수입하고 있고 2013년 10월 20일 미얀마와 중국 윈난성을 연결하는 천연가스 파이프라인을 개통하고 매년 미얀마산 천연가스를 수입하여 중서부 지역의 직할시인 충칭까지 공급하고 있다.

최근 2년 9개월 동안 매년 100만 톤 이상의 LNG를 중국으로 수출한 나라는 호주, 카타르, 말레이시아, 인도네시아이다. 이들 4개국으로부터 수입한 LNG의 양은 2014년 중국의 전체 수입량의 약 81%, 2015년 약 83.8%, 2016년에는 약 85.7%를 차지하였다.

그러나 중국은 자국의 동북 지역과 인접한 극동러시아를 통한 천연가스 수입 시도를 포기하지 않았다. 러시아도 천연가스 수출 루트 다변화와 천연가스 수요가 꾸준한 중국을 비롯한 동북아시아로의 판매 확대를 위해 천연가스 수출을 하고자 하였다. 이러한 양국의 수요는 중국~러시아 동부 가스관 건설 공사를 추진하는 동력으로 작용하였다. 가스관 건설과 러시아산 가스의 중국 수출을 위해 양국의 대표 국유 기업인 중국석유와 가즈프롬은 2014년 5월에 러시아의 시베리아의 힘 가스관을 통한 30년간의 장기 천연가스 판매 계약을 체결하였다. 가즈프롬은 30년간 중국에 매년 380억 입방미터의 천연가스를 공급하기로 하였다. 그로부터 5개월 후인 동년 9월에 가즈프롬은 야쿠티아의 차얀디스코예 가스전~블라고베셴스크까지의 2,200km 구간 파이프라인 건설을 시작하면서 시베리아의 힘 가스관 공사를 시작하였다(Gazprom 2017). 또한 이르쿠츠크의 코빅틴스코예 가스전부터 차얀디스코예 가스전까지의 파

그림 3. 러시아의 가스관 네트워크와 중국 공급 가스관 건설
자료: 김토일(2014)

이프라인 연장 공사 계획을 공개하였다. 이를 통해 러시아산 천연가스의
중국으로의 수출 의지를 보다 분명하게 보여 주었다.

　그로부터 7개월여가 지난 2015년 6월 29일 중국석유가 시베리아의
힘 가스관과 중국을 연결하는 중국 국내 구간의 건설을 시작하였다. 시
베리아의 힘 가스관과 연결되는 중국 국내 가스관은 극동러시아의 블라
고베센스크와 국경을 맞대고 있는 헤이룽장성(黑龍江省)의 헤이허(黑河)
이 기점이다. 헤이허를 시작으로 지린성(吉林省), 네이멍구자치구(內蒙
古), 랴오닝성(遼寧省), 허베이성(河北省), 톈진(天津), 산둥성(山東省), 장
쑤성(江蘇省)를 거쳐서 중국 화동 지역의 경제, 금융 중심지인 상하이까
지 연결된다.

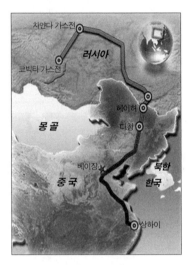

그림 4. 시베리아의 힘 가스관과 중국 국내 가스관의 연결
자료: 中国石油新闻中心(2015)

중국 구간 공사가 시작된 지 1년 2개월여가 지난 2016년 9월 중국 석유와 가즈프롬은 아무르강을 중심으로 하는 러시아와 중국의 접경 구간의 파이프라인을 건설하는 EPC 계약을 체결하면서 시베리아의 힘 가스관과 이를 연결하는 중국 국내 가스관의 건설을 통한 러시아~중국 동부 가스관 공사와 관련된 계약 절차들을 모두 마무리하였다.

이와 같이 러시아와 중국이 극동러시아와 동북 지역의 헤이룽장성을 연결하는 에너지협력을 확대하는 원인으로는 우선 러시아가 우크라이나 크림반도 점령 이후 미국과 유럽연합을 중심으로 하는 경제 제재와 루블화 가치 폭락에 따른 국가 경제의 어려움을 중국을 중심으로 하는 동북아시아로의 에너지 수출로 완화해야 할 필요가 있음을 들 수 있다. 또한 중국의 국내 경제적 요인들도 중국이 러시아와의 동북아 에너지협력을 확대하는 동력으로 작용하고 있다.

IV. 중국의 동북아 에너지협력 확대 요인

1. 중국의 자동차, 석유화학 산업 발전으로 인한 국내 원유 수요 충족

중국이 극동러시아로부터 자국의 동북 지역으로 연결된 송유관을 통해 러시아산 원유를 지속적으로 수입하고 제2송유관 건설을 시작하면서 러시아산 원유 수입을 늘리고자 하는 이유는 중국 국내 자동차 판매량 증가와 석유화학 산업 발전에 따라 늘어나는 원유 수요 충족의 필요성에 있다. 중국의 연간 자동차 판매량은 〈그림 5〉에 나온 바와 같이 2000년 209만 대였지만 그 이후 판매량이 매년 꾸준히 증가하면서 2009년에 1000만 대, 2010년에는 1500만 대를 돌파하였다. 특히 2008년 뉴욕발 국제 금융위기의 영향이 있었던 2009년뿐만 아니라 2010년에도 중국의 국내 자동차 판매량이 늘어났을 뿐만 아니라 2010년의 연간 자동차 판매량의 전년 대비 증가율은 45.5%로 2000년대에 가장 높은 수치를 기록하였다. 그 이후에도 연간 자동차 판매량이 지속적으로 증가하면서 2015년에는 2460만 대를 판매하여 전년 대비 4.7%의 증가율을 기록하였다.

2016년에는 2802만 8,000대의 자동차 판매량을 기록하여 전년 대비 약 13.7%의 증가율을 기록하였다(中汽协会行业信息部 2017). 중국의 자동차 판매량 증대는 일반인들의 자가용으로 사용되는 승용차가 주도하고 있다. 중국의 연간 승용차 판매량은 2013년 1792만 9,000대, 2014년 1970만 1,000대, 2015년 2114만 6,000대, 2016년 2437만 7,000대를 기록하여 최근 4년간 지속적인 증가 추세를 보여 주었다.[4] 특히 중국

4 　반면 중국의 연간 상용차(버스, 화물차) 판매량은 2013년 406만 대, 2014년 379만 대, 2015년을 345만 대로 감소하는 추세를 보였으나 2016년 365만 1,000대로 전년 대비 5.8%의 증가를 기록하였다(中汽协会行业信息部 2017; 吳曄 2017; 装备工业司 2017).

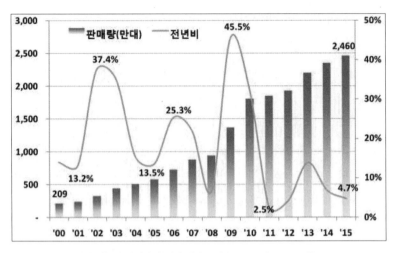

그림 5. 중국의 연간 자동차 판매량과 전년 대비 증가율(2000년~2015년)
자료: 남대엽(2016: 2)

로컬 업체들이 해외 업체들보다 저렴한 가격의 SUV(Sports Utility Vehi-
cle: 일반 승차 및 스포츠, 비포장 도로 주행에 적합한 다목적 승용차)를 내
놓고 SUV의 판매량이 전체적으로 늘어나는 것도 중국의 승용차 판매 증
대에 영향을 주고 있다.[5] 승용차 판매의 증가는 승용차에 쓰이는 휘발유
를 비롯한 석유화학 제품 수요의 증가를 유발한다. 중국은 국제 원유 가
격이 배럴당 100달러를 돌파하는 고유가에 대응하기 위하여 원유보다
가격이 저렴한 석탄을 사용한 석유화학 제품인 석탄화학 산업의 발전을
추진했으나 2016년 하반기부터 중국 국내 석탄 생산량을 줄이면서 석탄
가격이 오르자 석탄화학 산업 제품의 가격 경쟁력을 유지하게 어렵게 되

---

5   중국의 연간 SUV 판매량은 2013년 299만 대, 2014년 408만 대, 2015년 621만 대, 2016
년에는 904만 7,000대를 기록하였다. 특히 2016년 중국 로컬 업체들의 SUV의 판매량은
529만 9,881대로 중국 전체 SUV 판매량의 약 58.6%를 차지하였다(남대엽 2016: 2; 中国
经济网 2017).

있다. 반면에 국제 원유 가격은 배럴당 60달러를 넘지 않고 있어서 석유
화학 제품의 생산, 판매를 늘리는 것이 중국에게 있어서 더욱 유리한 국
면이 계속되고 있다. 그로 인해 중국 각지의 소규모 정유 공장들은 지리
적으로 인접한 러시아에서 수입되는 원유를 재료로 사용하여 석유화학
제품을 생산하고 있다. 이와 같이 자동차, 석유화학 산업의 수요와 연계
된 러시아산 원유 수요의 지속은 중국이 러시아를 중심으로 하는 동북아
에너지협력의 비중을 높이는 요인으로 작용하고 있다.

2. 석탄 대체를 위한 천연가스 공급량 증대

중국은 전력 생산과 난방, 철강 산업의 코크스 제조를 위한 원료로 석탄
에 대한 사용을 계속하고 있다. 또한 자동차 사용의 증대에 따른 배기가
스 배출이 계속되면서 중국의 북방 지역을 중심으로 대기 오염 문제가
지속적으로 나타나고 있다.[6] 2014년에 중국의 1차 에너지소비에서 석
탄이 차지하는 비중은 약 66%였다(王东岳 2017). 이와 같이 에너지소비
에서 높은 비중을 차지하는 석탄의 비중을 낮추기 위해 중국은 중앙정
부 차원에서 석탄을 대체할 수 있는 천연가스와 태양광의 사용을 권장하
고 있다. 태양광은 중국의 서북 지역과 화북 지역을 중심으로 발전 설비
를 늘리고 국내 전력망과의 연계를 강화하고 있다.[7] 그러나 지역 내에서

---

6   2017년 5월 3일에 중국의 수도 베이징에서는 황사와 꽃가루뿐만 아니라 대기 오염으로 인
     한 스모그가 함께 발생하는 삼중고에 시달린 바 있다.
7   "서북 지역은 태양광 발전 설비가 서북의 전력망에서 차지하는 비중이 40%를 차지하고 있
     다. 그 다음은 중국의 수도권(베이징과 톈진, 허베이성)인 화북 지역으로 지역 전력망에서
     태양광 발전이 차지하는 비중이 25%를 차지하고 있다. 그 뒤로 상하이와 장쑤성, 저장성을
     중심으로 하는 화동 지역이 17%, 후베이성과 안후이성을 중심으로 하는 화중 지역이 11%
     를 차지하고 있다. 2016년의 태양광 발전 설비가 지역 내 전체 신규 발전 설비에서 차지하
     는 비중을 살펴봐도 서북 지역이 태양광 발전 신규 설비가 역내 신규 설비의 28%를 차지

의 전력 소비량이 많지 않고 전선의 외부 수송 용량이 충분하지 않음으로 인하여 공급 과정에서 사용되지 못하고 버려지는 전력량이 적지 않다. 국가전력망공사의 통계에 따르면 2016년 중국의 기광 전력량은 465억 도였는데 주로 서북 지역의 간쑤성(성 전체 전력량에서 기광률이 차지하는 비중: 30.45%)과 신장위구르자치구(자치구 전체 전력량에서 기광률이 차지하는 비중: 32.23%), 동북 지역에서 발생했다.[8] 그로 인해 태양광이 중국의 전력망 연계에서 차지하는 비중이 단기간에 높아지기 어려우며 전력 생산과 일상생활의 난방에서 사용하는 비중을 높이기도 쉽지 않다. 이러한 상황에서 중국이 석탄을 대체할 수 있는 가장 현실적인 방안은 천연가스의 사용을 늘리는 것이다. 천연가스의 공급이 늘면 일상생활의 난방뿐만 아니라 버스와 승용차, 천연가스를 사용한 발전소에도 사용이 가능하다. 천연가스를 사용하는 버스와 승용차가 늘어나면 가솔린, 디젤을 사용하는 차량보다 대기 환경과 주민들의 건강 관리에 유해한 배기가스 배출을 줄이는 데 도움이 될 수 있다. 또한 아직 중국의 전체 발전량에서 3%에 미치지 못하는 천연가스 발전소도 천연가스의 중국 내 공급량이 늘어나면 신규 설비의 건설을 통해 중국 전체 발전량에서 차지하는 비중을 높일 수 있다. 아울러 천연가스는 현재 시진핑 국가주석과 리커창 총리가 추진하는 신형 도시화에 따라 건설되는 신도시에 분산형 전원을 통한 전력 공급에도 활용될 수 있기 때문에 도시 지역에서 석탄

하고 있고 화북 지역 26%, 화중 지역 18%, 화동 지역 16%를 기록하였다."(조정원 2017: 2~3)

8   "기광 문제가 해결이 어려운 원인은 중국의 북방 지역의 성(省) 간 전력 공급 구조의 문제에서도 찾을 수 있다. 중국의 북방에 속하는 서북, 동북, 화북 지역의 성 간 전력 공급 용량에서 태양광을 포함한 신재생에너지 설비는 22%에 불과하다. 그로 인해 발전소의 오너들은 전기를 팔아서 이익을 남기기 어렵게 된다. 그로 인해 서북 지역에서는 발전소 오너들을 중심으로 전기 판매 수익 확보를 위한 전력 공급용 전선 (케이블) 확보 경쟁이 치열하게 진행되고 있다."(조정원 2017: 5)

을 대체하는 연료로 사용되는 데 어려움이 없다. 이와 같은 천연가스 수요가 지속적으로 발생하기 때문에 중국 중앙정부는 시베리아의 힘 가스관과 중국 국내 가스관과의 연결 공사를 통해 러시아산 천연가스 공급을 늘림으로써 중국 내 천연가스 신규 수요를 충족시키려 하고 있다.

V. 결론 및 전망

중국의 대외 에너지 전략은 1993년 12월 당시 국가주석이었던 장쩌민이 강조했던 수입을 통한 국내 부족분 보충과 해외 자원 개발, 2006년 7월 후진타오의 신에너지안보관에서 강조했던 에너지의 안정적 수급을 위한 대외 협력 강화를 바탕으로 추진되고 있다. 이러한 대외 에너지 전략의 기조는 시진핑 국가주석 중심의 제5세대 지도부의 국가 전략인 일대일로에서도 유지되어 개혁개방 이후 늘어나는 중국 국내 원유, 가스 수요 충족을 위한 러시아산 원유 수입을 위한 제2송유관 건설, 시베리아의 힘 가스관과 중국 국내 가스관과의 연결 공사 추진으로 이어지고 있다. 러시아산 원유, 가스 수입을 위한 파이프라인은 모두 중국의 동북 지역인 헤이룽장성이 기점이 되고 있다. 그로 인해 중국에게 있어서 러시아와 헤이룽장성을 중심으로 하는 동북아시아 에너지협력이 중국의 원유, 가스의 안정적 공급에 있어서 상당히 중요해졌다.

중국의 러시아산 원유 수입의 증대는 중국 정유 산업의 원료 공급을 보다 원활하게 하는 데도 도움이 될 수 있다. 중국 각지의 정유 공장들이 러시아산 원유를 사용하는 곳들이 원료로 사용하고 있기 때문이다. 2016년 중국의 지방 정유 공장들이 수입한 러시아산 원유는 약 660만 톤으로 같은 시기 중국의 전체 러시아산 원유 수입량의 약 7.6%를 차지하고 있다(隆众石化网 2017). 또한 톈진에는 중국석유와 로스네프트가 공동으로 투자한 정유 공장을 건설하고 있다. 러시아산 원유를 원료로 사용하던 정유 공장들이 다른 나라의 원유를 사용하기는 쉽지 않기 때문에 정유 공장의 원재료 사용과의 연계 수요는 중국과 러시아의 동북아 석유 협력 지속에 도움이 될 수 있다.

중국 중앙정부는 천연가스 분야에서는 러시아산 가스 수입을 통한 동북아 에너지협력 확대에 그다지 적극적이지는 않았다. 중앙아시아 가스관을 통해 수입되는 투르크메니스탄 천연가스와 카자흐스탄, 우즈베키스탄 천연가스를 대러시아 가스 공급 가격 협상의 지렛대로 활용하여 보다 낮은 가격으로 러시아산 천연가스를 수입하고자 했기 때문이다.

또한 중국은 기존의 천연가스 수입국들 외에도 2013년 미얀마로부터 천연가스 수입을 시작했다. 아울러 2016년 8월부터는 미국으로부터 LNG 수입을 늘리면서 동년 12월까지 19만 8,500톤의 미국산 LNG를 수입했다.[9]

그럼에도 불구하고 중국은 러시아산 천연가스 수입을 위한 파이프라인 건설에 합의하고 2015년 6월 29일부터 중국 구간을 건설하고 있다. 예정대로 2018년에 완공되어 개통되면 러시아산 천연가스 수입이 크게 늘어나면서 석탄을 대체하는 자동차, 난방, 발전용 연료로 사용될 수 있을 것이다.

중·러 가스 파이프라인이 완공되는 2018년에는 중국의 동북아시아 에너지협력에서 러시아가 차지하는 비중이 지금보다 더 커질 것이다. 중국을 통해 공급되는 러시아산 천연가스의 양이 늘어나면 중국의 국유기

9   2016년 8월 국유 에너지 대형 기업이자 중국 최대 천연가스 수입 업체인 중국해양석유가 미국산 액화천연가스(LNG)를 도입하였다. 이와 같이 천연가스 수입선이 다변화되면서 중국은 천연가스 수입에 있어서 중동 의존을 확실하게 줄일 수 있게 되었다.

업이 중국 산둥성에서 서해안을 거쳐 한국의 경기도 평택으로 연결되는 해저 가스관을 통한 러시아산 천연가스 판매를 우리 나라에 다시 제의할 수도 있다. 그러나 한중 해저 가스관을 통한 러시아산 천연가스 도입은 한국의 중국에 대한 경제 의존이 지금보다 높아지는 점 때문에 한국의 정부와 기업들이 적극적으로 논의에 참여할 지는 미지수이다.

그리고 러시아는 중국 외에도 동북아시아의 주요 에너지 소비국들인 한국, 일본으로의 천연가스 판매도 늘리려 할 것이다. 특히 러시아는 2017년 5월 13일에 출범한 문재인 대통령의 한국 정부가 러시아와의 에너지협력을 희망하는 점을 착안하여 한국 정부와 북한을 경유하여 한국으로 천연가스를 공급하는 남북러 가스관 건설 논의를 재개하려 할 것이다. 한국과 러시아 정부가 남북러 가스관 건설과 개통을 통해 북한의 대외 개방을 자연스럽게 유도할 수도 있다.

그러나 양국 정부가 남북러 가스관을 통한 러시아산 천연가스 공급 가격에서 쉽게 접점을 찾을 수 있을 지는 장담하기 어렵다. 러시아 정부는 입방미터당 340달러 이상의 공급 가격을 한국 정부에 요구할 가능성이 높다. 그러나 한국의 기업들도 중국과 마찬가지로 카타르와 인도네시아, 말레시아, 호주 외에도 미국에서 저렴한 LNG를 수입할 수 있기 때문에 한국 정부가 러시아 정부가 요구하는 공급 가격의 수준이 지나치게 높을 경우 러시아 정부와 쉽게 합의하지 않을 수도 있다. 또한 북한이 남북러 가스관 연결과 개통 후 공급의 안정성 보장에 쉽게 응할 지도 미지수이다. 그러므로 중국과 러시아의 원유, 가스를 중심으로 진행되는 동북아시아 에너지협력이 한반도로 확대될 수 있을 지는 러시아의 공급 가격, 북한의 적극적 참여 여부에 달려 있다.

참고문헌

남대엽. "중국 자동차 산업 전망 (1편) 중국을 점령한 토종 SUV의 질주." 포스코경영연구원, 2016.
이길성. "미국 "남중국해 점거 용납 않겠다" 중국 "美는 빠져라"." 『조선일보』 (2017.1.25).
조정원. "중국 카자흐스탄 석유 및 가스 협력." 『슬라브학보』 제25권 2호 (2010).
_____. "중국의 태양광 발전과 국내 전력망 연계: 현황과 문제점." 『글로벌에너지모니터』 3
월호 (2017).
조정원·김연규·임유정. "중국의 셰일가스 개발: 정책과 현황, 동인과 장애 요소를 중심으로." 『세
계 지역연구논총』 제35집 1호 (2017).

江泽民. "能源发展趋势及主要节能措施." 『上海交通大学学报』 23-3 (1989).
_____. "对中国能源问题的思考." 『中国能源问题研究』, 上海交通大学出版社, (2008.10).
界面新闻. "中俄石油贸易具想象空间 俄罗斯圣彼得堡港成青岛港"朋友圈"好友." (2017.3.23).
    http://www.jiemian.com/article/1194643.html (검색일: 2017.6.2.).
国家发展改革委·外交部·商务部. "推动共建丝绸之路经济带和21世纪海上丝绸之路的愿景与行
    动." 2015. http://www.sdpc.gov.cn/gzdt/201503/t20150328_669091.html (검색일:
    2017.3.5).
国务院 国家发展改革委员会. 『能源发展"十一五"规划』 2008.
隆众石化网. "2016年中国进口原油排行 : 俄罗斯总量傲视群雄, 巴西增速最快." (2017.2.9).
    http://weibo.com/ttarticle/p/show?id=2309404073181802590743 (검색일:
    2017.4.23).
新华网. "国家能源委员会正式成立 温家宝任主任." (2010.1.27). http://news.xinhuanet.com/
    politics/2010-01/27/content_12886501.htm (검색일 : 2017.3.12).
_____. "国务院常务会议原则通过 能源中长期发展规划纲要 (草案)." (2014.7.1). http://news.
    xinhuanet.com/zhengfu/2004-07/01/content_1559228.htm (검색일: 2017.3.21).
吴昉. "2016年乘用车销量超2400万辆 中国品牌首次超过千万辆." 『新华网』 (2017.1.12). http://
    news.xinhuanet.com/auto/2017-01/12/c_1120298824.htm (검색일: 2017.3.21).
王东岳. "煤化工投资有望复苏." 『中國經濟網』 (2017.5.2). http://finance.ce.cn/rolling/
    201705/02/t20170502_22494473.shtml (검색일: 2017.5.3).
人民网. "我国"十五"能源发展重点专项规划." (2001.8.13). http://www.people.com.cn/GB/
    jinji/31/179/20010813/533877.html (검색일: 2017.3.21).
装备工业司. "2016年汽车工业经济运行情况" 『中华人民共和国工业和信息化部』 (2017.1.17).
    http://www.miit.gov.cn/n1146290/n1146402/n1146455/c5466622/content.html (검
    색일: 2017.3.21).
济南海关. "一季度山东省对俄罗斯进出口增长显著." 2017.4.26. http://jinan.customs.gov.cn/
    publish/portal527/tab63512/info847341.htm (검색일: 2017.5.31.).
中国经济网. "2016年SUV : 销量超900万辆 自主品牌占据大半." 『新华网』 (2017.1.22). http://

news.xinhuanet.com/2017-01/22/c_1120359523.htm (검색일: 2017.3.20).

中国国际贸易促进委员会经济信息部, 『我国"走出去"战略的形成及推动政策体系分析』 2007.

中国气候变化信息网. "2016年国内能源市场及2017年展望." 2017.2.15. http://www.ccchina. gov.cn/Detail.aspx?newsId=66303&TId=57"%20"title=2016年国内能源市场及2017 年展望 (검색일: 2017.4.2)

中国石油新闻中心. "中俄东线天然气管道中国段开工."(2015.7.1). http://news.cnpc.com.cn/ system/2015/07/01/001548696.shtml (검색일: 2017.4.12)

_____. "借"一带一路"东风"出海"中国能源企业的海外布局."(2017.2.6). http://center.cnpc. com.cn/bk/system/2017/01/11/001629600.shtml

中国海关. "2016年原油进口量." www.haiguan.info (검색일: 2017.4.23)

中汽协会行业信息部. "2016年汽车工业经济运行情况."『中国汽车工业协会』(2017.1.12). http:// www.caam.org.cn/xiehuidongtai/20170112/1505203997.html (검색일: 2017.4.23)

中华人民共和国海关总署. "2017年一季度新疆口岸原油进口值大幅增长." 2017.4.27. http:// www.customs.gov.cn/tabid/2433/InfoID/847462/frtid/49629/settingmod-uleid/126765/Default.aspx (검색일: 2017.5.20).

曾培炎. "西气东输铸就能源大动脉."『中国经济导报』(2010.5.24). http://www.china5e.com/ news/news-100591-1.html (검색일: 2017.3.5).

陈扬勇. "江泽民"走出去"战略的形成及其重要意义."『中国共产党新闻网』(2008.11.10). http://the-ory.people.com.cn/GB/40557/138172/138202/8311431.html (검색일: 2010. 3.11).

沈骥如. "本网特稿: 胡锦涛提出新能源安全观."『新华网』(2006.8.18). http://news.xinhuanet. com/politics/2006-07/18/content_4847040.htm (검색일: 2016.12.10).

夏义善.『中国国际能源发展战略』北京: 世界知识出版社, 2009.11.

Gazprom. "Power of Siberia."(2017). http://www.gazprom.com/f/posts/74/805991/ map_sila_sib_e2017-04-05.png (검색일: 2017.4.1).

제7장

동북아 에너지협력과 북한 요인

김경술

I. 서론과 문제 제기

동북아시아 지역은 대규모 에너지 수입국과 자원부국들이 역내에 존재하는 천혜의 협력조건을 갖추고 있음에도 불구하고 현재에 이르기까지 효과적인 다자적·양자적 에너지협력을 도모하지 못하고 있다. 1990년대에 들어서면서 구소련이 붕괴되고 위성국들이 독립, 자본주의 경제체제가 도입되는 등 협력의 여건이 조성되면서 다양한 역내 에너지협력 사업들에 대한 논의가 진행되어 왔으나 아직 적지 않은 난제들이 존재한다. 동북아 에너지협력의 기회적 요인으로는 △러시아, 몽골 등 역내 에너지 공급국들의 적극적 협력 의지 △한국, 중국, 일본 등 역내 에너지 수입국들의 거대한 에너지 수요 △정상회담, 고위급회의 등 꾸준한 협력방안 협의 △철도, 해운, 송유관 등 인프라의 점진적 개선 등을 들 수 있다. 그에 반해 동북아 에너지협력의 제약적 요인으로는 △국제유가 하락으로 인한 자원 개발 투자 감소 △북한의 고립과 폐쇄정책 △체제전환국들의 국제적 비즈니스 관행 부족 △에너지 국제시장의 공급여력 확대로 인한 자원 개발 투자 감소 △법제, 금융, 절차 등 현격한 제도적 차이 △ 거대한 에너지 인프라 투자수요 등이 지적된다. 국제유가, 국제 에너지 시장 동향 등의 외부적 여건은 아직 협력 사업들이 역동적으로 전개되기에는 어려운 상황이나 비즈니스 관행, 법제도적 차이 등과 같은 내부적 제약요인들은 각국의 지속적인 노력으로 꾸준히 개선되는 추이를 보이고 있다.

동북아 에너지협력의 제약적 요인들 가운데 가장 해결하기 어려운 난제는 단연 북한문제이다. 북한은 러시아, 몽골, 중국 등 동북아 대륙 국가들과 한국, 일본 등 해양 국가들을 연결하는 중간다리 역할을 담당하는 지정학적 요충지이다. 당연히 역내를 다자적, 양자적으로 연결하는 에너지 교역과 네트워크의 상당 부분은 북한 구역의 통과가 필연적이다. 남·북·러 전력망 연계사업, 아시아 슈퍼그리드 구상, 남·북·러 PNG 사업, 몽골 석탄의 태평양 루트 개발협력, 북한 나진항을 활용한 러시아의 석탄수출 협력 사업 등이 북한과 연관된 동북아 역내의 다자협력 사업들이며, 남북 에너지협력, 북·중 전력협력, 중·러 전력협력 등이 현재 논의되고 있는 북한과 관련된 양자 에너지협력 사업들이다.

동북아 에너지협력을 제약하는 북한 요인은 북한 자체가 원인이 되는 요인과 북한을 둘러싼 정치군사적 상황이 원인이 되는 요인으로 구분하여 살펴볼 수 있다. 전자는 북한 당국의 의지로 또는 북한 자체가 가지고 있는 현실적 한계로 동북아 에너지협력 사업에 협조하지 않아 유망한 협력 사업이 진행되지 못하는 경우로 남·북·러 전력망 연계사업, 아시아 슈퍼그리드 구상, 남·북·러 천연가스 파이프라인 건설 사업, 몽골 석탄의 태평양 루트 개발협력 등이 이에 해당한다. 후자의 경우는 북한 당국은 협력의지가 있으나 북한에 대한 국제제재로 인해 협력 사업의 추진이 어려워지는 경우로 남북 에너지협력, 북·중 전력협력, 중·러 전력협력, 북한 나진항을 활용한 러시아의 석탄수출 협력 사업 등이 이에 해당한다. 북한으로 인해 야기되는 위의 두 가지 유형의 제약 요인으로 인해 북한과 관련된 역내 에너지협력 사업은 논의가 중단되었거나, 시작하지 못하였거나, 중단되었다.

국가 에너지 안보 강화라는 숙명적 정책과제를 가지고 있는 우리나라에게도 동북아 에너지협력은 커다란 기회로 다가오고 있다. 국내 에너지산업이 비약적 도약을 도모할 수 있는 절호의 기회이기 때문이다. 북한의 에너지, 자원 개발과 인프라 및 연관산업 개발 등 사상 최대의 남북협력 기회를 제공할 것이며, 우리 에너지산업의 숙원인 해양으로 개방되고 대륙으로 연계된 개방형 에너지시스템을 완성할 수 있는 유일한 길이기 때문이다. 그를 위해 동북아시아 경제공동체를 견인할 기술적, 산업적 역량을 강화하고, 다각적인 국제협력 활동을 강화함으로써 동북아평화협력구상 및 유라시아협력의 에너지자원 분야 리더십을 확보하기 위한 장기 전략적 투자확대가 요구되는 시점이다.

본고에서는 동북아 에너지협력에서 북한 요인의 요체가 무엇이며, 구체적으로 어떤 협력 사업들이 제약을 받고 있는지를 살펴보고 그를 해결해 나가기 위한 정책방향에 대하여 논의해 보고자 한다.

II. 동북아 에너지협력에서의 북한 요인

동북아 에너지협력을 제약하는 북한 요인은 북한 자체가 원인이 되는 요인과 북한을 둘러싼 정치군사적 상황이 원인이 되는 요인으로 구분하여 살펴볼 수 있다. 북한 자체가 원인이 되는 요인은 북한 당국이 고수하고

있는 폐쇄주의 정책 노선과 상업에너지시스템이 존재하지 않는다는 사
회주의 경제체제의 특성으로 다시 구분하여 살펴볼 수 있다.

1. 북한의 폐쇄주의 정책

북한은 세계적으로 유사한 사례를 찾아보기 어려울 정도의 극심한 폐쇄
주의 정책을 고집하고 있다. 미얀마도 쿠바도 모두 개방되어 보다 많은
국가들과 교류협력하기 위해 최선의 노력을 다하고 있다. 지구상의 어떤
나라도 폐쇄정책을 국가의 정책으로 채택하지 않는데 오직 북한만이 비
밀주의와 은둔, 그리고 폐쇄고립 일변도의 정책을 고집하고 있다.

북한의 이런 비밀주의와 폐쇄고립은 총체적으로 붕괴된 경제상황,
국제적으로 알려지기 시작한 극심한 인권탄압, 핵무기 개발과 미사일 발
사 등과 같은 떳떳지 못한 치부를 감추기 위한 측면도 있겠으나, 본원적
으로 김씨 왕족의 세습에 입각한 체제를 유지하기 위해 선택한 정치적
노선으로 이해된다.

경제분야에서도 북한의 폐쇄정책은 극심하다. 북한 주민들을 철저
히 외부세계와 격리시켜 그들이 말하는 소위 '날라리 자본주의'에 물들
지 않게 하고, 특히 남한의 경제적 자유와 부유한 경제적 삶이 북한 주민
들에게 알려지는 것을 차단하여 외부세계에 대한 동경 자체를 봉쇄함으
로써 주민들의 체제에 대한 불만과 저항을 막고자 하는 독재국가 특유
의 체제유지 정책이 지속되고 있다. 체제유지가 최고의 가치이기 때문
에 이에 영향을 미치는 어떠한 외부의 접근도 허용하지 않으며, 영향을
미칠 것으로 예상되는 어떠한 외부의 제안도 받아들이지 않는다. 경제회
생에 필수적인 외국 자본과 기술의 도입도 거부하고 있으며, 이를 촉진
하기 위한 내부적 시스템 조정마저도 거부하고 있다. 그로 인해 아주 예

외적인 경우를 제외하면, 그 어떤 외국기업도 북한에 지사를 두어 사업을 영위하거나, 인력을 파견하거나, 투자를 진행하거나, 재화를 사고파는 기업 활동을 할 수 없다.

이러한 북한의 폐쇄정책은 에너지부문에서도 극심하게 나타난다. 북한은 오랫동안 이른 바 '자력갱생의 원칙'을 에너지정책의 제일 중요한 정책원리로 내세우고 있다. 북한 내에서 생산되는 에너지원을 최대한 개발하여 이용함으로써 에너지 수입을 최소화하겠다는 정책방향으로 일견 타당해 보이는 듯하나 경제원리에 전혀 맞지 않는 잘못된 정책이다. '자력갱생의 원칙'에 입각한 북한의 에너지정책은 결국 석유의 수입을 극도로 제한함으로써 아직도 북한을 '석탄시대'에 머무르게 하는 원인을 제공하게 된다. 북한에서 석유는 오랜 세월동안 군수용과 수송용 이외에는 거의 사용할 수 없는 에너지였다. 지금은 석유시장에 불법 유출되거나 밀수된 석유제품들이 음성적으로 거래되어 돈만 있으면 누구나 석유를 소비할 수 있게 되었으나 여전히 가정·상업·공공부문의 석유 소비는 미미한 수준이다. 수입 에너지를 사용하는 석유화학 대신 석탄화학을 육성하였고, 산업체의 열·동력도 석탄보일러로 생산하고 있다. 그 결과 북한의 에너지믹스는 석탄, 석유, 수력, 기타 등으로 단순하게 형성되었으며, 수입 에너지원은 석유가 유일하다. 즉, 석유의 비중이 에너지수급의 해외 의존도이고, 전체에서 석유의 비중을 제외한 것이 에너지 자급도이다. 1990년 이후 북한의 에너지 자급도는 88.4%(2015년)와 95.5%(2010년) 사이에서 변화해왔다. 25년 동안 1990년과 2015년 딱 두 번만 90% 미만을 기록하였고 대부분 92~95% 높은 자급도를 보이고 있다.

이와 같은 북한의 에너지부문의 폐쇄정책은 결국 에너지 수급의 후진성, 에너지산업의 미발달, 석유화학산업의 미발달 등과 같은 에너지 분

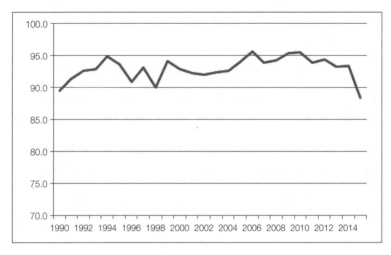

그림 1. 북한의 에너지 자급도 추이(단위: %)
자료: 에너지경제연구원

야의 정책실패뿐만 아니라 석탄을 사용하는 산업체 전반의 경쟁력 저하
를 초래하여 북한 경제의 후진성을 초래한 근원적 원인으로 작용하였다.

북한은 여전히 그러한 정책실패를 고통스럽게 감내하고 있으면서도
과감히 변화하지 못하고 있다. 동북아 역내 국가 간 에너지협력도 북한
으로서는 '자력갱생의 원칙'이라는 에너지 정책의 교조적 원리를 저버리
는 어려운 선택일 수 있으며, 북한 주민과 북한 사회를 변화시켜 체제를
위협하는 계기가 될 수도 있는 위험을 감수해야 하는 매우 어려운 선택
일 수도 있다.

북한이 고수하고 있는 시대착오적 폐쇄주의 정책은 동북아 국가들
의 역내 에너지협력을 가로막고 있는 엄중한 제약 요인이다.

2. 상업에너지시스템의 부재

북한은 전통적인 사회주의 방식으로 국가를 운영해온 지구상 몇 안 되는 국가들 중 하나이다. 근래까지도 국가가 모든 에너지 수요에 대해 무상으로 배급해 주는 사회주의 방식으로 에너지정책을 운용해 왔다. 북한에서 에너지는 식량과 함께 가장 대표적인 배급물자이었다. 에너지 배급은 산업, 수송, 가정상업, 공공 등 모든 수요부문에 대해 이루어졌으며, 전면 무상으로 이루어졌다.

가정부문의 경우, 가구마다 석탄이 연중 3∼3.5톤씩 배급되었으며, 전력이 무상 공급되었고 평양 시내 일부 아파트에는 취사용 LPG가 공급되었다. 상업부문에도 석탄, 전력 등이 무상 공급되었으며 전국의 각종 기관, 단체, 교육기관 등 공공기관에도 무상 공급되었다. 석유류의 경우도 각 지방의 연유공급소를 통해 무상으로 공급되었으며, 주로 트럭관리 사업소, 버스관리 사업소 등에 공급되었고 해안지대에는 어선용 석유도 공급되었다.

북한의 에너지 무상배급 체제하에서는 에너지 가격이 존재하지 않았으며, 정책적으로 우선공급의 순위 정도만 존재할 뿐이었다. 이러한 에너지시스템은 결국 전체 에너지시스템의 부실을 초래하는 원인으로 작용하였다. 에너지를 생산하는 영역에서는 생산성, 경제성 등에 대한 경영관리적 개념이 형성되지 않았고 그 결과, 생산원가가 얼마인지, 노동생산성이나 자본생산성은 어떠한지 등에 대한 최소한의 판단조차도 형성되지 못하고 다만 상부에서 하달되는 생산목표 달성에만 집착하였으며, 목표 미달에 대한 책임추궁을 피하기 위해 생산량에 대한 허위보고가 만연하였다.

비슷한 문제는 에너지소비부문에서도 나타났다. 무상으로 주어지는 에너지이므로 에너지절약, 소비효율 향상 등은 전혀 고려의 대상이 되지 못하였다. 석탄의 경우는 연간 배급량이 정해져서 적정히 소비규모를 조절하려 노력하였으나 전력의 경우는 공급 자체도 충분하지 못하였지만 전기가 들어오는 시간에는 최대한 소비하고 보는 소비행태가 형성되었다.

이러한 상업에너지시스템의 부재는 북한이 인근 국가들과 에너지협력 사업을 추진하는 데 결정적인 장애요인으로 작용한다. 즉, 서방식의 상업적 에너지 비즈니스가 도입될 공간이 없기 때문이다. 서방의 에너지 민간기업들이 북한 에너지사업에 진출하고자 해도 요금을 내고 에너지를 소비하는 이른바, 유효수요가 없기 때문에 적정한 투자회수 방안을 설계할 수 없기 때문이다. 협력 사업의 계약주체도 북한 당국이거나 당국이 내세우는 기업체가 되며, 협력 사업의 진행과정도 비즈니스적 의사결정보다는 북한 당국의 방침이나 지시가 우선하게 되는 문제가 예상된다. 이처럼 북한은 수익구조, 계약주체, 의사결정 과정 등에 있어서의 비즈니스 관행이 서구적 기업들과 크게 달라 인접국들과의 양자적, 다자적 에너지협력 사업을 추진하기가 쉽지 않은 구조적인 문제를 가지고 있다.

그러한 북한에도 근년 들어 현격한 변화가 나타나고 있다. 모든 에너지 수요에 대해 정부가 책임지고 무상으로 에너지를 배급하던 시스템은 실질적으로는 1990년대 초반에 이미 무너졌다. 평양 시내 일부 아파트에 대한 취사용 LPG는 여전히 시장가격보다 크게 저렴하게 공급되고 있는 것으로 파악되나 전체적으로는 북한 전역에서 더 이상 에너지 무상배급은 이루어지지 못하고 있다. 그에 따라 북한에는 이미 상당한 정도의 자생적인 상업에너지시스템이 작동하고 있는 것으로 파악된다. 북한의 모든 기업소들은 공장 운영에 필요한 에너지를 자체적으로 조달하도록 지시받고 있으며, 대부분의 가정들도 필요한 에너지를 자체적으로 해결하고 있다. 그나마 전력부문에서만 아직도 정부가 공급하는 배급제가 일부 살아있는 것으로 해석될 수 있다. 물론 전면 무상공급이 아니라 일부 요금을 내도록 하고 있는 점은 예전과 다른 점이라 하겠다. 에너지 공급이 절대적으로 부족한 북한의 상황은 결국 장마당에서의 상업적 에너지 거래가 활성화되는 결과를 초해하였다. 연료시장이라는 형태의 에너지 장마당이 북한의 전역에 걸쳐 열리고 있으며, '연유장사', '가스집' 등의 전문 유통구조가 확산되고 있다. 연유장사는 정유공장, 군부대, 기업소 등으로부터 흘러나온 석유류와 밀수된 석유류를 유통시키며, 가스집 역시 불법 유출된 LPG와 밀수입된 LPG를 판매한다. 기업소들이 보유·운영하는 탄광과 인민갱[1]이라 불리는 가족단위의 채탄행위로부터 유입되는 석탄, 그리고 장작을 비롯한 신탄류 등의 에너지들도 연료시장에서 활발히 거래된다.

북한에서 나타나고 있는 자생적 에너지 거래행태는 불법적인 거래로 체계적인 상업에너지시스템에 의해 전개되는 양상으로 볼 수는 없다. 그럼에도 이러한 에너지의 상업적 거래에 대한 경험은 상업에너지시스템 도입을 원활히 하여 남북 에너지협력은 물론 동북아 에너지협력의 추진기반을 형성하는 데 직접적으로 기여하게 될 것으로 판단된다. 북한지역의 상업에너지시스템 도입은 에너지 지하자원의 소유관계에서부터 생산, 수송, 저장, 가공, 전환, 판매, 이용에 이르는 에너지 전 과정의 모든 것을 변화시킬 가장 핵심적인 변화라 할 수 있다. 모든 과정에 걸쳐 소유와 권리의 개념이 확정되고, 가격과 세금이 도입되면서 판매하는 자는 수익을 갖게 되고 소비하는 자는 비용을 치르게 되는 변화가 도입될 것이다. 이러한 변화는 모든 거래 단계마다 계약관계가 형성되고 생산하는 자는 수익극대화를 위해 생산단가 저감을 고민하고 소비하는 자는 비

---

1   석탄 산지, 폐갱구 등에서 도르래 등을 사용하여 가족단위로 이루어지는 채탄행위가 확산되어 있다. 그를 '인민갱'이라 부르며, 인민갱에서 생산된 석탄을 '민탄'이라 부른다.

용 최소화를 위해 소비절약을 도모하는 변화를 초래할 것이다.

　그러므로 현재의 단계는 돈을 내고 에너지를 소비하는 상업에너지 시스템이 실질적으로는 작동하고 있고 일정 부분 유효수요도 확산되고 있어 서구적 비즈니스가 진입하기 위한 공간이 생겨나고 있는 단계로 볼 수 있다. 그러나 그런 현상은 비공식적으로 용인되고 있을 뿐, 공식적으로는 가격제도, 세금제도 등의 법제도적 형태를 갖추지 못하고 있다. 북한의 모든 기업은 여전히 국가소유이며, 당국의 지시에 의해 운영되고 있어 계약주체, 의사결정 과정 등에 있어 서구적 비즈니스와 협력하기에는 쉽지 않은 구조적 문제를 가지고 있는 것으로 관측된다.

3. 정치군사적 요인

계속되는 북한의 핵실험과 미사일 도발은 국제사회의 강력한 대북 경제 제재를 초래하였으며, 대치국면은 갈수록 첨예해지고 있다. 유엔 안전보장이사회는 2016년 3월 3일, 북한의 4차 핵실험(1월 6일)과 장거리 미사일 발사(2월 7일)에 따라 기존 대북 제재조치를 대폭 확대·강화한 결의안 2270호를 만장일치로 채택하였으며, 2016년 9월 9일 북한의 5차 핵실험에 대응하여 11월 30일 결의안 2321호를 채택하였다.

　유엔 안보리 결의안 2270호는 △무기거래 △제재대상 지정 △확산 네트워크 △해상·항공·운송 △대량살상무기(WMD) 수출통제 △대외교역 △금융거래 △제재 이행 등 광범위한 분야에 걸쳐 기존 대북 제재 결의상의 조치들을 대폭 강화함은 물론, 새로운 강력한 제재 조치들을 다수 포함하고 있다. 이 가운데 에너지와 관련된 제재 내용은 △북한산 석탄, 철광석 수입금지 △대북 항공유(로켓연료 포함) 판매·공급 금지 △자국 영토 내 북한행발 화물검색 의무화 △북한 선박에 대한 소유·대여·운

표 1. 유엔 대북제재 결의 2270호의 에너지 관련 내용

구분	내용	예상효과
대외교역	• 북한의 석탄·철·철광 수출·공급·이전 금지(예외: 민생목적으로 WMD와 무관한 경우, 러시아산 석탄을 나진항을 통해 수출하는 경우)	• 북한 외화수급 악화 • 에너지 수급에 미치는 영향은 제한적
	• 대북 항공유(로켓연료 포함) 판매·공급 금지(예외: 해외 북한 항공기의 귀국용 재급유, 인도주의적 목적으로 제재위 사전 허가 시)	• 항공유 수급에 직접적 영향
해운·항공·운송	• 자국 영토 내 북한 행발 화물 검색 의무화	• 주변국으로부터의 석유류 해상 밀수 차단
	• 북한 내 선박 등록, 북한기 사용 및 북한 선박에 대한 소유·대여·운용·선급·인증·보험제공 금지	• 주변국으로부터의 석유류 해상 밀수 차단

자료: 에너지경제연구원

용·선급·인증·보험제공 금지 등이 있이 있다. 그러나 결의안 2270호는, 특히 에너지 분야에서의 결의는, 제대로 이행되지 않았으며, 북한의 대중국 석탄 수출은 오히려 그 이전보다 더 증가하는 추이를 나타내었다.

결의안 2321호는 △기존 결의안의 문제점을 보완하고 △북한에 실질적인 영향을 줄 수 있는 새로운 제재 조치를 추가하며, △제재대상 개인·단체를 확대하는 다양한 조치들이 포함됐다. 이는 이미 강력한 안보리 결의안 2270호를 더욱 보완하는 것으로 북한과 관련하여 유엔이 취한 가장 강도 높은 실효적 결의안으로 평가된다. 특히 결의안 2321호에는 에너지와 관련하여 △북한의 석탄 수출 상한제를 도입함으로써 북한의 석탄수출을 수출액 4억 달러, 수출량 750만 톤 중 적은 쪽을 적용하여 제재하도록 하고 있다.

이처럼 북한의 거듭되는 핵도발과 국제사회의 대북제재는 북한 경제의 모든 대외관계를 사실상 중단시키고 있어 북한과 관련된 모든 동북아 에너지협력 논의 자체를 중단시키는 직접적인 원인이 되고 있다. 유

엔의 현행 대북제재 조치가 유지되는 한 북한과 관련된 동북아 에너지 협력은 유엔의 대북제재를 위반하는 행위가 되기 때문이다. 북한을 둘러 싼 현재의 정치군사적 제약은 더욱 확장·강화되고 있으며, 북한과의 어 떠한 동북아 에너지협력 사업도 사실상 추진할 수 없는 최악의 국면으로 이어지고 있다.

III. 북한 요인과 동북아 에너지협력 프로젝트

국가 에너지 안보 강화라는 숙명적 정책과제를 가지고 있는 우리에게 동 북아 에너지협력은 커다란 기회로 다가오고 있다. 동북아 에너지협력은 국내 에너지산업의 비약적 발전은 물론, 북한의 에너지, 자원 개발과 연 관 인프라 및 연관산업 개발 등 사상 최대의 남북협력 기회를 제공하는 동시에 통일한국 시대의 남북통합 에너지시스템 구축을 앞당길 수 있는 기회를 제공하고 있다. 아직 역내 에너지협력은 역동적으로 전개되지 못 하고 있는 상황이나 에너지협력의 제약적 요인들을 개선하기 위한 다각 적인 노력들이 전개되고 있다.

　역내에 거대한 에너지 공급국들과 수요국들이 공존하는 지역적 특 성 때문에 동북아 에너지협력에 대한 필요성은 꾸준히 강조되어 왔으며, 실제 다각적인 협력 사업들에 대한 협의가 오랜 기간 진행되어 왔다. 그 중에는 북한과 관련된 협력 사업들도 많이 있다. 북한과 관련된 협력 사 업으로 전력부문에서는 남·북·러 전력망 연계사업, 북·중, 북·러 전력 교역 사업 등의 협력 사업들이 협의되어 왔으며, 최근에는 아시아 슈퍼그 리드 구상에 대한 논의들이 활발히 전개되고 있다. 가스부문에서는 남· 북·러 천연가스 파이프라인 건설 사업이 협의되고 있으며, 석탄부문에서는 북한 나진항을 활용한 중국과 러시아의 석탄 운송사업, 몽골 남고비 지역 자원의 태평양 운송루트 개발 등의 협력 사업들이 논의되어 왔다.

1. 동북아 전력협력 프로젝트

1) 남·북·러 전력망 연계 프로젝트

동 프로젝트는 러시아에서부터 북한을 통과하여 한국에 이르는 전력망을 건설하여 러시아 전기을 한국으로 수출하기 위한 전력교역 사업으로 1990년대 초반부터 전문가들을 중심으로 논의되어 오다가 2008년 한·러 정상회담에서 합의된 사업이다. 한·러의 강력한 추진 의지에도 불구하고 연계망 통과국인 북한과의 합의 불발로 지연되다가 2013년 한·러 정상회담에서 재추진에 합의하는 등 새로운 전기를 맞이하는 듯하였으나 여전히 북한 변수로 어려움을 겪고 있다.

2009년 양국은 러시아 핫산에서 북한을 통과하여 한국 경기 북부에 도달하는 전력망을 건설하여 전력을 교역하기 위한 사업의 타당성 연구를 공동수행하기로 합의한 바 있다. 동 타당성 공동연구는 3년 계획으로 추진되었으나 2010년 남북관계 악화로 불확실성이 증가하자 중단되었다가 2013년 한·러 정상회담에서 재추진하기로 합의되어 2014년까지 수행되었다. 2014년 한·러 자원협력위원회에서 의정서가 채택될 예정이었으나 우크라이나 사태 발생으로 무산되었다가 2015년 한·러 자원협력위원회에서 체결되었다.

한·러 전력망 연계를 통해 한국이 수입하려는 러시아 전기의 양은 최대 4,000MW로 논의되고 있으며, 송전방법은 500kV 또는 800kV 초고압직류전송(HVDC: High Voltage Direct Current), 송전선로 방식은 하나의 전신주에 2회선의 선로를 구축하는 2Bi-pole 방식이 연구되었

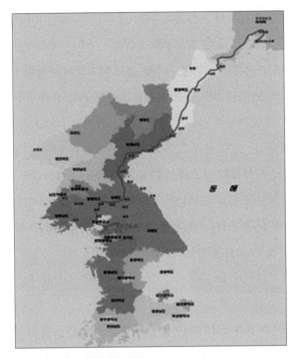

그림 2. 남북러 전력 연계망 통과 노선도(잠정)
자료: 지식경제부(2010)

다. 한·러 공동연구는 사업성 분석을 위해 한국 측 연계점(신덕원, 신포천)을 시점으로 북한의 개성~평산~원산~함흥을 경유하여 러시아 블라디보스트크로 연결하는 1,200km 노선을 최종안으로 선정하였다. 그러나 이 노선은 북한과의 협의 없이 한·러 간에 우선 지정한 노선으로 향후 북한의 의견을 반영하여 재선정될 가능성이 높다.

전력망의 북한 통과비용은 현금이 아닌 전력으로 북한에 지급하는 방안이 제안되고 있으며, 러시아는 이를 위해 북한 당국에 러시아 국경 도시 크라스키노에서 북한 청진에 이르는 500kV 교류 송전망을 부설, 최대 300MW의 전력을 공급하는 방안을 제안하고 있다.

한·러 정상회담에서 합의되었고, 북·러 정상회담에서도 합의되어 사업이 잘 추진될 것으로 기대되었으나 결국 북한의 비협조로 중단된 상태이며, 북한의 핵개발에 따른 국제사회의 대북제재 국면이 이어지면서 논의 자체가 중단된 상태이다.

2) 북·러, 북·중 전력망 연계 프로젝트

동 프로젝트는 북한의 국토 북단과 인접해 있는 중국과 러시아가 북한 북동부 지역을 대상으로 추진 중인 전력공급 프로젝트로 비교적 투자 및 협력규모가 적어 추진이 용이하다는 장점을 가지고 있으나 북한 전력시스템의 단일성이 훼손되는 문제점을 가지고 있다.

(1) 북·중 전력망 연계

북·중 전력망 연계는 북한과 중국이 공동개발 중인 나선특구에 중국 전기를 공급하기로 합의함에 따라 중국이 추진 중인 북·중 간 전력망 연계 프로젝트이다. 이는 북·중이 나선특구 공동개발 계획의 일환으로 특구에 중국 전기를 수입하여 공급하는 방안에 합의하여 이미 추진 중에 있다. 현재 중국 구간의 송전선 건설은 이미 완료된 것으로 파악된다.

당초 2013년 9월 중에 공사를 완료하고 전력을 공급할 계획이었으나 북·중 간 정치적 관계가 소원해지고 나선특구 개발사업이 지연되면서 아직 완공되지 않은 채 지연되고 있다. 훈춘 석탄발전소로부터 나선경제개발구까지 66kV 송전선로를 건설(긍장 약 100km)하여 전력을 공급하는 사업으로 정격 주파수 50Hz의 중국 전기 10만 kW가 공급될 예정이다.

(2) 북·러 전력망 연계

북·러 간 전력망 연계 논의는 두 가지 프로젝트로 진행되고 있다. 첫 번

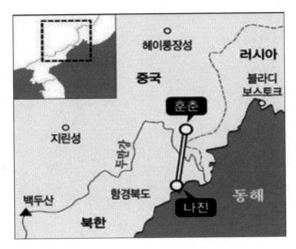

그림 3. 북·중 전력망 연계 노선도

째 프로젝트는 남·북·러 전력망 연계 프로젝트의 일환으로 러시아 측이
북한 측에 제안하고 있는 구상으로 남·북·러 전력 연계망의 북한 영토
통과료로 현금 대신 북한에 러시아 전력을 공급하겠다는 제안이다.

동 프로젝트는 러시아 국경도시 크라스키노에서 북한의 청진에 이
르는 175km 구간을 교류선로로 연결하여 정격 주파수 50Hz의 전기 30
만 kW를 공급하는 방안이다.

두 번째 프로젝트는 러시아의 Rao Energy System of East사가 추
진 중인 나선특구에 대한 러시아 전력공급 프로젝트이다. 동 사는 2015
년 초에 북한 나선 경제특구 송전 사업의 타당성 조사업체 선정을 위한
입찰을 시행, '테크 모세네르고'를 최종 선정해 계약을 체결한 바 있다.
테크 모세네르고는 타당성 조사를 통해 러시아 연해주에서 나선까지의
송전 사업에 필요한 최적의 기술적 해법을 찾아내고 전력망 건설과 개보
수에 필요한 비용을 산출한 바 있다.

블라디보스토크에서 국경도시 핫산까지는 고압 송전선로를 건설하

그림 4. 북러(크라스키노~청진) 전력망 연계(안) 개요

고 핫산에서 나진까지는 교류연계망을 건설하여 전력을 공급하겠다는 구상이다. 정격 주파수 50Hz의 러시아 전기 600MW를 공급할 예정이다.

Rao Energy System of East사는 나선특구 전력공급 계획과 동시에 북·러 접경 지역에 풍력발전단지를 건설하는 계획도 추진하고 있다. 보도에 따르면 러시아 프리모르예 지역과 북한 나선경제특구에 각각 2곳씩 모두 4곳의 풍력발전단지가 건설될 예정이며, 이 풍력발전단지 4곳의 용량은 총 40MW로 생산되는 전력은 모두 북한에 공급될 예정이다. 총 투자비는 5500만~6200만 달러로 알려지고 있으며, 나진특구를 시장으로 하는 상업적 프로젝트이다.

(3) 북·중, 북·러 전력망 연계 프로젝트의 문제점과 해결방안
북한 북동부 지역에 대한 중국과 러시아로부터의 전력공급은 나선특구 개발 등으로 예상되는 현지의 전력수급에 신속하게 대응하는 방안으로 적절하다 하겠다. 그러나 비교적 단거리, 소규모 연계 프로젝트로 충분

그림 5. 북·러(핫산~나진) 전력망 연계 노선도

한 기술적 고려 없이 추진되고 있어 북한 전력계통의 단일성 유지, 나아
가 통일한국 시대의 한반도 통합 에너지시스템 실현에 중대한 장애를 유
발할 수 있을 것으로 우려되고 있다.

　　문제는 이 국가들 전기의 기술적 표준이 다르다는 것이다. 중국과
러시아 전기의 정격 주파수는 50Hz인 반면, 북한의 정격 주파수는 60Hz
로 서로 다르다. 상기 프로젝트들이 현재 계획대로 진행되면, 결국 청진
이북 지역은 북한 전력계통에서 이탈하여 러시아, 중국 전력계통에 편입
될 것으로 예상된다. 이 경우, 동 지역의 모든 전력 시설 및 이용기기, 기
계장비들은 점차 50Hz 정격에 맞도록 교체되어 남한을 포함한 한반도
의 다른 지역과 전혀 다른 전기적 환경을 가진 지역으로 고착되게 될 것
이다. 이럴 경우, 통일시대 한반도 통합 에너지시스템 실현에 중대한 장
애가 될 수 있을 것으로 우려된다. 50Hz 정격에 맞추어진 전력시설과

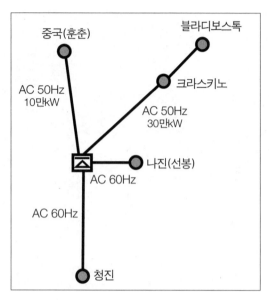

그림 6. 나선특구 직교류변환설비 개념도

기계장비, 이용기기들을 통일 후 다시 60Hz 정격으로 바꾸기 위해서는 막대한 비용과 시간이 필요할 것이기 때문이다.

　이러한 문제(북한 북동부 지역 Load Island화)는 동 지역에 적절한 기술적 투자를 시행함으로써 해결 가능하다. 적절한 위치에 직교류전환설비를 설치하여 중국·러시아 전기를 북한 정격(60Hz)으로 변환하여 사용하도록 하는 방안이다. 나진선봉 지역에 500kV, BTB (Back-to-Back) 직교류변환설비를 설치하는 방안으로 50만 kW 규모에 450억 원 정도의 투자비가 소요될 것으로 예상된다.

3) 아시아 슈퍼그리드

2011년 3월의 동일본 대지진, 후쿠시마 원전 사고 이후 일본 소프트뱅크사 손정의 사장이 제안한 구상으로 아시아 전역의 전력망을 연계하고,

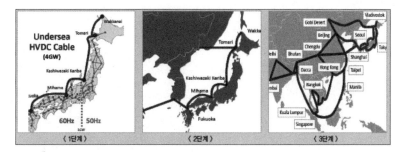

그림 7. 아시아 슈퍼그리드 손정의 사장 제안

자료: Dmitry Sokolov and Takashi Otsuki(2014)

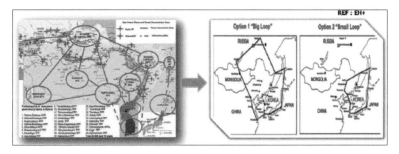

그림 8. 동북아 슈퍼그리드 러시아 제안

자료: Dmitry Sokolov and Takashi Otsuki(2014)

 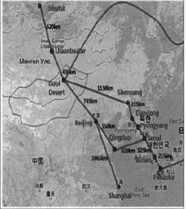

그림 9. 동북아 슈퍼그리드 한국 제안　　**그림 10.** 슈퍼그리드 Energy Charter 제안

자료: Dmitry Sokolov and Takashi Otsuki(2014)　자료: Dmitry Sokolov and Takashi Otsuki(2014)

고비사막의 신재생에너지를 개발하여 공동으로 활용하자는 제안이다. 북쪽의 러시아에서부터 남쪽의 싱가포르까지, 서쪽의 인도에서 극동의 일본까지 아시아 각국의 송전선을 연결하고, 풍력, 태양광 등의 재생가능 에너지로 발전한 전력을 거래한다는 구상이다.

슈퍼그리드는 초고압 광역 대용량 송전망을 의미하며, 핵심 기술은 초고압직류(HVDC: High Voltage Direct Current) 전송, 초고압 고성능의 송변전설비, WAMS와 같은 광역 통합망관리 기술, 에너지 저장기술, 관련분야 EPC 역량 등의 첨단기술을 결합하는 거대 프로젝트이다. HVDC는 발전소에서 생산되는 교류전력을 직류로 변환시켜서 송전한 후 수전점에서 교류로 재 변환시켜 전력을 공급하는 방식으로 장거리, 대량 송전 및 해저송전에 유리한 송전방식이다. 300~400km 이상 송전부터 경제적인 것으로 알려지고 있으며, 2,000km 송전 시 765kV AC 대비 DC 500KV 사용 시 2배의 전력 전송이 가능하다(백승택 2015). 정부 간 협의는 아직 미흡한 수준이나 산업계나 학계를 중심으로 몇 개의 구역으로 구분하여 타당성 연구 등이 진행되고 있다.

아직 전체적으로 합의된 연계망 구상은 없으며, 국가마다 서로 다른 슈퍼그리드 구상을 주장하고 있다. 현재는 북핵을 둘러싼 정치군사적 여건 때문에 북한을 제외한 연계 구상 위주로 협의되고 있으나 북핵 문제가 해결되면 북한을 포함하는 구상들이 탄력을 받을 수 있을 것으로 예상된다. 손정의는 ① 일본 내부 전력망 연결, ② 한·중·러 연결, ③ 서남아, 고비사막 신재생 개발의 단계적 구상 발표하면서 북한 연계를 제외시키고 있으며, 러시아는 중국과 몽골을 포함하나 북한을 배제하는 'Big Loop'와 몽골을 배제하고 중국 동북지방을 경유하여 북한을 통과하는 'Small Loop'를 제안하고 있다. 중국은 독일 등 유럽으로 대규모 전력수출을 위한 신강~유럽 구상을 선호하고 있으나 현재 한중일 연계 타당성 연구에 참여하는 등 동북아 역내 연계에도 적극적인 입장을 보이고 있다. 한국은 북한을 포함하는 한, 중, 일, 러 슈퍼그리드 연결 방안을 선호하며, ① 남·북·러 연계, ② 한·일 연계, ③ 한·중 연계의 단계적 연계 방안을 선호[2]하고 있다.

2. 남·북·러 천연가스 파이프라인 사업

동 사업은 러시아 UGSS(United Gas Supply System)의 종착점인 블라디보스토크에서 출발하여 북한 구간을 경유, 인천과 평택 LNG 인수기지에 이르는 1,122km의 천연가스 파이프라인 건설하여, 러시아 천연가스를 수입하기 위한 사업이다.

UGSS(United Gas Supply System) 프로젝트는 극동러시아 지역의 개발과 아·태 지역 가스 수출시장 개척을 위한 러시아의 대형 가스전 개발 및 파이프라인 건설 사업으로 동시베리아 및 극동러시아 지역의 대형 가스전을 단계적으로 개발하여 크라스노야르스크에서부터 블라디보스토크에 이르는 파이프라인을 건설하는 사업이다. UGSS 가운데 사할린 센터에서 블라디보스토크에 이르는 구간을 '동부가스프로그램'으로 구분, 1단계 사업으로 추진하였으며, 이 구간의 파이프라인은 이미 완공하여 운영 중에 있다.

남·북·러 천연가스 파이프라인 건설 사업은 2003년 한국가스공사와 러시아 가스프롬의 협력협정으로 촉발되어 2008년 한·러정상회담에서 합의됨에 따라 본격화된 대표적인 한·러 에너지협력 사업이다. 한국과 러시아가 공동 타당성조사를 수행하고 추진 로드맵에도 합의하는 등

---

2   전문가 그룹의 구상으로 정부안은 아니다. 한국안은 한국전력의 안이다.

그림 11. 남·북·러 PNG 사업의 예상 노선도
자료: 한국가스공사

의욕적으로 추진하였으나 통과국인 북한의 비협조로 추진에 어려움을
겪고 있다.

　　타당성 연구가 검토한 잠정노선의 러시아 구간은 블라디보스토크에
서 북·러 국경까지의 150km이며, 북한 구간은 북·러 국경에서 휴전선
까지의 740km, 남한 구간은 휴전선에서 평택까지 232km이다. 러시아
천연가스를 연간 약 10bcm(750만 톤) 이상 수입하기 위한 프로젝트로
추진되었으나 현재는 사업추진이 사실상 중단된 상태이다.

　　동 프로젝트는 우리의 가스 수급은 물론 북한 지역에 인프라를 건설
함으로써 북한 개혁개방을 촉진하고, 통일 후 한반도 통합 에너지시스템
구축을 위한 기반을 확보한다는 차원에서 매우 중요한 사업으로 북한변

그림 12. 중국의 동해 출구 전략
자료: 최형규(2012)

수가 해결된다면 다시 탄력을 받을 수 있을 것으로 예상된다.

3. 동북아 석탄교역 프로젝트

1) 나진항을 활용한 중국의 석탄운송 프로젝트

중국 동북 3성 지역은 동 지역 물동량을 철도로 대련항까지 운송하여 해운 운송하고 있어 운송 구간의 도로, 철도, 해운 등 수송 인프라에 적체가 심하고 비용이 상승하는 등의 어려운 문제들을 겪고 있다. 중국은 이 문제를 해결하기 위하여 북한 북동부의 나진항과 청진항을 활용하기로 하고 북한과 협약을 체결하여 투자를 진행한 바 있으나 현재 중단되어 있다. 중국은 북한 북동부의 나진항, 청진항 개발로 1,300만 톤의 화물 처리능력 확보를 추진하였으며, 이를 위해 북한과의 협약을 통해 나진항 1호 부두 사용권(30년)과 4·5·6호 부두 건설권 및 50년 사용권(2010년)을 취득한 바 있다.

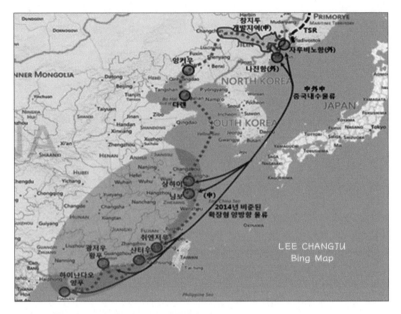

그림 13. 중국의 중·외·중 내수물류 비준안의 개요
자료: KMI(2014)

2) 나진항을 활용한 러시아의 석탄운송 프로젝트

러시아 극동의 국경 지역인 하산과 북한 나진항을 잇는 54km 구간의 철로 개·보수와 나진항 현대화 사업, 복합 물류사업 등을 골자로 하는 프로젝트이다. 총사업비 3억 4000만 달러 규모의 이 프로젝트는 나진~하산 간 철도(54km)를 개보수하고 2008년부터 49년간 나진항 3호 부두와 나진구 21ha를 개발 운영하는 사업이다. 푸틴 대통령과 故 북한 김정일 위원장이 2000년에 시베리아횡단철도(TSR)와 한반도종단철도(TKR) 연결을 위한 나진~하산 공동개발에 합의하면서 시작됐다.

동 프로젝트는 5.24조치에서도 예외적인 사업으로 인정되어 지속되었고 2016년 유엔 안전보장이사회의 대북제재 결의 2270호에서도 예외

그림 14. 러시아의 북·러 철도 현대화사업 구간
자료: 한겨레신문(2006)

그림 15. 나진항을 활용한 러시아의 석탄운송 시범사업 노선도

적으로 인정된 바 있다.

　러시아 석탄을 나진항을 통해 한국으로 운송하는 시범운송 사업이 3차례 진행된 바 있으며 동 시범운송 사업에는 한국의 포스코, 코레일, 현대상선이 참여해 왔다. 이들 한국기업은 앞선 세 차례의 시범운송 결과

를 토대로 본계약 체결 여부를 검토 중이었다. 그러나 북한의 핵실험으로 정부의 공식 중단방침이 결정되어 현재는 러시아와 중국을 중심으로 화물 운송사업이 진행되고 있다.

3) 몽골 남고비 지역 자원의 해양진출 프로젝트

몽골은 대규모 광물자원이 집중적으로 부존하고 있는 남고비 지역에 채광·야금·에너지 관련 복합단지 건설을 추진하고 있다. 타반톨고이(석탄), 오유톨고이(동·금), 챠간수바가(동·몰리브덴) 개발이 중점 프로젝트이다. 몽골의 고민은 동 지역 자원을 개발하여 어떻게 수출할 수 있을 것인가 하는 점이다. 이를 위해 몽골은 해양진출 루트 개발을 위한 전략을 추진 중이며, 이를 위해 남고비 지역에서 북동부 국경도시 초이발산에 이르는 철도건설 계획을 확정하여 추진하고 있다.

　남고비 지역 자원의 해양진출 루트로는 남고비 지역에서 바로 중국 내륙을 거쳐 중국 동부 항구로 연결되는 중국루트가 최단루트이나 동 구간 중국 철도의 적체가 심하여 추가 노선을 건설하지 않는 한 대안이 되기는 어려운 실정이다. 중국루트의 대안 가운데 하나의 안으로 몽골 북동부 국경도시 초이발산에서 중국을 거쳐 북한 나진항으로 연결하는 루트가 고려되고 있다. 동 루트는 신설 철도를 활용, 러시아의 중·러 철도 연결점인 만주허리를 거쳐 중국철도를 활용, 나진항으로 연결하는 안, 그리고 초이발산 이전에 몽·중 국경 지역인 눔룩 지역으로 지선을 연결, 중국의 만주철도와 연결하여 북한의 항구로 연결하는 안 등이 있다. 만주허리를 거쳐 중국철도를 활용하는 방안은 몽골, 러시아, 중국, 북한 등 4개국 협력 사업을 의미하여, 만주철도 이용 루트는 몽골, 중국, 북한의 3개국 협력 사업으로 보다 단순하나 중국의 만주철도와 몽골의 눔룩 지역까지는 연계를 위한 구간 공사가 필요하다.

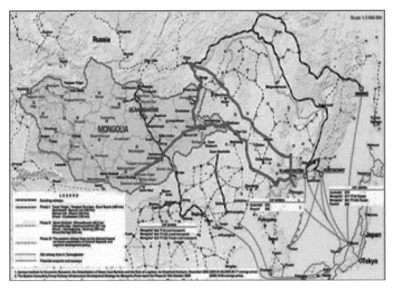

그림 16. 몽골 자원의 해양진출 중국루트 - 2

　동 프로젝트는 아직 확정된 단계의 사업은 아니며, 몽골 남고비 지역의 자원 개발 사업과 신설철도 부설 사업 등이 아직 활발히 전개되지 않고 있어 당장의 현안 사업으로 보기에는 무리가 따른다.

　그러나 당장 해양진출 루트가 절실한 몽골은 러시아와 북한이 진행하고 있는 나진핫산 프로젝트를 통해 자국의 석탄을 한국, 일본 등지로 수출하려는 노력을 기울이고 있다. 2015년 3월, 몽골의 투무르후 도로교통부 장관과 북한의 강종관 육해운상은 몽골의 광물을 철도와 도로, 선박을 통해 제3국에 판매하는 방안 등이 담긴 운송 부문 협력에 관한 협정에 서명한 것으로 보도되고 있다(박대로 2015). 동 협정 이후 몽골 정부와 한국의 삼목해운은 몽골 석탄을 러시아의 시베리아철도를 이용, 나진항으로 운송하여 한국으로 수출하는 계획을 추진한 바 있다. 이를 위해 몽골 석탄채굴회사 샤린 골(Sharyn Gol JSC)은 몽골 울란바토르에서 몽골삼목물류와 석탄 수송 계약을 맺었다. 몽골삼목물류는 몽골 정부와 한국의 삼목해운이 최근 설립한 합작회사다(최영운 2015).

IV. 북한 요인을 고려한 동북아 에너지협력 정책방향

동북아 에너지협력은 안정적이고 경제적인 에너지시스템을 구축하기 위해 끊임없이 추진해야하는 우리의 숙명적 사업이다. 대륙과 단절되어 있는 우리 에너지시스템의 한계를 극복할 수 있는 유일한 기회이며, 국내 에너지산업이 비약적 도약을 도모할 수 있는 절호의 기회를 제공한다. 동북아 에너지협력은 북한에게도 에너지 공급부족 문제의 해결, 자원개발 인프라 확충, 투자유치 등의 기회를 제공할 것이며, 에너지, 자원 개발과 연관 인프라 및 연관산업 개발 등 사상 최대의 남북 에너지협력 기회를 제공할 것이다.

그러므로 동북아시아 경제공동체를 견인할 역내 에너지협력을 체계적이고 안정적으로 주도해 가기 위한 리더십 확보가 필요하며, 이를 위한 전략적 투자확대 정책이 강구되어야 하는 시점이다. 동북아 에너지협력에 대한 이러한 절실함은 우리나라뿐만 아니라 역내 모든 국가들에게 공통되며 북한의 경우도 예외가 아니다. 오히려 내부적 역량으로 직면하고 있는 에너지문제의 해결이 사실상 어려운 북한에게는 그 어떤 나라보다도 절실한 상황이다.

북한이 가지고 있는 지정학적 중요성에도 불구하고 동북아 에너지협력에 대해 북한 당국은 여전히 싸늘하다. 북한의 그러한 입장은 동북아 에너지협력 추진에 가장 큰 장애요인으로 작용하고 있으며, 역내 국가들의 협력만으로는 해결할 수 없는 매우 복잡하고도 어려운 구도를 가

지고 있다. 협력의 필요성과 북한 요인의 답답함은 향후에도 상당 기간
동안 지속될 것으로 우려된다.

우선 북한 요인에 대한 정확한 이해가 필요하다. 정치군사적인 요
인은 어느 정도 휘발성을 가지고 있는 것으로 이해될 수 있다. 어느 순
간 해결될 수도 있다는 의미이다. 그러나 북한이 자체적으로 가지고 있
는 폐쇄적인 국가 운영, 상업에너지시스템의 부재 등의 요인은 어느 순
간 해결될 수 있는 문제가 아니다. 북한이 국가의 체제를 전환해야 하는
문제이며, 그런다 해도 서구식 비즈니스가 원활히 진출할 수 있는 여건
을 갖추기까지는 많은 시일이 소요될 수밖에 없을 것이다. 그저 변화해
야 하는 문제만이 아니고 성장하고 진화해야 하는 문제이기 때문이다.

그러므로 북한이 변화하고, 성장하고, 진화할 수 있도록 역내 국가
들이 지속적으로 협력하는 노력이 체계적으로 경주될 필요가 있다. 각국
이 양자적, 다자적 노력을 통하여 북한 에너지부문과의 교류를 늘려나가
는 접근이 추천된다. 현재 역내 에너지협력에 관한 각종 논의에서 북한
은 완전히 소외되고 있으며, 이러한 상황은 중장기적으로 문제를 더욱
어렵게 만드는 요인이 될 수 있다. 역내에 어떤 에너지협력 사업이 어떻
게 진행되고 있고, 왜 중요하며, 북한에게 어떤 의미가 있는지 등에 대한
꾸준한 협의가 이루어져야 한다. 역내 국가들이 협력하여 북한 에너지부
문에 대해 다각적인 교육훈련 프로그램을 제공하는 노력도 필요하다. 북
한은 지금 스스로 변화하고, 성장하고, 진화하기에는 너무도 힘든 상황
에 처해있기 때문이다.

현재와 같은 상황에서는 다자협력 사업보다는 다양한 양자협력 사
업을 추진하는 접근이 보다 유용하다. 역대 최고 수준의 국제제재가 이
행되고 있는 상황에서도 가능한 협력 사업을 개발하여 꾸준히 추진할 필
요가 있다. 북한 에너지부문이 외국과의 접점을 유지하고 협력의 경험을

확장해 갈 수 있는 유일한 방안이기 때문이다. 그러한 의미에서 지금은 중단되었거나 위축된 상황이지만 북·중 전력협력 사업, 북·러 전력협력 사업, 개성공단 에너지 공급사업 등은 시사하는 바가 크다.

북한 요인 때문에 역내 에너지협력이 언제까지나 위축될 수는 없다. 우선은 북한을 제외한 역내 협력 사업부터 추진하는 노력이 요구된다. 이미 이러한 협의는 일부 프로젝트에서 진행형이다. 아시아 슈퍼그리드 논의에서는 북한을 제외한 역내 전력망 연계방안이 제안되고 있으며, 남·북·러 천연가스 파이프라인 건설 협력 사업 대신 한·중·러를 연결하는 천연가스 파이프라인 건설 협력 사업이 논의되고 있다. 지정학적으로 북한의 참여가 이상적인 경우라 하더라도 일단 북한을 제외한 사업으로 진행하고 북한의 참여는 북한 요인이 해결된 이후로 미루는 접근이 불가피하다. 다만, 추후에 북한의 참여가 가능하도록 협력 사업을 설계하는 배려가 중요하다.

북한이 이미 참여하고 있는 협력 사업을 확대하는 방안도 추천된다. 러시아와 중국은 북한의 나진항과 청진항에 대한 사용권을 확보하고 있으며, 이를 통한 에너지 운송 협력 사업이 전개되고 있다. 북한은 중국과 협력하여 나선특구 개발사업을 진행하고 있으며, 전국 각지에 다양한 경제개발구를 지정하여 외국의 투자를 유인하고 있다. 강력한 국제제재로 모두 위축되어 있는 상황이나 정치군사적 요인은 어느 정도 휘발성을 가지고 있기 때문에 상황 여하에 따라서는 유용한 접근방향이 될 수도 있는 개연성이 높다.

동북아 에너지협력은 많은 기회적 요인을 가지고 있으며, 동시에 적지 않은 장애적 요인들도 가지고 있다. 역내 국가들의 꾸준한 노력으로 북한 요인을 제외한 다른 장애적 요인들은 점진적으로 개선되고 있으나 북한 요인은 더 확장되고 더 강력해지는 양상을 보이고 있다. 그럼에도 불구하고 북한은 동북아의 중요한 일원이며, 다수의 협력 사업에서 결정적인 지정학적 위치를 가지고 있다. 북한요인을 현재적 관점에서만 파악하고 대응하는 것은 근시안적이다. 보다 장기적 관점에서 북한요인을 이해하고 그를 고려한 동북아 에너지협력을 추진하는 노력이 요구된다.

참고문헌

김경술. 『동북아 자원교역 여건변화가 남북에너지협력에 미치는 영향 분석 연구』 KEEI 에너지국
　　제협력 출연사업 정책 11-7, 2011.

_____. 『청진 지역 직·교류 변환설비 설치 및 송배전 현대화 협력사업 추진방안 연구』 에너지경
　　제연구원, 정책연구보고서, 2011.

_____. 『경제성을 고려한 몽골 전략광상 공동개발 방안 연구』 에너지경제연구원, 정책연구보고
　　서, 2011.

_____. 『남북 에너지협력 프로젝트별 추진방안 분석 연구』 에너지경제연구원, 정책연구보고서
　　2012.

_____. "유엔 대북제재 결의 2270호가 북한 에너지 수급에 미치는 영향." 『세계 에너지시장 인
　　사이트 현안분석』 제16-11호 (2016.3.11).

박대로. "몽골, 北나진항 통해 광물 수출 추진." 『Newsis』 (2015.3.19).

백승택. "Solution for SuperGrid Using HVDC." 2015 조명전기설비학회 워크숍(경주, 한국,
　　2016.5.27~29) 발표자료.

신현식·박소연. "유엔 안보리, '초강력' 대북제재 결의안 채택." 『the300』 (2016.3.3). http://
　　the300.mt.co.kr/newsView.html?no=2016022713467660382

외교부 블로그. "유엔 안보리 대북제재 결의 2321호 채택." 외교부 소식 (2016.12.1). http://
　　mofakr.blog.me/220875096244

지식경제부. 『한국-러시아 전력거래를 위한 전력계통연계 사업 타당성에 관한 보고서』 1차년도
　　진도보고서, 2010.5.

최영운. "몽골, 북한 나진항 통해 한국에 석탄 수출 추진." 『에너지경제』 (2015.6.20).

최형규. "중국 동해 출구전략 2탄 북한 나선항 이어 청진항 운영권도 확보." 『중앙일보』
　　(2012.9.11).

KMI. 『중국물류리포트』 제14-12호 2014.11.24.

Sokolov, Dmitry and Takashi Otsuki. "Quantitative Analysis of Potential Benefits of Pow-
　　er Grid Interconnection in Northeast Asia." Northeast Asian Energy Connectivity
　　Workshop(UlaanBator, Mongolia, March 17, 2015) 발표자료.

에너지경제연구원
한국가스공사

제4부 동북아 에너지협력

제8장

동북아시아 LNG 허브 구상

안상욱

I. 서론

BP의 Statistical Review of World Energy 2016에 따르면, 2015년 기준으로 한국, 일본, 중국 등 3개국의 LNG 수입량은 1879억 입방미터로 전 세계 LNG 수입의 55.5%를 차지하고 있다. 그럼에도 불구하고 동북아시아 지역은 다른 지역에 비해서 훨씬 비싼 가격으로 천연가스를 공급받고 있는 '아시아 프리미엄' 현상이 지속되고 있다. 이는 지역 내에 영국의 NBP, 미국의 헨리허브와 같은 지역적 가격거래 시스템이 부재한 것이 이와 같은 요인 중 하나이다. 위와 같은 폐해를 없애기 위한 방안으로 '동북아 LNG 허브'를 구축해야 한다는 의견이 표출되고 있다.

실제 국내기업 중 효성그룹은 지난 2010년 아시아LNG허브를 출범하고 동북아 국가의 구매력을 앞세워 저렴하고 안정적으로 LNG를 구입

---

1   본 챕터는 안상욱(2014, 85-112)을 토대로 작성되었다.

할 수 있도록 동북아 LNG 스팟시장을 건설할 계획이었다. 아시아LNG 허브는 한국 남해안 저장시설에 LNG를 저장했다가 타 국가에 판매하는 350만 톤 규모의 LNG 허브 터미널 구축 사업을 의욕적으로 추진하였다. 그러나 한국에서 LNG허브를 운영한다는 계획을 2010년부터 추진하였던 효성그룹이 2014년 2월 12일 LNG허브 설립계획을 철회하였다. 이는 효성기업이 한국, 중국, 일본에서 증대하는 천연가스 시장의 잠재력만을 보았지, 각국 천연가스 산업환경의 차이점 및 천연가스에 관련된 해당국 정부정책 및 기업전략에 대해 면밀하게 검토하지 않았기 때문이다. 실제로 일본기업은 싱가포르의 LNG허브에 투자하였고, 중국의 경우 천연가스 수입에서 LNG가 차지하는 비중이 2012년 이후 PNG에 역전되었다. 2011년 143억 입방미터의 천연가스를 PNG로, 166억 입방미터의 천연가스를 LNG로 수입하던 중국이 2012년에 214억 입방미터의 천연가스를 PNG로, 200억 입방미터의 천연가스를 LNG로 수입하였다. 2015년에 중국은 336억 입방미터의 천연가스를 PNG로, 262억 입방미터의 천연가스를 LNG로 수입하였다.

결국 주변국들의 천연가스 시장 동향을 면밀하게 관찰하지 못한 효성기업의 LNG허브 구상은 실패할 수밖에 없었다.

II. 한국, 일본, 중국의 천연가스 시장현황

동북아시아는 전 세계 최대의 LNG 소비 지역으로 부상하고 있다. 중국에서 전통적인 에너지원이었던 석탄이, 온실가스와 스모그 배출의 심각성의 문제로 비판을 받으면서, 천연가스 사용량이 증가하고 있다. 동북아시아 최대의 천연가스 소비 지역인 일본의 경우에는 후쿠시마 원전 사

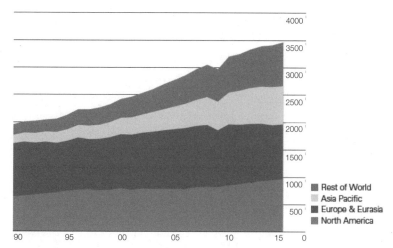

그림 1. 전 세계 천연가스 소비현황(단위: 십억 입방미터)
출처: BP(2016: 26)

태이후 원자력발전을 다른 에너지원으로 대체해야하는 필요성이 대두되면서, 천연가스 수요가 더욱 증가하였다. 그 결과 〈그림 1〉에서 볼 수 있는 바와 같이 전 세계 차원에서, 특히 아시아–태평양 지역에서 천연가스 자원의 이용은 빠른 속도로 증가하고 있다.

1. 한국의 천연가스 시장

천연가스는 〈표 1〉에서 볼 수 있듯이, 한국의 에너지 공급의 측면에서 석유와 석탄에 이은 제3에너지원으로서 지위를 차지하고 있다.

한국가스공사가 천연가스를 국내에 도입하기 시작한 1986년에, 1차 에너지 공급에서 천연가스가 차지하는 비중은 불과 0.1%에 불과하였다. 그러나 이듬해인 1987년에 천연가스는 이미 수력에너지보다 국내 에너지 공급에서 차지하는 비중이 커졌고, 2013년에는 전체 1차 에너지

표 1. 한국의 1차 에너지 공급비중(1차 에너지원별 구성비, 1981~2014년, 단위: %)

	석탄	석유	천연가스	수력	원자력
1981	33.3	58.1	–	1.5	1.6
1982	33.9	57.6	–	1.1	2.1
1983	33.4	55.9	–	1.4	4.5
1984	37.1	51.6	–	1.1	5.5
1985	39.1	48.2	–	1.6	7.4
1986	38.0	46.4	0.1	1.6	11.5
1987	34.8	43.7	3.1	2.0	14.5
1988	33.4	47.0	3.6	1.2	13.3
1989	30.0	49.6	3.2	1.4	14.5
1990	26.2	53.8	3.2	1.7	14.2
1991	23.7	57.5	3.4	1.2	13.6
1992	20.4	61.8	3.9	1.0	12.2
1993	20.4	61.9	4.5	1.2	11.5
1994	19.4	62.9	5.6	0.7	10.7
1995	18.7	62.5	6.1	0.9	11.1
1996	19.5	60.5	7.4	0.8	11.2
1997	19.3	60.4	8.2	0.7	10.7
1998	21.7	54.6	8.4	0.9	13.5
1999	21.0	53.6	9.3	0.9	14.2
2000	22.3	52.0	9.8	0.7	14.1
2001	23.0	50.7	10.5	0.5	14.1
2002	23.5	49.1	11.1	0.6	14.3
2003	23.8	47.6	11.2	0.8	15.1
2004	24.1	45.7	12.9	0.7	14.8
2005	24.0	44.4	13.3	0.6	16.1
2006	24.3	43.6	13.7	0.6	15.9
2007	25.2	44.6	14.7	0.5	13.0
2008	27.4	41.6	14.8	0.5	13.5
2009	28.2	42.1	13.9	0.5	13.1
2010	29.2	39.5	16.3	0.5	12.1
2011	30.2	38.0	16.7	0.6	12.0
2012	29.1	38.1	18.0	0.6	11.4
2013	29.2	37.8	18.7	0.6	10.4
2014	29.9	37.1	16.9	0.6	11.7

출처: 산업통상자원부 에너지경제연구원(2016: 4)

표 2. 한국의 LNG 수급동향(단위: 천 톤)

연도	1986	1987	1988	1989	1990	1991	1992
도입량	117	1,682	2,063	2,014	2,291	2,758	3,425
연도	1993	1994	1995	1996	1997	1998	1999
도입량	4,454	5,928	7,060	9,595	11,629	10,600	12,973
연도	2000	2001	2002	2003	2004	2005	2006
도입량	14,578	16,164	17,828	19,434	22,153	22,341	25,222
연도	2007	2008	2009	2010	2011	2012	2013
도입량	25,558	27,259	25,822	32,604	36,685	36,184	39,876
연도	2014						
도입량	37,107						

출처: 산업통상자원부 에너지경제연구원(2016: 7)

공급에서 18.7%의 비중을 차지할 정도로 급격하게 국내 에너지 이용에서 중요성이 증가하였다.

이를 양적으로 살펴보면, 〈표 2〉에서 볼 수 있듯이, 1986년 11만 7,000톤의 액화천연가스(LNG)가 한국에 도입된 이래 한국에서 천연가스 이용은 급속도로 증가하여 2013년에는 3987만 6,000톤을 수입하여 천연가스 이용이 27년의 기간 동안 317배 증가하였다.

〈표 3〉에서 볼 수 있듯이, 한국은 1986년 이후 1990년까지 전적으로 인도네시아에서만 천연가스를 수입하였지만, 이후 천연가스 수입원을 다원화하여 1991년 말레이시아, 1993년 호주, 1994년 브루나이, 1999년 카타르, 2000년 오만에서 천연가스를 수입하기 시작하였다. 2001년에는 국내 천연가스 공급에서 1위를 차지하는 국가가 인도네시아에서 카타르로 변화하였다. 2014년 인도네시아가 국내 천연가스 공급에서 13.9%, 말레이시아가 9.8%, 카타르가 34.6%, 오만이 10.4%, 브루

표 3. 한국의 LNG 수입국별 수입현황(단위: 천 톤)

연도	합계	인도네시아	카타르	말레이시아	오만	브루나이	호주	이집트	기타
1988	1,898	1,898	-	-	-	-	-	-	-
1989	2,015	2,015	-	-	-	-	-	-	-
1990	2,237	2,237	-	-	-	-	-	-	0
1991	2,494	2,436	-	58	-	-	-	-	-
1992	2,994	2,935	-	58	-	-	-	-	-
1993	4,459	4,112	-	290	-	-	57	-	-
1994	5,996	5,433	-	292	-	271	-	-	-
1995	6,756	4,892	-	1,040	-	710	114	-	-
1996	9,258	5,975	-	2,573	-	654	56	-	0
1997	11,471	6,730	-	3,928	-	757	-	-	56
1998	10,189	6,736	-	2,851	-	541	-	-	61
1999	12,284	7,943	480	3,046	-	698	-	-	117
2000	15,239	6,633	3,251	2,529	1,619	849	54	-	304
2001	15,318	4,055	4,655	2,175	3,784	591	57	-	0
2002	17,993	5,256	5,123	2,400	3,970	769	176	-	298
2003	19,308	5,200	5,694	2,798	4,714	610	123	-	169
2004	21,781	5,290	5,818	4,638	4,411	838	285	-	501
2005	22,317	5,502	6,211	4,688	4,244	594	748	270	62
2006	25,256	5,060	6,458	5,546	5,221	850	701	955	466
2007	25,569	3,755	8,031	6,161	4,792	590	422	1,122	695
2008	27,259	3,053	8,744	6,247	4,544	738	398	1,414	2,121
2009	25,822	3,084	6,973	5,874	4,551	530	1,314	239	3,257
2010	32,603	5,451	7,449	4,745	4,557	787	1,030	735	7,850
2011	36,685	7,894	8,153	4,144	4,195	756	787	456	10,299
2012	36,184	7,445	10,278	4,082	4,127	773	832	602	8,045
2013	39,876	5,627	13,354	4,313	4,331	1,141	620	599	9,889
2014	37,107	5,176	12,853	3,673	3,726	717	836	67	10,059

출처: 산업통상자원부 에너지경제연구원(2016: 113)

나이가 1.9%, 호주가 2.2%의 위치를 차지하고 있다. 이는 국내 천연가스 공급이 비교적 다양한 국가에서 고른 분포로 이루어지고 있는 것을 의미한다.

이와 같이 한국에서 천연가스 이용 비중은 짧은 시간에 급속하게 성장하였고, 천연가스 공급원의 다변화도 비교적 잘 진행되었다. 그러나 주변국의 천연가스 도입량 증가로 천연가스 도입가격이 지속적으로 상승 추세에 있다.

주변국 LNG 수요 상승의 주요이유는 후쿠시마 원자력발전 사고 이후 화력발전 확대에 중점을 두고 있는 일본에서 LNG수요가 증가하고 있고, 석유에너지 사용급증에 따라 이산화탄소 배출 및 환경오염 문제가 크게 대두되고 있는 중국에서 석탄과 석유에너지를 대체하기 위해 LNG 소비량이 급속도로 증가하고 있기 때문이다.

2. 일본의 천연가스 시장

한국가스공사와 에너지 업계에 따르면 LNG수요는 대지진 이후 원자력발전에 대한 전면적인 재검토를 선언한 일본에서 수요가 급속도로 늘어나고 있다(최성수 2011: 10). 실제로 2014년을 기준으로 일본의 LNG 수입은 전 세계 LNG수입의 36.9%를 차지하고 있다.

일본의 천연가스 수입선에 대해 검토하면, 〈그림2〉에서 볼 수 있듯이, 일본도 한국과 같이 천연가스 수입선이 여러 국가로 다변화되어 있다. 이 중 호주와 말레이시아에서 도입되는 비중이 각각 27%와 18%로 가장 높은 편이다. 또한 카타르에서 15%, 러시아에서 9%, 인도네시아에서 8%의 LNG를 수입하고 있다. 이는 가스 도입선도 한국과 같이 다변화되었음을 의미한다. 특히, 한국에 도입되는 비중이 작은 호주와 말레이시아에서 대규모로 천연가스를 수입하는 것은 한국과 천연가스 수입선에서 차이가 있음을 의미한다.

이와 함께, 전 세계 최대의 LNG 수입국인 일본이 전 세계 LNG 시장에서 차지하는 비중이 2011년 33%에서 2014년 36.9%로 상승하였다.[2] 그리고 환경문제 덕분에, 일본 정부는 국내에서 LNG소비를 증진시키고

---

2   일본은 1969년에 알래스카에서 최초로 LNG수입을 시작하였다(BP 2016: 29).

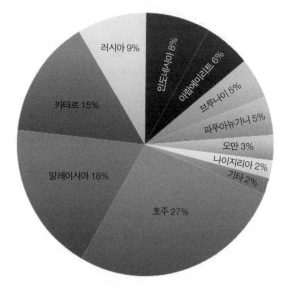

그림 2. 일본의 국가별 LNG 수입비중(연도: 2016년)

출처: "미국정부 EIA(Energy Information Administration) 통계." https://www.eia.gov/beta/international/analysis.cfm?iso=JPN (검색일: 2017.4.1)

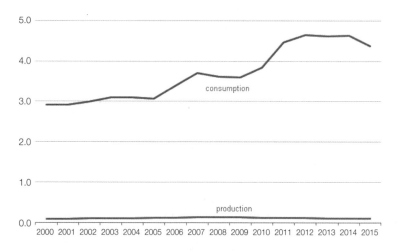

그림 3. 일본 천연가스 생산과 소비 추이(2000년~2015년, 단위: 1조 입방 피트)

출처: "미국정부 EIA(Energy Information Administration) 통계." https://www.eia.gov/beta/international/analysis.cfm?iso=JPN (검색일: 2017.4.1)

있다. 일본 정부는 2030년까지 2013년의 26%수준의 온실가스 사용을
감축한다는 계획을 세웠다. 또한 일본 정부는 원자력에너지 발전 중단에
따른 전력 손실을 보존하기 위한 가장 중요한 에너지원으로 LNG를 선
택하였다. 이는 LNG가 석유에 비해서 저렴하고, 온실가스 배출이 적은
화석연료이기 때문이었다(EIA 2014). 그러나 2013년과 2014년의 다른
에너지원에 비해 높은 천연가스 수입가격이 석탄사용의 증가를 가져왔
다. 또한 석탄사용 증가와 전력수요 감소는 2015년 일본 천연가스 수입
이 전년도 대비 하락하는 효과를 가져왔다.

일본에서 전력생산 분야는 일본 국내 LNG소비의 64%를 선택할 정
도로 큰 위치를 점하고 있다. 산업분야 생산이 일본 국내 LNG 소비의
21%, 그리고 가구용이 9%를 차지하면서 그 뒤를 잇고 있다. 특히 전력
생산 분야에서 천연가스 소비는 후쿠시마 원자력발전소 방사능 유출사
고 이후에 급격하게 증가하였다. 전력생산 분야에서 천연가스 사용은
2010년에 비해서, 2012년에 33% 증가하였다. 후쿠시마 원자력발전소
방사능 누출사고를 일으켰던 도쿄전력(TEPCO: Tokyo Electric Power
Company)은 일본 내에서 최대 전력생산 기업이자 최대의 천연가스 수
입업체이다.

일본은 현재 30여 개의 LNG 수입 터미널을 보유하고 있다. 일본은
또한 590MMcf 수준의 세계 최대의 천연가스 저장·재기화 설비를 가지
고 있다. 이는 일본에서 LNG 수요가 급증할 때 일종의 완충장치 역할을
할 수 있다. 현재 일본의 LNG터미널 평균 이용률은 50% 이하이다. 대
부분의 일본 LNG터미널은 도쿄, 오사카, 나고야와 같은 대도시 주변에
위치하고 있다. 대부분의 터미널은 전력회사가 단독으로, 또는 천연가스
기업과 제휴하여 소유하고 있다.

〈그림 4〉에서 보는 바와 같이, 일본에서 LNG에 대한 수요가 급속하

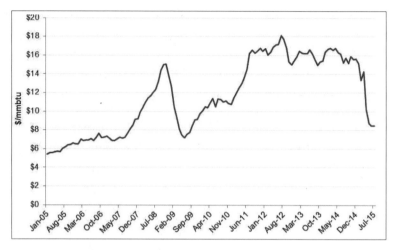

그림 4. 일본의 LNG 수입가격변화 (2005년~2015년, 단위: mmbtu)
출처: The Boston Company Asset Management(2015)

게 증가하면서, 일본 내의 LNG 수입가격도 2014년까지 빠른 속도로 증가하였다가 유가하락과 함께 유가에 연동된 LNG 수입가격도 가파르게 하락하였다. 후쿠시마 원자력발전소 방사능 누출 사고 전, MMBtu당 미화 9달러이던 LNG 수입가격은 2012년에 MMBtu당 미화 16달러로 인상되었다가 2014년에 유가가 정점을 이룬 후 폭락하는 가운데 유가와 연동된 LNG 수입가격도 급격하게 하락하였다.

　일본의 LNG수입의 1/3이 동남아시아 국가에서 이루어지고 있고, 주요 5대 수출국가가 일본 LNG수입의 70% 정도의 물량을 공급하고 있다. 또한 2011년 3월 후쿠시마 원자력발전소 방사능 누출사고 이후, 카타르, 러시아, 말레이시아, 인도네시아는 일본으로 가스수출의 일부분을 스왑(swap)과 양하항 변경화물(diverted cargo)[3] 방식을 통해 수출하였다.

3　운송 도중 화주나 수화인에 의한 양하항 변경요청이 있을 경우, 환적이나 기타 별도의 작업을 하지 않고도 선적된 그대로의 상태를 유지할 수 있거나 본선의 출항에 지연을 초래하지

일본기업은 호주에서 대규모의 LNG 프로젝트를 진행하고 있다. 그 중 대표적인 것이 Chevron이 주도하고 있는 Gorgon 프로젝트이다. Chevron의 보도자료(Chevron 2016)에 따르면, 고르곤 프로젝트는 서호주 북서쪽 연안 80마일(130km)과 136마일(220km) 사이의 그레이터 고르곤(Greater Gorgon) 지역 내에 위치한 고르곤과 잔츠-이오(Jansz-Io) 가스전에서 공급된다. 이 프로젝트는 배로우 섬에 위치한 15.6 mtpa LNG 액화 공장, 이산화탄소해저주입 프로젝트와 호주 내 가스 발전소를 포함하며, 이는 하루 300테라줄에 달하는 가스를 서호주에 공급할 수 있는 용량이다. 쉐브론이 운영하는 고르곤 프로젝트는 쉐브론 호주법인(47.3%), 엑슨모빌(25%), 쉘(25%), 오사카가스(1.25%), 도쿄가스(1%), 중부전력(0.417%)의 합작 투자로 이루어졌다. Gorgon 프로젝트로 생산된 LNG가 2016년 3월 처음으로 선적되어서 서호주 북서쪽 해안에 있는 배로우(Barrow) 섬에서 출항했다. 첫 LNG 수출은 일본에 공급되며, 쉐브론의 주요 고객사인 중부전력(Chubu Electric Power)에 인도되었다. 2012년에는 Mitsui와 Mitsubishi가 호주의 Browse LNG 프로젝트의 지분의 15%를 매입하였고, 1.6Bcf/d의 천연가스를 호주 Browse만에서 공급하게 된다. 또한 일본은 러시아 사할린에서 2009년부터 LNG를 수입하고 있다. 그리고 러시아와는 향후에도 현재와 같은 LNG방식으로 가스를 수입할 것인지 PNG(파이프라인 방식의 가스공급)으로 가스 수입을 할 것인지 논의 중에 있다.

　　일본은 미국과 가스수출에 대해서, 장기 프로젝트 차원에서, 협의

않는 경우에 한하여 선사 측은 통상 화주 또는 수화인의 요청에 따라 화물의 전량 혹은 일부를 선하증권(B/L) 상의 양하항과 다른항에서 양하하는 것을 말한다. 즉, 천연가스의 경우 "목적지항" 규정에 따라 판매자가 천연가스를 구입한 후에 원래 계약된 목적지가 아닌 다른 목적지에 재판매하는 것이 허락되지 않는 경우가 많은데, 양하항 변경화물은 이에 대한 제약이 풀린 것을 의미한다.

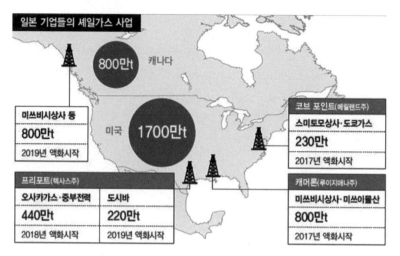

그림 5. 일본 기업들의 미국 내 셰일가스 사업
출처: 한겨레신문(2014)

중에 있다. 셰일가스 혁명에 따라, 미국의 천연가스 생산량은 급증하였
고, 미국에서 잉여물량을 수출할 수 있는 기회가 발생하였다. 기존에 미
국의 셰일가스 자원을 해외로 수출하기 위해서는 상대국이 FTA체결국가
에 한정된다는 제약이 있었으나, 2013년 5월 미국 에너지부(Department
of Energy)는 멕시코 만의 Freeport의 LNG 터미널에서 LNG가 미국과
FTA를 체결하지 않은 국가로 수출되는 것을 허가하였다. 이와 같은 결정
은 미국과 아직 FTA를 체결하지 않은 일본으로 LNG가 수출되는 것에 대
한 제약을 해소한 것이다. 일본의 중부전력(Chubu Electric)과 오사카 가
스(Osaka Gas)는 2017년부터 Freeport에서 LNG를 20년에 걸쳐 연간
100Bcf를 공급받는 계약을 체결하였다. 일본 제3위의 종합상사인 스미
토모상사는 미국 동부의 코브 포인트(Cove Point)에서 20년에 걸쳐 연간
110Bcf 상당의 천연가스를 매입하는 협약을 체결하였다. 2013년 9월에
코브 포인트 역시, 2013년 5월에 승인을 받은 프리포트와 같이, 미국과

FTA를 체결하지 않는 국가로의 LNG수출이 허용된 곳이다.

스미토모상사는 코브 포인트의 LNG를 도쿄전력과 간사이전력에 판매할 예정이다. 2013년 5월에는 일본의 양대 종합상사인 미츠비시 (Mitsubishi)와 미츠이(Mitsui) 상사가 멕시코만의 캐머론 LNG 프로젝트 지분의 33%를 매입하였다. 이를 통해, 2017년부터 연간 384Bcf 수준의 LNG를 매입할 수 있는 협약이 체결되었다.

실제로 2017년 1월 미국 루이지애나의 Cheniere Energy Inc's Sabine Pass LNG Terminal에서 일본으로 첫 셰일가스 수출이 이루어 졌다. 그러나 셰일가스의 가격 경쟁력에 대해서 로이터의 보도(Reuters 2017)는 의문을 제기하고 있다. 로이터의 보도에 따르면, 일본 재무성에서 발표한 세관자료에 근거해서, 일본은 미국의 셰일가스를 LNG형태로 21만 1,237톤을 톤당 645달러에 수입하였다. 이는 일본이 앙골라로부터 6만 4,246톤을 337달러에 수입한 것에 거의 두 배에 해당하는 가격이다. 일본은 2017년 1월 830만 톤의 LNG를 평균 386달러에 수입하였다. 미국의 셰일가스에 이어 일본이 두 번째로 비싼 가격에 수입한 LNG는 브루나이에서 수입된 42만 8,626톤의 LNG로 톤당 416달러에 수입되었다. 일본의 최대 LNG 공급국가인 호주는 톤당 384달러에 LNG를 공급하고 있다.

그럼에도 불구하고 일본이 미국의 셰일가스를 도입하는 것은 LNG 공급원 다변화 전략과 미일동맹의 주제에 관련된 것이라 판단할 수 있다.

일본은 법률로 천연가스를 필요로 하는 회사(individual utilities)와 천연가스 공급회사(natural gas distribution companies)가 해외 가스전과 공급계약을 체결하는 것을 허용하고 있다. 이 같은 환경 속에서 Tokyo Gas, Osaka Gas, Chubu Electric, TEPCO, Kansai Electric, Kyushu Electric, and Tohoku Electric 등의 일본기업이 동남아시아와

중동국가에서 LNG 공급계약을 체결해왔다.

3. 중국의 천연가스 시장

중국은 에너지 소비량이 미국 다음으로 많은 세계 2위 에너지 소비국가가 되었다. 그러나 중국은 국내에너지 수요의 70% 이상을 석탄에 의존하고 있는데, 이산화탄소배출의 70%, SO_2 배출의 90%, NOx 배출의 67% 및 먼지의 70%를 석탄이 발생시키고 있어 석탄이용에 의한 공해가 중국에서 심각한 문제로 대두되고 있다.

따라서 중국 정부는 급속한 경제성장과 지속가능한 환경보호사이에서 균형적인 에너지 정책을 추구하기 위해 천연가스 사용에 관심을 기울이고 있다. 대표적인 사례가, 중국 제11차 5개년계획(2006~2010)에, 석탄연료 사용에서 나오는 환경공해감소를 위해, 천연가스가 도시가스 기초자원임을 명시한 것이다. 또한 도시용 가정연료로 천연가스를 사용하도록 하는 천연가스 활용정책을 2007년 8월 30일에 발표하여 시행하고 있다. 이에 따라 중국의 천연가스 수입량은 2005년 483톤에서 2009년 350만 톤으로 증가되었다. 특히 〈그림 6〉에서 볼 수 있듯이, 2007년 이후 중국에서 천연가스 소비량은 생산량을 추월하였고, 이후 중국은 천연가스 순수입국이 되었다.

따라서 후발주자인 중국의 경우는 전 세계 시장에서 LNG확보에 심혈을 기울이고 있다. 중국 석유천연가스집단공사(CNPC)의 계열사인 페트로차이나(PetroChina)는 2009년 8월 호주 서북쪽 고르곤 해안의 가스전을 개발 중인 미국의 엑손모빌과 20년간 500억 달러 규모의 LNG 공급 계약을 했다. 중국 국영 해양석유총공사(CNOOC)는 2010년 3월 베이징에서 호주 퀸즐랜드주의 석탄층 가스(CSG) 개발업체인 영국의

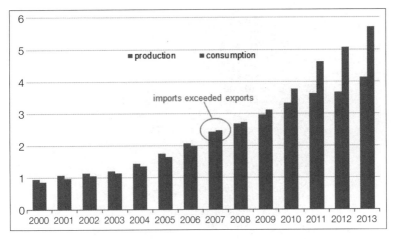

그림 6. 중국에서 천연가스의 생산량과 소비량 (2000년~2013년, 단위: 1조 입방 피트)
출처: EIA(2015)[4]

BG그룹과 2014년부터 20년간 매년 360만 톤씩, 총 700억 달러 규모의
LNG 공급 계약을 체결했다. 이는 LNG 단일 공급 계약으로는 당시 세계
최대 규모로 세계의 관심을 끌었다. 그런데 2011년 중국석유화공집단공
사(SINOPEC)가 퀸즐랜드주의 석탄층 가스 개발업체인 오스트레일리
아 퍼시픽 LNG(APLNG)와 2015년부터 20년간 8600만 톤 규모의 액화
천연가스(LNG) 공급 계약을 맺었다. 매년 430만 톤씩 LNG를 인도받는
이 계약은 900억 달러 규모였다.

　〈그림 7〉에서 볼 수 있듯이, 중국의 주요 LNG 공급국가는 호주, 인
도네시아, 카타르, 말레이시아이다.

　그리고 중국의 특히 이 루트는 중국이 수입하는 원유·천연가스의
80%가 이 지역을 통과하고 있다. 하지만 문제는 이 말라카 해협이 미국
의 영향력 아래에 있는 싱가포르, 인도네시아, 말레이시아가 관할하는

4　"미국 정부 EIA(Energy Information Administration) 통계." https://www.eia.gov/
　beta/international/analysis.cfm?iso=CHN (검색일: 2017.3.1)

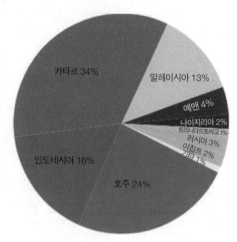

그림 7. 중국의 국가별 LNG 수입비중
출처: EIA International Statistics[5]

지역이기 때문에 중국으로서는 미국의 위협을 받는 불편한 상황이었던 것이다. 이러한 이유로 중국은 미얀마를 가로지르는 파이프라인(중국~미얀마 라인)을 건설하기 시작하였고, 2013년부터 중국은 미얀마를 거쳐서 오는 이 파이프라인을 통해 원유와 천연가스를 공급받기 시작하였고, 이 라인은 미얀마 국경 내 천연가스관 구간은 793km로 연 120억m³의 천연가스를 중국에 수송하게 된다(한중무역투자정보망 2013).

〈그림 8〉에서 볼 수 있듯이, 중국~미얀마 라인과 함께 중국은 2009년에 첫 수송을 시작한 중국~중앙아시아 파이프라인과 향후 시작하게될 중국~러시아 파이프라인이 동시에 가동된다면 중국은 안보 문제를 해결함과 동시에 천연가스 수입선의 다변화에 대한 한계점을 해결하고자 하고 있다. 그리고 중국의 입장에서는 이러한 파이프라인이 단순한 수입선으로 끝나는 것이 아니라 군사적으로도 이용이 가능하기 때문에

5   "미국 정부 EIA(Energy Information Administration) 통계." http://www.eia.gov/
    countries/cab.cfm?fips=CH (검색일: 2016.3.1)

그림 8. 중국의 주요 석유·가스 수입 수송노선(2012년)
출처: 이성규(2013: 62)

수입선 이상의 용도로 활용이 가능하다는 점에서 중국의 에너지 안보적 차원의 입장을 강화할 수 있는 수단으로도 사용된다.

BP의 자료(BP 2016: 29; BP 2014: 29; BP 2012: 28)에 따르면, 2011년에 143억 입방미터의 PNG와 166억 입방미터의 LNG를 수입했던 중국이, 2012년에는 214억 입방미터의 PNG와 200억 입방미터의 LNG를 수입하면서 PNG를 이용한 수입이 더욱 큰 비중을 차지하게 되었다. 2015년에는 336억 입방미터의 PNG와 262억 입방미터의 LNG를 수입하면서 PNG의 비중은 더욱 큰 폭으로 확대되었다.

중국에서 천연가스 수입과 공급은 일본과 같은 민간기업이 아닌 국영석유회사(NOC: National Oil Corporation)들이 주도하고 있다. 이러한 국영석유회사들의 종류로는 중국 석유천연가스집단공사(CNPC), 중국 국영 해양석유총공사(CNOOC), 중국석유화공집단공사(SINOPEC)

으로 크게 세 가지로 볼 수 있다. 지역마다 운영되는 소규모의 천연가스 회사들이 존재하기는 하지만 이러한 소규모 회사들은 국영석유회사들, 특히 중국 석유천연가스집단공사(CNPC)에 의존할 수밖에 없고 그러한 이유로 가스공급은 중국 석유천연가스집단공사에 의해 거의 독점으로 이루어지고 있는 실정이다.

〈표 4〉는 최근 중국에서 국영석유회사와 지역의 소규모 천연가스 회사들이 공동투자를 하고 있는 LNG터미널 운영 및 건설현황표이다. 앞서 언급한 것처럼 국영석유회사들이 거의 독점적으로 천연가스시장을 지배하는 구조를 보였지만, 최근 들어 소규모 가스공급회사들이 기존의 국영석유회사들과 함께 LNG터미널 건설에 공동투자를 하면서 소규모 회사들의 경쟁력이 증가할 것으로 전망된다(IEA 2013, 57).

표 4. 중국의 LNG터미널 운영 및 건설 현황

터미널 이름	운영현황/가동시기	개발기업	개통단계/ 확장단계 용량 (MMcf/d)	LNG 공급원
Dapeng / Guangdong	가동 중; 2차 확장공사 - 2015	CNOOC, BP, 광동성 콘서시엄	885/305	
Mengtougou Peaking Facility	가동 중	Shanghai Gas Group	15	LNG 스팟 물량
Fujian	가동 중	CNOOC; Fujian Investment and Development Co.	345	Indonesia-Tang- guh
Shanghai/ Yangshan	가동 중; 확장계획 - 2018	CNOOC; Shenergy Group	395 / 395	Malaysia-Petronas
Dalian	가동 중; 확장계획 - 2017	CNPC	395 / 395	QatarGas IV; Australia
Rudong/Jiangsu	가동 중; 확장공사 -2017	CNPC; RGM Inter- national; CITIC	460 / 395	QatarGas IV

Zhejiang/Ningbo	가동 중; 확장공사 - 2017	CNOOC	395 / 395	QatarGas III
Zhuhai	가동 중; 확장계획 / 2016	CNOOC; Yudian Group	460 / 460	
Tianjin FSRU	가동 중; Onshore 터미널 확장공사 - 2017	CNOOC	290 / 500	
Caofeidian/ Tangshan	가동 중; 확장계획	CNPC; Beijing municipal government	460	Australia and Qatar
Dongguan	가동 중	JOVO Group	135	
Qingdao/ Shandong	가동 중 / 확장계획 - 2020	Sinopec	395 / 265	PNG LNG (ExxonMobil) and APLNG
Hainan	가동 중 / 확장계획 - 2017	CNOOC; Hainan Development	260 / 130	
Beihai/Guangxi	건설 중	Sinopec	395 / 395	Papua New Guinea LNG and Australia Pacific LNG
Shenzhen/Diefu	건설 중	CNOOC; Shenzhen Energy	530	
Tianjin Binhai	건설 중	Sinopec	395	Australia Pacific LNG
Shenzhen	건설 중	CNPC, CLP, Shenzen Gas	395	
Yuedong/ Jieyang	건설 중	CNOOC	260	
Fujian Zhangzhou	건설 중	CNOOC, Fujian Investment Development	395	
Zhoushan LNG	건설 중	ENN Group	395	Australia's Gorgon LNG (ExxonMobil)
Yuedong/ Jieyang	건설 중	Guanghui Energy, Shell	80	

출처: EIA(2015)[6]

6 "미국 정부 EIA(Energy Information Administration) 통계", https://www.eia.gov/beta/international/analysis.cfm?iso=CHN (검색일: 2017.3.1)

III. 아시아 프리미엄

전 세계 LNG의 최대 소비국인 일본과 환경문제 등의 이유로 LNG 사용이 급증하고 있는 한국과 중국이 위치한 동북아 지역에서 천연가스 도입단가는 다른 지역에 공급되는 천연가스에 비해 지나치게 높은 가격으로 도입되고 있다.

동북아시아 지역에 천연가스가 비교적 높은 가격으로 도입되는 이유는 동북아시아 지역의 천연가스 도입이 LNG방식으로 이루어지고 있다는 점이고, 다른 이유는 북미와 유럽 지역과 달리 천연가스 교역이 에너지 허브가 아닌 개별국가 단위로 이루어져서 천연가스 생산과 소비의 유동성이 거의 존재하지 않는다는 점이다.

〈그림 9〉과 〈그림 10〉의 전 세계 천연가스 주요 교역 현황에서 볼 수 있듯이, 액화천연가스(LNG)방식으로 교역이 주로 이루어지는 곳은 동북아시아 지역이라는 것을 볼 수 있다. 반면에 북미와 남미에서의 천연가스는 액화할 필요가 거의 없는 파이프라인 방식을 통해서 이루어지고 있다.

〈그림 9〉과 〈그림 10〉에서 볼 수 있듯이, 현재까지 LNG 공급에서 주요 수입은 동북아시아에서 이루어진 반면에 LNG의 주요 공급은 중동지역과 동남아시아 지역에 주로 국한되어 진행되었다.

더구나 LNG방식은 PNG방식에 비해 투자 및 운영비, 단위당 수송원가에서 불리한 측면이 있다. 〈표 5〉는 러시아 천연가스를 국내 도입을 검토할 때 투자 및 운영비, 단위당 수송원가에 대해서 한국가스공사에서 산정한 비교도이다.

또 다른 이유는 역내 허브를 통해서 천연가스 교역이 이루어지는 북미 지역 및 영국과 달리 동북아시아에는 역내 가스 허브가 존재하지 않

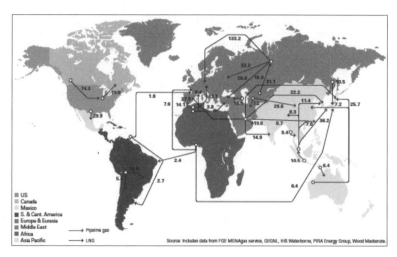

그림 9. 전 세계 천연가스 주요 교역 현황(단위: 십억 입방미터)
출처: BP(2016: 29)

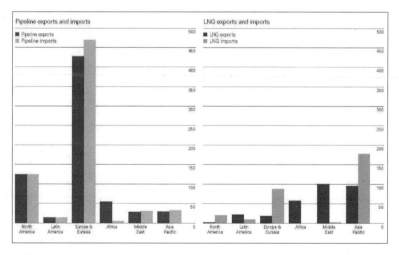

그림 10. 전 세계 천연가스 교역 현황(단위: 십억 입방미터)
출처: BP(2016: 29)

어서, 가스의 공급계약이 개별 국가단위로 이루어졌고, 이 과정에서 산
유국의 입장이 크게 반영되어 공급계약이 천연가스 수입국에 불리하게

표 5. 러시아 천연가스 도입 3개 안 경제성 평가

	투자 및 운영비 (단위: 달러)	단위당 수송원가 (MMbtu당 달러)
PNG	47억 9800만	0.31
LNG	226억 4300만	0.94
CNG	105억 5200만	0.60

출처: 한국가스공사 자료를 문화일보(2010)가 재인용

적용된 것을 그 원인으로 들 수 있다.

1. 아시아 프리미엄

이와 같은 이유들로 인해서, 〈그림 11〉에서 볼 수 있듯이 동북아시아로 도입되는 천연가스는 북미, 유럽 지역으로 도입되는 천연가스에 비해서 항상 가격이 높게 설정되었다. 그리고 2011년 이후 동북아시아 최대의 천연가스 소비국인 일본에서 천연가스 소비가 급증하자 이 지역으로 도입되는 천연가스의 가격은 유가가 상승했던 2014년까지 폭등하였다.

　〈표 6〉에서 볼 수 있듯이, 동북아시아에서 천연가스 소비는 큰 폭으로 확대되고 있다. 한국에서 LNG 수입물량은 2011년에 2008년 대비 1.4배, 그리고 중국의 LNG 수입량은 2011년에는 2008년 대비 3.66배로 증가하였다. 이 같은 상황에서 일본, 중국, 한국의 LNG 평균수입단가는 해마다 증가하고 있다. 특히 후쿠시마 원자력발전소 방사능 누출사고 이후 원자력발전을 천연가스를 사용하는 화력발전으로 대체하여 천연가스 수요가 증가하고 있는 일본에서 천연가스의 평균 수입가는 가파르게 상승했었다가 2015년부터 시작된 유가하락으로, 아시아 지역에서 유가에 연동된 천연가스 가격 역시 하락하고 있다.

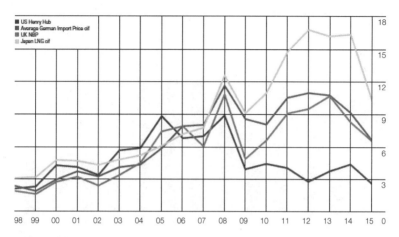

그림 11. 천연가스 수입가격 변화(단위: 달러, mmBtu)

출처: BP(2016: 27)

* cif: 가스비용(Cost)＋보험(Insurance)＋운송비(Freight)

표 6. 한국, 중국, 일본의 LNG 수입량과 수입가(2008년~2011년)

	수입(단위: 천 톤)				평균수입가(달러/백만 BTU)		
연도	일본	한국	중국	합계	일본	한국	중국
2008년	69,628	26,257	3,336	99,221	12.5	13.8	5.4
2009년	64,492	25,847	5,532	95,871	9.0	10.0	4.4
2010년	70,008	32,466	9,295	111,769	10.8	10.4	6.1
2011년	78,411	36,679	12,215	127,305	14.7	12.5	9.1

출처: Organization of Arab Petroleum Exporting Countries(2012: 14)

2. 2013년 IEA의 아시아 LNG 허브보고서

이와 같은 천연가스 가격에서 아시아 프리미엄을 해소하는 가장 확실한 방안 중 하나는 천연가스 트레이딩 허브를 구축하는 것이다. 실제로 싱

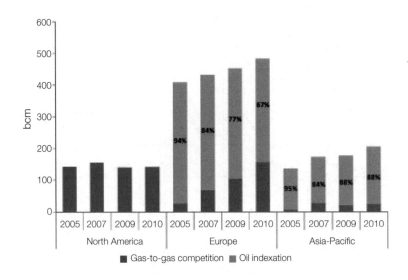

그림 12. 북아메리카, 유럽, 아시아–태평양 지역의 천연가스 시장가격 결정방식
출처: IEA(2013: 13)

가포르와 말레이시아는 LNG 허브기지 건설에 이미 착수하였다. 2013
년 당시 국제에너지기구(IEA)의 마리아 반더 호이븐(Maria van der Ho-
even) 사무총장은 "아시아 태평양 지역의 수급상황에 맞는 단가가 형성
되기 위해서는 LNG 트레이딩 허브가 조성돼야 한다"고 지적하면서 "현
재로선 제도와 인프라 구축에 가장 앞선 싱가포르가 아시아 태평양 지역
의 허브가 될 가능성이 가장 높다"고 평가하였다.

    IEA는 2013년에 "아시아에서 가스 트레이딩 허브 개발(Developing
a Natural Gas Trading Hub in Asia)"이라는 주제의 보고서를 발간하였
다. 아시아 프리미엄에 따른 아시아 가스 트레이딩 허브의 필요성과 그
최적지로 싱가포르를 주목하였다.

IV. LNG허브 건설 논의

아시아 프리미엄 문제를 해결하고자 아시아 각국 차원에서 LNG 허브건설 논의가 진행되었다. 대표적인 사례가 한국과 싱가포르의 LNG 허브 건설 시도이다. 한국의 사례는 실패로 끝난 반면에 싱가포르의 사례는 사업의 진척이 이루어지고 있다.

1. 한국중심의 LNG허브 구축논의

한국 정부는 2012년 9월 마련한 '셰일가스 선제적 대응을 위한 종합전략'에서 한국가스공사의 제5인수기지를 건설하고 민간 저장시설 투자를 유도하겠다고 발표했다. 2011년 현재 379만 톤인 가스공사의 저장 능력을 2017년까지 529만 톤으로 확충하기 위해 100만 톤 규모의 제5인수기지를 짓는 계획을 올해 수립한다고 밝혔다. 하지만 이 계획은 입지를 포함해 아직 결정된 사항이 없다.

또 다른 문제는 한국이 LNG허브가 되려면 국내시장에 천연가스 공급이 가스공사에 의해 거의 독점되고 있는 구조가 개선되어 LNG수입을 민간기업에 개방해야 한다는 점이다. 이와 관련하여 김한표 새누리당 의원이 2013 4월 도시가스사업법 개정안을 대표발의했지만 아직 통과되지 않았다. 개정안은 민간 기업이 자가소비용으로 직도입한 LNG를 다른 직도입자에게 판매하거나 수출하는 것을 허용하고 천연가스 반출입업을 신설하는 등의 내용을 담고 있다. 천연가스 반출입업은 보세구역에 저장 탱크를 지어놓고 LNG를 거래하는 사업을 의미한다. 이는 현행법규에서 가스공사 이외에 LNG를 자기소비하는 기업들만 LNG를 수입하도록 되어 있기 때문에, LNG트레이딩을 활성화하기 위해서는 법규개정이 시급하다. 문제는 제도 개정에 반대하는 쪽에서는 LNG 도입을 놓고 민간 기업끼리 경쟁하면 가격협상에서 불리해진다고 주장하고, 현재 가스공사가 대규모 물량을 들여오는 것보다 단가가 더 비싸진다는 얘기다.

이와 같은 공방이 오가는 과정에서 한국에서 LNG허브를 운영한다는 계획을 2010년부터 추진하였던 효성그룹이 2014년 2월 12일 LNG허브 설립계획을 철회하였다. 2014년 2월 12일 금융감독원 전자공시시스템에 따르면 효성의 자회사 아시아LNG허브는 해산을 결의했다고 공시했다. 효성그룹은 지난 2010년 아시아LNG허브를 출범하고 동북아 국가의 구매력을 앞세워 저렴하고 안정적으로 LNG를 구입할 수 있도록 동북아 LNG 스팟시장을 건설할 계획이었다. 한국, 중국, 일본 등 동북아 국가가 전 세계 LNG 거래량의 약 60%를 수입하는 '큰 손'이지만 '아시아 프리미엄'이 붙은 비싼 가격에 LNG를 들여오는 상황에 주목하였던 것이다. 당시 아시아LNG허브가 일본과 함께 공동으로 LNG를 구매할 경우 대량 구매에 따른 가격경쟁력을 확보할 수 있을 것으로 예상됐다. 아시아LNG허브는 셰일가스 혁명으로 가스 소비가 증가할 것으로 예상됨에 따라 한국 남해안 저장시설에 LNG를 저장했다가 타 국가에 판매하는 350만 톤 규모의 LNG 허브 터미널 구축 사업을 의욕적으로 추진하였다. 그러나 사업은 아시아LNG허브의 기대만큼 일사천리로 진행되지 않았다. LNG 허브 구축은 국내의 LNG 수입 체계의 변화를 수반하는 여러 가지 문제와 얽혀 있어 현실화하는데 어려움이 있었다. 또한 싱가포르가 정부 차원의 지원을 받아 이미 600만 톤 규모의 아시아 LNG 수입 터미널을 건설하고 있다는 점도 아시아LNG허브에 부담으로 작용한 것으로 보인다. 싱가포르는 기존 아시아 오일 허브로서 풍부한 경험과 선진적 제도를 갖추고 있어 이를 넘어서서 성공적으로 LNG허브를 한국에서 운영하기 어렵다고 판단한 것이다. 결국 효성은 4년째 매출이 전무한 아시아LNG허브 사업을 정리하였고, 초기 자본금 13억 원을 포함한 42억 원의 손실을 보게 되었다(가스신문 2014).[7]

2. 싱가포르의 LNG허브 구축

싱가포르는 아시아의 오일허브에 이어 LNG 허브를 차지하기 위한 계획이 실행 중이다. 2013년 5월 연간 처리용량은 300만 톤의 첫 LNG터미널을 가동하기 시작하였다. 싱가포르가 정부 차원에서 추진하는 이 사업에는 14억 달러가 투자된다. 싱가포르는 향후 2016년까지 추가 투자를 통해 LNG 처리용량을 900만 톤으로 증대시키는 것을 목표로 하고 있다. 다른 한 편에서, 싱가포르는 천연가스 공급선을 확보하는 작업도 착실하게 진행하고 있다. 싱가포르 정부는 지난 4월 LNG를 수입해 아시아 지역에 공급하기 위해 파빌리온 에너지를 설립했다. 파빌리온은 싱가포르의 국부펀드 테마섹 홀딩스의 자회사로 설립되었다. 파빌리온은 2013년 11월 중순 동부 아프리카 탄자니아의 3개 해상천연가스 광구의 지분 30%를 영국 오피르 에너지로부터 13억 달러에 매입했다. 이들 광구에는 천연가스 15조 입방피트가 매장된 것으로 추정된다. 탄자니아 광구에서 생산된 천연가스는 2020년부터 인도될 예정이다. 파빌리온은 2013년 10월에 LNG 장기도입 계약을 유럽회사와 처음으로 체결하여 2018년부터 10년 동안 매년 50만 톤을 수입하기로 했다.

　이처럼 아시아에서 LNG 허브 구축이 추진되는 것은 독자적인 시장이 형성되지 않아 가격결정 시스템도 없는 실정이고 이에 따라 LNG 도입단가 결정이 합리적이지 않기 때문이다. 이로 인해 가스 시장이 원유

7　"가스신문 기사(2014년 2월 18일자)." http://www.gasnews.com/news/articleView. html?idxno=64187 (검색일: 2014.3.1).

에 비해 공급초과가 됐을 때에도 도입가를 충분히 떨어뜨리지 못하는 불합리한 경우가 발생할 수 있다. 또한 셰일가스 혁명으로 LNG 공급이 크게 증가하게 되면 독자적인 시장과 가격 지표를 갖추고 있어야 도입가를 낮출 수 있다(아시아경제 2013). 따라서 싱가포르는 이러한 상황에서 발빠르게 LNG 허브 구축을 위해서 움직이고 있다.

3. LNG허브에 대한 다른 동북아시아 국가의 입장

동북아시아에서 한국에 LNG 트레이딩 허브를 유치하기 위해서는 일본과 중국의 협조가 필수적인데, 현재로서는 이들 국가 혹은 이들 국가의 기업이 트레이딩 허브 구축에서 한국을 지원한다는 입장은 크게 부각되고 있지 못하다.

오히려 일본 최대의 석유와 천연가스 탐사기업인 INPEX는 2013년 12월에 싱가포르로 석유와 LNG의 트레이딩 사무소를 이전하였다. INPEX의 이전 목적 중의 하나는 INPEX의 원유 물량을 석유소비가 줄어드는 일본 이외의 지역의 판매자 및 구매자와 활발하게 접촉하기 위한 것이었다. 2012년에는 미츠이(Mitsui)상사와 Tonen General등의 일본기업이 오일 트레이딩 기능을 일본에서 싱가포르로 이전한 바가 있다. INPEX는 호주에서 Ichthys 프로젝트를 추진하면서 천연가스 자원을 개발 중인데, 본 프로젝트가 가동되는 2017년 이전까지 LNG자원을 확보하는데 싱가포르의 트레이딩 허브를 적극 활용할 예정이다(Reuters 2013).

싱가포르의 트레이딩 허브에 투자를 확대하고 있는 일본 기업과는 달리, 중국의 경우는 트레이딩 허브 구축에 가시적인 성과를 보이고 있지 않다. 그 이유는 크게 해외 생산 지역의 직접투자, 파이프라인을 이용한 PNG 수입, 그리고 천연가스 국내생산의 세 가지가 있다. 이는 늘어나는 자국의 에너지 수요에 중국의 국영에너지 기업들이, 공통의 트레이딩 허브를 통해 지역 차원에 유동성을 확보하는 것보다, 개별 에너지원 생산 지역에 투자를 확대하는데 집중하고 있기 때문이다. 2장에서 언급한 대로 중국은 호주 지역의 천연가스개발에 관련된 투자를 지속적으로 하고 있는 상황이고, 향후 중국의 투자는 지속적으로 늘어날 것으로 예상된다. 그리고 중국은 이러한 LNG 수입뿐만 아니라 미얀마와 중앙아시아와 연결된 파이프라인을 이용한 PNG 수입도 이루고 있는 상황이다. 그리고 이를 통해 지속적인 국제적 PNG 수입 또한 증가하고 있다. 이러한 중국~중앙아시아 파이프라인과 중국~미얀마 파이프라인을 통해 수입이 가능해지면서 중국은 더욱 저렴한 가격으로 천연가스를 중국내로 공급이 가능해진다. 더군다나 중국~중앙아시아 파이프라인의 경우는 현재 중국이 완전 인수를 한 상태라 가격은 수입비용이 더욱 하락할 것으로 예상된다. 또한 중국은 산유국이자 천연가스 생산국이기도 하기 때문에 아시아 LNG 허브 구축에 대한 집중도가 떨어질 수밖에 없는 상황이다. 여러 가지 수입선과 국내생산이 존재하기 때문에 중국의 아시아 LNG 허브구축에 대한 입장이 한국, 일본과 입장이 같을 수만은 없다.

V. 결론

동북아시아 지역은 전 세계 최대의 LNG 소비 지역이지만, 개별 국가단위의 가스도입계약에 따른 시장의 운영으로 다른 지역에 비해 높은 가격으로 천연가스를 도입하고 있다. 이는 미국에서 셰일가스 혁명을 통해 발생한 잉여 천연가스 자원이 다른 지역으로 수출될 여력이 생기면서,

역내 트레이딩 허브 구축을 통해, 아시아 프리미엄을 해소하려 역내의 몇몇 국가들이 시도하고 있다.

이와 같은 움직임에서 가장 적극적인 것이 싱가포르와 일본인데, 한국 역시 역내 천연가스 트레이딩 허브를 한국에 유치하기를 희망하고 있다.

그러나 천연가스거래가 가스공사의 준독점 체제에서 이루어지는 국내 법규상 국내에서 천연가스트레이딩이 활성화되는데 제약이 발생하고 있고, 이와 같은 제약이 지속되는 속에서 천연가스트레이딩 허브를 구축하는데 투자를 하였던 효성그룹이 대규모 손실을 보고 본 사업부문에서 철수하였다.

또한 천연가스트레이딩 허브 구축에서 한국을 지지할 것으로 한국 정부가 예상하였던 일본기업들이 오일과 천연가스의 트레이딩 기능을 싱가포르로 이전하면서, 현재로서는 한국보다는 싱가포르가 향후 아시아~태평양 지역에서 천연가스트레이딩 허브로 발돋움하는데 훨씬 더 유리한 입장에 서게 되었다.

그리고 중국이 환경문제가 대두되면서 천연가스의 수요가 증가하고, 그에 따라 천연가스 개발과 수입에 적극적인 모습을 보이고 있다. 그리고 자국에 LNG 터미널 건설에 투자를 하면서 석탄이나 석유와 같은 화석에너지를 천연가스로 대체하는 방향으로 향하고 있다. 하지만 현재 천연가스의 개발과 수입에 적극적인 모습을 보이는 중국마저 천연가스 트레이딩 허브에 무관심한 입장을 나타내면서 한중 간의 협력이 힘든 상황이다. 특히 중국~중앙아시아 파이프라인과 중국~미얀마 파이프라인이 가동되면서 중국은 더욱 저렴한 가격의 천연가스 수입이 가능해져 무관심한 입장을 나타낼 수밖에 없을 것이다. 중국의 지지를 받지 못할 한국의 천연가스트레이딩 허브 유치는 힘든 상황으로 가고 있다.

이러한 상황 속에서 결국 국내에 천연가스트레이딩 허브가 구축되기 위해서는 두 가지의 우선적 변화가 필요한데, 그것은 전향적인 국내 법규개선과 중국과 일본과의 긴밀한 협력이라고 볼 수 있다.

참고문헌

가스신문. "아시아 LNG허브 구축 '물 건너갔다'." 2014.2.18. http://www.gasnews.com/news/articleView.html?idxno=64187 (검색일: 2014.3.1).

문화일보. "北통한 러 천연가스 도입, 경제성 가장 높다"." 2010.5.7. http://www.munhwa.com/news/view.html?no=2010050701031424219020&mobile=false (검색일: 2013.1.3).

산업통상자원부 에너지경제연구원. 『2013년 에너지 통계연보』 2014.

_____. 『2015년 에너지 통계연보』 2016.

아시아경제. "LNG허브 참 다른 두 나라…싱가포르 잰걸음, 韓 제자리." 2013.12.2. http://www.asiae.co.kr/news/view.htm?idxno=2013112916155111986 (검색일: 2014.3.1).

안상욱. "한국의 동북아 LNG 허브 구상의 실패요인 분석: 중일과의 협력 부재." 『세계 지역연구 논총』 제32권 3호 (2014)

이성규. "중국의 중앙아 가스 확보 러시아 오일 머니 전략에 차질." 『친디아플러스』 87호(2013)

최성수. "일본 원전사태 발생 6개월 그 영향과 향후 전망분석." 『가스산업』 제10권 3호 (2011)

한겨레. "일 '고맙다, 미 셰일가스'." (2014.2.13). http://www.hani.co.kr/arti/international/japan/624080.html (검색일: 2014.3.1).

한중무역투자정보망. "중국-미얀마 천연가스관 가스수송 개시, 연 수송량 120억m³." 2013.7.31. http://koreachina.mke.go.kr/ViewControl?type=board&board_no=2&idx=34554&sp=1&pl=10&sm=1&ss=%EC%B2%9C%EC%97%B0%EA%B0%80%EC%8A%A4 (검색일: 2014.7.6.)

APERC (Asia Pacific Energy Research Centre). *Natural Gas Pipeline Development in Southeast Asia.* Tokyo: APERC, 2000.

_____. *APEC Energy Overview 2011.* Tokyo: APERC, 2012.

ASEAN(Association of South East Asian Nations), *ASEAN Plan of Action for Energy Co-operation 2010-2015.* Jakarta: ASEAN Secretariat, 2009.

The Boston Company Asset Management. http://www.thebostoncompany.com/web/tbc/insights-detail?insightsId=165300 (검색일: 2014.3.1)

BP. *Statistical Review of World Energy.* 2011.

_____. *Statistical Review of World Energy.* 2012.

_____. *Statistical Review of World Energy.* 2013.

_____. *Statistical Review of World Energy.* 2014.

_____. *Statistical Review of World Energy.* 2016.

CEER (Council of European Energy Regulators). *CEER Vision for a European Gas Target Model.* Conclusion Paper. Brussels: CEER, 2011.

Chevron. "쉐브론 고르곤 LNG 첫 수출 카고 일본으로 출항." (2016.3.20). https://www.chevron.com/~/media/chevron/stories/documents/ChevronGorgonSailAway_Korean.pdf

ECS (Energy Charter Secretariat). *Putting a Price on Energy: International Pricing Mechanisms for Oil and Gas.* Brussels: ECTS, 2007.

ECTS. *Fostering LNG trade: developments in LNG Trade and Pricing.* Brussels:　ECTS, 2009.

EIA(Energy Information Administration). http://www.eia.gov/countries/cab.cfm?fips=ja (검색일: 2014.3.1).

_____. http://www.eia.gov/countries/cab.cfm?fips=CH (검색일: 2016.3.1).

_____. *China International energy data and analysis.* https://www.eia.gov/beta/international/analysis.cfm?iso=CHN (검색일: 2017.3.1).

_____. *Country Analysis Brief: Japan.* https://www.eia.gov/beta/international/analysis.cfm?iso=JPN (검색일: 2017.4.1).

GIIGNL (International Group of Liquefied Natural Gas Importers). *The LNG Industry in 2007.* Paris: GIIGNL, 2008.

_____. *the LNG Industry in 2008.* Paris: GIIGNL, 2009.

_____. *the LNG Industry in 2009.* Paris: GIIGNL, 2010.

_____. *the LNG Industry in 2010.* Paris: GIIGNL, 2011.

_____. *the LNG Industry in 2011.* Paris: GIIGNL, 2012.

IEA. *Natural Gas Pricing in Competitive Markets* 1998.

_____. *Flexibility in Natural Gas Supply and Demand* 2002.

_____. *Security of Gas Supply in Open Markets: LNG and Power at a Turning Point.* 2004.

_____. *Natural Gas Market Review 2006: Towards a Global Gas Market.* 2006.

_____. *Energy Policies of IEA Countries: Japan 2008 Review.* 2008.

_____. *Natural Gas in China: Market Evolution and Strategy.* 2009.

_____. *Medium-Term Coal Market Report 2011.* 2011a.

_____. *Natural Gas Information 2011.* 2011b.

_____. *World Energy Outlook 2011.* 2011c.

_____. *Medium-Term Gas Market Report 2012.* 2012a.

_____. *Gas Pricing and Regulation: China.'s Challenges and OECD Experience, Partner Country Series* 2012b.

_____. *Developing a Natural Gas Trading Hub in Asia.* 2013.

IFRI (French Institute of International Relations). *Gas Price Formation, Structure & Dynamics.* Paris:　IFRI, 2008.

IGU (International Gas Union). *Wholesale Gas Price Formation.* 2006.

_____. *Wholesale Gas Price Formation.* 2008.

_____. *Wholesale Gas Price Formation.* 2010.

_____. *Wholesale Gas Price Formation*. 2012.

IHS CERA (Cambridge Energy Research Associates). *Slow and Steady: the Development of Gas Hubs in Europe*. Cambridge: IHS CERA, 2009a.

_____. *Bursting the Bubble: The Impact of Contract Renegotiations on the European Gas Market*. Cambridge: IHS CERA, 2009b.

_____. *Hedging the Weather with LNG: How Flexible Supply Can Reduce Storage Requirements*. Cambridge: IHS CERA, 2009c.

Jensen, J. *The Development of a Global LNG market: Is it Likely? If so When?*. Oxford: Oxford Institute for Energy Studies (OISE), 2004.

Jensen, J.T. *Asian Natural Gas Infrastructure and Pricing Issues*. Seattle: The National Bureau of Asian Research, 2011.

Miyamoto A. and C. Ishiguro. *A New Paradigm for Natural Gas Pricing in Asia: A Perspective on Market Value*. Oxford: OIES, 2009.

Organization of Arab Petroleum Exporting Countries. *Monthly Report on Petroleum Development in World Markets and Member Countries*. 2012.12.

Reuters. "Japan's Inpex to make Singapore a hub for trading oil, LNG-sources." (December 11, 2013). http://www.reuters.com/article/2013/12/12/inpex-oil-singapore-idUSL3N0JQ0PP20131212 (검색일: 2014.3.1).

_____. "Japan pays high fee for first U.S. shale cargoes in January." (February 24, 2017). http://www.cnbc.com/2017/02/24/reuters-america-japan-pays-high-fee-for-first-us-shale-cargoes-in-january.html

Stern, J. (ed.) *Natural Gas in Asia: the Challenges of Growth in China, India, Japan and Korea*. Oxford: OIES, 2008.

Zhuravleva P. *The Nature of LNG arbitrage, and an Analysis of the Main Barriers for the Growth of the Global LNG Arbitrage Market*. Oxford: OIES, 2009.

제9장

아시아 에너지 기술 협력

박희원

I. 서론

최근 국제 에너지 시장여건은 크게 변하고 있다. 다양한 전망이 있지만 전반적으로 신재생에너지 및 천연가스 수요의 확대, 석탄 사용의 감소, ICT(정보통신기술) 기반의 에너지 신기술 개발 및 적극 도입 등 여건 변화에는 큰 이견이 없다. 에너지시장에서 지금까지 엘리트에너지로 불려온 화석에너지와 신기술로 경쟁력을 갖추게 된 신재생에너지와의 주도권 다툼은 계속될 것으로 보이며, 이에 따라 향후 세계 에너지 시장은 그야말로 어느 에너지원의 독점 시장이 아니라 에너지원 간 주도권 경쟁을 벌이거나 어느 정도 조화를 이룬 에너지 믹스 시대가 될 것으로 예상 된다.

엑슨모빌에 따르면, 2040년까지 전 세계 에너지 수요는 2014년 대비 25% 증가할 것으로 보인다. 수요 증가의 55%는 발전부문에서 비롯되며 발전연료 중 석탄 비중은 40%에서 30%로 감소하는 반면 천연가스, 원자력, 신재생에너지의 비중은 증가할 것으로 보인다. 또한 원유와 천연가스가 2040년에도 전 세계 에너지 공급의 60%를 여전히 충당해 주요 에너지원으로 자리를 유지할 것으로 전망했다. 원유의 경우 전 세계 에너지 수요증가의 40%를 차지하면서 가장 빠른 성장세를 보일 것으로 전망했다.

일각에서는 원유의 가채 연수를 40~50년으로 전망하는 등 고갈을 주장하고 있지만, 수압 파쇄나 수평정 시추 등 부존된 자원의 회수 기술의 눈부신 발전으로 더 많은 원유의 회수가 가능해지고 개발 단가(lifting cost)를 낮춰 앞으로도 주요 에너지원으로 계속 사용될 것이라는 주장이 함께 나오고 있다.

특히 20년 전만 해도 개발이 불가능해 보였던 셰일(shale) 지층에 부존되어 있던 방대한 원유, 가스가 수평시추와 수압파쇄 기술로 상업 생산이 되면서 전 세계 원유, 가스 공급량을 획기적으로 증가시켜 세계 원유 시장에 큰 영향을 주게 된 소위 셰일혁명은 천연가스와 석유의 개발 단가를 크게 낮추고, 공급량은 크게 늘게 되면서 공급과 수요의 불균형을 초래했다. 이로 인하여 최근 리먼 사태 이후 신 저유가 시대가 도래했다.

미국은 셰일혁명으로 2014년 3분기 경제성장률이 5%에 이르렀으며 선진 산업국가 중 유일하게 에너지를 자급하는 나라가 되었다. 셰일혁명은 미국 내 재료 원가와 운송비의 감소를 이끌었고, 해외로 나갔던 공장들이 다시 미국으로 돌아와 제조업을 부활시키는 계기가 되었다. 특히 최근 트럼프 행정부의 적극적인 화석에너지 개발정책에 의해 당분간 셰일가스 개발은 계속 활발히 지속될 것으로 예상된다. 최근 8년 만에 처음으로 OPEC이 감산에 합의하였고, 여러 상황을 고려하면 향후 유가는 배럴당 60달러 이상으로 강세를 보일 것이라는 전망이 우세하다.

한편 4차 산업혁명과 함께 정보통신기술이 다양한 산업에 빠르게 적용되고 있으며, 빅데이터와 딥러닝 등 인공 지능 기법을 활용하여 무인자동차, 자연언어번역 등 기존에 불가능했던 다양한 일들이 가능해지고 있다. 에너지 분야에서도 정보통신기술과의 융합이 지속적으로 추진되고 있으며, 화석 연료의 경우 이를 통하여 자동화를 통한 비용 절감으로 생산단가는 낮아지고 생산효율은 증대되고 있다. 태양광 발전의 경우 빅데이터를 통한 솔라 패널의 최적 조향, 풍력의 경우 풍향에 따른 블레이더 방향 실시간 제어 등 발전량 증대에도 적극 활용되고 있다.

　2016년 11월 파리기후협정이 발효되면서 신기후변화 체제가 도래하였다. 이후 전 세계적으로 온실가스 배출량에 대한 제한을 받으면서, 기존의 석탄과 원유 등 화석연료의 의존도를 낮추고 그 자리를 천연가스와 신재생에너지 발전으로 보완하려는 시도가 지속적으로 확대되고 있고 심지어 중동 산유국에서도 화석연료의 상당 부분을 신재생 에너지로 전환하려는 노력을 하기 시작하였다.

　신재생 에너지는 아직까지 기존의 화석연료에 비해 생산단가가 높지만 온실가스 감축 효과 등 사회적 비용 절감에 따라 국가적 지원이 계속되고 있으며, 지속적인 기술 발전에 따라 가까운 미래에 기존 화석연료의 생산단가 이하로 떨어지는 이른바 그리드 패리티(Grid-Parity)가 이루어질 것이라는 전망도 나오고 있다.

　셰일가스 혁명으로 미국이 에너지 수입국에서 에너지 수출국으로 변모하면서 중동 산유국들에 높은 에너지 의존도를 보이던 국가들이 에너지 수입처를 다변화하기 시작했다. 신재생 에너지의 개발과 미국의 천연가스 수출 등으로 인해 전통적으로 러시아에 에너지원을 의지한 많은 유럽 국가들이 탈러시아 경향으로 변화하고 있으며, 러시아 또한 반대로 아시아 시장에 적극적으로 눈을 돌리고 있다.

　이와 같이 국제 에너지 시장여건이 크게 변화함에 따라, 아시아 특히 동북아 역내 각국의 에너지 거버넌스에도 큰 변화가 일어나고 있다. 자원 부국은 부국대로 에너지 믹스 시대에 따른 경쟁력 강화를 위하여, 자원 빈국은 빈국대로 다변화된 시장에서 국익을 최대한 확보하기 위해 각종 협력을 위한 거버넌스 구축을 시도하고 있고 각 국가 내에서도 에너지믹스 시대에 에너지원 간 최적 포트폴리오 수립을 위한 거버넌스를 고민하고 있다.

신재생 에너지 시장의 경쟁력 향상, 원유의 공급 과잉, 천연가스 수출 확대 등은 공급자 중심의 시장을 수요자 중심으로 재편하고 있다. 에너지 자주개발률이 낮고 중동에 대한 화석연료 의존도가 높은 우리나라의 경우 급변하는 국제 에너지 시장 상황을 반영한 에너지 포트폴리오를 재구축하는 것이 시급한 과제이다. 또한 아시아 국가 내 에너지 수급 협력 및 기술 협력은 향후 에너지 안보와 관련 기술 수출을 통한 새로운 먹거리 발굴 차원에서도 매우 중요하다.

특히, 글로벌 에너지 믹스에서 천연가스 비중뿐만 아니라, 신재생에너지의 비중도 증가함에 따라 화석에너지, 신재생에너지 등 각 분야에서 기술 협력을 통해 에너지 안보를 강화해야 한다.

일반적으로 에너지협력은 다자간 협력과 양자 간 협력이 가능하다. 중요한 것은 어떤 형태든 각국은 자국의 이익을 극대화하기 위해 협력을 추진한다는 것이다. 동북아 국가들은 정치 체제와 각국이 처한 에너지 환경의 차이가 심하여 중점 에너지 정책이 상이하였고 지난 20여 년간 다양한 노력에도 불구하고 에너지협력의 성과가 크지 않은 상태다. 동북아 지역의 상호 의존은 더욱 심화되고 지리적 인접성으로 인하여 중국발 미세 먼지, 일본 후쿠시마 원전 사고 후 방사능 오염 등 환경적 영향도 매우 큰 반면 육상 운송이 불가능하고, 영유권 및 역사 문제, 냉전 이후 적대적인 동맹 구조, 북핵 등 탈근대적 비대칭 문제 등 정치적인 이유로 다자간이든 양자 간이든 협력이 결코 쉽지 않은 상황이다.

그렇다고 에너지협력이 아주 비관적이지는 않다. 미국은 친환경 에너지 개발 기조를 유지하되 셰일가스 등 화석 연료와 관련 인프라에 집중 지원할 입장이고, 중국은 초미세먼지 등 국제 사회의 비난을 의식하여 친환경 정책을 지속적으로 펼쳐 나갈 것으로 보인다.

이 두 강대국의 에너지 정책 방향을 보면 한국은 과거 중동에서 쌓은 플랜트 산업 경험을 바탕으로 미국의 전통 에너지산업 분야에 협력 기회를 얻을 수 있고, 중국과는 전력그리드나 셰일가스 개발 시 기술 협력, 미세 먼지 저감 관련 친환경 관리 산업의 협력 등 한국에게는 충분한 양자 간 협력 기회 요인을 얻을 수 있다.

또한 LNG의 경우 한중일의 니즈가 서로 부합되는 부분이 많아 LNG공급에 있어 어느 정도 다자간 협력 가능성이 열려 있다.

정보통신 기반의 4차 산업혁명도 전 세계가 동일하게 겪고 있고 기술적 니즈도 동일한 만큼 에너지 부문의 4차 산업 융합 관련 다자간 협력 어젠다 도출의 기회 요인이 되고 있다.

이에 본 장에서는 아시아 역내 각 국가별, 에너지원별 기술 협력 사례를 살펴보고, 이러한 상황에서 한국의 에너지 기술 협력 방향과 이에 맞는 거버넌스를 제안하고자 한다.

II. 국가별 기술 협력 현황

1. 미국

미국은 트럼프 행정부는 출범 이후 미국 내 매장된 50조 달러 규모의 셰일 원유 및 천연가스의 본격적인 개발, 생산과 석탄사업을 부흥시켜 깨끗한 석탄을 생산하는 기술 개발에 주력하겠다고 밝혔다. 또한 2017년 3월 연방정부의 주요 탄소배출 규제를 해제하는 '에너지 독립 행정 명령'에 공식 서명하기도 하였다. 이는 석탄 화력발전소 폐쇄 조치를 담은 청정전력계획(Clean Power Plan)의 폐기를 지시하고, 국유지 내 석탄 채굴을 허용하는 내용이 핵심이다. 텍사스 내 에너지기업들은 이번 조치를 긍정적으로 받아들이고 있으며, 특히 셰일에너지 생산에 부정적 영향을 미쳤던 기존 행정조치 철폐, 에너지 규제에 대한 연방 권한을 주 정부로 환원하는 조치에 주목하고 있다. 또한 이산화탄소 배출량이 여타 화석에너지원에 비해 상대적으로 적은 천연가스 활용에 대한 전략적 접근을 계획하고 있다.

하지만 2017년 1월 발표한 트럼프의 인수위가 제시한 긴급 지원이 필요한 프로젝트 50선(일명 '긴급투자 우선순위 목록: 긴급&국가 안보 프로젝트')에는 고속도로, 교량, 송전선, 공항 등 인프라 사업에 더하여 신에너지 프로젝트도 대거 포함되었다. 50개의 프로젝트 중 8개의 에너지 관련 계획은 일부 수력발전을 제외하고 석탄, 원전, 천연가스 발전 등에 관련된 것은 없었으며 오히려 신재생에너지 부문인 풍력, 수력, 에너지저장(ESS) 및 스마트그리드 관련 긴급 인프라 프로젝트로 선정하여 진행할 예정이다. 이는 화석연료와 신재생에너지에 대한 선호도에 따른 선택이라기보다는 대규모 일자리 창출을 고려한 정치적 선택으로 보인다.

어쨌든 미국은 오바마 정부에서의 신재생에너지를 집중 투자하는 기조를 버리고 "미국 우선 에너지 계획"을 발표하면서 전통에너지원에 대한 집중적인 기술 개발에 주력하겠다고 천명했다. 이러한 상황에서 긴급투자 프로젝트 50선에 신재생에너지에 대한 투자안을 넣는 등 트럼프 정부의 에너지 거버넌스에 아직 명확한 방향성이 나타나지 않아 미래 에

표 1. 50대 긴급 인프라 투자 프로젝트 중 신재생에너지 부문

긴급 인프라 투자 프로젝트 리스트	예산	프로젝트명	신재생 에너지 부문	프로젝트 주 내용
#9	2조 8877억 원	plains and eastern electric transmission lines	풍력	• 오클라호마 주에서 4GW급의 전력을 생산해 남동 지역으로 최대 1120km까지 직류송전
#16	3조 4653억 원	transwest express trans-mission	풍력	• 와이오밍 주에서 3GW급의 전력을 생산해 애리조나, 캘리포니아, 네바다 주로 송전 • 3000개 일자리 창출 전망
#17	5조 7755억 원	chokecherry & sierra madre wind energy	풍력	• 와이오밍 주에서 풍력터빈 1000개를 설치해 3GW급의 전력 생산 • 2017년 1월 18일(미국 기준) 미국 토지관리국은 풍력터진 500개 설치를 허가 • 1000개 일자리 창출 전망
#21	2조 5412억 원	champlain hudson power express	수력	• 미-캐나다 국경에서 수력발전을 통해 생산된 1GW급 전력을 뉴욕에 공급 • 송전망은 허드슨강에 설치 • 뉴욕시 인근에 위치한 indian point 원자력발전소를 대체할 예정
#12	4조 6204억 원	미 육군	수력	• 미 육군이 운영하고 있는 20GW급 수력발전의 생산성과 효율성 향상 • 일자리 550개 창출 전망
#49	미정	미정	ess 및 스마트그리드	에너지저장장치/스마트그리드 현대화

출처: 에너지경제신문

너지 시장의 불확실성이 커지고 있다.

한국의 미국과의 에너지 기술 협력 현황을 보면, 화석에너지 분야에서는 한국 서부발전이 미국 전력 연구소와 가스터빈분야에서 기술 협력 계약을 맺었고(배상훈 2016), 두산중공업은 중국에 이어 미국 에코젠과도 국내 상용화 기술인 초임계 이산화탄소 발전설비 기술 협약을 맺었다

표 2. 미국과 한국의 에너지 기술 협력 추이

에너지원	상대 국가	내용	체결 시기
화석 에너지	한국	서부발전, 미국 전력 연구소와 가스터빈분야에서 기술 협력 계약	2016년 11월 (배상훈 2016)
		두산중공업, 에코젠과도 국내 상용화 기술인 초임계 이산화탄소 발전설비 기술 협약	2015년 6월 (김윤구 2015)
		한국가스공사, 엑슨모빌과 2015년부터 가스 기술 관련 R&D 협력	2015년 6월 (최인수 2015)
신재생 에너지	한국	에스에너지, 유비솔라에 529억 규모 태양광 모듈 공급	2015년 12월 (조승희 2015)
		한화큐셀, 넥스트에라에 태양광 모듈 공급	2017년 1월 (김연숙 2017)
		중부발전, 네바다주에서 추진 중인 볼더시 태양광 발전사업 건설공사 착수	2015년 12월 (배상훈 2015)
		한국전력공사, 태양광발전소 100% 지분 인수를 통해 발전소 운영	2016년 8월 (김영현 2016)
		LG CNS, 에너지저장장치 기술을 바탕으로 미국 시장에 진출	2016년 5월 (이환 2016)

(김윤구 2016). 또한, 엑슨모빌과 한국가스공사는 2015년부터 가스기술 관련 연구개발 협력을 해 오고 있다(최인수 2015).

2015년 이후 태양광발전소 부분에서는 꾸준히 국내 기술이 미국 시장으로 진출해 나가고 있다. 에스에너지가 미국의 유비솔라에 529억 규모 태양광 모듈 공급 계약을 맺었고(조승희 2015), 한화큐셀은 미국 전력회사 넥스트에라에 태양광 모듈을 공급했다(김연숙 2017). 중부발전의 경우 미국 네바다주에서 추진 중인 볼더시 태양광 발전사업의 건설공사를 착수했고(배상훈 2015), 한국전력공사는 미국의 태양광발전소 100% 지분 인수를 통해 직접 발전소를 운영하게 되었다(김영현 2016). 또한 LG CNS가 에너지저장장치 기술을 바탕으로 미국 시장에 진출했다(이환 2016).

2. 일본

일본의 경우 후쿠시마 원전사고 이전에는 2035년까지 원자력발전 비중을 53%까지 확대할 예정이었으나 사고 이후 천연가스 비중을 40%대로 확대하면서 화석에너지에 대한 의존도는 상대적으로 증가하게 되었다. 이에 따라 천연가스의 시장 가격 및 가격 변동성 완화에 집중하고 있으며, 중동의 에너지 의존도를 줄이고 미국으로부터 천연가스 수입을 확대할 방침이다.

지난 2017년 1월에는 원전 축소 및 화석에너지 비중 증가 목적으로 10년 내 석탄화력발전소 45개 추가 건설 계획을 발표하였다. 다만 기존 노후화된 석탄 발전소들을 대체하기 위해 초임계압 혹은 초초임계압 기술을 적용한 청정 석탄화력 발전소들을 건설할 예정이다.

동시에 온실가스 저감 목적 달성을 위해 신재생에너지 발전 비중을 3%(2106년)에서 15%(2030년)까지 확대할 예정이다. 특히 태양광, 풍력발전 규모는 크게 증가하고 있으며, 2018년부터 세계최초로 수소발전소를 통해 상업시설에 전기를 공급할 예정이다.

일본은 자국 내 석탄화력, 가스, 신재생 발전플랜트 기술 및 원자력 관련 기술을 바탕으로 해외와 많은 기술 협력을 맺어 오고 있다. 2016년 기준으로 태국에 1,400MW 규모의 가스화력발전소, 이집트에 석탄화력발전소, 인도네시아에 3개의 석탄화력발전소 건설을 위한 MOU를 각각 체결하였다. 또한, 2016년 인도와 원전 관련 자재와 기술을 수출하기 위한 협정을 체결하였다.

신재생에너지의 경우 몽골의 태양광 및 풍력발전소 사업에 중국, 한국 등과 함께 진출해 있으며, 극동러시아 지역에 풍력발전 설치를 확대할 예정이다. 또한 러시아 국영 수력발전 기업 루스기드로와 가스 터빈

표 3. 일본과 한국의 에너지 기술 협력 추이

에너지원	상대 국가	내용	체결 시기
화석 에너지	한국	한국전력공사, 셰일가스, 합성가스 등 저열량 가스 도입에 대비한 발전용 가스터빈관련 핵심 기술 개발 협력	2016년 11월 (박재구 2016)
		한국전력공사, 동경전력연구소와 초전도기술, 신재생에너지 분야, 서비스고도화 분야 등에서 연구개발 협력을 추진	2017년 1월 (김병욱 2017)
신재생 에너지	한국	로맥스테크놀로지코리아, 일본기업 ETS와 함께 풍력 시장에 진출	2016년 11월 (이재용 2016)
		한화큐셀, 일본 시가오우치 메가솔라에 태양광 모듈 수출을 계약	2016년 2월 (유주희 2016)
		에스에너지, 1,634 억원 규모 태양광발전소 EPC계약을 체결	2016년 3월 (임성영 2016)
		수자원공사, 일본 사이타마현에 0.4MW 규모의 수상 태양광발전소를 준공	2016년 4월 (박은지 2016)
		LG CNS, 일본에 55MW 대규모 태양광 발전 사업을 수주	2016년 12월 (최유리 2017)

및 풍력발전 설비 공급 계약도 체결하였다. 일본은 자원 수입 의존도가 높은 국가인 만큼, 상대적으로 자원이 풍부하지만 기술력이 부족한 개도국들과의 다양한 기술 협력을 확장시켜 나가고 있다.

우리나라와 일본과의 기술 협력 현황을 보면, 화석에너지 분야에서는 한국전력공사가 셰일가스, 합성가스 등 저열량 가스 도입에 대비한 발전용 가스터빈관련 핵심 기술 개발을 협력 중이며(박재구 2016), 동경전력연구소와 초전도기술, 신재생에너지 분야, 서비스고도화 분야 등에서 연구개발 협력을 추진하기로 하였다(김병욱 2017).

신재생에너지 분야에서는 풍력발전 진단기업인 로맥스테크놀로지코리아가 일본기업 ETS와 함께 풍력 시장에 진출하였으며(이재용 2016), 태양광모듈 기업 한화큐셀은 일본 시가오우치 메가솔라에 태양광 모듈 수출을 계약했다(유주희 2016). 에스에너지는 1,634억 원 규모 태양광발전소

EPC계약을 체결하였고(임성영 2016), 수자원공사는 일본 사이타마현에 0.4MW규모의 수상 태양광발전소를 준공하였다(박은지 2016). LG CNS는 일본에 55MW 대규모 태양광 발전 사업을 수주하였다(최유리 2016).

3. 중국

최근 중국은 2016년부터 2020년까지 진행되는 13차 5개년 계획(일명 '十三五'을 발표했고 태양광, 수력, 풍력 등의 신재생에너지와 원자력의 비중을 확대해 나갈 방침이라고 밝혔다. 동시에 화석에너지의 고효율화와 청정 이용방법 개발을 적극적으로 추진할 것이라고 밝혔다. 최근에는 계획 중이던 석탄화력발전소를 101개 계획을 백지화하는 등 강력하게 청정에너지에 대한 투자를 확대하고 있다.

중국의 경우에는 자국 내 대기오염문제를 해결하기 위해 천연가스 비중의 증가와 신재생 에너지 비중의 증가를 모색하여 2017년 2월 기준 태양광 발전량이 세계 최대치에 도달했으며, 2020년까지 태양광, 풍력 등 재생에너지 발전에 3600억 달러 이상을 투자할 계획이다. 또한 향후 10년간 원자력발전소를 60개 이상 증설할 계획을 밝혔다.

중국은 2015년 03월 '일대일로(一帶一路)'를 구상하며 세부 계획을 발표했다. '일대일로'란 중국 서부 지역의 중앙아시아 5개국, 러시아와 유럽을 연결하는 육상 실크로드로와 중국과 동남아, 인도, 아프리카 그리고 유럽을 연결하는 해상 실크로드를 구축하여 대외 경제 협력, 인문, 사회 분야의 교류를 활성화 하고자 하는 국가 전략이다. 현재 중국은 국내 수요에 비해 발전소 과잉 상태로 남는 전력을 '아시아 슈퍼그리드' 전략을 통해 전력망을 연결하여 아시아에 수출할 계획이라고 밝혔다. 일대일로 실크 로드를 통해 중앙아시아 시장에서 천연가스 공급을 원활히 할

표 4. 중국과 한국의 에너지 기술 협력 추이

에너지원	상대 국가	내용	체결 시기
화석 에너지	한국	메가파워, 비상용 가스터빈에 대한 업무 협약을 체결	2016년 12월 (권태성 2016)
		한국전력, 중국화능집단과 초초임계압 석탄화력발전소 건설 및 운영 MOU를 체결	2016년 3월 (이오주은 2016)
신재생 에너지	한국	지엔씨에너지, 신재생바이오가스 발전기술과 설비공급을 위한 업무 협약을 체결	2016년 12월 (권태성 2016)
		신성솔라에너지, 중국에 12MW 규모 태양전지 공급 계약	2016년 6월 (전효진 2016c)
		한국전력공사, 중국 지우지앙에 40MW 태양광발전사업 MOU를 체결	2016년 8월 (이상훈 2016)
		OCI, 2.5MW 규모 태양광 발전소 준공	2015년 9월 (김미소 2015)
		OCI, 중국 양식장에서 사용되는 10MW 규모의 태양광 발전소 준공사업	2016년 1월 (전효진 2016b)
		한국가스공사, 중국 시나오그룹과 액화천연가스 벙커링 사업을 협력	2014년 6월 (김용갑 2014)
		한국가스공사, CNPC와 천연가스 수입과 교류에 대한 상호협력을 논의	2016년 11월 (윤준영 2016)
원자력	한국	두산중공업, 중국 핵전유한공사와 원전서비스 MOU를 체결	2016년 4월 (최호영 2016)

수 있으며, 자국 내 에너지 및 유관 기술을 수출하고 자국 내 개발에 국외 기업들이 참여할 수 있는 시장이 열린다.

중국은 중동의존도를 낮춰 에너지 보급을 안정화시키기 위해 러시아와 에너지협력, 특히 원유와 가스 공급 계약을 강화했다. 이는 중국이 중앙아시아의 풍부한 자원을 용이하게 확보하기 위함이며, 미국의 대중 포위망에 대한 중국의 적극적 대응으로 보인다. 또한 중국은, 일본, 한국과 함께 몽골 신재생에너지 산업에 진출해 있으며 한국, 일본과 마찬가지로 몽골에 태양광 발전소 건설 계약을 맺었다.

우리나라와 중국의 기술 협력 현황을 보면, 발전기 업체인 메가파워는 비상용 가스터빈에 대한 업무 협약을 체결하였으며(권태성 2016), 한국전력이 중국 발전회사인 중국화능집단과 초초임계압 석탄화력발전소 건설 및 운영 MOU를 체결하였다(이오주은 2016). 두산중공업이 중국핵전유한공사와 원전서비스 MOU를 체결하였으며(최호영 2016), 바이오가스 주력기업인 지엔씨에너지가 신재생바이오가스 발전기술과 설비공급을 위한 업무협약을 체결하였다(권태성 2016). 신성솔라에너지는 중국에 12MW 규모 태양전지 공급 계약을 맺었으며(전효진 2016c), 한국전력공사는 중국 지우지앙에 40MW 태양광발전사업 MOU를 체결하였다(이상훈 2016). OCI는 2015년 9월 2.5MW 규모 태양광 발전소 준공(김미소 2015)을 시작으로 2016년 1월 중국 양식장에서 사용되는 10MW 규모의 태양광 발전소 준공사업 등으로 확장(전효진 2016b)하고 있다. 또한 한국가스공사는 중국 시나오그룹과 액화천연가스 벙커링 사업을 협력하면서 중국과 에너지 기술 협력을 이어가는 중이며(김용갑 2014), 이후 중국 최대 국영에너지기업인 CNPC와 천연가스 수입과 교류에 대한 상호협력을 논의하고 있다(윤준영 2016).

4. 러시아

러시아는 원유, 가스 최대 생산국 중 하나로, 현재 중동에 의존해 있는 동아시아의 에너지 수급 실정을 활용하여 동북아 지역으로 수출을 확대하고 있다. 첫 아시아 진출 전략으로 2009년 시베리아~태평양 송유관 개통 이후 아시아내로 원유 수출을 확대했고, 일정 정도 중동산 원유를 대체했다. 그 이후 꾸준히 아시아를 타깃으로 원유, 가스 수출을 확산하고 있다.

최근 셰일혁명 이후 유럽이 미국과의 에너지협력을 강화하고, 신재
생에너지 활용 비중을 증가시키면서 유럽의 탈러시아 경향이 가속화 되
고 있다. 특히 최근 저유가가 지속되면서 러시아는 자국의 천연가스 생
산량을 늘리고 또한 신재생에너지 비중을 늘리기 위해, 지난 2017년 1
월 울리야놉스크(Ulianovsk) 지역에 러시아 최초로 풍력 발전소를 건설
하기도 했다.

러시아는 일본과 에너지 분야 경제/기술 협력을 강화해 나가고 있
다. 러-일 에너지 브릿지 프로젝트, 러시아 극동 오지 풍력발전 인프라
구축, 원전 핵연료 처리 및 재사용 공동연구 합의, 파이프라인 건설 타당
성 연구를 위한 MOU 등 다양한 에너지원에 대해서 활발한 협력이 이루
어지고 있다.

이 외에 중국과 발전-송전 일체화 프로젝트, 인도와 500MW 태양
광 발전소 건설 MOU, 이란과 1,400MW 대규모 화력발전소 건설 계약
등을 시작으로 아시아 지역과 에너지 기술 협력을 확대해 나가고 있다.

한국의 경우 서부발전이 러시아 소치에 180MW 규모의 열병합 발
전소 건설(김광균 2011)을 시작으로 LG CNS, Avelar Solar, 러시아의
Hevel과 함께 2020년까지 1.8조 원 규모 태양광 발전소 건설사업 추진
을 위한 MOU를 체결하였다(최유리 2016). 2017년 1월에는 국내 기업
들이 러시아 산 태양·풍력 복합 발전 설비 투자에 협력 제안서를 제출하
는 등 러시아와 발전 협력을 위한 노력을 지속 중이다. 최근 한국가스공
사는 가즈프롬과 가스사업분야의 협력을 위한 협정을 체결하였다(박병
립 2016). 가즈프롬이 운영하는 사할린-II 프로젝트에서 연간 150만 톤
의 LNG를 도입하는 중이며 협정에 따라 러시아산 천연가스 공급과 가
스 연관 사업 수행, 과학기술, 교육훈련 등에서 정보를 교류할 예정이다.

표 5. 러시아와 한국의 에너지 기술 협력 추이

에너지원	상대 국가	내용	체결 시기
화석 에너지	한국	서부발전, 러시아 소치에 180MW 규모의 열병 합 발전소 건설	2011년 9월 (김광균 2011)
		한국가스공사, 가즈프롬과 가스사업분야의 협력 을 위한 협정을 체결	2016년 12월 (박병립 2016)
신재생 에너지	한국	서부발전, LG CNS, Avelar Solar, 러시아의 Hevel과 함께 2020년까지 1.8조원 규모 태양광 발전소 건설 사업 추진을 위한 MOU를 체결	2013년 11월 (최유리 2016)

5. 몽골

몽골의 경우, 전력수요에 비해 전력보급률이 낮고 전력망 인프라가 취약하다. 부족한 에너지 발전량을 보충하기 위해 주로 화석 에너지 발전 플랜트 분야에서 협력이 이루어져 왔으며, 지리적 특성으로 신재생에너지 분야에서 잠재력이 높아 최근 관련 투자를 확대하고 있고, 이에 다양한 에너지 기술 협력을 추진 중에 있다. 특히, 2016년 체결된 한·몽 FTA 이후 한국과의 다양한 에너지 기술 협력이 활발히 이루어지고 있다.

화석에너지 분야에서는 한국의 지질자원연구원이 100억 원 규모의 건식선탄기술 장비 수출계약(길애경 2016), 한국아이티오가 울란바토르시와 LPG 공급인프라 구축(박귀철 2015), 한라에너지는 LPG 충전소 설치 계약 등을 체결하였다(조강희 2016). 또한 한국 지역난방기술이 몽골 석탄화력발전소 사업업무 협약을 체결했고(주병국 2016), 비에이치아이가 석탄화력발전소 프로젝트에 보일러 공급 관련 계약(좌동욱 2013)을 맺기도 하였다.

신재생에너지 분야에서는 한국전력과 일본 소프트뱅크가 함께 몽골

표 6. 몽골과 한국의 에너지 기술 협력 사례

에너지원	상대 국가	내용	체결 시기
화석 에너지	한국	지질자원연구원, 100억 원 규모의 건식선탄기술 장비 수출 계약	2016년 11월 (길애경 2016)
		한국아이티오, 울란바토르시와 LPG 공급인프라 구축	2015년 5월 (박귀철 2015)
		한라에너지, LPG 충전소 설치 계약 체결	2016년 2월 (조강희 2016)
		한국 지역난방기술, 몽골 석탄화력발전소 사업 업무 협약을 체결	2016년 7월 (주병국 2016)
		비에이치아이, 석탄화력발전소 프로젝트에 보일러 공급 관련 계약 체결	2013년 9월 (좌동욱 2013)
	한국, 일본	한국전력, 일본 소프트뱅크와 함께 몽골에서의 신재생 에너지 개발 협력 계약 체결	2016년 7월 (전효진 2016d)
신재생 에너지	한국	영월 에너지스테이션, 몽골 신공항 인근에 50MW 급 태양광 발전소 건설 계약 체결	2016년 7월 (류일형 2016)

에서의 신재생 에너지 개발 협력 계약(전효진 2016d)을 맺었다. 영월 에너지스테이션이 몽골 신공항 인근에 50MW 급 태양광 발전소 건설 계약을 맺었다(류일형 2016). 한국전력도 몽골 태양광발전소 구축 협약을 맺었고, 몽골 제5열병합발전소, 타반톨고이 발전소, 이동식발전소, 수력발전소 건설 등 27억 2000만 달러 규모의 전력 인프라 사업을 추진키로 했다.

6. 태국, 인도네시아, 아프리카 등 역외 협력

한국의 발전 플랜트 기술은 동북아시아 지역뿐만 아니라 자원 부국이지만 기술력이 부족한 여러 나라에도 진출해 있다. 대표적으로 한국서부발전은 베트남 정부와 1,200MW 규모 석탄화력발전소 건설 MOU를 체결했고(이해곤 2017), 또 태국 에너지회사 CEWA와 함께 라오스에

700MW 대규모 수력발전소 건설 MOU를 체결(고재만 2016)했다.

최근에는 인도네시아와도 기술 협력 계약이 이루어졌다. 2106년 5월 한국 중부발전과 삼탄, 일본 Marubeni사 간의 협력으로 인도네시아에 1,000MW 대규모 석탄화력발전소 MOU를 체결했고(황유진 2016), 한국 중부발전은 단독으로 인도네시아에 114MW 왐푸 수력 발전소를 준공(김정자 2016)했다.

또한 남아프리카에서는 포스코에너지가 보츠와나에 300MW급 석탄화력 발전소를 수주하였으며(한동희 2016), 케냐는 한국전력이 400MW 원자력발전소 건설에 기술 협력 MOU를 맺었다(한국전력공사 2016).

III. 아시아 에너지 기술 협력 기회

1. 슈퍼그리드

2016년 11월 제3회 서울 기후에너지 컨퍼런스에서는 한국, 중국, 일본, 몽골 등 4개국 전력망을 연결하는 '슈퍼그리드(SuperGrid)' 계획이 향후 전 세계 에너지 절감 계획의 핵심이 될 것이라는 분석이 제기됐다. 슈퍼그리드란 국가 간 전력망을 연결해 복수의 국가가 생산한 전기에너지를 공유하는 전력망을 뜻한다.

실제로 한중일은 이미 한~중 간, 한~일 간 2GW 규모의 전력망을 연결하는 시범사업의 예비타당성 조사 등에 나서며 '원 아시아 에너지 벨트'를 구축을 시작하였다. 1차 시범 사업은 몽골~중국~한국~일본을 잇는 전력망 구축으로 7조~8조원이 투입될 전망이다. 사업의 핵심

표 7. 동남아시아, 아프리카의 에너지 기술 협력 사례

에너지원	지역		상대 국가	내용	체결 시기
화석 에너지	아시아	베트남	한국	한국서부발전, 베트남 정부와 1,200MW 규모 석탄화력발전소 건설 MOU 체결	2017년 1월 (이해곤 2017)
		인도네시아	한국 일본	한국 중부발전, 삼탄, 일본 Marubeni사 간의 협력으로 인도네시아에 1,000MW 대규모 석탄화력발전소 MOU를 체결	2016년 5월 (황유진 2016)
	아프리카	보츠와나	한국	포스코에너지, 보츠와나에 300MW급 석탄화력 발전소를 수주	2016년 12월 (한동희 2016)
신재생 에너지	아시아	라오스	한국 태국	한국 서부발전, 태국 에너지 회사 CEWA와 함께 700MW 대규모 수력발전소 건설 MOU 체결	2016년 9월 (고재만 2016)
		인도네시아	한국	한국 중부발전, 단독으로 인도네시아에 114MW 왐푸 수력 발전소를 준공	2016년 11월 (김정자 2016)
원자력	아프리카	케냐	한국	한국전력, 400MW 원자력 발전소 건설에 기술 협력 MOU 체결	2016년 9월 (한국전력공사 2016)

은 몽골에서 2GW급 태양광·풍력 단지를 조성하고, 중국 산둥성~한국~일본 서부를 잇는 해저 전력망을 구축하는 것이다. 이번 사업에는 한국전력, 중국 국가전력망공사(SGCC), 일본 소프트뱅크, 몽골 뉴컴이 핵심 사업자로 참여하며 베이징에서 일본, 한국, 중국, 러시아 간 MOU를 체결 하였다(박용범 외 2016). 일본의 후쿠시마 원전사고 이후, 보다 안전한 에너지원의 필요성을 느끼고 2011년에 REI(Renewable Energy Institute)를 설립하여 슈퍼그리드 사업을 콘셉트화 한 것으로 알려졌다.

국제 신재생에너지기구(IRENA)에 따르면 몽골 고비사막의 신재생

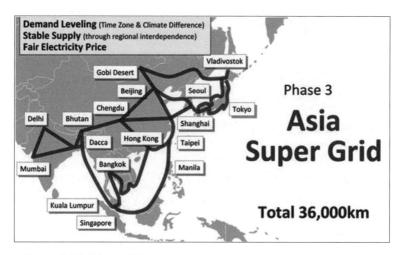

그림 1. 아시아 슈퍼그리드 예상도
출처: Japan Renewable Energy Foundation(2011)

에너지 잠재량은 연간 1만 5,000TWh이다. 이는 한·중·일 3국의 전력 소비량을 모두 합한 것보다 두 배 이상 많은 수준이다. 이에 슈퍼그리드 사업은 시범사업을 토대로 향후 러시아, 인도 등으로 연결망을 확장하는 안(案)도 논의되고 있다. 인도의 Bharti Enterprises Pvt.와 Taiwan's Foxconn Technology 그룹과 합작하여 인도에 SBG Clean tech를 설립하고 350MW 규모의 태양광 플랜트를 인도 남부, 안드라프라데이에 설립할 계획이다.

　슈퍼그리드 사업은 국내 에너지 공급을 안정화시켜 에너지 안보를 강화해 줄 수 있을 것으로 기대되며, 향후 국내 다양한 신재생 에너지 분야의 다양한 기술들의 국제적인 협력 기회를 제공할 것으로 보인다.

2. 이산화탄소 저감기술

초초임계압(USC: Ultra Super Critical) 화력발전소는 동일한 양의 화석연료로 더 많은 전기를 생산한다. 또한 이산화탄소와 황산가스, 질산가스 등 유해물질 배출이 적은 고효율·친환경 첨단 발전설비다.

석탄화력 발전시장이 점차 대형화·고효율화 되는 추세와 함께 세계 대부분 국가들은 환경 규제를 강화하고 이산화탄소 배출을 줄이기 위한 노력을 하고 있다. 때문에 1,000MW 초초임계압 화력발전소는 더욱 각광 받을 것으로 보인다.

초초임계압발전소는 터빈에 유입되는 증기 압력이 $246kg/cm^2$ 이상이고 증기온도가 593℃ 이상인 발전소를 말한다. 이 기술은 증기 압력과 온도가 높을수록 발전 효율이 높아져 연료소비를 줄일 수 있는 최신 기술이다.

온실효과 및 환경관련 이슈로 인해 발전소 효율을 더욱 높여야 한다는 필요성이 제기되고 있으며, 이에 따라 세계 각국에서는 초임계압발전소보다 더욱 증기조건이 엄격한 초초임계압 기술이 개발됐으며 독일, 일본 등에서는 2000년 초중반 초초임계압 기술이 상용화됐다.

국내 초초임계압 발전기술은 2002년부터 산업계·학계를 포함한 정부 주도로 기술개발이 시작됐다. 1차 기술개발이 2008년 종료되면서 실증화 사업이 신보령화력 1·2호기에 적용돼 2011년 건설 사업이 시작됐다. 국내에 초초임계압 기술을 적용해 건설 중인 발전소는 신보령화력 1·2호기, 태안화력 9·10호기, 당진화력 9·10호기 등이 있다.

위 국가별 에너지 기술 협력 사례에서 살펴보았듯이 국내 초초임계압 석탄화력 발전기술은 에너지 기술 협력의 대표적인 사례로서 향후 지속적으로 협력 대상국가와 기술을 확장할 수 있을 것으로 보인다. 또한

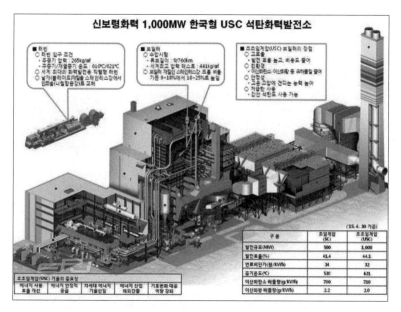

그림 2. 신보령화력 1,000MW 한국형 USC 석탄화력발전소
출처: 배상훈(2016)

최근 원격모니터링을 통해 배출상황을 실시간으로 감시하는 기술 등이 함께 고려되고 있으며, 이에 따라 사물인터넷 기술이나 환경계측 기술 등 타 산업분야와 융합을 바탕으로 하는 기술 협력이 계속 증가할 것으로 보인다.

또한 한국전력공사는 작년 석탄화력발전소 배기가스 중 이산화탄소를 저비용, 고효율로 분리하는 분리막 생산 설비를 개발(박홍용 2016)했고, 실제 국내 상용화 사례로 올해 1월 1GW 당진화력 석탄 발전소 상업가동이 시작되었다. 이 분리막 생산 설비 기술도 국내 보유 우수 기술로, 석탄화력발전소를 친환경적, 효율적으로 운영할 수 있기 때문에 기존 노후화된 석탄화력발전소를 갖춘 다양한 국가들에 기술 협력이 이루어질 수 있을 전망이다.

3. 정보통신기술(ICT) 에너지 융합, 에너지 4.0 기술 협력

에너지 분야에서도 최근 4차 산업혁명 흐름에 맞추어 정보통신기술과의 융합을 통한 생산효율향상 및 운영비용 감소를 위한 다양한 시도가 이루어지고 있으며 관련 시장이 빠르게 성장하고 있다. '에너지 4.0'으로 통칭되는 이러한 변화는 기술 혁신을 통해 기존/신규 에너지원 간의 융복합이 일어나고 빅데이터 등의 영향으로 빠른 속도로 이루어지고 있으며, 에너지의 디지털화 및 ICT와의 융합도 급속도로 이뤄지고 있다.

스마트팩토리(smart factory)는 공장 내 설비와 기계에 센서(IoT)가 설치되어 데이터가 실시간으로 수집, 분석되어 공장 내 모든 상황들을 모니터링 할 수 있고, 이를 분석하여 목적한 바에 따라 스스로 제어되는 공장을 말한다. 스마트팩토리는 공정별로만 자동화, 최적화가 이루어져 있는 공정을 유기적으로 연계함으로써 수집된 데이터의 활용성을 높이고 총체적인 관점에서의 최적화를 이룰 수 있는 시스템이다. 스마트팩토리 기술은 국내에서도 이미 상용화 단계에 이르렀고 에너지 전반에도 응용되기 시작하였다.

최근 기존 전통 유가스전의 생산이 정점에 이르고, 고갈 단계에 도달함에 따라 신규 발견대상의 목표심도는 깊어지며, 개발환경은 극지방, 원해, 격오지 등으로 가혹해지고 있다. 또한, 초저유가가 지속되면서 전세계 자원개발시장에서는 유가스전 기업들이 생존 차원에서 비용절감과 생산증대를 위한 기술개발에 다각적인 노력을 기울이고 있다. 국내에서도 스마트팩토리의 개념을 해외 유가스전 현장이나 국내 광산 현장에 적용한 연구가 진행되고 있으며, 유전 분야는 디지털오일필드(digital oilfield), 광산분야는 스마트마이닝(smart mining)이라 부른다. 아직은 초보적인 수준이지만 한국의 앞선 정보통신 기술과 융합하여 동남아나

그림 3. 디지털 오일필드 개념도(좌), 스마트 마이닝 개념도 (우)
출처: ABB

중국 등 인접 국가의 유가스전 운영 현장, 광산 운영 현장의 자동화와 원격 모니터링 및 관리 기술은 유망한 양자 또는 다자간 협력 주제로 볼 수 있다.

신재생 분야도 빅데이터를 활용한 태양광 흡수 최적화 제어, 스마트 에너지 관리 기술, 스마트 블레이드 풍력 발전 등 다양한 4차 산업혁명 기술이 개발되고 있다. 우리나라의 경우 선진국 수준의 기술 분야를 발굴, 육성하여 중국, 몽골, 동남아 국가들과 관련 기술 협력을 지속해야 한다.

또한 북한의 삼림 등 풍부한 지리 자원을 활용한 신재생 발전을 통한 남북 에너지 교류도 시도해 볼 만한 협력 사업이다.

4. 에너지 저장장치 기술(ESS) 및 신재생 발전 기술

신재생 에너지의 경우 화석에너지와 다르게 에너지의 공급량을 원하는 대로 조절할 수 없는 특징이 있다. 따라서 생산된 잉여 에너지를 그 자체로 또는 변환하여 저장하고 필요할 때 사용할 수 있는 장치 또는 시스템인 에너지저장기술(ESS: Energy Storage System)과 수요에 맞추어 효율적으로 사용하는 스마트그리드 기술이 필수적으로 동반된다. 에너지저장장치(ESS)의 전 세계 시장 규모는 현재 25억 달러 규모에서 2020년

150억 달러로 성장할 전망이며, 미국과 유럽을 중심으로 원가 및 성능 측면에서 매우 빠른 기술적 진보를 하고 있다.

미국은 노후된 전력 계통의 보안책으로, 일본은 원전 사태 이후 비상 원전 확보 차원에서, 그리고 유럽의 경우 신재생 에너지 발전 활성화를 위하여 적극적인 지원을 하고 있다.

우리나라의 경우 산업통상자원부에서 2016년 12월 에너지저장장치 기술 개발에 300억 원을 투자할 계획이라고 밝히는 등 ESS기술 개발에 지원을 강화하고 있다.

LS산전은 에너지 손실률을 줄이기 위한 에너지 저장장치 기술과 태양광 발전 기술을 연계 구축하여 일본 최대 태양광 프로젝트를 EPC로 수주하였으며(조지원 2016), 한국전력공사는 에너지저장장치, 스마트그리드 기술을 활용하여 인도의 전력손실 비율을 낮추고 발전소 출력 향상 프로젝트를 추진할 계획이다(전효진 2016a).

우리나라는 기술 상용화나 원천 기술 부분에서 선진국에 비해 열세인 것은 분명하다. 하지만 리튬 이온 전지 분야 등 발전된 ESS기술은 동남아시아 등 상대적으로 관련 기술이 낙후된 국가의 태양광 발전 현장이나, 격오지 유전 광물 개발 현장 등 전기 사정이 좋지 않은 곳에 기술 협력을 할 좋은 아이템이 될 것이다.

풍력, 태양광 등 신재생 발전 분야의 경우 우리나라는 정부의 수천억 원 규모의 적극적인 기술 개발 지원 정책 덕택에 세계적인 수준의 관련 기술은 확보하였다. 하지만 송전선로 문제, 민원 발생 등으로 국내 사업은 상당히 더딘 상황으로 개발된 기술의 해외 수출의 니즈가 크다. 동남아시아 국가들은 신재생 발전 관련 기반 기술이 많이 낙후된 상태지만, 파리 협약에 따른 이산화탄소 배출 의무 감축에는 예외가 아니다. 우리나라는 2017년 2월 필리핀과 차관급 에너지협력위원회를 설치하고

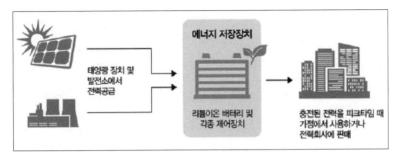

그림 4. 에너지 저장장치(ESS) 개념도
출처: SK 에너지 블로그

수빅 태양광 발전 사업 등을 수주하였다. 베트남과도 전기 에너지 시스템 기술 수출 등 다양한 협력을 모색하고 있다. 나아가 미얀마, 캄보디아, 방글라데시 등 여러 동남아 국가와 신재생에너지 기술 협력과 때로는 원유, 광물 등 원자재와 패키지 사업으로 협력하는 것도 에너지협력의 좋은 전략이 될 것이다.

IV. 아시아 에너지협력을 위한 거버넌스 구축

지금까지 본 바와 같이 동북아 역내 각국은 에너지믹스 시대 도래로 급변하는 에너지 정세에 대응하고 에너지 분야의 국익을 극대화하기 위하여 동북아 역내 각국은 각국의 사정을 감안하여 각종 기술 교류와 협력을 꾸준히 진행하고 있다. 한국도 화석 연료와 신재생 분야에서 다양하게 기술 교류를 진행하고 있다.

그리고 최근 4차산업혁명에 따른 에너지 4.0 등 에너지와 정보통신 분야의 융합이 이루어지고 있다. 하지만 여기에 화력 발전설비에 의한 미세 분진, 경주 강진에 다른 원전 안전성 의문 대두 등 미처 예상 못한 새로운 변수들까지 추가되면서 급변하는 에너지 정세와 함께 위 상황을 통합적으로 고려한 다자간, 양자 간 기술 협력 정책 수립이 매우 중요하게 되었다.

따라서 지난 2차 국가에너지기본계획 수립 시와 비교하면 현재는 상황이 완전히 바뀌었다. 블랙아웃으로 공급 걱정을 하던 상황에서 인구 감소와 장기 불황으로 전기 공급이 수요를 앞서고 있으며, 파리 협약으로 이산화탄소 의무 감축은 의무가 되었다. 그리고 트럼프 행정부 출범 이후 미국의 셰일가스 수출 정책은 무언의 압박으로 작용하고 있다. 경주 강진 이후 빈발하는 경남 일대 지진으로 인하여 추가 원전 건설에 대한 반대 여론도 많고, 석탄 화력 발전 추가 건설로 인한 분진 발생에 대한 문제의 심각성이 대두되고 있다. 신재생 발전의 요지인 서해와 부속 도서는 민원과 환경론자들의 저항으로 발전 사업이 쉽게 진행되지 못하고 있다.

이렇게 국내 사정은 복잡해지고, 소모적인 양상으로 변화하고 있다. 에너지원별 이기주의와 결합하여 각 원별로 해당 이익 단체들은 자기 에너지원이 최고의 대안임을 주장하며 국가적인 낭비를 초래하고 있는 실정이다.

발전소 건설은 대표적인 중후장대 사업으로서 리드 타임(lead time)이 매우 길며 따라서 의사 결정 후에는 추진 중에 다시 철회하기도 매우 힘들다. 따라서 3차 에너지기본계획에서는 기존 전략 방향을 대폭 수정하되 에너지원별 이익단체를 초월하여 통합 의사 결정을 할 수 있는 통합 에너지 믹스 의사 결정 기구를 설립하고 국가적인 차원에서 미래지향적인 최적의 에너지믹스를 결정하여야 한다.

정권의 취향에 따라 좌우되지 않고 중장기적으로 국가 100년 에너지 대계를 세우기 위해서는 유가스 및 석탄 등 에너지자원, 신재생 에너지, 원자력, 수력 등 각 에너지원별 상호 보완을 하고 국가와 지역별 현실에 맞는 최적의 정책을 일관되게 추진할 수 있는 국가 에너지 전략 통합 의사 결정 기구를 구성해야 한다.

또한 한국의 경우 특정 분야에서 세계적인 에너지 기술을 보유하고 있고 지리적으로나 문화적으로 아시아 국가 특히 후발 국가들과 가까운 만큼 관련 기술을 수출하고 반대 급부로 석탄 등 원자재를 확보하는 패키지 거래를 하는 것도 좋은 협력의 사례가 될 것이다. 미국과는 청정에너지, 화석연료 인프라, 4차 산업 혁명 관련 첨단 기술 협력을 진행하고, 중국과는 동북아 전력그리드나 셰일가스 등 LNG화 청정 연료 개발 관련 기술 교류, 동남아시아와는 신재생 및 ESS, 청정 석탄 기술 등 이산화탄소 저감 기술의 제공과 수출 등 협력도 좋은 방법이다. 관련하여 에너지와 자원 개발을 아우르는 통합 연구개발 협력 체계 구축도 필요하다. 현재 한국에는 에너지부가 없으나 급변하는 에너지 환경에 대응하기 위해서는 국가에너지부 신설이 절실하다.

V. 결론

최근 급변하는 글로벌 에너지 시장 환경에서 한국의 에너지 안보와 에너지 산업 분야의 기술역량을 강화하기 위해서는 국가 간 다자간 양자 간 다양한 기술 협력이 중요하다. 이는 글로벌 기후변화 대응 및 지속가능한 발전에도 기여할 것이다.

에너지 기술 협력 분야는 대상에 따라 해외시장 진출형, 선진기술 습득형, 해외자원 확보형 협력으로 분류할 수 있다. 해외시장 진출형 협력은 개도국 대상으로 국내 우위 기술 수출을 지원하는 사업이다. 상용화 단계 또는 상용화 진입 기술들을 대상으로 현재 시장에 진출해 있는 대기업뿐만 아니라 국내 기술력을 갖춘 중소, 중견기업도 함께 참여하도록 해외 진출을 장려하여 국내 에너지산업의 동반 성장을 이루어 나가야 한다. 대상은 주로 자원이 풍부하지만 전력 공급이 부족한 몽골, 인도, 태국, 인도네시아 등 개도국들로, 대표적 분야로는 신재생 에너지, 에너지효율, 에너지 저장장치 등과 같은 전력 분야 등이다. 각국의 현지 환경을 고려한 맞춤형 기술 개발을 위해 국내의 선진기술을 수출하는 것이 주요 목적이며, 이를 통해 국내 에너지산업 분야의 경쟁력을 향상시키고 에너지 안보를 강화할 수 있다. 이를 위하여 성공적인 해외 시장 진출을 위한 개도국의 에너지산업 생태도를 파악하여 수요 기술을 파악하고, 시장의 유기적이고 효율적인 진출을 위한 국내 정부 및 연구, 산업계 간 진출 전략을 수립해야 한다.

두 번째 협력 사업은 선진기술 획득형 협력으로, 기술 선진국과의 공동 연구로 국내 기술 수준제고가 목적이다. 이 사업은 선진 에너지 기술을 보유한 국가들과의 협력으로 기술 시너지 창출을 목적으로 한 사업으로 미국, 일본, 러시아 등 기술 선진 국가들과 주로 이루어진다. 주요 기술 분야로는 연료전지, 태양광, 풍력, 화석에너지, 원자력 등이 있다. 우리나라의 경우 세계 일류 기술력을 이미 보유하고 있는 분야와 기술 습득이 필요한 분야 간에 공동연구 형태로 진행을 하면서 상호 시너지를 얻는 전략도 가능할 것으로 보인다. 그리고 에너지 분야의 선진기술을 확보하고 기술력 향상을 위한 국가 간 기술 협력에 지속적인 투자가 이루어져야 한다. 미국과는 신재생, ESS, 셰일가스 기술 협력이, 중국과는 청정 자원 개발이나 슈퍼그리드 분야가 유망할 것이다. 일본, 러시아 등과는 원전, 전력, 신재생, 정보통신 융합 기술 분야 협력이 좋은 기회가 될 것이다.

세 번째는 해외자원 확보형 협력이다. 이는 국가 에너지 안보 강화를 위해 반드시 필요하다. 우리나라의 경우 중동 의존도를 낮추기 위해 북미 셰일가스 등 에너지 도입선 다변화, 슈퍼그리드 사업 추진, 신재생에너지사업 지원 등 다양한 전략을 취하고 있다. 특히 에너지 수급의 해외의존도가 높은 만큼 에너지 분야 기술력을 갖추는 것이 급변하는 국제에너지시장에서 안정적으로 국가가 성장할 수 있는 기초가 될 것이다. 에너지 4.0에 부합한 현지 플랫폼 구축이나 기술 수출의 반대 급부로 자원을 확보하는 것도 좋은 협력이다.

위와 같은 협력을 위해서는 주변 국가들의 상황에 맞추어 적절한 에너지 분야 기술 협력을 활발히 진행하고, 급변하는 에너지 시장에 대응할 수 있는 에너지믹스 거버넌스 구축이 중요하다. 현재 에너지원별 이기주의와 국내외적인 여러 불안정 요소들로 인하여 일관되고 유기적인 에너지 전략 수립을 위한 거버넌스가 부재한 상황이다. 내부 에너지 안보 체계의 안정화를 바탕으로 아시아 내 국가별 협력을 주도할 국가로 성장하기 위해서는 우수한 에너지 기술력 확보와 함께 국가 에너지믹스와 에너지협력을 위한 통합 의사 결정기구의 설립이 매우 중요하다.

참고문헌

고재만. "〔단독〕 한국서부발전, 라오스 대형 수력발전소 건설 MOU 체결"『매일경제』(2016. 9.11). http://news.mk.co.kr/newsRead.php?year=2016&no=645073 (검색일: 2017. 4.9).

길애경. "지질자원연 '건식선탄기술' 적용 장비 100억원에 몽골로"『헬로디디』(2016.11.22). http://14.63.228.45/?md=news&mt=view&pid=59920 (검색일: 2017.4.9).

김광균. "서부발전, 러시아 소치에 180MW 열병합발전소 건설"『이투뉴스』 2011.9.18. http://www.e2news.com/news/articleView.html?idxno=55739 (검색일: 2017.4.9).

김미소. "OCI 태양광발전소, 중국시장 진출 – 자싱 시저우 태양광발전소 준공식 가져....2.5MW 규모"『한국경영뉴스』(2015.9.15). http://www.newskm.com/news/articleView.html?idxno=3832 (검색일: 2017.4.9).

김병욱. "전력硏·日 동경전력연구소, 연구개발 협력 추진"『투데이에너지』(2017.1.19). http://www.todayenergy.kr/news/articleView.html?idxno=120933 (검색일: 2017.4.9).

김연숙. "한화큐셀, 美넥스트에라에 태양광 모듈 추가 공급."『연합뉴스』(2017.1.17). http://www.yonhapnews.co.kr/bulletin/2017/01/17/0200000000AKR20170117181000003.HTML (검색일: 2017.4.9).

김영현. "한전 美 전력시장 첫 진출…태양광 발전소 인수 – 알라모사 발전소 지분 100% 확보… 26년간 2천600억원 매출 기대"『연합뉴스』(2016.8.28). http://www.yonhapnews.co.kr/bulletin/2016/08/28/0200000000AKR2016082801870003.HTML (검색일: 2017.4.9).

김용갑. "가스공사, 시나오그룹과 LNG 벙커링 사업협력"『중앙일보』(2014.12.29). http://news.joins.com/article/16809898 (검색일: 2017.4.9).

김윤구. "두산중공업, 차세대 발전기술 상용화 나서 – 미국 업체와 초임계 이산화탄소 발전설비 기술협약."『연합뉴스』(2015.6.11.). http://www.yonhapnews.co.kr/bulletin/2015/06/11/0200000000AKR20150611069600003.HTML (검색일: 2017.4.9).

김정자. "한국중부발전, 인도네시아 왐푸 수력발전소 준공"『뉴스천지』(2016.11.03). http://www.newscj.com/news/articleView.html?idxno=384664 (검색일: 2017.4.9).

권태성. "지엔씨에너지, 中 바이오가스발전·비상용 카스터빈 시장 진출 MOU."『이투데이』(2016.12.15.). www.etoday.co.kr/news/section/newsview.php?idxno=1427918 (검색일: 2017.4.9).

류일형. "'영월 태양광 기술'…몽골 태양광 사업에 진출"『매일경제』(2016.7.22.). http://m.mk.co.kr/news/headline/2016/524832 (검색일: 2017.4.9).

박귀철. "한국아이티오, 몽골 울란바토르시와 'LPG공급 인프라 구축' MOU"『한국가스신문』(2015.5.5). https://www.gasnews.com/news/articleView.html?idxno=69180 (검색일: 2017.4.9).

박병립. "가스공사, 러 가즈프롬과 가스산업 협력 강화"『디지털타임스』(2016.12.12). http://

www.dt.co.kr/contents.html?article_no=2016121202109932101003 (검색일: 2017. 4.9).

박용범·이상덕·이유섭. "韓~中~日~몽골 '스마트 에너지벨트' 한전·소프트뱅크 7조 들여 해 저케이블 연결 추진"『매일경제』(2016.10.13.). http://news.mk.co.kr/newsRead. php?no=717175&year=2016 (검색일: 2017.4.9).

박은지. "수자원공사, 일본 수상태양광 사업 진출."『전기신문』(2016.4.14.). http://www.elec-times.com/article.php?aid=1460598826133126005 (검색일: 2017.4.9).

박재구. "한전-MHPS, '가스터빈 신기술 공동연구' 착수 - 셰일가스 등 저열량가스 도입 대비 핵심기술 개발 공동실증연구 3년간 수행."『발전산업신문』(2016.3.7.). http://www. pgnkorea.com/news/articleView.html?idxno=5576 (검색일: 2017.4.9).

박흥용. "한전, 차세대 이산화탄소 분리막 실증 생산설비 구축"『서울경제』(2016.7.28). http:// www.sedaily.com/NewsView/1KZ1I7YZME (검색일: 2017.4.9).

배상훈. "중부발전, 미국 내 태양광 발전소 건설공사 착수-네바다 주 볼더시에 200MW 태양광 발 전소 구축."『일렉트릭파워』(2015.12.14). http://www.epj.co.kr/news/articleView. html?idxno=9438 (검색일: 2017.4.9).

_____. "신보령화력 1·2호기, 차세대 미래성장 동력원으로 '발전 중'."『일렉트릭파워』(2016a. 5.14). http://www.epj.co.kr/news/articleView.html?idxno=8323

_____. "서부발전, '가스터빈분야 기술 협력 양해각서' 체결."『일렉트릭파워』(2016b.11.8). http://www.epj.co.kr/news/articleView.html?idxno=11227 (검색일: 2017.4.9).

유주희. "한화큐셀 21MW 규모… 태양광 모듈 공급 계약."『서울경제』(2016.2.16). http:// www.sedaily.com/NewsView/1KSISAJZHN/GD0101 (검색일: 2017.4.9).

윤준영. "한국가스공사, 중국 국영에너지기업과 협력 강화"『비즈니스포스트』(2016.11.3). www.businesspost.co.kr/news/articleView.html?idxno=36520 (검색일: 2017.4.9).

이상훈. "중국서 '태양광 대박' 터뜨릴 한전의 첫걸음 - OCI 등과 공동개발 양해각서 체결. 올 하반기 지우지앙에 발전소 착공. 550억 투입… 설계·조달·시공 참여"『경기신문』 (2016.8.11.). http://www.kgnews.co.kr/news/articleView.html?idxno=457147 (검색 일: 2017.4.9).

이오주은. "韓-中 최대 전력그룹간 첫 공동개발 사업 착수-한국전력, 중국 최대 발전사와 중국 화 력발전사업 공동 추진"『한국건설신문』(2016.3.21). http://www.conslove.co.kr/news/ articleView.html?idxno=41812 (검색일: 2017.4.9).

이재용. "로맥스, 데이터 기반 상태진단 서비스로 일본 풍력 시장 진출 박차."『일렉트릭파워』 (2016.11.25). http://www.epj.co.kr/news/articleView.html?idxno=11339 (검색일: 2017.4.9).

이해곤. "서부발전, 베트남에 석탄화력발전소 건설·운영"『뉴스토마토』(2017.1.18). www.new-stomato.com/ReadNews.aspx?no=725314 (검색일: 2017.4.9).

이환. "LG CNS, ESS로 미국 신재생 에너지 시장 진출."『베타뉴스』(2016.5.19). http://www.be-tanews.net/article/632856 (검색일: 2017.4.9).

임성영. "에스에너지, 日업체와 1634억 규모 태양광발전소 EPC 계약."『이데일리』(2016.3. 24.). http://www.edaily.co.kr/news/NewsRead.edy?DCD=A606&newsid=01518

646612586600 (검색일: 2017.4.9).

전효진. "한전, 인도 전력 신산업 시장 본격 진출" 『조선비즈』(2016a.1.15). http://biz.chosun.com/site/data/html_dir/2016/01/15/2016011502108.html (검색일: 2017.4.9).

_____. "OCI, 중국 장쑤성에 10MW 태양광발전소 준공" 『조선비즈』(2016b.1.27). http://biz.chosun.com/site/data/html_dir/2016/01/27/2016012701791.html (검색일: 2017.4.9).

_____. "신성솔라에너지, 중국 롱지와 태양전지 공급 계약 체결" 『조선비즈』(2016c.6.23). http://biz.chosun.com/site/data/html_dir/2016/06/23/2016062302312.html (검색일: 2017.4.9).

_____. "한전, 日소프트뱅크와 몽골 지역 신재생에너지 시장 개척한다" 『조선비즈』(2016d.7.19). http://biz.chosun.com/site/data/html_dir/2016/07/19/2016071901189.html (검색일: 2017.4.9).

조강희. "한라에너지, 몽골에 LPG 공급망 확대" 『한국에너지』(2016.2.18). http://www.koenergy.co.kr/news/articleView.html?idxno=79652 (검색일: 2017.4.9).

조승희. "에스에너지, 미국 유비솔라에 529억 규모 태양광 모듈 공급." 『뉴스토마토』(2015.12.23.). http://www.newstomato.com/one/view.aspx?seq=610956 (검색일: 2017.4.9).

조지원. "LS산전, 스마트에너지 기술로 23조원 규모 글로벌 마이크로그리드시장 공략" 『조선비즈』(2016.12.26). http://biz.chosun.com/site/data/html_dir/2016/12/26/2016122601771.html?Dep0=twitter (검색일: 2017.4.9).

좌동욱. "몽골서 뭉친 중견·中企, 20억弗 프로젝트 도전" 『한국경제신문』(2013.9.29). http://www.hankyung.com/news/app/newsview.php?aid=2013092986441 (검색일: 2017.4.9).

주병국. "한국 지역난방기술, 몽골 석탄화력발전소 사업 업무협약 체결" 『가스신문』(2016.7.19). https://www.gasnews.com/news/articleView.html?idxno=74375 (검색일: 2017.4.9).

최유리. "LG CNS, 55MW 규모 일본 신미네 태양광 발전 사업 수주." 『뉴스핌』(2016.12.20). http://www.newspim.com/news/view/20161220000040 (검색일: 2017.4.9).

최인수. "한-미 가스산업기술 R&D 협력 확대." 『에너지신문』(2015.6.19.). http://m.energynews.co.kr/news/articleView.html?idxno=34629 (검색일: 2017.4.9).

최호영. "두산중공업, 중국 원전서비스 시장 첫 진출" 『노컷뉴스』(2016.4.14.). http://www.nocutnews.co.kr/news/4579233 (검색일: 2017.4.9).

한국전력공사. "한전, 케냐 원자력위원회와 원자력협력 MOU 체결" (2016.9.5.). http://home.kepco.co.kr/kepco/PR (검색일: 2017.4.9).

한동희. "포스코에너지, 보츠와나 석탄화력발전사업 전력거래계약 체결" 『조선비즈』(2016.12.7). http://biz.chosun.com/site/data/html_dir/2016/12/07/2016120701652.html (검색일: 2017.4.9).

황유진. "중부발전, 인도네시아 석탄화력·수력발전사업 수주" 『국토매일』(2016.5.17). http://www.pmnews.co.kr/16786 (검색일: 2017.4.9).

ABB. "스마트 마이닝 개념도." http://new.abb.com/mining/underground-mining/mineautomation

Japan Renewable Energy Foundation. 2011.9 https://www.dawnbreaker.com/portals/
    altenergy/foreign-energy-reports/asia/ (AltEnergyPortal)
Renner Vaughn. "Connecting The Digital Oilfield With Modern Wireless Networks." *Oil
    and Gas Online* (April 4, 2016) https://www.oilandgasonline.com/doc/connect-
    ing-the-digital-oilfield-with-modern-wireless-networks-0001

SK에너지 블로그. "글로벌 에너지 시장의 새 바람, 초대형 에너지 저장장치(ESS)가 뜬다!"
    (2014.1.13) http://blog.skenergy.com/1060

제10장

동북아 슈퍼그리드

김진수

I. 동북아 슈퍼그리드 개요

1. 동북아 슈퍼그리드의 개념

동북아 슈퍼그리드(super-grid)는 풍력이나 태양광과 같은 신·재생에너지원을 기반으로 동북아 지역 국가 간 광역 전력망을 구축하여 상호 전력 거래가 가능하도록 하는 전력망 통합 운용 구상이다(그림 1). 동북아 지역의 전력망 연계 구상의 역사는 1980년대 후반으로 거슬러 올라갈 수 있는데, 당시 소련 붕괴 이후 극동러시아 지역의 전력 수요가 감소하여 이를 다른 국가에 판매하는(그 당시는 주로 일본) 방안이 논의되었다. 이후 상당 기간 러시아가 동북아 전력 계통 연계 사업을 주도하였으며, 수력, 석탄 등 발전용 자원이 풍부한 동시베리아에 발전소를 건설하여 송전망을 통하여 중국, 남북한, 일본에 전력을 공급하는 방안을 2000년대 초에도 구상하였다. 동북아 지역은 각국의 전력 자원 보유 현황과 수

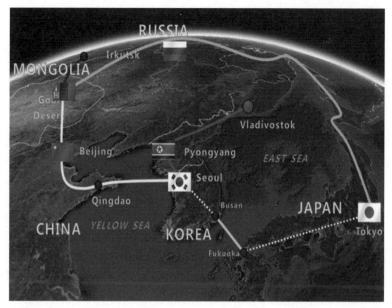

그림 1. 동북아 슈퍼그리드 구상
출처: Yoon(2015).

요 특성, 기후 조건, 계절적 부하 유형이 달라 전력망 연계와 교역을 통하여 역내 국가들의 공동의 이익을 극대화할 수 있는 협력 가능성이 존재한다.

오랜 시간 논의되어 왔던 동북아 슈퍼그리드 구상은 별다른 진전을 보이지 못하다가 2011년에 후쿠시마 원전 사태가 발생하면서 보다 안정적인, 재생에너지 중심의 전력망의 필요성이 제기되며 다시 논의가 본격화되었다.

2. 동북아 슈퍼그리드의 필요성

앞서 언급한 대로 동북아 각국의 전력 자원 보유 현황과 수요 특성, 기후

조건, 계절적 부하 유형이 다르기 때문에 협력을 통하여 공동의 이익을 극대화할 수 있다. 즉, 자국의 수요에 비해 전력 자원이 풍부한, 여유 자원을 보유하고 있는 몽골 및 러시아와 전력 수요가 풍부하며 계절적 수요 특성이 다소 다른 한국, 일본, 중국 사이의 교역을 통하여 추가적인 부가가치의 창출과 안정적인 전력 공급을 꾀할 수 있는 것이다. 다음의 〈그림 2〉를 보면 몽골과 러시아, 중국의 풍부한 전력 자원을 확인할 수 있다.

특히 동북아 슈퍼그리드는 기본적으로 태양광, 풍력, 수력과 같은 신재생에너지 발전원을 사용하는 것을 전제로 하고 있기 때문에 기후변화협약에 적극적으로 대응할 수 있는 수단이 될 것이며, 최근 우리나라의 중요한 현안으로 대두된 미세먼지 문제에 대해서도 중국의 1차 에너지[1] 중 석탄 의존도를 낮추게 되어 보다 직접적으로 대응할 수 있는 협력 방안이다. 파리협정 이후 날로 중요성이 더해지고 있는 에너지 부문의 저탄소화를 실현하기 위한 필수적인 대안인 신재생에너지는 많은 기술적 진보와 에너지 저장 시스템(ESS: Energy Storage System)의 대두에도 불구하고 아직까지 대규모 발전이 가능한 지역이 고르게 분포하지 않고(지역 편재성), 간헐성 등 해결해야 할 문제들이 남아있다.

동북아 슈퍼그리드는 특정 지역의 신재생에너지 잠재량 부족 문제나 기상조건 변동에 영향을 받지 않기 때문에 신재생에너지의 단점을 극복하기 위한 효과적인 대안이라고 할 수 있다. 더욱이 일조량이나 풍량이 많은 지역에서 대규모로 전력을 생산할 경우 점차 그리드 패리티(grid parity)에 다가가고 있는 태양광과 풍력의 사업성 개선 효과도 노려볼 수 있다. 특히, 광대한 국토를 보유하고 있으면서 전력 수요가 빠르게 증가

1   자연으로부터 얻을 수 있는 에너지로 석탄, 원유, 천연가스, 지열, 풍력, 수력 등의 에너지원을 일컫는다. 1차 에너지를 우리가 사용할 수 있는 형태로 전환하여 소비하며 이를 2차 (최종) 에너지라고 한다.

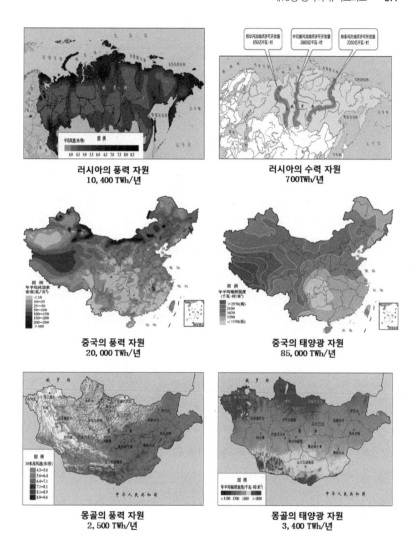

러시아의 풍력 자원
10, 400 TWh/년

러시아의 수력 자원
700TWh/년

중국의 풍력 자원
20, 000 TWh/년

중국의 태양광 자원
85, 000 TWh/년

몽골의 풍력 자원
2, 500 TWh/년

몽골의 태양광 자원
3, 400 TWh/년

그림 2. 러시아, 중국, 몽골의 신재생에너지 잠재량
출처: Chen(2015).

하고 있는 중국은 석탄, 풍력, 태양광 발전원의 2/3가 북부 북서부에, 수력 발전원의 4/5가 남서부 지역에 분포하지만 60% 이상의 전력 수요는 동부 및 중부 지역에서 발생하고 있어 전력 생산지와 소비지의 불일치 문

표 1. 동북아 국가별 전력 시장 여건

국가	부존 자원	시장 규모	기술력	자본력	인구
러시아(동부)	대	소	중	소	소
한국	소	중	중	중	소
중국	중	최대	중	대	최대
일본	소	대	대	대	중

출처: 한국전기연구원(2011)

제가 심각한 상황이며, 안정적인 장거리 전력망 구축이 보다 절실하다. 동북아 각국의 전력 시장 여건은 〈표 1〉과 같이 정리할 수 있다.

II. 동북아 슈퍼그리드 추진 경과

러시아가 주도했던 남-북-러 전력망 연계는 두 단계로 구성된 제안이었는데, 첫 단계에서는 블라디보스톡과 청진(북한) 간 380km를 220kV, 500kV 교류 송전망으로 연계하고, 이후 두 번째 단계에서 러시아와 남한을 ±500kV 직류 송전망으로 연계, 총 2000MVA(megavolt-ampere) 규모의 사업으로 계획되었다. 이후 역내 국가들과 기관에서 동북아 전력망 연계 방안에 대한 다양한 연구가 수행되었다〈그림 3~6〉.

이러한 연구들 외에도 "Gobitec" 또는 "아시아 슈퍼그리드(Asia Supergrid)"라고 불리는 전력망 연계 사업도 논의되었는데, 2013년 3월에 동북아 역내 5개 기관이 이 사업을 개발하기 위한 공동 연구 양해각서를 채결하였다. 참여한 5개 기관은 각각 에너지헌장 사무국, 한국 에너지경제연구원, 몽골 에너지부, 일본 신재생 에너지 재단, 러시아의 에

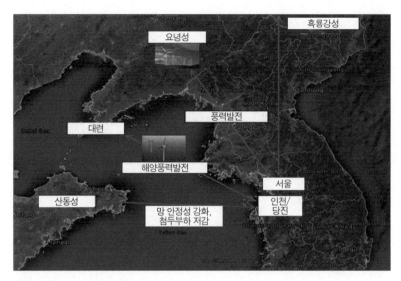

그림 3. 한국의 한-중 전력망 연계 연구 사례
출처: Podkovalnikov(2015)

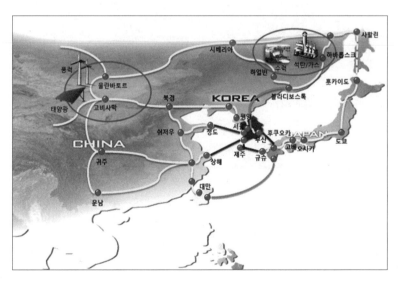

그림 4. 한국의 동북아 전력망 연계 연구 사례(한국이 초점 역할 수행)
출처: Podkovalnikov(2015)

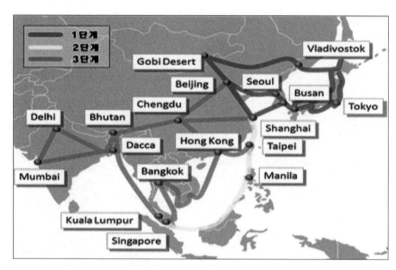

그림 5. 한국의 동북아 전력망 연계 연구 사례 2
출처: Yoon(2015)

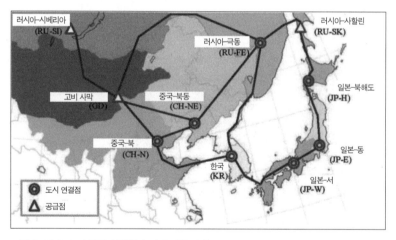

그림 6. APERC의 동북아 전력망 연계 연구 사례
출처: Podkovalnikov(2015)

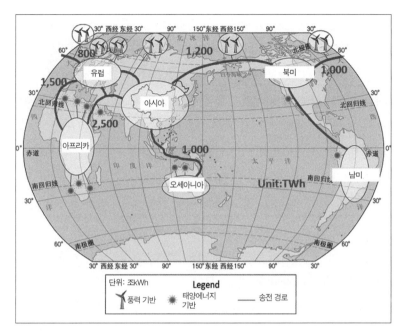

그림 7. 중국의 글로벌 에너지 연계 구상
출처: Chen(2015)

너지시스템연구소이며, 동북아 국가들과 국제 사회가 역내 신재생에너
지원의 잠재력에 관한 정보와 자료를 확보하고 공유하는 것을 목표로
하였다.

2015년 9월 지속가능발전 정상회의에서 시진핑 국가 주석은 "글로
벌 전력망 연결" 비전을 제시하기도 하였다. 전 지구적 에너지 문제 해
결을 위한 "글로벌 에너지 연계(GEI: Global Energy Interconnection)"
구상은 일종의 전력 판 일대일로(一帶一路) 정책으로, 시 주석은 2050년
까지 50조 달러를 투입하여 북극의 바람과 적도의 태양자원까지 통합적
으로 연계하겠다고 밝혔다〈그림 7〉.

이러한 GEI의 핵심 구성 요소는 초고압(UHV: Ultra High Voltage)

송전선로[2], 스마트 그리드, 청정에너지의 세 가지이다(장이정 2016). 중국은 UHV를 위한 전폭적인 정책 지원과 연구개발을 진행해 왔다. 일찍이 1986년에 UHV를 국가과학기술 중점관리사안으로 지정하여 중국 전력연구소(CEPRI) 등 국영기업 산하 연구소 주도로 연구를 진행해왔으며, 자국 내 UHV 선로 건설을 진행하여 운영 경험도 축적하였다. 이러한 실적을 바탕으로 해외 프로젝트를 수주하고 인접국 연계를 추진, UHV 기술에 대한 국제적 위상을 확보한 상태이다.

2016년 3월에는 글로벌 에너지 연계 컨퍼런스가 열려 한국전력(한국), 국가전망(SGCC, 중국), 소프트뱅크(Softbank, 일본), 로세티(Rosseti, 러시아)가 "동북아 전력 계통 연계 공동연구 협력 MOU"를 체결하였다. 이후 한·중·일 공동 연구 실무회의가 지속되고 있으며, 계통설계 방법과 기술적·경제적 예비타당성 조사 결과가 2017년 중에 발표될 예정이다.

동북아 슈퍼그리드가 성공적으로 추진되기 위해서는 무엇보다도 효율적인 장거리 송전 인프라(transmission infrastructure)를 구축하는 것이 관건이다. Podkovalnikov는 최적화 모형을 바탕으로 도출한 전송망의 특성을 〈표 2〉와 같이 제시하였는데, 총 송전 용량은 85.5GW, 길이는 1만 1,150km, 소요 투자 예산은 391억 달러에 이를 것으로 전망하였다.

III. 한국의 전력 시장

최근 전력을 저장하기 위한 ESS의 활발한 기술개발과 보급이 이루어지

---

2   중국의 경우 교류 전압 1,000kV, 직류 전압 800kV 이상의 송전선로를 지칭.

표 2. 동북아 슈퍼그리드의 국가 간 송전망 특성

송전망	용량(GW)	길이(km)	투자비(십억 달러)
러시아-몽고	8.9	1,250	3.7
러시아(시베리아)-중국	4.1	2,000	2.1
러시아(극동)-중국	10.7	1,200	2.9
러시아-북한	3.3	1,700	0.9
러시아-일본	5.3	2,000(해저 케이블 220)	7.7
중국-몽고	8.2	1,400	2.1
중국-북한	15	450	2.7
한국-북한	15	250	2.7
한국-일본	15	900(해저 케이블 250)	14.3
총계	85.5	11,150	39.1

출처: Podkovalnikov(2015)

고 있기는 하지만, 아직까지는 경제적인 저장이 어렵기 때문에 전기는 생산과 소비가 동시에 이루어져야 한다는 특성을 가지고 있다. 또한 안정적인 공급을 위하여 적정 수준의 예비 설비를 확보해 놓아야 하며, 신재생에너지 보급 확대 노력에도 불구하고 2016년 기준 우리나라의 에너지 수입 의존도는 95%에 달한다. 더욱이 한국은 반도에 위치하고 있음에도 불구하고 지정학적으로는 전력 계통이 고립되어 있는, 섬과 같은 특성을 지닌다. 주요 발전소들은 남부 지방에 위치하고 있으나 전력 소비는 수도권 지역에 집중되어 고압 송전 설비 또한 필요하며, 일반적으로 가격탄력성이 낮은 에너지 재화 중에서도 탄력성이 가장 낮은 편이라 시장기능을 통한 수요조절이 어렵다.

많이 알려진 대로 우리나라의 전기 사업의 시초는 왕실 기업이었

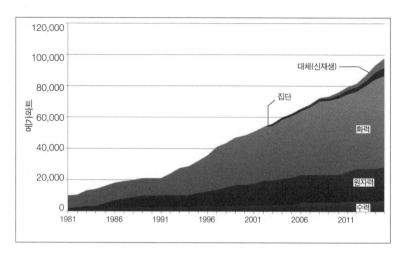

그림 8. 한국의 전력설비 규모 변화
자료: 국가에너지통계 종합정보시스템. 재구성

던 한성전기회사이다. 한성전기회사는 1989년 현재의 동대문종합시장 자리에 75kW 용량의 발전소를 건설했다. 일제강점기에는 수력 발전 위주의 개발이 이루어졌는데 광복 직전 한반도의 발전 용량은 172만 2,695kW로 수력 발전이 92%, 화력 발전이 8%를 차지했으며, 그 중 남한의 발전 용량은 19만 8,782kW로 북한의 11.5% 수준에 불과했다. 수풍댐 발전소는 당시 동양 최대의 규모로 600MVA(megavolt-ampere) 용량의 발전소였으며, 전국 발전량의 42%를 차지하였다. 배전은 조선전업(북한 중심), 경성전기(서울, 경기도 일부, 강원도 북부), 남선합동전기(남한 중심) 등이 담당하였다.

이후 1961년 전기 3사를 통합, 한국전력 주식회사가 출범하면서 정부 주도의 집중적인 투자가 이루어졌고, 한전 창립 당시 36만 7,000kW에 불과했던 발전설비 용량은 2017년 4월 기준 8286만kW로 비약적인 성장을 이루었다(그림 8). 2015년 기준 각 발전원별 구성은 수력 6.6%,

원자력 22.2%, 화력 59.9%, 집단에너지 5.5%, 대체(신재생) 5.8%이다.

　일반적으로 전력산업은 대규모 투자가 필요하고 규모의 경제(economy of scale)가 존재하는, 자연독점적인 성격이 존재하는 산업으로 인식되어 많은 국가에서 발전 및 송배전이 수직 통합된 공기업 형태로 운영해 왔다. 그러나 독과점은 경쟁 시장에 비해 비효율이 나타날 가능성이 높기 때문에 어느 정도 성장을 이룬 뒤에는 필연적으로 민영화 논의가 대두될 수밖에 없다. 더욱이 기술 발전에 따라 소규모 투자로 규모의 경제에 도달할 수 있는 발전사업이 늘어남에 따라 민영화와 경쟁 시장 도입에 대한 논의가 활발해졌고, 여러 선진국이 전력 시장의 구조 개편과 민영화를 추진하였다.

　우리나라도 한국전력이 발전(95% 이상), 송전, 배전, 판매(100% 독점)에 대한 수직 통합 공기업으로 전력을 공급하는 방식으로 시장을 규제해 오다 1999년에 발표된 "전력산업 구조개편 기본계획"에 따라 2001년에 한국전력의 발전 부문을 6개[3]의 발전 자회사로 분할하여, 2017년 현재 한국의 전력산업은 6개의 발전 자회사와 민간 발전 회사, 구역 전기사업자가 생산한 전력을 한국전력의 송배전망을 통해 소비자에게 판매하고 있다. 발전사와 한전 간 전력 거래는 전력거래소에서 이루어진다 (그림 9).

　그러나 전력산업 구조개편 기본계획의 3, 4단계에 해당하는 도매 및 송배전 부문의 경쟁도입은 멈춰있는 상태로, 그에 따라 과도기적인 변동비반영시장(CBP: Cost-Based Pool) 체제로 전력 거래가 이루어지고 있다. 현행 CBP는 일종의 의무풀(mandatory pool)로, 한국전력과 별도의 전력구입계약을 체결한 발전 사업자 이외에 일정 용량 이상의 발전기로

3　화력발전 중심의 남동발전(주), 중부발전(주), 서부발전(주), 남부발전(주), 동서발전(주)의 5개 발전사(설비용량 8,000~9,000MW 규모)와 한국수력원자력(주).

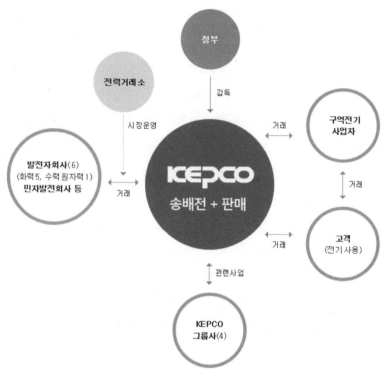

그림 9. 한국의 전력산업 구조
출처: 한국전력(2017)

생산한 모든 전력은 전력거래소를 통해 거래해야만 한다. CBP 시장에서는 발전에 소요된 비용을 기준으로 가격을 설정, 정산하는데 현재 체재에서는 각 발전 사업자는 가격 입찰을 하는 것이 아니라 공급가능 용량을 입찰하고 각 발전기의 발전 비용은 사전 제출한 각 발전기별 원가 자료와 기술적 특성 자료를 토대로 비용평가위원회에서 결정한다.

한국의 전력 시장이 이러한 과도기적 상태이기 때문에 향후 동북아 슈퍼그리드에 대한 논의가 본격화되었을 때 한국이 중심적인 역할을 수행하기 위해서는 구조개편을 지속할 필요가 있다. 현행 CBP 제도는 원래 배전분할과 함께 새로운 운영체제로 대체할 예정이었다. 그러나 배전분할이 중단되어 장기간 운영되어 왔는데, 이는 불가피한 선택이나 근본적인 문제점이 존재하는 시장이라고 할 수 있다. 즉, 현재는 제약 여부에 관계없이 실제 운전되지 않는 발전기에 대해서도 운전 발전기와 동일한 수준의 용량가격(Capacity Payment)을 지급하고 있는 점이나, 기저 발전기의 용량가격이 일반 발전기의 용량가격보다 크게 높은 점, 기저한계가격(Based Load Marginal Price)과 계통한계가격(System Marginal Price)으로 이원화되어 있는 발전 변동비 보상체제로부터 유발되는 문제(발전원가의 적정 보상 여부)를 해결해야 한다.

IV. 슈퍼그리드의 기대성과와 난제

1. 동북아 슈퍼그리드의 기대성과

동북아 슈퍼그리드의 기대성과는 크게 참여국의 상호 경제적 이익 공유, 에너지협력을 기반으로 한 역내 평화 정착, 기후변화 및 미세먼지 대응의 세 가지로 나누어 볼 수 있다. 한국의 입장을 중심으로 살펴본 기대성과는 다음과 같다.

- 추가적인 예비율 확보로 전력 최대 부하(peak)에 대응
- 에너지 안보 확보 기여—수입 전력이기 때문에 에너지 수입 의존도 개선 효과는 없더라도 연결망을 확보함으로써 수입원 다변화 효과 존재
- 북한을 포함한 동북아 정세 안정(역내 평화 정착에 기여)

표 3. 동북아 에너지협력 항목별 강·약점 분석

항목		동북아 지역
연계현황		• 본격적인 계통연계 시행 이전 단계 • 극히 미미한 수준의 연계망 존재(러시아–몽골)
강점	전원구성 관점	• 러시아 잉여설비 활용 가능 • 여타 국가는 전력 수입국 • 국가별 전원구성비 상이하므로 다양화 가능
	부하	• 부하곡선 시간대 상이
	에너지자원 부존	• 상호 보완적 • 자원부국 대 자원빈국
	전기요금	• 국가별 큰 차이
약점	정치적 측면	• 정치적 긴장관계 존재 • 과거 청산 부족
	경제/사회 체제	• 자본주의/사회주의 혼합
	연계선로 길이	• 장거리 선로 위주
	구조개편 여부	• 한국, 러시아, 일본 구조개편 진행 중 • 중국, 몽골, 북한 국영산업 체제

출처: 한국전기연구원(2011)

- ESS, 슈퍼 컨덕터, 초고압직류전송망 등 우리 기업이 강점을 보이는 분야를 중심으로 대규모 인프라 사업인 슈퍼그리드 사업에 진출하여 건설 및 IT 산업 분야의 고용 창출 및 신성장동력 창출
- 재생에너지 보급을 획기적으로 확대할 수 있으며, 신기후체제 하의 온실가스 감축 목표 달성에 기여

한국전기연구원에서는 동북아 에너지협력의 가능성(강점)과 약점을 〈표 3〉과 같이 정리하였다.

국가별로 보다 자세히 살펴보면, 우선 러시아는 극동 지역 개발에 박차를 가하고 있다. 유럽으로의 유·가스 공급을 위해 많은 개발이 이루

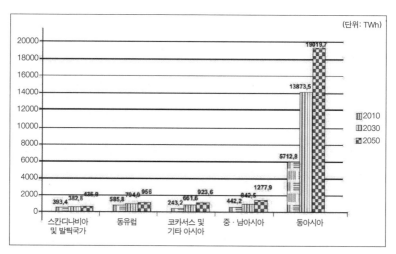

그림 10. 낙관적 시나리오에 따른 러시아 인접국의 전력 수요 전망
출처: Institute of Energy Strategy(2016)

어진 서부 지역에 비해 러시아 동부 지역은 상당히 낙후되어 있다. 이에 푸틴 대통령은 집권 3기를 맞은 지난 2012년 동시베리아와 극동 지역을 개발하기 위한 "신동방정책"을 표명하고 연방정부 부처로 "극동개발부"를 신설하였다. 더욱이 우크라이나 사태 이후 서방의 대러시아 경제제재를 가급적 회피해 나가며 국제 사회에서의 고립을 극복하기 위해 동북아 국가들과의 협력에 심혈을 기울이고 있다. 그 결과로 2015년에는 "동방경제포럼"을 창설하였으며, 러시아 극동 지역에 선도개발구역[4]을 조성하였다. 2016년 9월에 열린 제2회 동방경제포럼에서는 동북아 슈퍼그리드 실행의지를 강하게 내비치며 아태 지역에 경쟁력 있는 전력 가격을 제안하였다. 러시아가 판단하고 있는 인접한 유라시아 국가들의 전력 수요는 낙관적으로 볼 경우 2030년에 약 14조 kWh에 이른다〈그림 10〉.

4   Priority Development Territory. 입주 기업을 대상으로 특별토지이용권, 우대 임대료, 각종 세제 혜택, 외국인 채용 절차 간소화 등의 특혜 제공.

앞서 기술한대로 중국은 자국의 지속적인 에너지 수요 증가에 대비하기 위한 하나의 방편으로 동북아 슈퍼그리드를 활용하려고 하고 있다. 중국은 자국 내 수요 증가 속도가 워낙 빨라 역내 다른 국가들과의 융통에는 부정적이었으나 송유관·가스관을 포함한 국가 간 에너지 인프라 연계의 차원에서 전력망 연계에 적극 협력하는 것으로 선회하였다. 러시아의 對중국 전력 수출은 지속적으로 증가하고는 있지만 2014년 기준 전체 전력 소비량의 0.1%에 불과했으며, 동북아 슈퍼그리드를 통하여 이를 획기적으로 확대하고자 노력하고 있다. 러시아 로세티와 중국 국가 전력망공사는 2015년 합작기업 설립 협정을 체결하였으며, 중국개발은행은 이 합작기업의 사업에 연간 최대 10억 달러 규모의 자금을 조달하기로 합의하였다(이주리 2017).

일본은 과거 자국 내 시장 독과점 체제와 러시아와의 정치적 긴장관계(영토분쟁)로 러시아를 포함한 동북아 국가들과의 에너지협력에 부정적이었으나, 후쿠시마 원전사태 이후 협력 전략을 크게 수정하였다. 자국 내 원전 축소, 청정에너지 확대, 러시아 가스 도입 추진 등과 연계하여 전력망 연계 구상에 점차 관심을 보이고 있는 상황이며, 2016년 아베 총리와 푸틴 대통령의 정상회담에서 정치 문제와 경제협력을 분리하는 새로운 접근을 시도하였다. 일본은 러시아와 평화협정을 체결하고 쿠릴반도의 섬 반환 문제 해결과 연계하여 러시아의 극동 개발에 협력할 것으로 보인다.

몽골은 내륙국가의 한계를 극복하고 새로운 국가 성장 동력으로서 자국의 에너지를 수출할 수 있는 전력망 연계 구상을 적극 지지하고 있는데, 앞서 소개한 Gobitec 대규모 신재생에너지 단지 개발이 하나의 사례이다. 몽골의 인구는 약 300만 명에 불과해 국내 수요에 대응하기 위한 동북아 슈퍼그리드는 의미가 적으며, 통과국으로서의 존재감을 부각시키고 있다. 북한은 심각한 에너지 및 전력난으로 역내 국가들의 지

표 4. 동북아 에너지협력의 국가별 기대효과 분석

국가	정치적 긴장관계	에너지 시장측면	경제적 이익측면	기술적 신뢰도측면	역내 협력측면
한국	긍정적	긍정적	중립적 (북한지원)	중립적 (품질 상승/하락 효과 병존)	긍정적
북한	중립적 (수급 안정과 체제위험 병존)	긍정적 (대외개방 및 지원확대)	긍정적 (에너지난 해소 및 경제 발전의 핵심 요소)	긍정적 (품질 상승)	부정적 (협력 증진과 체제위험 병존)
러시아	중립적 (다자관계의 복잡성 내포)	긍정적 (시장 확대)	긍정적 (동부 지역 개발 정책의 시발점)	긍정적 (품질 상승)	긍정적 (획기적 협력 정책 확대)
일본	중립적 (북방 4개 도서 대러시아 관계 등)	중립적 (수입 및 자국 시장의 부족분 해소)	중립적 (수입을 통한 시장가격 하락)	중립적 (품질 하락/상승 효과 병존)	긍정적 (동북아 역내 시장 구축 측면)
중국	중립적 (한반도 안정 및 영력 감축)향	긍정적 (경쟁을 통한 에너지 수입 가격 하락)	긍정적 (시장 확대로 이익 공유 가능)	긍정적 (품질향상 기대)	긍정적 (역내 협력관계 증진)
몽골	중립적 (의미 없음)	긍정적 (시장 확대)	긍정적 (이익 공유)	긍정적 (품질 향상)	긍정적 (역내 협력 증진)

출처: 한국전기연구원(2011)

원을 절실히 원하고 있다. 이러한 국가들의 상황은 다음의 〈표 4〉와 같이
정리해볼 수 있다.

2. 예상 난제

앞 절에서 정리한 것과 같이 동북아 슈퍼그리드가 성공적으로 진행될 경
우 예상되는 명백한 성과들이 있음에도 불구하고 상존하는 문제들도 만

만치 않다. 먼저 가장 중요한 요소는 역내 정치적 갈등과 대립 구조가 지속되고 있다는 점이다. 그동안 쌓여온 역사적, 지리적 갈등 요인은 해결보다 오히려 갈등이 깊어지고 있으며, 중국과 러시아, 일본 모두 협상 보다는 고립주의적 성향을 지닌 정부가 국가를 이끌고 있고 트럼프와 김정은은 예측이 어려운 행보를 보이고 있다. 따라서 동북아 슈퍼그리드를 성공적으로 이끌고 역내 협력을 강화하며 평화를 정착시키기 위해서는 한국의 리더십이 그 어느 때보다 중요한 상황이다. 동북아 슈퍼그리드와 같은 국제 에너지협력 사업은 사업 필요성에 대한 역내 국가 리더 간 정치적 합의가 무엇보다도 중요하기 때문이다.

다음으로는 역내 국가의 이질적인 사회제도와 법체계로 인하여 사업의 계약 및 이행과정에서 문제가 발생할 가능성이 존재한다. 더불어 역내 국가는 아니지만 미국이 동북아 정세에 미치는 영향을 고려했을 때, 미국의 우호적인 입장을 확보하는 것 또한 중요할 것이다.

동북아 슈퍼그리드 사업 추진을 위한 재원 마련도 관건이다. 이를 위해서는 사업성 확보를 위한 수익 구조 설계가 필수적이며, 인프라 건설에 소요되는 시간이 상당하여 투자회수 기간이 길 것으로 예상되므로 사업자가 이를 감당할 수 있도록 정책 금융이 일정한 역할을 수행할 필요가 있다.

마지막으로 기술적인 난제도 아직 존재한다. 국가 간 전력망 사업이기 때문에 장거리 송전이 이루어져야 하고, 이 때 발생하는 전력 손실을 최소화해야 한다. 2014년 기준 중국의 송전 손실률은 6.34%를 기록했는데, 이는 약 3518억kWh에 달하는 전력량이다. 2장에서 기술하였듯이 중국은 이를 위하여 UHV 송전선로 기술개발에 오랜 시간 투자해 왔으며, 우리나라도 HVDC(초고압직류송전)와 같은 핵심 전력기술 확보를 위해 노력하고 있다.

V. 향후 대응 방안

앞 절에서 정리하였듯이 동북아 역내 정치적 갈등과 대립 구조가 지속되고 있는 상황에서 동북아 슈퍼그리드의 성공적인 진행을 위한 한국 정부의 리더십이 그 어느 때보다 중요한 상황이 되었다. 대부분의 협력 사업이 그러하듯이, 동북아 슈퍼그리드도 성공적으로 추진되기 위해서는 참여 국가의 정보와 이익을 상호 조정하고, 규범을 제공하는 협의기구, 일종의 동북아 통합 에너지망 협의기구를 설립할 필요가 있다. 이러한 협의기구 설립을 한국이 주도한다면, 앞서 정리한 기대성과와 더불어 국제사회에서 한국의 위상을 제고할 수 있는 더없이 좋은 기회가 될 것이다. 범정부 차원의 테스크포스를 구성하여 UN이나 EU 산하의 다자기구를 벤치마킹하고, 협의기구와 동북아 통합망 운영센터의 국내 유치에 힘쓸 필요가 있다.

유럽의 전력 고속도로 2050 사업(e-Highway 2050 project)이 좋은 벤치마킹 사례가 될 것이다. 유럽연합 집행위원회(European Commission)의 7차 연구혁신 체계(Seventh Framework Programme for Research and Innovation)의 일환으로 수행 중인 전력 고속도로 2050 사업은 계통 운영사, 연구기관, 대학, 기업, NGO 등 28개 파트너가 참여하고 있으며, 그림 11과 같은 이행 계획(work plan)에 따라 추진되고 있다.

2017년 현재 동북아는 중-러 간 협력과 균열 변화, 트럼프 집권 이후 미국의 탈 중동 정책, 일본의 정상화 및 중-일 경쟁, 미-러의 관계 변화, 북-미의 갈등과 대화 여부, 한국의 리더십 회복 등 '격변'이라고 할 수 있을 만큼의 변화가 일어나고 있다. 동북아 슈퍼그리드는 그 효과가 분명하지만 난제 또한 명확한 사업이다. 앞서 제시한 대로 한국 주도로 구속

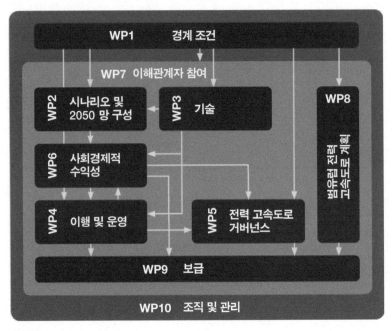

그림 11. 유럽 e-Highway 2050 사업의 이행 계획
출처: e-Highway2050(2017)

력 있는 협의기구를 설립하여 난제들을 해결해 나간다면, 동북아에 이른
바 '경쟁적인' 전력 시장, 나아가 에너지 시장을 형성하여 상대적으로 차
별을 받고 있는 "아시아 프리미엄(Asian premium)" 문제를 해결하고 역
내 국가의 경제적 이익과 평화 정착에 상당한 기여를 할 수 있을 것이다.

참고문헌

국가에너지통계 종합정보시스템. "발전설비 현황." http://www.kesis.net/ (검색일: 2017.4.21).

윤재영. "동북아 SUPERGRID 구상과 전망." 『세계 에너지시장 인사이트』 제13-13호 (2013).

이주리. "동북아 3국(한·중·일)의 러시아 극동 지역 전력자원 활용전략." 『세계 에너지시장 인사이트』 제17-11호 (2017).

장이정. "중국의 글로벌 에너지 연계(GEI) 추진동향." 『KEMRI 전력경제 Review』 제8호 (2016).

한국전기연구원. 『동북아 계통연계 정책방안 검토』 의왕: 한국전기연구원, 2011.

한국전력. "국내전력산업." http://home.kepco.co.kr/kepco/KO/C/htmlView/KOCCHP001.do?menuCd=FN05030301 (검색일: 2017.4.14).

Chen, G. "Global Energy Interconnection and Northeast Asia Grid." The 3rd Northeast Asia Energy Security Forum, The Plaza, Seoul (December 17, 2015).

e-Highway2050. "e-Highway2050 Work Plan." http://www.e-highway2050.eu/e-highway2050/work-plan/ (검색일: 2017.4.21).

Podkovalnikov, S. "Proposed Schemes and Technical and Political Implications." The 3rd Northeast Asia Energy Security Forum, The Plaza, Seoul (December 17, 2015).

Yoon, J. "Power System Interconnectionand Energy Security." The 3rd Northeast Asia Energy Security Forum, The Plaza, Seoul (December 17, 2015).

Institute of Energy Strategy. Основные положения программы развития гидроэнергетики России до 2030 года и на перспективу до 2050 года. 2016.

제11장

미국과 일본의 에너지협력

박상철

I. 배경

미국과 일본의 에너지협력은 단순히 에너지부문에만 국한되는 것이 아니라 미국과 일본이 전략적 파트너로서 글로벌 문제를 공동으로 해결하고 이를 통하여 양국의 국익을 확대하는 기초하에서 수행되는 것이다. 따라서 에너지협력은 양국의 경제협력, 과학기술 및 혁신협력, 우주과학협력, 사이버 및 인터넷부문 협력, 지역 및 세계안정부문 협력, 지속가능발전부문 협력 등을 실현하기 위한 협력관계의 일환이다.

이러한 전략적 파트너 간 협력하에서 에너지협력 부문은 민간원자력부문 강화, 에너지전략 및 정책부문 대화강화, 일본 및 기타 전략적 파트너 국가에 미국 천연가스 수출확대, 청정에너지기술부문 양자 및 다자간 협력체제 강화, 메탄수화물(Methane Hydrate) 연구에 관한 과학협력 지속 등이다(The White House Office of Press Secretary 2015).

이처럼 미국과 일본이 제2차 세계 대전 이후 에너지부문과 관련하여 긴밀하게 협력관계를 구축하고 있지만 에너지 및 에너지 안보 부문에 대해서 양 국가가 처해 있는 상황은 기본적으로 상이하다. 양국의 에너지협력은 역사적으로 제2차 세계 대전이 아시아태평양 지역으로 확산된 일본의 진주만 공격이 시작되었을 때부터 거슬러 올라간다. 당시 미국은 일본 제국주의의 동아시아 지역 확산을 저지하기 위해서 일본에 대한 원유수출금지조치(Oil Embargo)를 1940년 단행하였고 이를 자국의 국가 안보에 부정적으로 인식한 일본은 이를 타결하기 위해서 1941년 하와이 진주만을 기습공격하자 미국은 일본에 전쟁을 선포한 것이 태평양전쟁의 시작이다(Office of the Historian 2017).

따라서 당시에는 미국과 일본의 에너지협력이 아니라 에너지전쟁이 발생하게 되었으며 전후 미국과 일본의 에너지협력이 시작된 계기는 두 가지의 중요협정에 의하여 발전되었다. 첫째는 1980년대 초 미국의 레이건(Reagan) 대통령과 일본의 나카소네(Nakasone) 수상과 체결한 레이건-나카소네 에너지협력협정(The Reagan-Nakasone Energy Cooperation Agreement)이다. 둘째는 1987년 체결된 미국 및 일본 원자력협력협정(the US Japan Nuclear Cooperation Agreement)이다. 미일원자력협력협정 체결로 일본은 핵연료재처리 권리를 취득하게 되었다. 이는 서유럽국가인 영국, 프랑스, 독일과 동등한 권한을 부여받은 것으로 일본의 원자력발전에 중요한 역할을 하게 되었다(Buckley 1995).

이 두 가지 협정을 기초로 미국과 일본의 에너지협력은 동북아시아에서 가장 긴밀하게 진행되었으며 양 국가 간 에너지협력을 더욱 강화하게 된 계기는 2011년 3월 일본 토호쿠 대지진 및 쓰나미로 인하여 발생한 후쿠시마 원자력발전소 폭발로 일본에 주둔 중이던 미군이 사고현장에서 구조 활동을 진행하였고 복구 작업을 위하여 미국원자력규정위원회(US Nuclear Regulation Commission) 및 에너지부(Department of

Energy) 소속 과학자들이 사고수습을 위한 조언 등을 제공하면서 심화되었다(Nanto 2011).

원자력발전소 폭발사고로 인하여 모든 원자력발전소 가동을 중지한 일본은 부족한 전력생산을 천연가스로 대체하면서 막대한 천연가스 수입증가로 전력가격 상승 등 국가경제에 부정적인 상황이 발생하기 시작하였다. 이를 극복하기 위하여 2013년 미국은 자국 내 생산된 셰일가스를 전략적 파트너인 일본에 수출하기로 결정하여 양국의 에너지협력에 새로운 계기를 만들게 되었다(Wikipedia 2017).

미국과 일본의 에너지협력은 기본적으로 양국의 이해관계가 밀접하기 때문에 가능하다. 미국은 에너지의 자급자족뿐만이 아니라 2009년 이후에는 셰일가스 및 셰일석유 생산으로 에너지자원을 수출하고 있는 국가이며 일본은 필요한 에너지의 97%를 수입하여야 하는 에너지 수입 의존도가 가장 높은 국가 중 하나이다.

따라서 미국은 일본과 에너지협력을 통해서 동북아시아 정치 및 경제부문에 안정을 제공하고 일본은 미국과 에너지협력을 통해서 에너지 안보를 강화할 수 있을 뿐만이 아니라 주요에너지자원 수입노선을 다양화 시킬 수 있다. 즉, 양국의 에너지협력은 전략적 파트너로 동북아시아의 안정에 중요한 역할을 하고 있다.

이처럼 미국과 일본의 에너지협력은 경제적 비용과 에너지 안보 사이에 균형을 유지하고 장기적으로 추진되는 것으로 1983년 레이건 대통령과과 나카소네 수상이 체결한 미일에너지협력협정의 근간을 이루고 있다. 특히 양국은 미국 알래스카 주에 매장된 에너지자원인 석유, 천연가스, 석탄을 개발하기 위한 민간자본 투자를 활성화 시킬 것을 합의하였다. 이로서 미국은 일본자본으로 알래스카 에너지자원을 개발하고 일본은 안정적인 에너지 수입을 가능하게 하는 구도이다(Woolley and

Peters 1983).

본 연구는 미국과 일본의 에너지협력이 추진된 근본적인 이유와 배경을 조사 및 분석하고 결과적으로 양국의 에너지협력이 동북아시아 지역에 미치는 영향을 심층 분석하는 것이다. 따라서 연구방법은 이론적인 분석 및 적용보다는 실증적인 사실 및 사례를 통한 접근방식을 택하며 이를 기초로 결론을 도출하는 연역법을 적용한다.

II. 전후 미국과 일본 에너지협력

미국 국무부는 제2차 세계 대전 이후 미국과 일본과의 관계를 아시아에서 미국의 안전을 보장하는 가장 중요한 초석이며 이는 가장 기본적인 지역안정과 번영을 제공하는 것으로 규정하고 있다. 이러한 양국의 외교관계를 기초로 1960년 상호협력 및 안보협정(Treaty of Mutual Cooperation and Security)을 체결하였으며 이를 근거로 미군이 일본에 주둔하게 되었다(Jones 2014).

제2차 세계 대전 이후 미군의 폭격으로 서유럽국가보다 상대적으로 국가기간산업 및 사회간접자본의 피해가 컸던 일본은 전후 복구작업에 몰두하면서 한국전쟁을 계기로 경제발전의 전기를 맞이하게 된다. 경제개발에 필요한 에너지자원은 1950년대 중후반까지 석탄이 가장 중요한 역할을 했기 때문에 국내생산으로 상당부분을 해결할 수 있었다. 이외에도 일본은 1950년대까지는 수력발전, 장작, 목탄 등으로 에너지소비를 자급자족할 수 있었다.

그러나 1950년대 초반부터 증가하기 시작한 석유소비는 이후 지속적으로 증가하기 시작하여 1960년 이후에는 화학산업 발전으로 석탄보다 소비량이 증대된 가장 중요한 에너지자원이 되었다. 그러나 국내 석유생산량이 전무한 일본은 석유를 전량 수입에 의존하였기 때문에 지속적인 경제성장을 위해서는 안정적으로 석유를 공급받아야 했다. 일본의 석유수입이 대부분이 중동국가인 사우디아라비아, 쿠웨이트, 아랍에미리트와 동남아시아 국가인 인도네시아, 말레이시아 등에서 수입되었다. 대부분이 원거리 수송이었지만 미국이 원유수송로를 장악하고 있었기 때문에 안전하게 수입할 수 있었다. 이러한 구도 하에서 일본은 석유수입을 지속적으로 증가시켜 1970년에 총 주요에너지자원 소비에서 석유수입이 차지하는 비중이 70%에 달하였고 이후 1977년에 77%까지 상승하였다(Morse 1981a)(그림 1 참조).

이처럼 석유수입에 크게 의존하면서 경제성장을 창출한 일본의 에너지정책은 1973년 및 1974년에 발생한 제1차 석유파동에 의하여 커다란 변화를 겪게 된다. 즉, 정부가 주도적으로 석유 및 기타 에너지시장에 더욱 강력하게 개입을 하였으며 이를 지속적으로 수행하기 위하여 다섯 가지의 기본원칙을 설정하였다.

첫째: 국외 석유개발 장려 및 가능한 국내 에너지자원 활용

둘째: 단기적으로 석유 이외의 석탄, 원자력발전, 액화천연가스(LNG) 등과 같은 에너지자원 개발

셋째: 석유공급국가의 다변화 및 원유생산국 정부와 일본 정부와 직접적인 석유수입거래 추진

넷째: 석유비축확대 및 신규 에너지기술 상업화 추진

다섯째: 에너지 비상관리방식을 준비하고 주요 석유파동에 대비하여 일본을 국제에너지사태 및 위기가 발생할 시 자체적으로 보호할 수 있는 석유비축을 강화

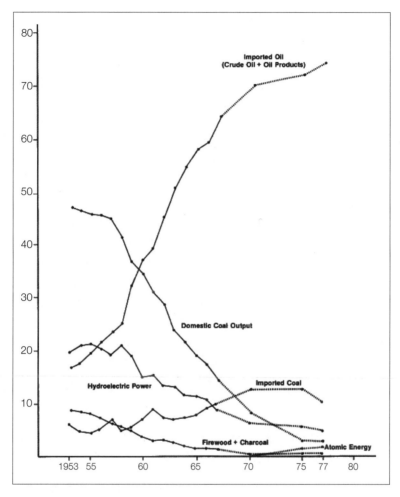

그림 1. 일본의 에너지소비 형태(1953년~1977년)
출처: Agency of Natural Resources and Energy(1978)

　　이러한 에너지정책을 추진하면서 일본은 1980년대를 준비하였으며
정부 및 산업계의 효율적인 협력을 기초로 에너지자원의 수입에 크게 의
존하였던 형태에서 에너지소비를 감소시키고 에너지 수입처를 다변화시
키려고 노력하였다. 이 방법만이 일본이 지속적으로 경제성장을 달성하

표 1. 주요선진국 에너지 수입 의존도(1979년, 단위: %)

국가	수입의존도	석유수입비중	석유수입 (백만 배럴/일)
일본	88	99.8	5.64
서독	59	96.8	2.92
영국	13	19.1	0.38
프랑스	76	99.0	2.44
이태리	82	98.2	2.00
캐나다	수출국	3.7	0.07
미국	20	42.7	7.99

출처: Morse(1981b)

고 경제적 번영을 지속할 수 있는 것이었다. 신규 에너지정책은 당시 집권당인 자유민주당(Liberal Democratic Party)이 주도적으로 추진하였으며 그 결과 제2차 석유파동이 발생한 1979년에는 타 선진국보다 높은 석유수입 의존도에도 불구하고 경제적 피해를 극소화시킬 수 있었다.

1970년대 말 주요 선진국 중 캐나다는 유일한 에너지 수출국이고 일본은 에너지 수입이 전체 88%를 차지하는 가장 높은 비율을 차지하는 대표적인 에너지 수입 의존국가이었다. 일본다음으로 에너지 수입 의존도가 높은 국가는 이태리로 약 82%에 달하였고 미국은 20%에 불과하였다(Morse 1981b)(표 1 참조).

일본의 에너지자원 수입은 1960년대 중화학공업의 급속한 발전으로 시작되었다. 즉, 1950년대까지는 석탄 등 주요 에너지자원의 대부분을 자국에서 공급할 수 있었으나 산업구조의 변화 및 고도성장을 위한 석유 및 천연가스 수입이 급증하게 되었다. 동시에 미국도 1970년대에 들어서면서 에너지 수입 의존도가 증가하여 1979년에는 20%에 이르렀기 때문에 미국과 일본의 에너지협력은 실질적으로 추진하기에는 구조적인 한계를 보였다. 다만 일본의 원유 수입이 중동 국가와 동남아시아 국가에서 이루어지는 관계로 주요 동맹국의 에너지자원 수입이 안전하게 이루어질 수 있도록 에너지 수송에 대한 해상안전을 지원해 주는 것이 핵심적인 사항이었다.

따라서 미국은 1970년대 발생한 두 차례에 걸친 세계에너지위기를 극복하고 이란사태로 인한 안정적인 에너지 수입을 위하여 에너지 안보(Energy Security) 개념을 도입하였으며 국내 전력석유비축량을 증대시켰다. 일본도 주요 에너지자원인 석유를 전량 수입에 의존하는 관계로 국제에너지기구(IEA: International Energy Agency)가 권장하는 데로 석유비축량을 지속적으로 증가시켜서 1981년에 90일분의 석유를 비축할 수 있는 능력을 보유하게 되었다(Morse 1981b).

III. 미국 및 일본 간 제도적 에너지협력

1. 레이건-나카소네 에너지협력협정(the Reagan-Nakasone Energy Cooperation Agreement)

1983년 미국과 일본 에너지워킹그룹이 추천한 미일에너지협력 공동성명이 발표되었다. 이 성명에 의하면 미국의 레이건 대통령과 일본의 나카소네 수상은 미국과 일본 간 석유, 천연가스, 석탄 등 주요에너지자원 개발협력 무역을 장기적인 차원에서 활성화시킬 것을 합의하였다.

양국 정상이 합의한 내용은 이외에도 태평양해역 전체의 상황을 기초로 양국의 확장된 에너지무역은 긴밀한 경제발전에 기여하고 동시에 에너지 안보도 확보할 수 있는 것으로 간주하였다. 따라서 양국은 지속적으로 상호이익을 위하여 에너지무역을 발전시킬 수 있는 방법을 찾을 수 있도록 협의하기로 합의하였다. 또한 양국은 에너지무역을 장기적인 차원에서 지속적으로 수행하기 위해서 정부보다는 민간부문에서 핵심적인 역할을 수행하고 경제적 비용과 에너지 안보 간 균형이 필수적이라는 사항에도 동의하였다.

미국과 일본 양국이 에너지무역을 추진하기 위한 대상 지역은 알라스카에 매장된 주요 에너지자원을 공동으로 개발하는 것이다. 이를 위하여 양국 정부는 에너지자원 개발을 위한 민간부문의 협력체제 구성을 독려하였다.

이를 위하여 양국 정부는 주요 에너지자원인 석유, 천연가스, 석탄 무역과 관련하여 다음 사항에 합의하였다.

첫째: 미국과 일본 정부는 입법부의 장벽이 해소되면 일본에 적정량의 원유수출이 가능하게 되고 이를 통하여 미국은 석유제품에 대한 인센티브를 제공받을 수 있고 일본은 다양한 에너지자원 확보를 가능할 수 있게 된다.

둘째: 양국 정부는 알라스카에서 천연가스 공동개발을 위하여 민간기업의 참여를 장려하고 이들이 천연가스 개발을 위한 자원탐사 조사를 적극적으로 수행할 수 있도록 지원한다.

셋째: 양국 정부는 민간기업이 장기적인 차원에서 석탄무역이 진행될 수 있도록 공동으로 광산 및 물류시스템개발을 위한 토론을 추진하고 결론에 도달할 수 있도록 지원한다. 이는 미국의 석탄이 일본시장에서 경쟁력을 확보하기 위한 조치이다.

넷째: 이와 관련하여 양국 정부는 양국의 일반기업이 진행 중인 기관용

석탄 프로젝트(Steam Coal Project)의 경제성 및 기술력에 관한 연구를 환영한다. 또한 일본정부는 향후 일반기업이 기관용 석탄을 구매하여 전력생산에 석유를 대체할 수 있는 가능성을 극대화시키기 위하여 이 부문에 일반기업을 초대한다.

다섯째: 금속형 석탄(Metallugical Coal)과 관련하여 양국 정부는 세계시장에서 철강제조업의 경기하강으로 인하여 석탄수요가 크게 감소하고 있다는 상황을 적시하고 있다. 그럼에도 불구하고 미국은 일본에 가장 중용한 석탄 수출국이며 양국은 일본이 현재 수입하는 석탄량을 지속적으로 유지할 것을 합의 하였다. 일본은 미국으로부터 석탄수입이 자국의 철강산업 발전에 기여할 것으로 예상하여 이를 장려하고 있다.

여섯째: 미국과 일본의 석탄무역을 중장기적인 차원에서 발전시키는 제1단계로 일본의 주요 석탄 소비자 및 이해당사자가 미국을 방문하여 주요 석탄 광산업자 및 수송관계자와 면담을 추진한다. 이러한 공식대표단의 미국방문 목적은 양국 간 석탄무역을 확대할 수 있는 가능성을 탐색하고 일본에 수입되는 석탄가격을 최소화 시킬 수 있는 가능성에 대한 연구를 진행하기 위한 것이다(Woolley and Peters 1983).

1970년대 두 번에 걸친 세계석유위기는 에너지 수입 의존도가 당시 OECD 국가 중 가장 높은 일본에게는 에너지 안보를 확립하고 지속적인 경제성장을 추진하기 위해서는 절대적으로 필요한 안정적인 에너지 수입을 해결하여야 했다. 이를 위해서는 에너지 수입을 중동에 과도하게 의존하고 있는 에너지 수입원을 다원화시킬 필요가 있었다.

미국도 에너지 수입 의존도가 증가하고 있는 상황에서 세계석유위기를 경험하였기 때문에 1970년대 말부터 1980년대 초 경제적인 충격이 상당하였다. 따라서 알래스카에 보유하고 있는 주요에너지자원을 개

발할 필요가 매우 높았으며 이를 위한 파트너로 일본을 선택하여 주요에
너지자원 개발뿐만이 아니라 세계 2위 경제국인 일본을 에너지시장으
로 활용할 수 있는 기회를 획득할 수 있었다. 따라서 레이건 나카소네 에
너지협력협정은 양국이 에너지자원 협력을 통해서 중장기적인 차원에서
국익을 극대화시킬 수 있는 윈-윈 전략으로 평가되고 있다.

양국의 정상이 합의한 에너지협력협정으로 일본은 미국에서 개발한
주요 에너지자원인 석유 및 천연가스 수입뿐만이 아니라 석탄을 수입하
여 자국의 화력발전 및 철강산업 발전에 활용하는 것 이외에도 레이건 정
부가 추진하고 있는 태평양경제협력(Pacific Economic Cooperation)을
지원하기 위하여 태평양연안 국가를 지원하는 프로그램을 추진하였다.

일본의 태평양연안 국가 지원프로그램은 인적자원 개발, 기술지원,
우주통신네트워크 구축, 에너지 개발 등으로 구성되어 있다. 이 중 에너
지개발부문에서 태평양연안 저개발국가에 화력발전을 건설할 수 있도록
저금리로 금융을 지원하고 미국에서 석탄을 수입할 수 있는 프로젝트를
수행하고 있다. 이는 미국의 석탄수출을 증대시키는 역할을 한다(Sakoh
1984).

2. 미일원자력협력협정(The US Japan Nuclear Cooperation Agreement)

미국과 일본 간 원자력협력협정을 체결하기 전 양국 간 원자력발전에 관
한 논의는 1953년 미국 아이젠하워(Eisenhower) 대통령이 유엔총회에
서 원자력의 평화적 이용(Atoms for Peace)에서 시작된다. 이후 미국정
부는 일본에 원자력에너지 프로젝트를 채택할 것을 요구한다. 이처럼 미
국이 일본에 원자력에너지 개발을 지원한 이유는 당시 냉전체제하에서

소련이 원자력기술을 중국, 동유럽국가, 북한 등에 이전하는 전략에 대응하여 미국과 영국은 서유럽국가, 일본, 한국 등에 원자력기술을 이전하려는 전략의 일환이었다(Tanaka and Kuznik 2011).

따라서 당시 일본과학기술청 과학기술부문 책임자이던 나카소네는 1959년 원자력발전 프로젝트를 추진하여 1962년 90% 이상의 농축된 우라늄을 연구실에서 추출하는데 성공하였다. 그 결과 나카소네의 원자력기술 국가주의와 원자력 엔지니어의 노력으로 일본은 독자적인 원자력기술을 확보하게 된다.

그러나 일본의 경우 1945년 히로시마 및 나가사키에 핵폭탄이 투하되어 다수의 인명피해를 입은 지구상 최초의 국가이기 때문에 원자력발전에 대한 일반국민의 인식이 매우 부정적이었다. 이러한 국민의 인식을 전환시키기 위하여 미국 정부와 일본의 보수정치가가 협력하여 원자력발전이 평화적 목적으로 사용되면 막대한 에너지를 생산할 수 있다는 캠페인을 지속적으로 추진하여 1966년 토카이무라(Tokaimura)에 165 메가와트의 소형 원자력발전소를 가동하는데 성공하였다(Arima 2008; Kim 2013).

1964년 중국의 원자력시험, 1974년 인도의 원자력시험 등을 경험하면서 미국은 동맹국들에게 원자력 기술을 이전하는 것을 주저하기 시작하였다. 따라서 미국은 1970년대 중반부터 국제원자력비확산체제(International Non-Proliferation Regime)를 강화하기 시작하였다. 그럼에도 불구하고 미국은 일본이 원자력기술과 관련하여 지속적으로 국제적 연계를 강화하도록 허용하였다(Yoshioka 2011).

일본이 원자력발전 개발에 국가적 관심을 기울인 것은 1970년대 발생한 두 차례의 세계석유파동과 매우 밀접한 관계를 갖고 있다. 1950년대에는 석탄을 주원료로 하는 화력발전, 1960년대는 석유를 주원료로

하는 화력발전을 가동하였으나 1970년대 석유파동은 에너지 비용의 급
상승을 야기하여 경제적으로 심각한 타격과 에너지 안보에 심각한 충격
을 발생시켰다. 그 결과 에너지 안보를 확립하고 에너지 자주권을 확보
할 수 있는 원자력발전이 가장 중요한 대안으로 채택된 것이다(Tolliday
2012).

원자력발전 개발을 위하여 일본은 미국과 지속적인 기술 협력을 유
지하였으며 일본 정부는 각 지역의 전력회사에게 원자력발전에 대한 독
점권을 인정하였다. 이로서 원자력산업은 국가지원 산업으로 성장할 수
있었으며 정부와 전력회사 간 상호의존적인 관계를 설정하게 되었다. 그
결과 1980년대에 들어서면 일본의 원자력발전 기술능력은 크게 신장하
게 되었다. 이는 미국 및 유럽의 경우와 비교할 때 매우 상반되는 상황이
었다.

미국은 1979년 발생한 쓰리마일 아일랜드(the Three Mile Island)
원자력발전소 폭발사건으로 원자력발전 개발이 크게 위축되었으며 유럽
의 경우도 1986년 발생한 체르노빌(Chernobyl) 원자력발전소 폭발사고
로 원자력발전의 안전성에 대한 일반국민의 인식이 크게 악화된 상황이
었다. 그 반면에 일본은 원자력발전 개발을 위한 정부 및 전력회사의 긴
밀한 협력체제를 가동하여 획기적인 기술발전과 다수의 원자력발전소를
건설할 수 있었다. 일본은 1980년 22개의 원자력발전소를 운영하였으
나 1992년에는 42개로 증가하였으며 2006년 58개로 정점을 이루었다
(Yoshioka 2011; Furber et al. 2008)(그림 2 참조).

1980년대 이후 일본이 원자력발전 개발을 수행하면서 원자력기술
부문에서 획기적인 진전을 달성하였다. 그 결과 일본은 원자력기술부문
에서 미국의 의존에서 독립할 수 있었으며 원자력산업의 핵심인 원자력
재처리(Reprocessing) 및 농축(Enrichment)을 독자적으로 수행할 수

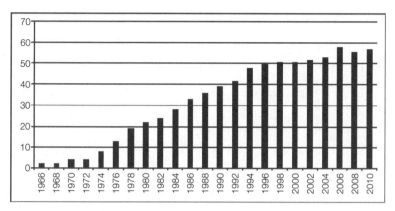

그림 2. 일본 원자력발전소 건설 추이(1966~2010년)
출처: Yoshioka(2011). 재인용

있는 기술을 획득하게 되었다. 이처럼 일본이 원자력산업 기술부문에서
독자적인 능력을 보유하게 된 가장 커다란 이유는 지난 30년간 원자력
산업을 국가전략산업으로 선정하여 지속적인 정부지원을 제공한 나카소
네, 쇼리키(Shoriki) 등과 같은 보수정치인, 각 지역에 위치한 지역전력
회사, 그리고 원자력 기술 인력이 독립적인 원자력기술 확립이라는 공동
의 목표를 향하여 노력한 결과이다(Kim 2013).

이처럼 원자력발전산업의 획기적인 기술진전으로 일본은 1987년
11월에 미국 레이건 정부와 원자력에너지협력협정에 관한 회담을 진행
하여 일본이 추구하던 원자력에너지협력에 관한 전기를 마련하게 된다.
이 협정은 1968년에 제정된 미일원자력협력협정을 개정한 것으로 당시
에는 일본이 원자력발전을 개발하기 위해서는 각 단계별로 미국의 승인
을 받도록 한 제도이다. 그러나 새로운 협정에 의하면 일본 정부는 독자
적으로 원자력재처리과정과 전반적인 핵연료 사이클(Full Nuclear Fuel
Cycle)을 수행할 수 있게 되었다.

전반적인 핵연료 사이클을 수행하기 위해서 각 지역의 9개 전력회

사들이 적극적으로 참여하여 일본핵연료주식회사(Japan Nuclear Fuel Limited)를 1985년 아오모리현(Aomori Prefecture) 로카쇼(Rokkasho)에 설립하여 저농도 방사능폐기시설 및 우라늄 농축시설을 건설하였다. 이 두 시설은 1992년부터 가동하기 시작하였다. 일본핵연료주식회사는 1993년 대규모 재처리시설도 건설하여 완전가동 시 연간 800톤의 핵폐기물로 1톤의 플루토늄을 생산할 수 있다. 일본핵연료주식회사가 로카쇼에서 추진한 프로젝트는 일본이 추진한 산업프로젝트 중 가장 거대규모이며 야심찬 프로젝트의 하나였다(Burnie and Smith 2001; Yamaoka 2011).

이처럼 원자력발전 개발에 대한 우호적인 환경하에서 국내 제조업체도 원자력발전산업에 적극적으로 참여하기 시작하였다. 특히 미쓰비시중공업(Mitsubishi Heavy Industry)은 1995년에 원자력발전사업에 참여하여 미국기업인 웨스팅하우스(Westinghouse)사와 라이센스협약을 책정하였으며 디자인, 개발, 발전소핵심컴포넌트 건설 등 전 공정에 대한 기술력을 확보하게 되었다. 미쓰비시중공업은 이러한 원자력발전 건설에 대한 기술은 유럽, 미국, 중국 등에 수출하였다. 특히 미국시장에서는 원자력시장과 관련된 시장점유율이 40%에 달하는 경이적인 시장 지배력을 확보하였다(Nanao 2011).

1987년 미일원자력협력협정 개정으로 전 세계에서 선진국 중 일본만이 원자력발전산업이 비약적으로 발전하였으며 기술혁신도 지속적으로 창출되었다. 따라서 1990년대 중반에 일본은 전반적인 핵연료 사이클 과정인 재처리, 농축, 고속증식로(Fast Breeder Reactor)를 모두 보유한 유일한 국가가 되었다. 결과적으로 정부의 지속적인 지원과 전력회사, 기술인력 등과의 긴밀한 협력으로 일본은 인류 최초로 원자폭탄 투하의 희생 국가에서 원자력을 평화적 목적에 사용하는 대표적인 국가로 변신하게 되었다. 또한 원자력비확산체제에서도 독특한 특권을 행사할 수 있게 되었다.

IV. 후쿠시마 사태 이후의 미국과 일본의 에너지협력

1. 후쿠시마 원자력발전소 폭발과 미일 에너지협력

2011년 3월 11일 발생한 후쿠시마 원자력발전소 폭발사건은 일본경제 뿐만이 아니라 일본사회에도 매우 큰 충격이었다. 원자력발전소 폭발사고로 사망자가 789명 발생하였고 방사능노출로 인한 지역 이주민의 수는 31만 명에 달하였고 이 사고와 직간접 영향으로 인하여 후쿠시마 현을 떠난 현민의 수는 약 2만 명에 달하였다(Kaneko 2012).

후쿠시마 원자력발전소 폭발사고는 토호쿠 쓰나미가 직접적인 원인이었으나 전반적인 사고원인은 관리부실 및 지진이 상존하는 지진대 위에 건설 등 인간의 과실로 인하여 발생한 인제로 일본의회보고서는 결론지었다. 이로서 원자력발전소에 대한 국민의 신뢰를 절대적으로 상실하였으며 일본국민은 전국에서 가동 중인 모든 원자력발전소를 폐쇄할 것을 정부에 요구하였다.

그 결과 민주당의 노다(Noda) 정부는 2011년 가동 중인 52개 원자력 발전소를 2012년 9월부터 점진적으로 폐쇄하여 2030년대에는 모든 원자력발전소를 폐쇄하기로 결정하였다. 그러나 노다 정부가 원자력발전소 폐쇄 계획을 발표하기 하루 전 기업을 대표하는 경제인연합회(Keidanren)는 이를 철회할 것을 공식적으로 요구하였다(Tabuchi 2012).

2012년 9월부터 매년 정기안전검사를 진행하면서 원자력발전소 점진적으로 폐쇄하여 중부지방에 위치한 원자력발전소 1기를 제외하고는 원자력발전소 가동을 중지한 것이 2013년 9월부터 2015년 8월까지 수년째 지속되고 있다. 이후 2017년 1월 일본 내 네 개의 원자로만이 가동 중이다.

원자력발전소 가동 중지는 일본에 다양한 부문에 중장기적 측면에서 직접적인 영향을 미치고 있다. 제1차적으로 전력공급의 차질로 인하여 가정 및 산업부문에 전기료 인상이 지속적으로 발생하고 있으며 특히 여름철에는 전력수요가 급증하는 관계로 공급부족으로 인한 전력공급차단 사태의 위험이 상존하고 있다. 이로 인한 공익기업의 파산위험이 상존하고 있으며 화석연료수입이 급증하고 있다. 이로 인한 경제적인 피해가 2012년 한해에만 42만 명의 실직과 기업의 250억 달러 매출감소를 나타내고 있다(Chanlett-Avery et al. 2017).

2015년 일본은 주요에너지자원인 화석연료를 총에너지소비 중 약 90%를 수입에 의존하고 있다. 이 중 액화천연가스(LNG) 수입은 세계 최대이며 석탄은 세계 2위, 석유는 세계 3위의 수입국이다. 일본 정부는 2030년까지 화석연료 수입을 총에너지소비 중 75%까지 감축할 계획을 갖고 있다.

그러나 후쿠시마 원자력발전소 폭발사고로 인하여 화석연료 수입이 증가하여 석탄발전소 비중이 2015년 26%에 이르고 있으며 이는 10년 전인 2005년의 24%보다 더욱 증가한 수치이다. 석탄수입증가와 더불어 전력생산을 위한 액화천연가스의 수입도 크게 증가하였으나 이는 석탄보다 고가인 관계로 높은 전기료 인상의 요인으로 작용하고 있다(Patrick 2015).

따라서 일본은 미국에서 개발되어 생산되고 있는 셰일가스 및 오일이 중동 지역에서 생산되는 천연가스 가격보다 저렴하기 때문에 이를 수

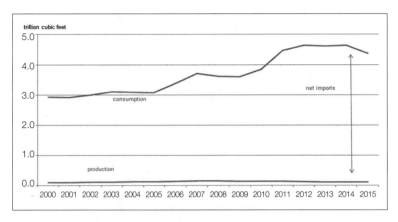

그림 3. 일본 천연가스 생산 및 수입량 추이(2000년~2015년)
출처: EIA(2017)

입하려고 많은 노력을 기울여 왔다. 일본은 이미 1969년에 알래스카에서
생산된 액화천연가스를 수입하였으며 액화천연가스 수입선을 다변화시
키기 위하여 국가적 차원에서 장기간 노력하였다. 2015년 액화천연가스
소비량은 4.4Tcf에 달하였으며 이는 2005년 대비 42% 상승한 것이다.

　천연가스 수입량이 급증한 것은 후쿠시마 원자력발전소 폭발사고
이후 발생하였으며 2014년에 수입량이 정점에 달하였으나 전력소비 감
소 및 석탄가격 하락으로 2015년에는 수입량이 감소하기 시작하였다.
액화천연가스 소비 비중이 가장 높은 부문은 발전부문으로 총 수입분 중
63%를 차지하였으며 산업용 21%, 주거용 9%, 상업용 4%, 기타 3% 등
으로 구성되어 있다. 이처럼 액화천연가스 수입량이 급증한 이유는 원자
력발전소 가동 중지로 전력생산에 차질이 생기면서 액화천연가스를 발
전용으로 사용하였기 때문이다(EIA 2017)(그림 3 참조).

　이처럼 액화천연가스가 전력생산용으로 소비가 급증하여 후쿠시마
원자력발전소 폭발사고 이전에는 천연가스로 생산되는 전력생산 비중이
27%에서 이후에는 최고 48%까지 증가하였다. 천연가스 다음으로 전력생

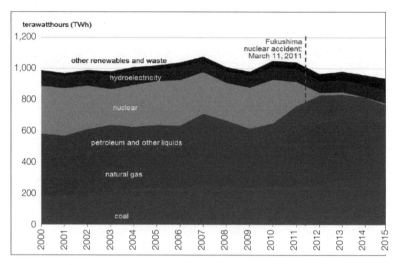

그림 4. 에너지자원 별 전력생산 추이(2000년~2015년)
출처: EIA(2017)

산을 위한 수입량이 증가한 에너지자원은 석유로서 폭발사고 이전에는 전력생산 비중이 9%이었으나 폭발사고 이후에는 16%까지 증가하였다. 석탄을 사용한 전력생산은 27%이었으나 원자력발전소 폭발사고 이후 2014년 33% 증가하다가 2015년부터 약간 감소하는 추세이다(그림 4 참조).

따라서 2014년 중반까지 고유가시기에 전력생산을 위한 액화천연가스 및 석유 수입은 일본경제에 커다란 부담으로 작용하였다. 후쿠시마 원자력발전소 폭발사고 다음 해인 2012년 일본의 에너지자원 총 수입액은 2,500억 달러에 달하였으며 이는 총 수입액의 1/3에 달하는 막대한 규모였다(Cutler 2015).

2016년 일본은 세계 액화천연가스 수입량의 32%를 소비하고 있으며 2014년 전력생산을 위한 발전용 소비증가로 인하여 천연가스 소비가 최고로 증가하였다. 아시아 액화천연가스 가격은 국제유가에 연동되어 적용되는 관계로 고유가 기간인 2008년부터 2014년 사이에 액화천연가스 가격도 상대적으로 높게 책정되었다. 특히 2011년 후쿠시마 원자력발전소 폭발사고로 액화천연가스 소비가 증가하자 2012년 액화천연가스 가격이 10달러/MMBtu에서 17달러/MMBtu로 70% 수직상승하여 일본경제가 무역적자를 기록하였다.

이처럼 액화천연가스 가격이 급상승하자 일본 천연가스 기업들은 미국 천연가스시장 가격과 연동된 천연가스 장기계약을 체결하였다. 미국시장 천연가스는 국제유가에 연동되어 있지 않기 때문에 상대적으로 저렴한 가격에 형성되었다. 이후 2014년 하반기부터 국제유가가 하락하기 시작하자 액화천연가스 가격도 하락하여 2016년에는 7달러/MMBtu 약 60% 하락하였다. 천연가스 가격이 하락하자 일본 천연가스 기업은 장기계약을 체결한 천연가스 물량을 공급과잉 및 전력소비 감소에 직면한 시장에 유연하게 판매할 수 있도록 계약조건을 재조정하고 있다. 특히 미국과 호주의 신규 액화천연가스 터미널로부터 수입되는 몇몇 장기계약은 유연한 도착지조항을 갖고 있다(EIA 2017).

일본은 세계 최대 액화천연가스 수입국으로 수입원을 매우 다양화하고 있다. 천연가스 최대국은 호주로 2016년 전체 수입량의 27%를 차지하고 제2의 수입국은 말레이시아로 18%를 차지하고 있다. 전체 수입량의 1/3을 동남아시아국에 의존하고 있으며 이외에도 중동, 러시아, 미국, 노르웨이 등 총 약 20여개 국가에서 수입하고 있다. 이는 에너지 안보를 강화하는 데 매우 중요한 역할을 수행하고 있다(그림 5 참조).

액화천연가스 이외에도 주요 에너지자원인 석유 및 석탄수입도 일본은 미국 이외의 국가에 크게 의존하고 있다. 즉, 석유수입의 80%를 중동 지역에서 수입하고 있으며 석탄수입도 호주에서 주요 수입하고 미국에서 수입하는 양의 전체의 3% 정도에 불과하다. 이처럼 일본의 주요 에너지자원 수입에 미국의 비중이 낮은 이유는 높은 에너지 수입 의존도를

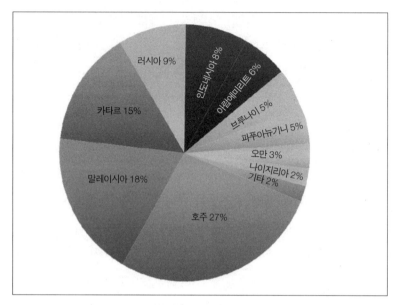

그림 5. 일본의 액화천연가스 수입국가 및 비중(2016)
출처: IHS Energy(2017)

갖고 있는 일본의 입장에서는 에너지 수입선을 가능한 다양화시켜야 에
너지안보를 확보할 수 있으며 동시에 대규모의 에너지 수입을 하고 있
는 관계로 에너지 수입 가격도 중요한 역할을 하고 있기 때문이다(Cutler
2015).

2. 미국과 일본 재생에너지 개발협력

20세기 중반부터 미국과 일본 강력한 동맹국으로 아시아 태평양 지역
에서 평화유지와 경제발전을 위하여 협력하였다. 이처럼 장기간 긴밀
한 협력관계를 기초로 2009년에는 오바마(Obama) 대통령과 하토야마

(Hatoyama) 총리 간 미국과 일본의 동맹관계를 평화유지와 경제발전보다 한 단계 더욱 전진시켜 글로벌 기후변화와 에너지 안보에 대한 도전을 해결하기 위하여 청정에너지기술개발을 위한 협력관계에 관한 협정에 공식적으로 체결하였다. 이후 양국은 다양한 공동연구프로젝트를 실시하였으며 그중 하나가 청정 및 효율적 에너지기술개발 및 배치를 위한 하와이 오키나와 파트너십(Hawaii and Okinawa Partnership on Celan and Efficient Energy Development and Deployment)이다(Izadi-Najafabadi 2016).

　미국과 일본 양국 정부는 재생에너지 개발을 증진시키고 이를 위한 정책영향을 극대화시키는 데도 공동으로 협력하고 있다. 특히 일본이 시행하여 크게 성공하고 있는 발전차액지원제도(Feed in Tariff)와 미국이 시행하고 있는 세금공제제도(Tax Credit Regime)는 재생에너지 보급 및 확산에 긍정적인 영향을 미친 대표적인 제도이다.

　그러나 양국이 진행하고 있는 대표적인 제도에도 문제점은 상호 존재하고 있다. 일본의 발전차액제도는 태양광부문에 지나치게 관대한 재정적인 지원을 하고 있는 관계로 태양광/열 부문은 급신장하고 있는 반면에 수력 및 지역발전 부문은 위축되어 있다. 미국의 경우에도 세금공제제도의 기간이 역사적으로 명확하게 설정되어 있지 않기 때문에 특정 재생에너지 생산이 경기순환에 밀접하게 종속되어 있다. 따라서 특정 재생에너지 개발자가 세금공제기간이 만료되기 직전까지 집중적으로 개발한 후 사라지는 악순환이 반복되고 있다. 이외에도 50개 주가 상이한 규제 및 지원제도를 운영하고 있는 것도 재생에너지 개발자에게는 커다란 문제로 남아 있다.

　일본은 지속가능한 성장과 지구온난화의 주범인 그린하우스가스(GHG: Green House Gas) 배출 감축을 위하여 안정적이며 저가의 에너지를 개발하는데 강한 정책적인 관심을 갖고 있기 때문에 새로운 에너지배합정책인 에너지배합2030(Energy Mix Policy 2030)에 집중하고 있다. 이 정책수행으로 일본은 에너지정장노력을 통하여 17%의 에너지소비를 감소시킬 것으로 예상하고 있다. 이러한 목표를 달성하기 위하여 미국과 일본이 협력하여 이산화탄소 배출감축을 지원할 수 있으며 그 결과는 매우 효율적일 것으로 예측하고 있다.

실례로 일본은 에너지절약, 최종소비 및 장비생산 국가적인 차원에서 등에 전면하고 있다. 그 반면에 미국은 전력생산 수송 및 송신망 건설을 기반으로 한 전력인프라 효율성을 통한 에너지절약에 집중하고 있다. 따라서 양국은 에너지정책에서 상호 보완적인 방법을 취하고 있기 때문에 에너지 및 글로벌기후변화부문에서 상호 정보교류 및 기술 협력을 추진하면 강력한 시너지효과를 볼 수 있다(Japan-U.S. Business Council 2015).

이외에도 미국과 일본은 장기적으로 재생에너지 개발을 위하여 연구개발(R&D)부문을 공동으로 지원하는 것에 대해서 합의하였으며 양국의 협력부문으로 해양열에너지전환(OTEC: Ocean Thermal Energy Conversion)을 채택하였다. 이 기술부문은 현재 미국과 일본이 추진하고 있는 하와이-오키나와 재생에너지 개발 협력의 일환이며 양국의 지속적인 지원을 약속받고 있다.

또한 양국 정부는 재생에너지투자자, 운영자, 제조업자들을 위하여 더욱 명확한 재생에너지 개발을 위한 정책적인 신호를 지속적으로 보내고 있으며 하와이를 2050년까지 모든 에너지를 재생에너지로 전환하는 야심찬 계획도 추진하고 있다(Izadi-Najafabadi 2016).

3. 트럼프 정부하에서 미일 에너지협력

2010년 이후 글로벌 에너지시장에서 심각한 영향을 미친 것은 2011년
발생한 일본의 후쿠시마 원자력발전소 폭발사고와 미국의 셰일가스 및
석유 개발 및 생산이다. 원자력발전소 폭발사고로 일본은 전력생산을 위
한 화석연료인 석탄, 석유, 천연가스 수입이 크게 증가하였고 이는 글로
벌에너지시장에 화석연료의 가격변동에 큰 영향을 미쳤다. 그 반면에 미
국의 셰일가스 및 석유 개발과 생산은 미국을 에너지 수입국에서 에너지
수출국으로 전환시켰다. 이러한 양국의 에너지 생산 및 소비 변화는 양
국이 에너지무역을 증가시키는 데 필요한 기회 및 장애점에 대한 새로운
추측을 발생시켰으며 아시아태평양 주요국가가 참여하는 거대자유무역
협정인 환태평양경제동반자협정(TPP: Trans Pacific Partnership)이 양
국의 지속적이며 확장된 에너지관계에 미치는 영향도 분석의 중요한 대
상으로 대두되었다(Cutler 2015).

　　일본의 경우 후쿠시마 원자력발전소 폭발사고 이후 전력생산을 위
한 천연가스 수입량이 급증하였으며 증가하는 에너지 수입비용도 국가
경제에 커다란 도전으로 대두되었다. 이러한 환경 하에서 일본이 수입하
는 천연가스 수입가격보다 1/5에 불과한 미국의 셰일가스를 수입한다면
일본은 연간 천연가스 수입비용 중 80억 달러를 절약할 수 있는 것으로
추정되었다. 또한 안정적인 천연가스 수입원을 확보하여 천연가스 수입
에 크게 의존하는 호주, 동남아시아, 중동 지역 국가에서 천연가스를 수
입할 시 가격협상에 커다란 장점으로 작용할 수 있다(Akira 2013).

　　환태평양경제동반자협정(TPP)이 체결되기 이전에 미국의 천연가
스 수출에 대한 사항이 2012년 협의 중일 때 회원국에게 수출을 고려 중
이라는 견해가 대두되었을 때 일본은 이를 천연가스 수입기회로 활용하

표 2. 일본가업과 체결된 최근 미국 천연가스 수출계약

LNG 프로젝트	일본기업	수출예상량 (bcf/년)	DOE/FERC 승인여부	운송예정일정
Cameron (LA)	미쓰비시, 미쓰이	384	승인	2018/2019
Cove Point (MD)	스미토모, 토쿄가스, 간사이전력	110	승인	2017/2018
Freeport (TX)	오사카가스, 주부전기	100	승인	2018/2019

출처: EIA(2014).

여 환태평양경제동반자협정(TPP) 가입을 2013년에 결정하였다. 즉, 일본의 경우 TPP 가입전략이 무역활성화를 통한 경제성장을 이루겠다는 목적과 함께 경제성장에 필요한 지속적이며 안전적인 에너지 수입원을 확보하기 위한 것이다(IHS Energy(2017)).

일본은 12개 환태평양경제동반자협정(TPP) 가입국 중 2013년 의회의 비준을 가장 먼저 받은 회원국이다. 따라서 트럼프 정부가 2017년 1월 시작되면서 미국이 자신이 주도한 환태평양경제동반자협정에 공식적으로 탈퇴를 선언하면서 정치 및 경제적 입지가 가장 크게 타격을 받은 국가이기도 하다. 그럼에도 불구하고 2017년 1월 미국에서 생산된 액화 셰일가스가 일본에 수입되었다. 또한 다수의 일본기업들이 천연가스 수입계약을 체결하여 2017년 이후 지속적으로 인도될 예정이다. 이는 1969년 알라스카에서 수입되는 천연가스 이외에 미국본토에서 직접 수입되는 것으로 수입가격 측면에서 일본에게 커다란 경제적 이익을 제공해 주고 있다(Chanlett-Avery et al. 2017)(표 2 참조).

미국 트럼프 정부 에너지정책의 핵심은 화석연료개발 및 생산으로

의 회귀를 의미한다. 미국은 자국 내 화석연료 매장량의 가치를 50조 달러로 추정하고 있으며 이를 개발하여 생산하면 경제성장에 크게 기여할 수 있을 것으로 판단하고 있다. 이를 위하여 에너지자원 개발을 국가 인프라건설 계획과 연계하여 추진하고 있다. 따라서 오바마 정부가 추진하였던 재생에너지 개발 전략은 정책우선순위에서 크게 밀려나고 있는 것이 현실이다(EY 2017).

주요 에너지자원이 절대적으로 부족한 일본으로서는 기존에 전략적으로 추진하였던 원자력발전 부문이 후쿠시마 원자력 폭발사고로 크게 위축되면서 재생에너지 개발을 통하여 지속가능한 에너지자원을 개발하려고 하였으나 이 부문에서 미국과의 협력관계가 트럼프 정부하에서는 위축될 수밖에 없는 상황이다. 그럼에도 불구하고 화석연료 개발을 에너지정책의 핵심으로 추진하고 있는 미국의 화석연료 생산증대는 일본으로서는 에너지 수입가격을 낮추고 안정적인 에너지 수입원 확보 및 타 에너지 수입국과 에너지 수입가격협상을 증대시키는 장점으로 활용할 가능성이 매우 높다.

V. 결론

제2차 세계 대전 중 미국의 대일본 경제제제 및 에너지 수송로 차단에 반발하여 일본은 진주만을 침공하면서 태평양전쟁을 일으켰다. 따라서 미국과 일본의 관계는 에너지부문 협력이 아니라 당시에는 에너지 공급원을 차단시킨 것에 대한 에너지 갈등이었다. 이후 종전 후 국민경제 복구를 위해서 에너지자원이 절대적으로 필요했던 일본은 1950년대 말까지는 국내 석탄 및 목탄을 주 에너지자원으로 활용하였다.

그러나 1960년 이후부터는 중화학공업 발전에 절대적으로 필요한 화석연료인 석유 및 천연가스를 외국으로부터 수입하여야 했다. 따라서 1960년대 말 알래스카로부터 석유 및 천연가스를 수입하였다. 그러나 높은 경제성장을 달성하는 데 안정적이며 지속적인 에너지자원 공급이 필요하기 때문에 에너지 수입원을 동남아시아국가, 중동 지역 국가, 호주, 러시아 등 다변화시켰다. 미국도 1970년대 이후 석유와 천연가스를 외국으로부터 수입하여 에너지자원 수입 의존율이 20%에 달하였다.

따라서 미국과 일본의 에너지협력은 1970년대 이후부터는 화석연료인 석탄, 석유, 천연가스 무역에서 원자력발전개발협력부문으로 전환되었다. 미국과 일본의 원자력협력협정을 통하여 일본은 원자력발전부문에서 비약적인 기술발전을 이룩하였으며 핵연료 사이클 과정인 재처리, 농축, 고속증식로 등 전 과정을 보유할 수 있는 유일한 국가가 되었다. 그러나 불행하게도 2011년 발생한 후쿠시마 원자력발전소 폭발사고로 일본은 에너지 개발부문에서 원자력발전을 대체할 수 있는 방향전환을 모색하게 된다.

2009년 오바마 정부와 하토야마 정부하에서 양국은 에너지협력 분야를 한 단계 업그레이드 시켜서 글로벌 기후변화에 공동으로 대처하고 이를 해결하기 위한 방안으로 재생에너지 개발에 상호 협력하기로 합의한다. 즉 에너지 안보 확보만을 추구한 양국의 에너지협력이 글로벌 이슈로 확대되었으며 이를 구체적으로 해결하기 위한 기술개발로 그 협력의 범위를 확대시켰다.

그러나 2017년 트럼프 정부가 집권하면서 미국의 에너지정책은 화석연료개발정책으로 회귀하여 석탄, 석유, 천연가스, 셰일가스 및 셰일석유 개발로 방향을 전환하게 되었다. 따라서 미국과 일본의 에너지협력도 글로벌기후변화 및 재생에너지 개발 협력부문보다는 화석연료 개발부문협력으로 전환될 가능성이 높다.

일본은 미국의 새로운 에너지정책으로 셰일가스 및 셰일석유를 타 에너지 수출국보다 저렴한 가격으로 수입할 수 있는 장점을 극대화 시킬 수 있으며 이를 기초로 에너지자원을 수입할 때 수입가격협상에 유리한 위치에 있는 장점을 확보하게 된다. 즉 일본은 미국의 새로운 에너지정 책으로 에너지 안보를 강화하고 에너지 수입에 가격협상력을 향상과 에 너지 수입원 다원화라는 세 가지의 장점을 극대화시킬 수 있다.

동시에 재생에너지부문은 독자적 혹은 재생에너지부문 선진국인 유 럽연합과 협력하여 지속적으로 발전시키는 전략을 추진할 수 있다. 특히 일본은 세계에서 에너지 수입 의존도가 가장 높은 국가 중 하나이기 때 문에 에너지 안보 확립 및 지속가능한 경제성장을 달성하기 위해서 재생 에너지 개발을 지속할 필요성이 존재한다.

참고문헌

Akira, Yanagisawa. "The Burden Reduction Effects of Importing U. S. LNG for Japan." *IEEJ Energy Journal* 8-2（2013）.

Arima, Tetsuo. 『原発・正力・CIA ―機密文書で読む昭和裏面史』〔Nuclear Power, Shoriki, and CIA: The Other Side of the Showa Period Viewed through Declassified Documents〕. Tokyo: Shinchosha, 2008.

Buckley, R. *US-Japan Alliance Diplomacy, 1945-1990*. 1995.

Burnie, S, and Smith, A. M. "Japan's Twilight Zone." *Bulletin of the Atomic Scientists* 57-3（2001）.

Chanlett-Avery, E., Manyin, M. E., Nelson, R. M., Williams, B. R. and Yamakawa, T. *Japan-U. S. Relations: Issues for Congress* Congressional Research Service 7-5700, Washington D. C.: CRS, 2017.

Cutler, T. *The Trans-Pacific Partnership As a Pathway for U. S. Energy Export to Japan.* Seattle & Washington D. C.: The National Bureau of Asian Research, 2015.

EIA. 2014.

EIA. *Country Analysis Brief: Japan.* 2017. http://www.iberglobal.com/files/2017/japon_eia.pdf（검색일: 2017.4.3）.

EY. *US Energy Policy in the Trump Administration and 115th Congress.* 2017. http://www.ey.com/Publication/vwLUAssets/EY-us-energy-policy-in-the-trump-administration/$File/EY-us-energy-policy-in-the-trump-administration.pdf（검색일: 2017.4.6）.

Furber, R., Warf, J. and Plotkin, S. "The Future of Nuclear Power." *Monthly Review* 59-9（2008）.

IHS Energy. 2017. http://www.sierraclub.org/（검색일: 2017.4.6）.

Izadi-Najafabadi, A. *Lessons from U. S., Japan, and the Future of Renewable Energy Workshop.* 2016.https://spfusa.org/wp-content/uploads/2016/05/Renewable-Energy-Report.pdf（검색일: 2017.4.5）.

Japan-U.S. Business Council. *Supplement on Energy Global Energy and Japan-U.S. Co-operation 52nd Japan-U.S. Business Conference U.S.-Japan/Japan-U.S. Business Council 2015* http://www.jubc.gr.jp/active/pdf/52/52%20ENE.pdf（2017.4.5）.

Kaneko M. "Isitsuna kukan no keizaigaku: Richi jichitai kara mita genbatsu mondai." 〔Heterogeneous Space Economics: The Problem of Nuclear Power Plants viewed from the Hosting Local Governments〕 *Sekai*（August, 2012）

Kim, S. C. "Critical Juncture and Nuclear Power Dependence in Japan: A Historical Institutionalist Analysis" *Asian Journal of Peace Building* 1-1（2013）.

Morse, R. A. "Introduction." Morse, R. A. (ed.) *The Politics of Japan's Energy Strategy:*

Resource, Diplomacy, Security. Berkeley: University of California, 1981a.

_____. "Energy and Japan's National Security Strategy." Morse, R. A. (ed.) *The Politics of Japan's Energy Strategy: Resource, Diplomacy, Security.* Berkeley: University of California, 1981b.

Nanao, K. 『原発官僚　漂流する亡国行政』〔Nuclear Power Bureaucrats〕. Tokyo: Soshisha, 2011.

Nanto, D. K. *Japan's Earthquake and Tsunami: Economic Impacts and Implications for the US.* Diane Publishing, 2011.

New York Times. "Japan, Under Pressure, Backs Off Goal to Phase Out Nuclear Power by 2040." 2012.9.20.

Office of the Historian. "Japan, China, the United States and the Road to Pearl Harbor, 1937–41." 2017. https://history.state.gov/milestones/1937-1945/pearl-harbor (검색일: 2017.3.29).

Patrick, H. "Japan's Post Fukushima Energy Challenge." 2015.11.23.http://www.eastasiaforum.org/2015/11/23/japans-post-fukushima-energy-challenge/ (검색일: 2017.4.3).

Sakoh, K. "The Reagan Nakasone Summit: Developing Special Relationship." 1984.12.28. http://www.heritage.org/report/the-reagan-nakasone-summit-developing-the-special-relationship (검색일: 2017.4.1).

Tabuchi, H. "Japan, Under Pressure, Backs Off Goal to Phase Out Nuclear Power by 2040." *New York Times* (September 20, 2012),

Tanaka, Y and Kuznick, P. "Japan, the Atom Bomb, and the Peaceful Use of Nuclear Power." *The Asian Pacific Journal* 9-18/1 (2011).

ThoughtCo. "The United States and Japan After World War II: From Enemies to Allies." 2014.11.25. https://www.thoughtco.com/the-us-and-japan-after-world-war-ii-3310161 (검색일: 2017.3.29).

Tolliday, S. "Crumbling Dream: Japan's Nuclear Quest, 1954-2011." *Business and Economic History* 10 (2012),

The White House Office of Press Secretary. "Fact Sheet: US-Japan Cooperation for a More Prosperous and Stable World." 2015.4.28.https://obamawhitehouse.archives.gov/the-press-office/2015/04/28/fact-sheet-us-japan-cooperation-more-prosperous-and-stable-world (검색일: 2017.3.26).

Woolley, J. and Peters, G. "Joint Statement of Japan-United States Energy Cooperation." 1983.11.11. http://www.presidency.ucsb.edu/ws/?pid=40755 (검색일: 2017.3.31).

Yamaoka Junichiro. 2011. Genbatsu to kenryoku 〔Nuclear Power Plants and Power〕. Tokyo: Chikuma Shinsho.

Yoshioka, H. 『新版 原子力の社会史　その日本的展開』〔Social History of Nuclear Power〕. Tokyo: Asahi Shimbun Shuppan, 2011.

제12장

석탄: 중국, 몽골, 러시아를 중심으로

조정원

I. 서론

동북아시아의 에너지협력 추진을 위해 원유, 가스 수출입과 이를 위한 파이프라인 건설에 대한 논의는 러시아 원유를 중국으로 수출하는 스코보로디노~다칭 송유관이 개통되면서 가시적인 성과가 나타나기 시작했다. 반면에 동북아시아에서 전통적인 화석 연료 중의 하나인 석탄을 중심으로 하는 협력에 대한 국가 간, 기업 간 협의는 2000년대 초반까지 제대로 진행된 바가 없었다. 역내 국가들 중에서 중국과 러시아, 몽골, 북한이 모두 석탄 보유국이었고 특히 서로 국경을 맞대고 있는 러시아와 몽골, 중국이 석탄 생산, 수출 위주의 활동을 해왔기 때문이다.[1]

---

1   EIA(2015: 26). BP Statistical Review of World Energy에 따르면 중국에는 1,145억 톤의 석탄이 매장되어 있으며 전 세계 석탄 매장량의 12.8%를 차지하고 있으며 세계 3위의 매장량을 보유하고 있다(BP 2016: 30).

그러나 뉴욕발 국제금융위기가 발생한 이듬해인 2009년부터 중국은 석탄 수출보다 수입이 많은 순수입국이 되었다. 2010년에는 특히 2013년에는 3억 2702만 톤의 석탄을 수입하면서 1949년 10월 중화인민공화국 성립 이래 가장 많은 석탄 수입량을 기록하였다(中国国家统计局 2016). 그러나 2015년 세계적인 경기 침체로 인하여 공산품 소비 수요가 감소하면서 전기와 철강 제품 생산의 재료로 쓰이는 석탄의 수요가 줄어들고 있다. 또한 중국 중앙정부가 13차 5개년 규획 기간(2016~2020)에 65%에 달하는 화력발전 중심의 전력 생산 비율을 조정하면서 석탄 의존을 줄이겠다고 밝힌 이후 헤이룽장성의 국유 석탄 기업 룽메이그룹을 비롯한 국내 석탄 생산 업체들에 대한 구조조정을 시도하면서 중국 국내 석탄 생산량이 감소하고 있다. 이에 따라 석탄 수입도 전체적인 양은 줄어들고 있지만 석탄의 종류와 수입 국가, 수입 가격에 따라서 예전과는 다른 양상이 나타나고 있다. 또한 중국 국내 석탄 생산량의 감소로 인하여 향후 석탄 수입이 더 늘어나게 될 가능성도 배제할 수 없다.

중국의 해외 석탄 수요는 국내 석탄 업체들의 이윤 증대와 국내 경제 발전의 새로운 계기를 마련해야 할 러시아, 몽골에게 새로운 기회를 제공해 주고 있다. 그로 인해 동북아시아 지역에서 중국, 러시아, 몽골을 중심으로 석탄 협력이 진행되기 시작했다. 본고에서는 중국, 러시아, 몽골의 석탄 협력의 요인과 현황을 분석하고자 한다. 또한 3국 간의 석탄 협력 강화를 어렵게 만드는 요인들을 설명할 것이다. 이를 토대로 동북아시아에서 석탄 협력을 지속할 수 있는 방안을 모색하고 향후 석탄 협력의 진행 방향을 예측하고자 한다.

II. 석탄 협력의 요인

1. 중국

1) 해외 석탄 수요 증가

2006년 이후 중국 국내 석탄 공급업자들은 화력발전소들과 제철소들에 공급하는 석탄 가격을 올리기 시작했다. 그로 인해 화력발전소를 운영하는 중국 전력 기업들과 로컬 철강 업체들을 중심으로 국내 석탄보다 가격이 저렴한 해외 석탄을 도입하게 되었다. 이러한 흐름은 중국의 석탄 수입량의 지속적인 증가를 가져오면서 2013년에 3억 톤을 넘어서면서 가장 많은 양을 기록하였다. 그 이후 2014년과 2015년은 전년 대비 감소를 기록하였지만 2016년의 수출량은 2억 5551만 톤으로 전년 동기 대비 25.2%가 늘어났다(中国煤炭资源网 2017). 이는 중국 국내 석탄 산업의 구조조정으로 국내 석탄 생산량과 공급량이 줄어들면서 이를 충당하기 위한 해외 석탄에 대한 수요가 다시 증가했기 때문이다. 중국의 석탄 수입은 기관용 석탄과 점결탄, 무연탄, 갈탄을 중심으로 이뤄지고 있고 업종별로 살펴보면 바오샨강철(宝山钢铁), 안산강철(鞍山钢铁), 르자오강철(日照钢铁), 셔우두강철(首都钢铁), 샤강(沙钢) 등 중국 로컬 철강 기업들과 중국화넝그룹(中国华能集团公司)을 비롯한 국내 전력 공급 업체, 국내 석탄 무역 업체들이 중국의 해외 석탄 수입을 주도하고 있다(中国煤炭资源网 2016).

　〈그림 1〉에 나온 바와 같이 중국은 2011년에 일본을 제치고 세계 최대의 석탄 수입국이 되었고 2014년까지 중국보다 더 많은 양의 석탄을 수입하는 나라는 없었다. 그러나 2015년에 인도가 2억 1200만 톤의 석탄을 수입하면서 중국은 세계 2위의 석탄 수입국이 되었다.

표 1. 중국의 석탄 수입량

연도	수입량(단위: 만 톤)	전년 대비 증감(단위: %)
2005	2,617	40.7
2006	3,811	45.6
2007	5,102	33.8
2008	4,034	-20.9
2009	12,584	211.9
2010	16,310	29.6
2011	22,220	36.2
2012	28,841	29.8
2013	32,702	13.4
2014	29,120	-10.95
2015	20,418	-29.8
2016	25,551	25.2

자료: 中国国家统计局, 中国煤炭资源网

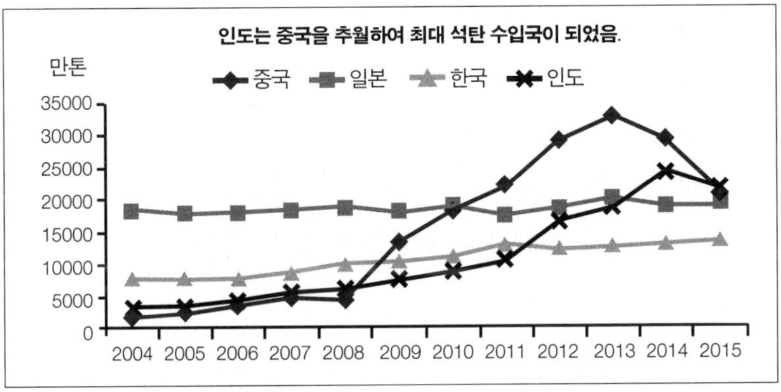

그림 1. 중국, 일본, 인도, 한국의 석탄 수입량
자료: 中国煤炭市场网(2016)

2) 낮은 열량의 국내 석탄을 대체할 수입 석탄의 필요성

중국의 석탄 주요 산지 중의 하나인 산시성의 점결탄은 황과 회의 함량
이 높아서 오염 물질 배출량이 많다. 그리고 중국 동북 지역의 갈탄은 열
량이 너무 낮아서 석탄 수요가 많은 겨울에도 사용을 주저하게 되는 경
우가 있다. 이러한 문제를 해결하는 데 러시아산, 몽골산 석탄은 도움이
되고 있다. 특히 러시아산, 몽골산 점결탄은 황과 회의 함량이 적고 열량
이 높아서 중국 산시성의 점결탄, 중국 동북 지역의 갈탄을 대체하는 데
도움이 되고 있다.

2. 러시아

1) 국내 석탄 수요의 불안정, 유럽의 에너지 수요 감소로 인한 해외 시장 진출의
필요성

러시아는 원유, 가스의 소비에 비해 석탄의 수요가 늘지 않고 있다. 이러
한 상황을 감안하여 해외 시장으로의 수출을 늘리려 하고 있지만 경기
침체와 대기 오염 문제로 인하여 유럽의 석탄 수요도 줄고 있어서 어려
움을 겪고 있다. 유럽의 최대 석탄 소비국인 독일도 2015년 1분기에서 3
분기까지 석탄의 수요가 12% 감소한 바 있다.

　　또한 대서양 국가들과 아시아 국가들로 구분하여 러시아산 석탄의
수출량을 비교해도 〈그림 2〉에 나온 바와 같이 아시아로의 수출량이 매
년 꾸준히 증가한 바 있다.

2) 아시아 시장 진출을 통한 국내 석탄 업체들의 이윤 증대

아시아로의 석탄 수출이 늘어나는 추세를 활용하여 러시아 최대의 석탄

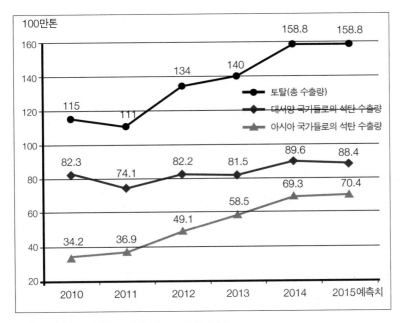

그림 2. 러시아의 지역별 석탄 수출량(단위: 백만 톤)

출처: Mochalnikov(2015)

산지인 쿠즈바츠 탄전을 비롯한 시베리아 지역의 석탄 업체들도 이윤을 증대할 필요가 있다. 현재와 같은 유럽의 석탄 수요 감소가 지속되는 상황에서 유럽을 비롯한 대서양 국가들로의 석탄 수출량을 늘리기 어렵기 때문이다.

3. 몽골

1) 석탄 수출과 국내 탄광 개발을 통한 경제 부흥의 필요성

몽골은 넓은 면적에 비해 상주 인구가 많지 않아서 대규모 제조업의 발전을 유도하기가 쉽지 않다. 이러한 상황에서 중국 업체들과 러시아 업체들과의 협력을 통한 국내 탄광 개발, 석탄 채굴을 통한 중국으로의 석탄 수출은 주민들의 생계 수단 확보와 국가 경제 부흥에 필요한 몽골 정부의 세수 확보에도 도움이 될 수 있다.

2) 석탄 수출을 통한 물류 인프라 구축 유도

몽골은 국내 도로, 철도망의 연계와 인접 국가들을 연결하는 물류 인프라의 구축을 자국 정부와 기업의 역량으로만 추진하기 어려운 상황에 직면해 있다. 이러한 상황에서 러시아, 중국 기업들과의 국내 탄광 개발과 중국으로의 석탄 수출은 자국의 국내 도로, 철도 인프라의 구축과 국제 물류 인프라의 개선에 중국과 러시아가 관심을 갖고 참여하게 되는 계기가 될 수 있다. 특히 중국의 일대일로와 중몽러 경제회랑 추진은 몽골산 석탄 수출에 필요한 물류 인프라 구축에 필요한 장기 저리 대출을 통한 유상 원조를 받을 수 있는 기회이기도 하다. 또한 유엔의 대북 제재로 인하여 중국의 북한 석탄 수입이 중단되면서 중국이 북한 석탄을 대체할 수입 석탄 수요가 발생하고 있다. 최근 중국은 북한 석탄을 러시아 석탄으로 대체하려는 움직임을 보이고 있다. 중국의 러시아 석탄 수입량은 2017년 3월 230만 톤, 2017년 4월 253만 톤으로 2014년 6월 이래 최대 수입 물량을 기록하였다(路透 2017; 搜狐 2017).

III. 석탄 협력의 현황

1. 중국의 러시아, 몽골 석탄 수입

1) 점결탄

중국의 철강 업체들을 중심으로 수입하고 있는 러시아산, 몽골산 점결탄

표 2. 중국의 점결탄 수입량과 수입액(2014~2016.8)

연도	수입량 (단위: 만 톤)	전체 수입량에서 차지하는 비중 (단위: %)	수입액 (단위: 달러)
2014	6,228.3	21.38	6,484,026,258
2015	4,784.5	23.4	3,811,490,397
2016 (1월~8월)	3,794.5	24.3	2,519,526,225

자료: 중국세관

표 3. 중국의 점결탄 수입(2014)

국가	수입량(단위: 만 톤)	금액(단위: 달러)
호주	3,112.5	3,723,047,811
몽골	1,147.9	839,880,311
캐나다	720.2	896,595,300
러시아	575.8	614,696,972
미국	208.9	265,869,854
인도네시아	65.7	67,762,127
뉴질랜드	50	56,075,556
콜롬비아	10.5	12,560,953
카자흐스탄	3.78	4,902,719
말레이시아	2.14	2,625,082

자료: 중국세관

은 재와 유황의 함량이 산시성 점결탄에 비해 적다. 그로 인해 매년 1000
만 톤이 넘는 양의 러시아산, 몽골산 점결탄이 중국으로 들어오고 있다.

표 4. 중국의 점결탄 수입(2015)

국가	수입량(단위: 만 톤)	금액(단위: 달러)
호주	2,554.9	2,406,210,761
몽골	1,272.3	505,047,472
캐나다	571.1	555,175,035
러시아	322.7	290,483,427
인도네시아	27.65	23,691,359
뉴질랜드	23.1	17,539,514
미국	11.5	12,163,438
말레이시아	1	1,178,332

자료: 중국세관

표 5. 중국의 점결탄 수입(2016.1~2016.8)

국가	수입량(단위: 만 톤)	금액(단위: 달러)
호주	1,875.2	1,568,676,983
몽골	1,278.8	429,790,534
캐나다	415.4	353,291,083
러시아	152.7	109,650,490
뉴질랜드	38.5	28,699,721
인도네시아	33.6	29,416,941

자료: 중국세관

2) 무연탄

유엔의 대북 경제 제재가 진행 중인 상황에서도 중국 기업들의 북한 무
연탄 선호가 계속되고 러시아산, 몽골산 무연탄의 수입량이 대폭 증가하
지 않는 것은 북한산 무연탄의 저렴한 가격 때문이다. 2016년 8월 선박

을 이용한 북한 무연탄의 항구 도착 가격은 톤당 45.55달러로 러시아 무연탄의 항구 도착 가격(톤당 70.25달러)에 비해서 24.7달러나 낮게 기록되었다. 그로 인해 2016년 1월부터 동년 8월까지 중국의 무연탄 수입에 있어서 북한산 무연탄만 전년 대비 증가를 기록하였다.

표 6. 중국의 무연탄 수입량, 수입액(2014~2016.8)

연도	수입량 (단위: 만 톤)	전체 수입량에서 차지하는 비중 (단위: %)	수출액 (단위: 달러)
2014	3,027.6	10.4	2,407,595,172
2015	2,476.4	12.1	1,462,632,740
2016 (1월 - 8월)	1,727.9	11.1	853,756,101

자료: 중국세관

표 7. 중국의 국가별 무연탄 수입(2014)

국가	수입량 (단위: 만 톤)	전체 수입량에서 차지하는 비중 (단위: %)	수입액 (단위: 달러)	전체 수입액에서 차지하는 비중 (단위: %)
북한	1,542.4	50.9	1,134,118,982	47.1
베트남	682.9	22.5	440,337,174	18.3
러시아	446.9	14.7	470,577,551	19.5
호주	290.5	9.5	316,560,344	13.1
남아공	59.5	1.9	39,532,995	1.6

자료: 중국세관

표 8. 중국의 국가별 무연탄 수입(2015)

국가	수입량 (단위: 만 톤)	전체 수입량에서 차지하는 비중 (단위: %)	수입액 (단위: 달러)	전체 수입액에서 차지하는 비중 (단위: %)
북한	1,957.4	79	1,049,548,253	71.75
러시아	277.1	11.2	223,206,730	15.26
호주	166.7	6.7	144,750,727	9.9
베트남	71.95	2.9	43,445,289	2.9
이란	3.08	0.1	1,544,957	0.1

자료: 중국세관

표 9. 중국의 국가별 무연탄 수입(2016.1~2016.8)

국가	수입량 (단위: 만 톤)	전년 동기 대비 증감 (%)	전체 수입량에서 차지하는 비중 (%)	수입액(단위: 억 달러)	전년 동기 대비 증감 (%)	전체 수입액에서 차지하는 비중(%)
북한	1,491.2	11.7	86.3	6.92	-9.8	81.06
러시아	144.2	-18.2	8.3	1.007	-33	11.8
호주	59.9	-48.5	3.46	0.454	-57.7	5.3
베트남	25.6	-48.6	1.48	0.1369	-52.8	1.6

자료: 중국세관

3) 기관용 석탄을 포함한 기타 유연탄

기관용 석탄(steam coal)을 포함한 기타 연탄은 호주산, 인도네시아산을 중심으로 중국에 들어오고 있는 반면에 러시아산, 몽골산의 수입량과 수입액은 매년 꾸준히 감소하고 있다.

표 10. 중국의 기관용 석탄과 기타 유연탄 수입량, 수입액(2014~2016.8)

연도	수입량 (단위: 만 톤)	전체 수입량에서 차지하는 비중 (단위: %)	수입액 (단위: 달러)
2014	11,226.5	38.2	8,642,607,455
2015	6,582.5	32.2	4,013,152,500
2016 (1월 – 8월)	4,675	30	2,351,295,163

자료: 중국세관

표 11. 중국의 기관용 석탄과 기타 유연탄 수입량, 수입액(2014)

국가	수입량 (단위: 만 톤)	수입액 (단위: 달러)
호주	5,985.7	4,863,575,375
인도네시아	2,907.1	2,103,746,969
러시아	1,277.3	978,309,609
남아공	516.1	410,364,403
몽골	271	72,200,110
미국	153	114,368,515
캐나다	80	72,942,594
모잠비크	14.7	13,004,043

자료: 중국세관

표 12. 중국의 기관용 석탄과 기타 유연탄 수입량, 수입액(2015)

국가	수입량(단위: 만 톤)	수입액(단위: 달러)
호주	4,345.7	2,735,048,228
인도네시아	1,275	755,451,638
러시아	935.9	515,521,262
몽골	27	6,605,782
키르기스스탄	1.4	241,473
미국	0.036	266,219
북한	0.0081	11,721

자료: 중국세관

표 13. 중국의 기관용 석탄과 기타 유연탄 국가별 수입량, 수입액(2016.1~8)

국가	수입량(단위: 만 톤)	수입액(단위: 달러)
호주	2,748.1	1,465,371,238
인도네시아	1,054.3	493,455,413
러시아	866.1	390,508,506
키르기스스탄	3.58	788,124
몽골	2.86	647,172
북한	0.19	104,536
미국	0.05	348,029

자료: 중국세관

4) 갈탄

점결탄에 비하여 적은 양이기는 하지만 가정용과 기타 연료로 사용되는
갈탄의 몽골로부터의 대중국 수출도 매년 증가 추세에 있다. 특히 2016
년부터 1월부터 7월까지의 수입량(5만 2,803.098톤)과 수입액(105만
6,062 달러)은 이미 2014년, 2015년의 수입량과 수입액을 넘어섰다.

표 14. 몽골의 대중국 갈탄 수출(2014~2016.7)

연도	수출량(단위: 톤)	수출액(단위: 달러)
2014	42,647.518	853,158
2015	44,805.19	896,102
2016.1 – 2016.7	52,803.098	1,056,062

자료: 海关信息网(2016)

2. 중국, 러시아 기업 간의 협력

중국은 중앙정부와 로컬 기업들이 해외 석탄 도입을 위한 협력을 진행하고 있다. 우선 중앙정부 차원에서는 러시아와의 협력을 강화하고 있다. 이를 위해 중국 중앙정부는 러시아 연방정부와 함께 2012년 12월 중국 러시아 석탄 협력 로드맵을 내놓으면서 중국 기업들과 러시아 기업들 간의 자원 개발 추진을 지원하였다.

또한 중국 중앙정부와 러시아 연방정부는 러시아 석탄 수입을 보다 원활하기 하기 위해 철도 교통망 확충도 병행하고 있다. 우선 2016년 6월 7일에 헤이룽장성의 러시아 접경 도시인 쑤이펀허 시(绥芬河市)[2]에 러시아의 광궤 열차가 직접 들어올 수 있는 새로운 열차 역의 사용이 시작되었다(王宪举 2016). 현재까지 중국은 표준궤 열차, 러시아는 광궤 열차를 운행하기 때문에 중러 간의 열차가 양국의 역에 들어가려면 국경을 넘은 후에 환적 절차를 거쳐야 하는 불편을 겪고 있다. 또한 중국 쑤이펀허에서는 러시아 그로제코보 간의 열차만이 운행이 가능했고 극동러시

표 15. 중국-러시아 석탄 협력 로드맵의 중·러 기업 간의 협력

중국 업체	러시아 업체	주요 내용
중국 석탄 광산 건설 그룹	카라칸 인베스트	크마로보 주 베로프 구 카라칸 석탄 광산 개발
중국 석탄 그룹 선화그룹	에브라즈 그룹 러시아 연료 공업 공사	2개의 대형 석탄 광산 개발
선화 그룹	En+ 그룹	러시아 동부 지역 석탄 개발

자료: 杨佩桦·侯敏跃(2015: 149)

---

2   쑤이펀허 시는 2014년 75억 9000만 달러의 대외 무역액을 기록했는데 그 중 러시아와의 무역액은(34억 2000만 달러)이 45.1%를 차지하였다(黑龙江省统计局 2015).

아에서 쑤이펀허 방향으로는 러시아의 열차가 환적 절차 없이 직접 들어 갈 수 없었다(Sputnik 2016). 그러나 쑤이펀허 시에 환적 절차가 필요 없 는 새로운 역의 사용이 가능해지면서 극동러시아와 시베리아, 중국 동북 지역의 헤이룽장성 간의 열차를 통한 석탄 무역이 보다 활발해질 수 있 는 계기가 마련되었다.

2016년 2월 27일에는 하얼빈과 시베리아의 노보시비르스크, 페름, 예카테린부르크를 연결하는 열차(哈俄班列, 이하 하얼빈-러시아 열차) 가 시범 운행을 시작하였다. 하얼빈-러시아 열차는 동년 2월 27일부터 6월 11일까지 8회 동안 110량, 220개의 컨테이너, 260만 달러의 화물 을 운송하였는데 그중 시베리아 방향으로 운행한 열차가 7회, 181개의 컨테이너, 230만 달러의 화물을 운송했고 시베리아에서 하얼빈으로 운 행된 열차는 1회, 50량, 150개의 컨테이너, 30만 달러의 화물을 운송하 였다.[3] 쑤이펀허의 러시아 광궤 열차의 직접 진입이 가능한 신역사 개통, 하얼빈-러시아 열차의 정상 운행이 가능해지면 중국이 러시아로부터 보 다 원활하게 석탄을 수입하는 데 도움이 될 수 있을 것이다.

IV. 문제점

1. 중국의 몽골 석탄 저가 매입에 따른 몽골의 반발

〈표 16〉에 나온 바와 같이 중국의 몽골 석탄 수입량은 매년 지속적으로 증가하는 추세에 있지 않으며 2015년에는 전년 대비 수입량이 484만 톤

---

3   이 열차는 2016년 6월 하순부터 정기 운행을 시작할 계획이다(省政府督査室 2016).

표 16. 몽골의 대중국 석탄 수출량(2009~2015)

연도	수출량 (단위: 톤)
2009	6,000,000
2010	16,590,000
2011	20,150,000
2012	21,730,000
2013	17,330,000
2014	19,230,000
2015	14,390,000

자료: 上海煤炭交易中心(2015); 国家石油和化工网(2016)

이 감소하기도 하였다.

이러한 현상이 나타나는 원인은 몽골이 중국으로 석탄을 수출하면서 얻을 수 있는 경제적 이윤이 생각보다 높지 않기 때문이다. 몽골 석탄 협회 집행 이사 나런은 2011년 몽골은 2000만 톤이 넘게 중국으로 석탄을 수출하면서 대중국 석탄 수출액이 22억 7000만 달러(약 99억 링기트)를 기록했지만 2014년에는 1800만 톤이 넘게 중국으로 석탄 수출을 했음에도 불구하고 대중국 석탄 수출액은 8억 5000만 달러(약 37억 링기트)에 불과했다고 한다(马来西亚东方日报 2015). 이러한 현상이 나타나는 것은 중국 국내 점결탄 수요가 감소하면서 가격이 하락했기 때문이다. 2011년부터 2015년까지 몽골에서 점결탄을 중국 로컬 철강 업체인 셔우두강철(首都钢铁)의 제철소가 있는 허베이성 탕산으로 수출하는 가격은 2011년 톤당 1,700위안에서 2015년 톤당 740위안으로 56%나 감소하였다.

석탄의 대중국 수출의 경제적 이익이 감소함에 따라서 몽골의 석탄

산지에서 광부로 일하는 사람들에게 돌아가는 혜택도 늘어나지 않고 있다. 그로 인해 2015년 11월에는 몽골의 한 광업 노조의 위원장이 기자회견을 하는 도중에 분신을 시도하면서 몽골 정부의 대중국 석탄 수출에 항의하기도 하였다(马来西亚东方日报 2015).

2. 석탄 수출입에 필요한 철도, 도로 인프라 미비

극동러시아의 내부 도로망은 여전히 열악하여 석탄을 중국으로 운송하는 데 어려움이 있다. 또한 광궤 철도를 사용하는 러시아와 표준궤 철도를 사용하는 중국 간에 환적 절차가 없이 자유롭게 오갈 수 있는 곳은 헤이룽장성의 접경 도시 쑤이펀허 시의 새 역사 하나 뿐이다. 그로 인해 도로와 철도를 통해 보다 원활하게 러시아 석탄을 수입하는 데 어려움을 겪고 있다.

몽골도 일부 석탄 산지의 도로 상황이 열악하고 몽골에서 중국으로 석탄을 철도로 수입할 수 있는 운송 체계가 제대로 갖춰지지 않아서 물류비용이 저렴하지 않은 것도 몽골의 대중국 석탄 수출을 통한 이윤 극대화를 어렵게 만들고 있다(上海煤炭交易中心 2015).

3. 북한 정세에 따른 나진항을 비롯한 북한 항구의 활용 범위의 제한

중국은 러시아에서 수입한 석탄을 화동 지역, 남방 지역으로 저렴하게 운송하기 위해 북한의 나진항을 활용한 적이 있었다. 러시아도 나진-하산 프로젝트의 시범 운송을 실시하면서 나진항을 통해 러시아 석탄을 포항으로 운송하여 포스코가 활용할 수 있게 한 적이 있다. 그러나 북한의 핵실험에 따른 유엔의 대북 경제 제재가 시행되면서 러시아가 나진항을 통해 한국으로 자국 석탄을 수출할 수 없게 되었다. 이러한 상황이 지속되면 중국, 러시아, 몽골 간의 석탄 협력이 한반도 전역으로 확대되기가 쉽지 않을 것이다. 또한 러시아와 몽골이 한국과 다른 아시아 국가들에 더 많은 석탄을 수출하기 어려운 상황이 지속될 수 있다. 특히 몽골은 자국 석탄을 저가로 구입하여 폭리를 취하기도 하는 중국에 대한 의존을 줄이기가 더욱 어려워질 수밖에 없다.

V. 결론 및 전망

중국이 석탄의 대외 수출량보다 해외 석탄의 수입량이 더 많아짐에 따라 중국 중앙정부와 중국 로컬 기업들의 석탄 관련 대외 협력도 해외 석탄 광산 개발과 해외 석탄 도입에 초점을 맞추고 있다. 또한 상술한 바와 같이 중국 내 석탄 산업의 구조조정으로 인하여 중국의 국내 석탄 생산과 공급이 늘어나기가 어렵기 때문에 오염 물질 함량이 적고 열량이 높은 러시아산, 몽골산 석탄 수입이 지속될 것으로 보인다. 특히 중국의 일대일로와 중몽러 경제회랑 계획이 추진되면서 중국, 몽골, 러시아 3국의 수요가 일치하는 석탄 협력이 강화될 수 있는 좋은 계기가 마련되고 있다.

아울러 2014년부터 2020년까지의 중국 에너지 정책의 방향을 제시하고 있는 에너지 발전 전략 행동 계획(能源发展战略行动计划 2014-2020年, 이하 행동 계획)에서 석탄의 사용 비중을 크게 낮추지 않기로 한 점도 향후 중국 중앙정부와 국유 전력 기업들이 해외 석탄 도입과 이를 위한 대외 협력을 지속하는 선택을 유도하고 있다. 에너지 발전 전략 행동 계획에 따르면 중국은 2020년까지 석탄 소비량은 42억 톤, 석탄이 중국의 1차 에너지에서 차지하는 비율은 62% 이내로 관리하는 것을 목표로 하고 있다. 중국이 2014년 1차 에너지에서 석탄이 차지하는 비율이 65%였던 점을 감안하면 13차 5개년 규획 기간 동안 2014년의 1차 에너지 비율보다 3% 감소를 목표로 하는 것이다. 석탄의 사용을 큰 폭으로 줄이기 어려운 것은 화력발전소보다 저렴하게 전력을 생산, 공급하면서 석탄 산업과 화력 발전소의 기존 근로자들의 고용을 유지하기가 어렵기 때문이다. 예컨대 기존의 화력발전소를 폐쇄하고 덴마크에서 운영하고 있는 바이오매스 발전소로 전환할 경우 바이오매스 발전소는 운영 인력이 2명 정도만 필요하기 때문에 화력발전소에서 일했던 인원들의 고용 승계가 보장되지 않는다. 환경 문제 해결을 위해 화력발전소를 없애고 석탄 사용을 줄이려다가 실업이 발생하고 실업 인력들을 구제하기 위한 재정 지출이 늘어날 수 있는 것이다. 그렇기 때문에 중국공산당과 중앙정부가 석탄의 1차 에너지에서 차지하는 비중을 큰 폭으로 줄이기가 쉽지 않다.

그러나 중국과 몽골, 중국과 극동러시아, 시베리아를 연결하는 도로와 철도 인프라가 아직 미비하기 때문에 몽골과 러시아가 중국으로 석탄 수출량을 육로를 통해 늘리는 건 여전히 쉽지 않다. 러시아는 몽골에 비해 바다로 나갈 수 있는 운송로 사용이 가능하기 때문에 중국과 동북아 국가들로의 선박을 이용한 석탄 수출이 용이하다. 그러나 전술한 바와 같이 극동러시아 내부의 도로망이 부실하여 자국 석탄을 도로를 통해 중국 동북 지역으로 운송하는 데 어려움을 겪고 있다. 내륙 국가인 몽골은 도로, 철도 인프라 구축을 강화하지 않으면 중국을 비롯한 동북아 국가로의 석탄 수출량을 큰 폭으로 늘리기 어렵다. 그러므로 아시아투자개발은행(AIIB)의 장기 저리 대출을 통해 극동러시아 내부의 도로망 구축, 몽골 국내 철도, 도로 인프라와 중국 동북 지역, 중국 네이멍구자치구와의 연결을 강화할 필요가 있다.

아울러 러시아, 중국과 인접한 나진항을 비롯한 북한 항구들을 통해 러시아 석탄, 몽골 석탄을 한국과 중국 화동, 남방 지역으로 보다 원활하게 수출할 수 있게 할 필요가 있다. 이를 위해서 북한이 현재와 같은 폐쇄적인 정치 체제에서 대외 개방으로 전환할 수 있도록 러시아, 중국, 몽골과 한국, 일본, 미국이 항구 사용료와 항구로 들어오는 도로 톨게이트의 통행료 징수 허용과 같은 구체적인 경제적 인센티브를 제안하는 것도 검토해 볼 필요가 있다.

참고문헌

장윤미. "중국 동북 지역 국유기업의 위기 요인 진단." 『In China Brief』 Vol. 324 (2016).

Baoqing Ma. "Strategy Research on Sino-Russia Cooperation in coal field." *Chinese Coal* (Chinese) 40-4 (April, 2014).

Bloomberg. "European Coal Falls to Lowest Since 2007 as Demand Outlook Dims." (March 6, 2015). http://www.bloomberg.com/news/articles/2015-03-20/eu-next-year-coal-falls-to-record-low-close-as-glut-grows (Retrieved November 12, 2015).

BP. *BP Statistical Review of World Energy.* 2014.

_____. *BP Statistical Review of World Energy.* 2016.

EIA. *Analysis: China.* 2015.

Lee, Jong-Kyu. "What Determines the DPRK's Anthracite Exports to China?: Implications for the DPRK's Economy." *KDI Journal of Economic Policy* 37-2 (2015).

Mochalnikov, Sergey V. *Current Status and Development Prospects of Coal Industry in Russia (presentation material).* Ministry of Energy of the Russian Federation 2015.

Morse, Richard K. and He, Gang. "The World's Greatest Coal Arbitrage: Chinese Coal Import Behavior and Implications for the Global Coal Market." Program on Energy and Sustainable Development, Freeman Spogli Institute for International Studies, Stanford. August 2010.

NortheastAsia Coal Trade Center. "China Bought Russian Coal Field for the First Time." 2011.5.6.

Shanghai Daily. "Russia exported 11.6 million tons of coal to China in 2010." 2011.6.3.

Wang, Yang and Heping Wang. "China's imported Russian coal in 2012" *Coal Economic Research* (Chinese) 34-1 (January, 2014).

国家石油和化工网. "蒙古煤出口中国新机会." (2016.5.13). http://www.cpcia.org.cn/html/19/20165/154669.html (검색일: 2016.9.22).

路透. "中国3月进口俄罗斯煤炭跳增 因停止从朝鲜进口――海关数据." (2017.4.25). http://cn.reuters.com/article/russia-import-coal-china-0425-tuesday-idCNKBS17R0P8 (검색일: 2017.5.28)

刘文革. "中国煤炭进口形势分析及展望." 『中国煤炭』 39卷 4号 (2013).

马来西亚东方日报. "蒙古矿业工会领袖　自焚抗议出售煤炭给中国." (2015.11.17). http://www.orientaldaily.com.my/international/gn456350104847173 (검색일: 2016.9.23).

环球网. "抓住远东发展机遇需中俄齐心协力." 2016.6.23. http://opinion.huanqiu.com/1152/2016-06/9072154.html (검색일: 2016.6.21).

上海煤炭交易中心. "煤市低迷下, 蒙古国进口煤影响几何?." (2015.7.22). http://www.shcce.

com/news/50382/42603.html (검색일: 2016.9.24).

搜狐. "4月中国从俄、澳煤炭进口大增 朝鲜进口仍为零." (2017.5.25). http://www.sohu.com/a/143343540_268063 (검색일: 2017.5.28)

杨佩桦·侯敏跃. "多维视野下的中俄中澳资源合作比较研究." 『俄罗斯研究』总第194期 (2015).

汪巾力·张素艳. "中国"十一五"期间煤炭进出口贸易分析." 『中国煤炭』 38卷 8号 (2012).

王成金·王伟. "中国港口煤炭进出口格局演变及动力机制." 『资源科学』第38卷 第4期 (2016).

王迪·聂锐. "2012年中国煤炭供需状况及价格走势判断." 『中国煤炭』 38卷 2号 (2012).

魏雅华. "中国煤炭业进出口拉锯战." 『进出口经理人』2015年第5期. (2015).

张仲芳 外 "中国在国际煤炭市场定价格局中的地位与策略——基于贸易网络"核心-边缘"结构分析." 『学习与实践』第7期 (2015).

中国能源网. "今年前8个月越南煤炭进口量翻三番." 2015.9.29. http://www.china5e.com/news/news-961749-1.html (검색일: 2016.10.7).

中国煤炭市场网. "2016年中国煤炭行业发展前景预测." (2016.9.8). http://www.cctd.com.cn/show-176-148799-1.html (검색일: 2016.9.28).

中国煤炭信息网. "俄罗斯煤炭资源分布及煤田介绍." (2013.9.22). http://www.coalcn.com/News/InfoList,e763e257-7e23-4ce4-adb8-e1d6f79753c2.htm (검색일: 2014.9.27).

中国煤炭资源网. "8月中国煤炭进口市场回顾及展望" (2016.9.29). http://www.sxcoal.com/news/info?id=4547698 (검색일: 2016.9.23).

_____. "2016年全国进口煤炭2.6亿吨 同比增长25.2%." (2017.1.13). http://www.sxcoal.com/news/4551306/info (검색일: 2017.2.12).

中华人民共和国驻汉堡总领馆. "王岐山与俄罗斯副总理德沃尔科维奇共同主持中俄能源谈判代表第九次会晤." 2012.12.5. http://hamburg.chineseconsulate.org/chn/gnxw/t995733.htm (Retrieved July 15, 2014)

黄盛初·刘文革·孙庆刚·蓝晓梅. "中国煤炭企业国际化战略与海外煤炭投资方向分析." 『中国煤炭』 39卷 1号 (2013).

黑龙江省人民政府. "哈俄班列实现常态化运营." (2016.6.17). http://www.hlj.gov.cn/szf/system/2016/06/21/010779064.shtml (검색일: 2016.6.19).

黑龙江省统计局. "2014年绥芬河市国民经济和社会发展统计公报." http://www.hlj.stats.gov.cn/tjgb/shgb/201505/t20150513_31632.htm (검색일: 2016.6.21.)

sputniknews 中文网 "俄宽轨铁路接入绥芬河新火车站." (2016.6.6). http://sputniknews.cn/economics/20160606/1019571804.html (검색일: 2016.6.27).

중국국가통계국 국가통계(中国国家统计局 国家统计): http://data.stats.gov.cn

중국세관 (中国海关): http://www.haiguan.info

중국석탄시장망 (中国煤炭市场网): http://www.cctd.com.cn/

중국석탄자원망 (中国煤炭资源网): http://www.sxcoal.com/

중국통계연합망 직접보고 포털 (中国统计联网直报门户): www.lwzb.gov.cn

제5부 한국의 에너지 전략과 대응

제13장

한국의 동북아 에너지협력: 전략과 대응

류지철·김연규

I. 서론

한국의 동북아 에너지협력에 대한 관심과 노력은 1991년 한국이 러시아
와 중국과 외교관계를 맺으면서 시작되었다. 국내 부존자원이 절대적으
로 부족하여, 대부분의 에너지를 해외에서 수입하고 있는 한국에 있어
러시아와 중국과의 외교관계 수립은 1945년 해방이후 외교관계가 단절
되었던 러시아와 중국이 새로운 에너지 공급원이 될 수 있다는 높은 기
대감을 가지게 하였다. 실제로 러시아와는 수교 이전부터 러시아의 천연
가스를 파이프라인을 통하여 도입하려는 논의가 민간차원에서 제기되기
도 하였다. 그러나 반세기가 지난 2017년에 시점에서 한국의 동북아 에
너지협력의 결과를 보면, 기대만큼이나 큰 성과는 없으며, 도리어 한국
은 동북아가 아닌 세계 다른 지역과의 에너지협력을 활성화하거나, 에너
지수입을 확대하여 왔다.

한국의 동북아 에너지협력에 대한 그동안의 노력은 3가지 트랙

(Track)으로 시도되었다. 첫 번째 시도는 러시아, 중국, 몽골 등, 이 지역의 자원부국에 석유, 석탄, 천연가스 개발 사업에 진출하여 에너지자원을 확보하거나, 에너지설비 건설에 진출하여 역내 국가 간의 양자 에너지협력을 강화하고 확대하여 한국의 에너지 안보 역량을 강화하려는 시도이고, 두 번째 시도는 북한의 참여를 독려하거나 북한의 에너지 빈곤문제를 해결하기 위한 수단으로, 즉 남북한 에너지협력에 대한 노력을 동북아 지역 에너지 협력 차원에서 시도하였으며, 세 번째 시도는 이 지역에서 다자간 에너지협력을 활성화할 수 있는 제도적 기반을 조성하려 했던 시도이다. 이러한 3개의 시도는 각각 독립적으로 추진되기도 하였으나, 서로 관련이 있는 사안에 대해서는 동시에 병렬적이고 연계하여 추진되기도 하였다.

한국의 동북아 에너지협력에 대한 이와 같은 시도는 올바르고 타당성 있는 접근방법이었다. 그러나 이러한 시도가 그 동안에 가시적인 성과를 거두지 못하였던 데에는 동북아가 가지고 있는 지역적 특성, 즉 북핵문제 등의 지정학적 요인과 러시아와 같은 자원보유국의 자원민족주의 성향 심화, 중국, 일본, 러시아의 에너지 패권주의 추구 등 다양한 요인에 기인하고 있다.

본장에서 우리는 한국의 동북아 에너지협력에 대한 기존의 노력에 대하여 살펴보고, 최근 미국의 트럼프 정부의 출범과 저유가의 지속 등 국제에너지시장의 여건 변화하에서 한국이 향후 동북아 에너지협력에 대하여 취할 대응 전략에 대하여 살펴보기로 한다.

본장은 4개의 절로 구성되어 있다. 제1절 서론에 이어, 2절에서는 한국의 기존 동북아 에너지협력 성과에 대하여 평가하고, 제3절에서는 새로운 여건 변화 아래서 향후 한국이 채택할 동북아 에너지협력 전략에 대하여 논하고 제4절에서는 결론을 맺기로 한다.

II. 한국의 기존 동북아 에너지협력 노력에 대한 평가

1. 개요

동북아에는 한국과 북한, 중국, 일본, 러시아, 몽골 6개국이 있다. 이중에서 한국의 에너지협력 대상국으로 가장 우선순위를 차지했던 나라는 러시아였다. 러시아는 이 지역에 석유, 천연가스, 석탄 등의 에너지자원을 가장 많이 보유하고 있으며, 이를 개발하여 한국을 비롯한 동북아 주변국에 공급할 계획을 가지고 있기 때문이다. 그리고 한국의 관심 대상 국가는 몽골이었으며, 몽골은 석탄과 광물자원을 많이 보유하고 있으며 대형 석탄광 개발에 외국기업의 참여를 희망하였었다. 중국은 자국의 자원개발과 에너지산업 및 시장에 외국기업의 참여를 제한하고 있기 때문에 실질적 에너지협력 기회도 매우 제한적이었다. 한국 정부는 몽골과 러시아와 에너지·광물자원분야 정부 간 협력의 틀이 되는 자원협력협정을 체결하고 자원협력위원회를 구성하여 운영하고 있다.[1] 이 협정은 몽골과는 1999년 11월에, 러시아와는 2000년 10월에 체결되었다. 일본은 한국의 에너지협력 진출 대상국이라기보다는 협력의 파트너의 역할을 할 수 있는 정도이며, 한일 양국 정부는 에너지관련 정보 교환 및 정책 협력 등을 위하여 국장급 수준의 에너지실무위원회를 실무 차원에서 매년 또는 격년으로 교환 개최하고 있다. 한국의 북한과의 에너지협력은 북핵문제를 해결하기 위하여 구성되었던 '한반도에너지개발기구(KEDO)'와 '6자회담'에서 에너지실무위원회 등 다자간 접근방법이 있었으나, 북한의

1　자원협력위원회는 자원외교기반 강화방안의 일환으로 주요 자원보유국과 에너지·광물자원분야의 교역, 합작투자, 기술 협력 및 정보교환 등에 관한 협력증진을 위하여 정부 간의 협력채널로 설치되어 상호교환 형식의 연례 정기회의 형태로 운영되고 있다.

연이은 핵실험 등으로 모두 성공하지 못하였다.

다자간 에너지협력의 노력으로 한국 정부는 2005년 '동북아에너지 협력정부간협의체'의 구성을 주도하였으며, 러시아와 함께 북한이 참여하는 동북아전력계통연계 사업과 남-북-러 천연가스 파이프라인 구축 사업 등이 있었다.

본절에서는 이와 같은 한국이 주도 또는 참여하였던 동북아 에너지 협력 사업에 대하여 살펴보기로 한다.

2. 한-러 에너지협력 사업

한국과 러시아 간의 에너지협력은 1992년 양국 정상회담에서 처음으로 제기된 이후, 양국 간의 매우 중요한 의제이었음에도 불구하고 아직까지는 가시적인 성과는 거의 없다. 한국이 러시아와의 추진하였던 에너지협력 사업은 주로 석유, 천연가스, 석탄 개발 사업과 천연가스 파이프라인과 전력계통연계 등 에너지 수송 인프라 구축사업 등을 포함하고 있다.

한국과 러시아 간에 최초로 에너지자원 개발과 관련된 협력 사업은 1992년 양국 정상회담에서 사하공화국 야쿠츠크 가스전 공동개발에 합의한 것이었다. 이 사업에 대해서는 한국의 에너지경제연구원과 러시아 전문기관이 공동으로 예비 타당성조사를 실시하였으나 사업의 경제성이 부족한 것으로 결론이 나면서 이 사업은 중단, 종료되었다.

그 이후에 가장 의미 있게 추진되었던 천연가스 개발 사업은 러시아 동시베리아 지역에 있는 이르쿠츠크 코빅타 가스전 개발과 천연가스 파이프라인(PNG) 사업이 있었다. 이 사업은 1999년 한-러정상회담에서 한-중-러 3국 공동으로 이르쿠츠크 코빅타 가스전 개발과 파이프라인(PNG) 사업을 추진할 것으로 합의하였고, 2001년 정상회담에서도 재차

합의되었던 사업이었다. 그러나 이 사업도 러시아가 2003년 '동부가스
계획'을 추진하면서 민간 중심의 이르쿠츠크 PNG 사업은 무산되었다.

한국의 러시아 석유 개발 협력에 관해서는 2004년 양국 정상회담에
서 양국 정상 간 합의로 극동·시베리아 지역 내 자원 개발 및 수송에 서
로 협력하기로 하였으며, 이를 기초로 한국석유공사(KNOC)와 러시아
의 로스네프트(Rosneft)사가 중심이 되어 서캄차카 대륙붕 지역 공동개
발에 관한 양해각서를 체결하였다. 한국석유공사는 국내기업들을 중심
으로 한국컨소시엄을 구성하는 한편, 2005년 12월 로스네프트로부터 서
캄차카 해상광구 개발사업 운영사인 West Kamchatka Holding BV의
지분 40%(로스네프트 60%)을 매입하여, 탐사사업을 추진하였다. 그러나
2008년에 러시아연방 지하자원청이 한국 컨소시엄의 해상광구 탐사권
연장을 허가해주지 않음으로써 무산되었다.

한국은 러시아의 석탄광 개발에도 많은 관심을 가지고 러시아에 접
근하였다. 실제로 한국은 1994년 LG 상사가 사하공화국내 Erel탄광의
일부 지분을 매입하고, 여기로부터 연간 약 15만 톤 정도의 석탄을 도입
하고 있다. 그러나 2009년 사하공화국내 대형 탄전이 엘가(Elga)탄광의
개발사업[2] 입찰에 참여하였으나 개발권을 러시아 Mechel(러시아 최대
금속·석탄회사)가 확보함에 따라 한국의 이 사업에 대한 참여도 무산되
었다.

2004년 한-러 정상회담에서는 양국이 극동시베리아 자원 개발과 석
유-가스 수송 사업에 대한 협력을 강화하기로 합의하고, 가스협력협정
체결을 위한 양국의 의사를 확인하고, 이후 이를 기초로 2006년에 '한-
러 가스협력 협정'이 양국 간에 체결하였다.

---

2   생산 규모: 연간 3,000만 톤, 동북아에서 중국산 석탄의 수입 대안으로 부각

2008년 9월 한-러 정상은 정상회담에서 북한을 경유하는 파이프라인을 건설하여 러시아의 천연가스를 한국에 공급하는 사업, 즉 남·북·러 파이프라인 가스도입 사업을 추진할 것을 합의하였다. 이 합의에 따르면, 한-러 양국은 2015년 이후 30년 동안 연 750만 톤의 가스를 북한 영토를 통과하는 가스관을 통해 한국으로 공급하기로 하고, 2009년부터 북한 경유 PNG 사업의 타당성 조사를 공동으로 진행할 계획이었다. 또한, 사업 주체인 가즈프롬(Gazprom)과 한국가스공사는 가스화학공장과 LNG생산기지 건설에도 협력하기로 하였다. 2010년 4월에·한국의 가스공사와 러시아의 가즈프롬은 러시아 천연가스의 한국으로의 공급방안에 대한 타당성 조사를 완료하였다. 북한을 이 사업에 참여시키기 위하여 2011년 8월 북-러 정상회담에서 북-러 간에 동 사업에 대한 합의가 이루어졌으나, 그 이후 김정일의 사망에 이은 북한 정세의 불안정성이 심화됨에 따라 한국-북한-러시아 3자간 협의단계까지는 도달하지 못하고 있다. 2011년 9월에 한국과 러시아는 2016년 한국에 가스공급을 목표로 하는 장기 로드맵을 체결한 바 있다. 그러나 아직까지도 이 사업의 북한 참여여부는 물론 사업의 실현 가능성도 매우 불투명하다.

또한, 2008년 한-러 정상회담에서는 양국 간에 에너지협력 Action Plan을 작성하여 이에 근거하여 향후 양국 간 에너지협력을 구체화시키기로 합의하였다. 1년 동안의 준비과정을 거쳐 2009년 8월에 양국 에너지장관이 Action Plan 문서에 서명하였으며, 연구협력, 가스산업, 석유가스 개발, 전력산업, 에너지 시설건설, 광물 개발, 원자력산업, 에너지효율·신재생에너지 부문 등으로 세분되어 8개 분야 각 부분별로 22개 사업들이 정부-기업-연구기관 들 간에 협력 이행을 규정하고 있다.

러시아는 극동 지역 잉여 전력설비 활용을 통하여 동북아 국가들(러시아, 중국, 한국, 북한) 간에 전력을 상호 융통하고자 하는 구상을 제시하고 2000년대에 들어 한국과도 활발히 논의하기 시작하였다. 이는 '남한~북한~러시아' 간의 동북아전력망 연계를 통해 상호 잉여전력을 융통하는 것이 사업의 기본구상으로, 러시아는 자국의 풍부한 잉여전력 수출을 통해 지역경제 활성화를 도모하기 위하여 적극적으로 추진하였다. 북한은 전력난 타개의 일환으로서 2001년부터 '극동러시아~북한 청진' 간 계통 연계를 논의하였고,[3] 2002년에는 러시아와의 전력망 연계 및 전력공급을 위한 북·러 협약을 체결한 바도 있다. 러시아는 한국에게 송전망 건설의 재원조달을 요청하였으나, 한국 측은 북핵 문제로 인하여 실질적으로 이 제안을 거절하였다. 그 이후 2009~10년에 계통연계·운영, 기술분석, 노선검토, 비용검토, 경제성 분석방법론 등을 중심으로 한국과 러시아가 조사 사업을 실시한 바 있다. 그러나 이 사업의 추진을 위해서는 북핵문제가 원만히 해결되고, 북한 지역 내에서 전력송전의 안전성 확보가 선결될 필요가 있어, 아직까지 진척된 성과는 없다.

한국과 러시아는 러시아의 전력망 현대화 사업에도 협력하고 있다. 러시아 정부는 그 동안 자국 내 노후화된 전력망을 신속하게 현대화하기 위해 해외 기업들의 투자 유치를 희망해 왔다. 특히, 한국 기업의 전력 송·배전 기자재 품질이 우수함을 인정하여, 한국 기업이 기자재 생산 공장 건설 등을 통해 참여해 주기를 요청하였다. 이 사업은 2010년 5월 모스크바에서 개최된 제10차 한-러자원협력위원회에서 합의된 사업으로 러시아의 노후화된 전력망 현대화 사업에 한국 기업이 참여하는 협력사업이다.

---

3   송전규모: 50만 kW, 송전망 건설거리 총 380km(블라디보스토크~청진), 투자 소요액: 1억 8000만 달러

3. 대북 에너지사업과 동북아 에너지협력

북한은 1990년대 중반부터 극심한 에너지빈곤에 시달리고 있다. 2014년 북한의 일차에너지 공급규모는 1990년 공급규모의 46%에 해당하는 11.1백만 석유환산톤(toe)을 기록하고 있다.[4] 이러한 북한의 에너지빈곤은 1990년대 초에 구소련의 붕괴에 따른 석유 무상공급의 중단과 1990년대 중반에 연이은 대홍수로 인한 석탄광의 침수·파괴 등으로부터 시작되었다. 뿐만 아니라 삼림의 황폐화에 따른 수력발전 한계, 에너지설비의 노후화, 북핵문제로 인한 국제적 제재, 등등 여러 요인이 복합적으로 북한의 에너지 빈곤에 기여하였다. 북한은 자력갱생을 국가 경제운용의 기본 원칙으로 삼고 추진하여 국내 부존자원인 석탄과 수력에 에너지공급을 대부분 의존하고 있다. 그러나 북한은 석유 공급을 대부분 '조·중 우호송유관'을 통하여 중국으로부터 조달하고 있다. 그리고 북한의 발전설비는 거의 구소련의 기술로 지어진 것이다. 따라서 노후화된 북한의 발전설비를 개보수하기 위해서는 러시아와의 협력도 중요하다.

한국의 북한에 대한 에너지지원은 한반도에너지개발기구(KEDO) 사업을 통한 중유지원이 유일하다. 1994년 미국과 북한 간 체결된 제네바기본합의에 따라 북한의 핵무기 개발 중단 약속에 대한 대가로 한국과 미국 등은 북한에 경수로 원자력발전소 2기를 건설하고 매년 대체에너지로 중유 50만 톤을 제공할 것을 약속하고, 1995년부터 KEDO가 해체되는 2005년까지 중유를 지원하였다.[5] 그 이후 북핵 문제를 해결하기

---

4   남·북한 간의 에너지 수요의 격차는 더욱 심화되고 있다. 1990년 남한의 1/4 수준이던 북한의 총 일차 에너지 공급은 2014년에는 1/26 수준으로 크게 축소되었고, 일인당 에너지 소비 규모도 북한은 남한의 1/13 수준으로 감소하였다.

5   2002년 10월, 미국이 북한의 비밀 고농축 우라늄 프로그램(HEU) 개발 의혹을 이유로 대북 중유공급을 중단하고, 2006년 1월에 북한의 신포 경수로 건설 사업이 완전 종료되었고,

위하여 태동한 6자회담에서 2005년에 채택된 '9.19 공동성명'에서 한국 측이 북한에게 200만kW의 전력을 제공하기로 하였으나, 북한의 연이은 핵실험 등으로 이행되지 않았다.

러시아가 제안한 동북아 전력계통연계 사업과 남-북-러 천연가스 파이프라인 건설 사업도 북한의 핵실험과 이에 따른 북한에 대한 UN제재 등으로 인하여 성사될 수 없었다.

4. 다자간 동북아 에너지협의체 구성에 대한 노력

한국 정부는 2000년대에 들어 민간차원에서 논의되었던 동북아 에너지 협력을 정부 차원의 의제로 발전시키는 방안을 강구하기 시작하였으며, 정부간협의체를 구축하여 동북아 국가 간 에너지자원의 자유로운 수송, 교역 및 투자 활성화를 위한 법적, 제도적 기반조성을 추구하였다. 한국은 여러 번의 국제회의와 동북아 역내 정부 간 협의를 거쳐 UNESCAP과의 협력 하에 마침내 2005년 11월 몽골 울란바토르에서 한국, 북한, 러시아, 몽골 4개국 정부 대표들에 의해 '동북아에너지협력정부간협의체'가 공식 결성되는 결실을 거두었다. '동북아에너지협력정부간협의체'는 의사결정기구로서 '고위당국자위원회(SOC: Senior Officials Committee)'와 위원회의 보조기구로서 분야별 '실무그룹(Working Group)'을 설치·운영하였으며, 중국은 옵서버 자격으로 실질적으로 이 협의체 사업에 참여하였다. 제1장에서 논의하였듯이, 이 협의체는 한국, 중국, 러시아, 몽골 4개국의 주요 연구기관들의 공동연구의 성과를 이루었으며, 결국에는 '정부 간 협의체'의 성격을 해체하고 연구기관의 협력 네트워크의 성격을

2006년 5월 31일을 기점으로 대북 경수로 건설 사업이 공식 종료되면서 1년 후인 2007년 5월말에 KEDO가 사실상 해체되었다.

가지는 동북아 에너지포럼으로 2015년에 전환되었다.

5. 평가

일반적으로 에너지협력 또는 정책을 수립하고 추진하는 데 있어, 정책과 협력 사업의 타당성, 적합성, 수용성 등의 3가지 기준으로 평가한다. 한국의 입장에서 보면 동북아 에너지협력은 거대한 잠재력을 가지고 있고 그 필요성도 매우 높고, 그동안에 논의되었던 사업들이 성사될 경우에 한국이 가지게 되는 기대 편익도 매우 높다. 그럼에도 불구하고 그 동안 한국이 동북아 에너지협력에 대한 노력이 가시적인 성과를 내지 못한 데에는 수용성의 문제가 매우 크기 때문이다.

　수용성의 가장 큰 걸림돌은 북한이다. 북핵문제로 불거진 동북아의 정치군사적 지정학적 요인은 동북아 에너지협력의 핵심사업인 천연가스 파이프라인 건설 사업과 전력계통연계 사업의 추진을 사실상 불가능하게 만들었다. 그리고 동북아 에너지협력을 추진하는 데 있어 한국의 역할을 흔히 중견국가로서의 역할을 강조하고 있으나, 한국이 제공할 수 있는 시장의 규모는 중국과 러시아의 입장에서 보면 '규모의 경제'를 달성하기에는 불충분한 것으로 평가될 수 있다. 따라서 한국이 주도하는 에너지협력 사업을 러시아, 중국, 일본과 같은 대규모 에너지 국가에서는 수용하기에는 역부족이었던 것으로 평가될 수 있다. 따라서 지정학적 요인을 제거하고 에너지시장의 '규모의 경제'를 달성하기 위해서는 한국이 주도하는 에너지협력 사업의 북한의 참여는 불가피할 것이다.

　수용성의 또 다른 문제는 사업의 불확실성이다. 러시아는 오래전부터 동북아 지역에서 석유와 천연가스 등을 개발하여 동북아 국가에게 공급하겠다는 계획을 발표하고 추진하고 있으나, 러시아의 이 지역에서의 에너지자원 개발 속도는 세계 다른 지력 에너지생산국에 비하여 매우 지체되고 있다. 특히 최근 들어 저유가로 인하여 러시아의 에너지기업은 재정적 문제를 가지고 있으며, 자원민족주의 성향으로 외국자본의 진출도 차단하고 있다. 따라서 에너지 수입 의존도가 높은 한국은 러시아보다 안정적인 다른 지역으로 에너지 수입선을 확보하여 왔다. 비근한 예가 한국은 오랫동안 논의되었던 러시아 가스보다는 최근에 개발된 미국의 셰일가스에서 생산되는 LNG를 수입하기로 결정하였다.

한국은 에너지 수입을 전량 해상수송으로 수입하고 있다. 동북아 에너지교역에서 가장 큰 장애요인은 육상 수송을 위한 인프라가 갖추어지지 않고 있다는 사실이다. 여기에는 송유관, 가스 공급배관망, 전력 송전망, 철도 등이 포함되어 있다. 이러한 인프라 건설은 대규모의 자본투자가 필요하며, 또한 건설되었을 경우에는 이 설비 운영을 위한 시장규칙 설정 등의 다자간 협력/협의/조정 기능을 가진 거버넌스(Governance)가 필요하다. 한국 정부가 시도하였던 '동북아에너지협력정부간협의체'는 이러한 제도적 기반을 설정하기 위한 초보적 단계의 노력이었으나, 이 역시 주변 강대국으로부터 적극적인 호응을 받지 못하였다. 에너지 패권(Energy Hegemony)이 강대국 중심으로 동북아 지역에 고착되어 있는 현실이다.

III. 동북아 에너지협력 추진 전략[6]

1. 협력 여건 및 환경 변화

본 연구의 가장 핵심적 목적은 미국의 셰일혁명으로 촉발된 글로벌 에너지시장변동과 신기후체제의 등장으로 인한 새로운 국제에너지질서와 동북아 에너지협력의 새로운 도전과제와 향후 추진방향을 조명하는 것이었다. 본 연구는 현재와 같은 중동위주의 공급체계에 아시아 에너지 미래를 맡겨서는 안된다는 가정에서 출발하였다. 과거부터의 획일적이고 반독점적인 공급자위주의 시장구조 때문에 아시아 국가들은 불공정하고 비효율적인 에너지 수입 계약을 체결할 수밖에 없었으며 결과적으로는 고가의 프리미엄을 지불하는 악순환에 빠졌던 것이다. 마침 미국의 셰일혁명으로 미국이 중동, 러시아를 능가하는 에너지수출국으로 등장함으로써 공급자 측면의 경쟁이 촉발되고 공급과잉이 만들어짐으로써 시장이 구매자위주의 시장으로 급속히 변모하고 있기 때문에 아시아 국가들은 차제에 모처럼만에 찾아온 구매자에게 유리한 시장변화를 최대한 활용하여 에너지시장을 좀 더 경쟁적 구조로 바꾸도록 최대한 활용해야 한다는 전제에서 앞의 연구들이 수행되었다.

1) 러시아의 여건 변화

최근 미국 셰일가스의 등장으로 국제유가는 2014년 이후 급락하였으며, 이로 인하여 러시아 경제는 큰 타격을 입었다. 또한 유럽 경제의 침체와 우크라이나 사태에 영향으로 유럽시장에서 러시아 에너지 수요가 감소

---

6   류지철(2011) 제5장 3절의 내용 일부를 발췌하여 재작성.

하여 러시아는 외화수입이 줄어들고 재정수지와 국영 에너지기업의 재무구조도 크게 악화되었다. 동북아 지역 에너지 개발과 수송 인프라 구축의 핵심적이니 역할을 수행하는 가즈프롬과 로스네프트(Rosneft), 트랜스네프트(Transneft) 등 주요 국영에너지기업들의 자산가치도 크게 하락하고 이들 기업은 유동성 부족과 투자재원 조달문제를 격고 있다. 따라서 러시아 내에서 계획된 자원 개발 사업들이 지연되거나 또는 철회될 가능성이 높아지고 있다.

　다른 한편으로 러시아는 이러한 금융위기 파급효과를 반영하여 '에너지전략-2030'을 수정하였으나, 동시베리아 자원 개발 사업과 같은 전략적으로 중요한 사업은 계획한 대로 추진한다고 발표한 바 있다. 또한, 우크라이나 사태의 영향으로 러시아는 에너지시장의 탈유럽화를 도모하는 차원에서 에너지수출 시장을 아시아 지역으로 진출하여 확대할 것으로 예상되고 있다.

2) 중국, 일본 등 주변국의 러시아와의 에너지협력 관심 증대

중국은 이미 지난 10여 년 동안 러시아와 양자 간의 에너지협력을 적극적으로 추진하여 왔다. 2014년에 양국 정상회담에서 가스도입계약을 체결하였으며, ESPO 송유관의 중국 지선도 완공-개통하여 운영 중에 있다. 중국은 러시아에게 '석유' 차관을 제공하며, 러시아 석유 확보에 적극적이고, 러시아와 송전망을 건설하여 전력 수입과 석탄광 개발도 적극적으로 추진하고 있다. 소위 '중-러 에너지동맹'은 확대, 강화되고 있다.

　2011년 대형 쓰나미로 후쿠시마 원전 사고를 겪은 일본은 대부분의 원전 운영을 중단하였으며, 원자력의 대안으로 러시아와 전력망 연계 및 가스관 연결에 대해 러시아 측과 실무차원에서 적극적인 협력을 추진 중인 것으로 알려지고 있다. 러시아의 푸틴 대통령은 일본을 최우선 협력

대상국으로 지정하여, 일본의 자본이 동시베리아 개발에 진출할 것을 독려하였으며, 일본의 JBIC(국제협력은행)은 하바롭스크~블라디보스토크 가스관 건설비를 지원하고, 블라디보스토크 가스 액화설비 건설 사업에도 참여하고 있다.

3) 미국 트럼프 정부의 탄생

미국 트럼프 대통령의 등장은 동북아뿐만 아니라 세계 에너지시장에 상당한 변화를 가져올 것으로 예상되고 있다. 미국이 자국의 석유와 천연가스 생산을 늘리고 수출을 증가할 경우, 미국산 에너지의 수출 시장은 한국, 일본, 중국과 같은 동북아 지역이 될 가능성이 높다. 또한, 미국의 대러시아 정책의 변화에 따라 동북아에서의 러시아의 에너지 개발 사업은 영향을 받을 것이다.

또한, 미국의 북핵문제 해결 방안에 따라 한반도의 정세는 크게 바뀔 가능성이 높다. 북핵문제가 해결된다 하더라도, 북·미간에 평화협정 체결 여부, 외교관계 수립, 북한의 체제보장, 등의 난제가 수두룩하게 산적되어 있다. 이 단계에서 북한의 에너지문제를 해결하기 위한 동북아 에너지협력을 통한 다자간 접근방식이 채택될 가능성이 높다.

4) 중동감소분을 러시아와 미국 중 누가 차지할 것인가?

21세기에 아시아 국가들의 에너지 교역은 중동의존에서 대륙의 러시아와 새롭게 에너지 수출국으로 등장한 미국 등으로 점차로 방향전환을 하게 될 것이다. 현재 아시아 국가들의 중동의존율 60%는 40%까지 조정될 것이며 감소된 20%를 러시아와 미국이 분할해서 아시아 에너지 시장 시장점유율을 새롭게 차지할 것으로 많은 기관들이 예측하고 있다. 韓·中·日 3국의 LNG 수입은 60% 정도가 카타르, 호주가 차지하고 있다.

韓·中·日 3국은 가격과 계약 면에서 장기의 유가연동인 기존 LNG 수입처를 미국과 러시아 등으로 다변화하고 Buyer's Club등 지역협력을 통해 다변화하려고 하고 있다. 미국 LNG는 Henry Hub 가격연동과 유연한 계약으로 유리하며, 러시아는 저렴한 파이프라인 가스 공급으로 한중일 3국을 공략하려고 한다. 최근 다음과 같은 큰 변화가 일어나고 있다:

- 2016년 2월 미국이 저유가 체제하에서도 LNG 수출 시작, 주로 남미 지역으로 수출하다가 2016년 말부터 아시아 지역으로 수출하기 시작(2016년 수출 4bcm, 2017년 20bcm 예상). 2017년 5월 미국 상무부는 100일 행동계획(100-day Action Plan)의 일부로 중국과의 LNG 수출 합의를 발표. 국제유가가 60달러대로 진입하면 본격적으로 수출확대. 2018~2020년 사이 아시아와 유럽으로 80bcm 수출 예상. 한국, 중국에서 러시아 파이프가스와 경합할 것으로 예상.
- 카타르는 韓·中·日과 중장기 계약이 2023~2025 만료, 미국, 러시아 등 신규 공급 물량에 취약. 인도 LNG 수입의 90% 차지. 다양한 방법으로 한중일 인도 계약 유지 노력.

2. 동북아 에너지협력 추진 전략

1) 동북아 가스시장의 형성을 통한 역내 에너지협력체 기반구축

아시아 지역은 세계 최대 LNG 수요처로서 향후에도 LNG 수요가 꾸준히 증가할 것으로 전망되고 있으나, 미국이나 유럽보다 높은 가격인 소위 '아시아 프리미엄'을 지불하고 있으며, 대부분의 계약 조건에 구매자에 불리한 의무인수 조항이나 도착지제한과 같은 경직적 요소가 존재한다. 이러한 문제를 해소하기 위해 단기적으로는 계약조건을 개선해 나가고 중장기적으로는 시장의 수급 상황을 반영한 가격을 확보하기 위한 역내 가스 트레이딩 허브가 필요하다. 가스 트레이딩 허브는 물리적 허브(Physical Herb)와 금융적 허브(Financial Herb) 두 측면이 조화를 이루어야 하며 허브 구축을 위한 요건으로는, △주식시장과 마찬가지로 다수의 시장 참여자 확보를 통한 거래 활성화, △시장 투명성 및 계약의 유연성, △인프라에 대한 제3자의 비차별적인 접근 허용 등 시장 규제 완화, △충분한 저장시설과 지역 연계 파이프라인 등의 인프라, △수송 및 상업 활동의 분리, △발달된 금융 시장 등이 필요할 것이다. 또한, 트레이딩 허브 구축이 성공하기 위해서는, 중장기적인 관점에서 추진되는 것이 중요하며 정부의 시장 규제 완화 및 전폭적인 지원이 동반되어야 한다. 북미와 유럽은 gas-to-gas 가격 결정 방식으로 이동하는 추세이며, 아시아 지역도 지역의 특성을 고려한 가스 트레이딩 허브 구축을 위한 협력이 필요하다. 우리나라는 세계 2위의 LNG 수입국으로 향후에도 천연가스 수요가 꾸준히 증가할 전망임에 따라 안정적이고 저렴한 가스 공급 확보가 절실한 상황이며, 아시아 프리미엄을 해소하고 가스 계약의 유연성을 증대하기 위한 방안이 필요하다. 중단기적으로는 북미 지역 등으로 도입선을 다변화하고 재협상을 통해 계약의 경직적 요소(의무인수조항, 도착지제한조항 등)를 완화시키는 한편, 유가 연동과 허브 연동 가격을 혼합한 형태의 하이브리드 방식 등을 모색해야 하며 장기적으로는 역내 가스 트레이딩 허브를 구축하여 시장의 유연성을 증대해야 하며 이를 위해서는 역내 국가 간 협력과 시장 구조 개선이 필요하다.

2) 에너지협력 사업 탈정치화(Decoupling energy projects from the politics) 원칙

동북아 지역에는 지정학적인 불확실성과 외국기업의 투자를 차단하는

자원민족주의 성향, 시장제도의 비호환성 등으로 인하여 에너지 개발 투자에 대한 위험(Risk) 요인들이 존재하고 있다. 따라서 에너지 개발을 위한 투자를 활성화하기 위해서는 에너지사업에 대한 내국·외국인 투자에 대한 비차별적 시장투명성(Market Transparency)의 확보가 요구된다. 이는 근본적으로 에너지 사업에 정치의 불간섭, 즉 탈정치화 문제이다. 에너지협력 사업의 탈정치화 원칙은 에너지 투자 위험 해소뿐만 아니라 에너지 가격협상에서도 적용되어야 한다. 탈정치화의 원칙은 동북아 에너지협력의 기본 원칙으로 채택되어야 한다.

3) 에너지 생산국 · 수입국 간 교차투자의 활성화(Facilitation of cross-investment between energy producing and importing countries)

국가 간, 국제적 또는 역내에서 에너지협력을 증진시키는 가장 확실한 방법 중에 하나는 해당 국가 간의 상호의존성(Interdependency)을 높이는 것이다. 과거 1990년대 러시아는 에너지자원 개발을 위하여 해외자본을 유치하였으나, 2000년대 고유가 시대에는 상류부문보다 하류부문(정유, 석유·가스화학, LNG 등)에 대한 외국인투자 유치와 해외진출에 중점을 두었다. 그 일환으로 러시아 에너지기업들은 자사의 석유·가스를 수입하는 국가들의 발전, 정유, 석유·가스 도소매 부문에 대한 투자진출을 활발히 전개하고 있다. 2006년 러시아와 중국 정상회의에서 합의한 내용의 핵심도 중국이 상류부문에서 러시아와 협력하는 대가로 중국의 하류부문을 개방하여 러시아 기업이 대중국 진출 기반을 확보하는 것이었다.

실제로 동북아 지역 차원에서 에너지 안보를 위한 협력전략으로 에너지생산국과 수입국 간의 교차투자를 활성화할 필요가 있다. 즉, 에너지 생산/수출국은 에너지 수입/소비국에게 상류부문 투자 참여를 개방하고, 에너지 수입국은 에너지 생산수출국에게 하류부문을 개방하는 것이다. 러시아가 APEC 지역 내의 하류부문에 참여하기를 원하는 사업으로는 석유정제, 가스 도소매, LNG 교역(Trading), 석유비축, 발전 및 송배전 사업 등 다양하다. 러시아는 이미 이러한 사업을 유럽의 영국, 오스트리아, 이탈리아, 그리고 아시아에서는 베트남, 말레이시아, 중국 등과 추진하고 있다.

4) 동북아 '에너지 통과수송 안보 대화 (Energy Transit Security Dialogue)' 설립

향후 동북아 지역에서 국가 간의(Cross-border) 에너지 수송안보를 보장하는 거버넌스(Governance)의 확립이 요구될 것으로 예상됨에 따라 이를 위한 사전적 준비단계로 역내 국가 간의 국경 간(Cross-border) 천연가스 파이프라인사업, 전력계통 연계 및 운영 등과 관련된 정보공유, 문제점 분석 및 해결방안 모색, 세계 다른 지역(유럽, 북미 등)의 우수사례(Best-practices) 발굴 등을 협의하는 '대화'는 가능할 것이다. 이는 한국, 중국, 러시아가 ECT 회원국이 아니어서 실질적으로 ECT 조항 적용이 동북아 지역 전체 차원에서는 불가능하기 때문이다. 이 사업은 데에는 한국과 러시아가 공동으로 주도하고, 역내 에너지 수송시설 통과국, 수입국 등이 모두 포함하는 '다자간 협의체' 및 '전문가 그룹' 결성을 추진하며, 또한, 한국은 동북아 역내 '수송의정서(Transit Protocol)' 채택 논의를 주도하여 러시아, 중국, 일본, 북한 등 동북아 국가들과 긴밀한 협력 체제를 구축할 수 있을 것이다.

5) 녹색성장(Green Growth) Initiatives

녹색성장은 한국뿐만 아니라 세계 주요 국가, 그리고 다자간 에너지협력 기구 등에서 온실가스 배출 저감 등 기후변화에 적극적으로 대응하는 정

책으로 추진되고 있다. 녹색성장을 위한 에너지전략으로는 신재생에너
지 확대 보급, 에너지 절약 및 효율 개선, 원자력발전의 확대 등을 들 수
있다. 동북아의 중국, 러시아, 일본, 등의 역내 국가들은 에너지 절약과
효율 개선, 그리고 원자력의 안정적 이용 등을 공동의 협력의제로 채택
할 가능성이 매우 높다.

　에너지효율 개선사업에 대한 관심은 노후화된 설비교체, 발전부문
의 열병합발전 효율개선, 송배전망 현대화 사업, 에너지 수송 인프라 설
비교체를 통한 효율개선 등을 들 수 있다. 이러한 사업은 대규모 투자가
소요되며, 선진기술 도입을 통하여 가능하기 때문에 다자간 지역협력 사
업으로 추진할 수 있다. 일본의 후쿠시마 원전사고는 세계적으로 원자력
발전의 안전성에 대하여 심각한 의문을 제기한 계기가 되었다. 에너지안
보와 녹색성장의 중요한 역할을 담당하는 원자력발전 안전에 대하여 다
자간 협력체에서 공조·협력을 모색할 수 있는 중요한 의제로 부각되고
있다.

6) 러시아 에너지산업에 대한 선제적 투자 및 전략적 지분 인수 추진

러시아 에너지자원 개발 사업에서 한·중·일 사이에 벌어질 수 있는 경
쟁관계에서 한국의 우위적 위상 및 입지 확보를 위하여 한국은 러시아
에너지산업, 특히 자원 개발 상류부문에 대하여 적극적으로 투자하고,
가즈프롬 등 에너지기업의 전략적 지분을 인수하여 러시아와의 에너지
협력을 위한 여건을 직·간접적으로 조성할 필요가 있다. 한국의 선제
적 대러시아 투자 분야로는 사할린-3 키린스키 및 차얀다 석유-가스전
개발 및 가스관 건설, 심해 시추선 제조, LNG수송선 건조, 가스화학단
지 건설, 러시아 극동 지역 경제개발 사업에 투자 진출 등이 있으며, 에
너지기업의 전략적 지분 인수에 대한 대가로 유-가스전 개발사업 및 천

연가스 수출물량에 대한 우선 협상권을 확보할 수 있을 것이다. 또한, 중국 석탄 수출물량 감소에 따라 러시아 극동 지역 내 석탄광 개발 참여 및 도입을 추진하고, 러시아의 태평양 연안 석탄수출터미널 현대화 및 확충사업과 철도기반 시설 건설과 연계/병행하여 추진할 필요가 있다.

7) 동북아 에너지 연구 컨소시엄의 구성

동북아 역내 에너지 생산국과 수입국 간의 상호이해 증진을 도모하고 더나아가 실질적인 투자협력과 에너지 교역확대를 추진하는 초보 단계의 실질적인 수단으로는 역내 해당 국가들이 현안 문제에 대하여 공동으로 연구하고 서로에게 이익이 되는 협력방안을 도출하는 것이다. 이런 의미에서 동북아 에너지연구 컨소시엄을 구성할 필요가 있다. 이러한 컨소시엄의 기본적 역할은 역내 에너지 안보를 증진시킬 수 있는 다양한 분야에 대한 연구를 공동으로 수행하는 것이며, 특정한 사안에 대한 특별(Ad-hoc) 연구도 수행할 수 있을 것이다. 특정 사안에 대한 사례로는 중국의 청정석탄기술 활용, 동북아 지역의 천연가스 공급 및 전력계통연결사업, 원자력발전의 안전성 제고를 위한 방안 등이 포함될 수 있을 것이다. 사안의 시급성에 따라서는 Fast-track 시범사업에 대하여 공동연구를 수행할 수 있으며, 이에 대한 사례로는 러시아 동부 지역 개발사업과 남·북·러 가스 파이프라인 연결을 위한 제도적 기반(Governance) 연구사업 등이 있을 수 있다. 또한 동 Consortium은 에너지정책당국자인 정부, 투자당사자인 기업에 대해 연구결과를 기초로 자문을 수행하여, 현안 이슈와 계획 중인 사업에 대한 해결책과 불확실성을 해소하는 방안을 제시할 수 있을 것이다.

연구 컨소시엄 구성에 있어서 러시아와 중국의 리더십(Leadership)이 가장 필요할 것이다. 이는 이들 나라가 컨소시엄 구성으로부터 가장 많은 편익을 누리며, 가장 첨예한 현안들과 깊숙이 연관되어 있기 때문이다. 그리고 한국과 일본 등은 재정적 지원과 전문적 자문과 연구기법을 제공할 수 있을 것이다. 역내 국가들이 참여하는 공동연구 수행은 역내에 존재하고 있는 에너지시장 및 산업 정보의 비대칭성 문제, 국가 간 이해의 상충성 문제 등을 해결하는 데에도 크게 기여할 것이다.

8) 북한의 참여 독려

북한이 국제 사회의 요구 조건 전면적인 수용하고 북핵문제가 해결되면 그 대가로 북한의 에너지에 대한 보상·해결 문제가 핵심 쟁점사항으로 부각될 것이며, 북한은 동북아의 정상적인 일원으로서 여러 지역 에너지 협력 사업에 참여하여야 할 것이다. 궁극적으로는 남한과 북한의 에너지 수급구조, 설비 인프라, 기술, 산업구조, 이용 행태 등의 차이를 종합적으로 감안하여 최적 구조의 남·북한 및 동북아 주변국과 연계한 통합에너지 시스템 및 동북아 에너지공동시장을 구현할 수 있을 것이다.

IV. 결론

본 저서를 통해 저자들은 현재 동북아 지역에 에너지를 둘러싼 중대한 변화가 일어나고 있다는 사실을 관찰하고 확인할 수 있었다. 미국과 세계 여러 국가의 정책 입안자와 기업관계자, 그리고 특히 한국, 중국, 일본의 정부와 기업 관계자들과의 인터뷰와 세미나 등에서 이러한 사실들을 확인할 수 있었다. 미국과 서구의 메이저 기업들과 정부들은 향후 아시아 지역의 전반적인 정치 군사 변동에 이러한 에너지 요소들이 밀접히 반영될 것이라고 보고 있는 듯하다. 기후변화 제약 속에서 전 세계적으로 가스 수요는 2020년까지 현재보다 50% 더 증가할 것인데 증가분의 2/3는 아시아 지역에서 유래하기 때문에 향후 아시아안보는 가스안보를 중심으로 전개될 것이다. 아시아 지역은 아직 탈석탄 가스혁명(post-coal gas revolution)이 시작되지 못하고 발전수요를 석탄에 의존하고 있는 지역으로 점차로 가스사용이 급증할 수밖에 없을 것이라는 현실인식에 근거한 전망인 것이다. 한국 일본 등 동북아의 발전된 아시아 국가들은 원자력비중을 늘려 발전수요을 충당하는 정책을 선택했었지만 이러한 정책도 변화가 불가피하기 때문에 이러한 전망은 더욱 힘을 얻는 것이다.

새롭게 전개될 이 지역의 가스정치와 안보 구도를 유리하게 가져가기 위하여 한국, 중국, 일본은 다시 특유의 국수주의적이고 민족주의적인 외교를 펼칠 것인지 아니면 협력과 합의의 구도로 갈 것인지가 21세기의 동북아 에너지 정치에 매우 중요한 사안이 될 것이다.

참고문헌

류지철. 『세계 에너지시장 여건 변화에 따른 러시아의 에너지자원 투자정책 변화와 한·러 에너지협력에 미치는 영향 분석』 에너지경제연구원, 정책연구보고서, 2009.

_____. 『에너지안보 제고를 위한 APEC 국가와의 공조 방안 연구』 에너지경제연구원, 기본연구보고서, 2011.

_____. 『세계 에너지시장 여건 변화에 따른 러시아의 에너지자원 투자정책 변화와 한·러 에너지협력에 미치는 영향 분석』 에너지경제연구원, 기본연구보고서, 2009.

_____. "지역에너지협력 해외사례 분석과 동북아에 대한 시사점." 『천연가스산업연구』 제4권 제1호 (2015).

에너지경제연구원. "세계 에너지시장 인사이트" 각 호

외교부. 『동북아 평화협력구상과 에너지협력 방안』 연구용역보고서. 2013.

Adams, Rod. "Republic of Korea may Decide to Reign in its World Class Nuclear Industry." *Forbes* (April 12, 2017).

Chung, Jane. "SK E&S Imports South Korea's first US Shale Gas Spot Cargo." *Reuters* (January 20, 2017)

Chung, Jane, Yuka Obayashi and Oleg Vukmanovic. "World's top LNG Buyers form Alliance to Push for Flexible Contracts." *Reuters* (March 23, 2017).

Clemente, J. "Six Threats for the US Liquefied Natural Gas Business." *Forbes* (May 15, 2016a).

_____. "Why Japan's Liquefied Natural Gas will Increase." *Forbes* (September 25, 2016b).

Collins, Ryan. "Forget Latin America, Asia is the Biggest US LNG Buyer Now." *Bloomberg* (January 4, 2017).

Cornot-Gandolphe, Sylvie. *The US Natural Gas Exports: New Rules on the European Gas Landscape*. Paris, France: IFRI, 2016.

Cunningham, N. "LNG Glut Worse than Oil." *Oil Price.com.* (December 11, 2015)

DiSavino, Scott. "US LNG Exports to Shift to Europe from Asia." *Reuters* (January 24, 2017).

DiChristopher, Tom. "Trump just Gave China a Sledgehammer to Smash the LNG Monopoly." *CNBC* (May 19, 2017).

Energy Information Administration (EIA). *Perspectives on the Development of LNG Market Hubs in the Asia Pacific Region.* 2017.3.

_____. "Expanded Panama Canal Reduces Travel Time for Shipments of U.S. LNG to Asian Markets." (June 30, 2016). Retrieved from http://www.eia.gov/todayinenergy/detail.cfm?id=26892.

Follett, Andrew. "Japan Buys First Shipment of Natural Gas from US Fracking." *The Daily Caller* (January 9, 2017).

Gas Strategies. *Asian Gas Bub: A Long Revolution in the Making*. 2014.10.

Gulf Times. "Political Shake-up in South Korea may Boost Demand for LNG." *Gulf Times* (May 20, 2017)

Heather, P. *The Evolution of Traded Gas Bubs in Europe*. Oxford Institute for Energy Studies, OIES Paper 104, 2015.12.

Hellenic Shipping World News. Australia ups NE Asia LNG share. 2016. December 28.

Hughes, P. & Muthmann, D. *Gas in Asia: From Regional Premium to Global Commodity?* Pacific Energy Summit 2015 Beijing, Summit Working Paper, 2015.

International Energy Agency (IEA). *The Medium-term Gas Market Report 2016: Executive Summary*. Paris, France: OECD/IEA, 2016.

_____. *Asian Quest for LNG in a Globalizing Market*. Paris, France: OECD/IEA, 2014.

_____. *Developing a Natural Gas Bub in Asia: Obstacles and Opportunities*. Paris, France: OECD/IEA, 2013)

Kim, Y. *Rethinking Energy Security in Northeast Asia under Low Oil Prices: A South Korean perspective*. 2016 NBR Pacific Energy Summit Brief, 2016.6.21. Retrieved from http://pacificenergysummit.org/2016/06/21/rethinking-energy-security-in-northeast-asia-under-lower-oil-prices-a-south-korean-perspective/.

Lee, Charles. "South Korea Headed for LNG Import Boost after Election." *Platts* (May 7, 2017).

LNG Daily. "LNG Daily, S&P Global" *Platts* (November 11, 2016).

Loveless, B. "New Panama Canal a Big Boon for LNG Exports." *USA Today* (July 3, 2016).

Matsuo, Hirofumi. "Japanese Importers Do Double Do Double Take on No-so-cheap US Shale Gas." *Nikkei Asian Review* (March 11, 2017).

Natural Gas Asia. "Despite Low Prices, Asian LNG Buyers may not Go for JCC-only Price Indexation." (August 9, 2016)

Nikkei Asian Review. "Japan Racing to Create LNG Benchmark for Asia." (July 19, 2016).

Tomnay, Noel. "LNG Forum Poll-Japan." *Linkedin* (June 1, 2016). searched: https://www.linkedin.com/pulse/asian-lng-flexibility-wins-over-price-noel-tomnay.

Oil & Gas 360. "LNG: Cheniere Announces 100th Cargo Shipment." *Oil & Gas 360* (April 3, 2017)

Platts. "LNG Buyers Call for more Delivery Flexibility to Manage Supply Glut." (September 18, 2015). Retrieved from http://www.platts.com/latest-news/natural-gas/singapore/lng-buyers-call-for-more-delivery-flexibility-27817357.

Rathi, Akshat. "On this Fifth Day in Power, South Korea's New President Shut Down 10-big Coal Power Plants." *Quartz* (May 15, 2017).

Rogers, Howard. *Qatar Lifts its LNG Moratorium*. Oxford Institute for Energy Studies,

Working Paper, 2017.4.

Rogers, H. & J. Stern. *Challenges to JCC Pricing in Asian LNG Markets*. Oxford Institute for Energy Studies, OIES Paper 81 2014.2.

Sakmar, Susan. "Can US LNG Compete with Qatar, Australia?" *OilPrice.com* (May 18, 2017).

_____. "US LNG Exports: Where did they go?" *OilPrice.com* (September 28, 2016).

Shi, X. & Variam, H. M. P. "Gas and LNG Trading Hubs, Hub Indexation and Destination Flexibility in East Asia." *Energy Policy* 96 (2016).

Stern, J. *The New Japanese LNG Strategy: a Major Step towards Bub-based Gas Pricing in Asia*. Oxford Institute of Energy Studies, Oxford Energy Comment, 2016.6.

Stokes, David and Olly Spinks. "US Export Flows, the Global Supply Glut and Europe." *Timera Energy* (March 13, 2017).

Zeng, Xiaolin. "Resurgence in China's LNG imports seen." *Fairplay* (IHS Markit Maritime Portal) (May 3, 2017).

지은이

김연규 YOUN2302@hanyang.ac.kr
서울대학교 노어노문학과 학사
미국 Tufts University 국제관계학 석사
미국 Purdue University 정치학 박사
현 한양대학교 국제학부 교수
한양대학교 에너지거버넌스센터장 (한국연구재단 SSK 에너지연구사업단)
한국국제정치학회 이사
한국정치학회 이사
한·러협회 이사, 美 허드슨연구소 (Hudson Institute) 초빙연구원 역임

김진수 jinsookim@hanyang.ac.kr
서울대학교 지구환경시스템공학과 학사
서울대학교 지구환경시스템공학과 석사 (자원경제 및 정책)
서울대학교 지구환경시스템공학과 박사 (자원경제 및 정책)
현 한양대학교 자원환경공학과 교수
서울대학교 공학연구소 선임연구원 역임

류지철 jcryu53@gmail.com
서울대학교 수학과 학사
서울대학교 통계학과 석사
호주국립대학 박사
일본 도쿄 아태 에너지 연구센터 부원장
에너지경제연구원 선임연구위원
현 미래에너지전략연구협동조합 이사

박상철 scpark@kpu.ac.kr
독일 Justus Liebig University in Giessen 정치학 정교수 자격 (Habilitation) (2002)
독일 Justus Liebig University in Giessen 정치학 박사 (1993)

독일 Justus Liebig University in Giessen 정치학 석사 (1990)
스웨덴 Gothenburg University 경제학 종신부교수 자격 (2004)
스웨덴 Gothenburg University 경제학 박사 (1997)
한국산업기술대학교 교수
한국산업기술대학교 중견기업육성연구소 소장

박희원 phw007@gmail.com
서울대학교 자원공학과 학사
서울대학교 자원공학과 석사
서울대학교 자원공학과 박사
현 에너지홀딩스그룹 대표
전 미국 University of Southern California 방문연구원 (프랙탈이론을 이용한
저류층특성파악 연구)
전 한국지질자원연구원(KIGAM) 연구원, 국가지정연구(NRL) 사업 진행

블라도 비보다 vlado.vivoda@gmail.com
싱가포르국립대학 학사
호주국립대학 국제관계학 석사
플린더스대학 정치경제 박사
현 퀸즈랜드대학 광업의 사회적 책임 연구센터 연구위원

안상욱 ahnsangwuk@pknu.ac.kr
서울대학교 서양사학과 학사
파리 3대학 유럽연합 경제정책학 석사
파리 정치대학 유럽지역학 고등연구과정 수료
파리 3대학 경제학 박사
현 부경대학교 국제지역학부 교수

이성규 leesk@keei.re.kr
충남대학교 경제학과 학사

충남대학교 경제학과 석사
모스크바 국립 대학 경제학 박사
현 에너지경제연구원 연구위원

서정민 amirseo@hufs.ac.kr
한국외국어대학교 학사
한국외국어대학교 아랍어통번역 석사
카이로 아메리칸대학 정치학 석사
옥스퍼드대학 정치학 박사
중앙일보 중동 전문기자
한국외국어대학교 강사
명지대학교 강사
현 한국외국어대학교 국제지역대학원 중동아프리카학과 교수

조정원 cjwsun2007@gmail.com
국민대학교 중어중문학 학사
중국인민대학 국제정치 석사
중국인민대학 경제학 박사
현 한양대학교 에너지거버넌스센터 전임연구원

김경술 kskim@keei.re.kr
충남대학교 경영학과 학사
태국 Asian Institute of Technology 경제학 석사
태국 Asian Institute of Technology 경제학 박사
현 에너지경제연구원 선임연구위원

스테판 블랭크 traininblank@aol.com
펜실베니아대학 학사 (러시아사)
시카고대학 석사, 박사 (러시아사)
현 미국외교위원회(American Foreign Policy Council) 선임연구원